Visionen vom Ende

Himmel und ewiges Leben

Hoffnung

ZUKUNFT

Umgang mit Sterben und Tod

Religion und Glaube

Bestattung und
Trauer

Buddhismus

Weltgericht,
Fegefeuer, Hölle

Wissen

RELIGION

Hinduismus

Kirche als Kulturträgerin

Islam

Sprache der
Religion

Glaubens- und
Religionsfreiheit

Glaube

Judentum

Religionskritik

Werbung und Religion

Gott

Auferstehung

Negative Theologie

Schuld

Trinität

Bilderverbot

Tod am Kreuz

Gott und das Leid

Gottesbeweise

Gleichnisse, Reden,
Wundergeschichten

Glück

Offenbarung

Gott im Gehirn?

Sich von Jesus betreffen lassen

Pflicht und Verantwortung

Ebenbild Gottes

Schweigen und Gebet

Individualität

Gewissen

Ethik

Geschlechtlichkeit

Gerechtigkeit

Schöpfungsglaube

Ethisch argumentieren

Selbstbestimmung im Sterben

sensus Religion

Vom Glaubenssinn und Sinn des Glaubens

Herausgegeben von
Prof. Dr. Rita Burrichter und Josef Epping

Erarbeitet von
Prof. Dr. Rita Burrichter, Josef Epping,
Prof. Dr. Claudia Gärtner, Dr. Christof Kracht,
Nanna Neßhöver, Dr. Jan Woppowa

KÖSEL SCHULBUCH

sensus Religion. Vom Glaubenssinn und Sinn des Glaubens
Unterrichtswerk für katholische Religionslehre in der Oberstufe

Zugelassen als Lehrbuch für den katholischen Religionsunterricht an allgemeinbildenden Gymnasien und Beruflichen Gymnasien durch die Diözesanbischöfe von Freiburg, Mainz (für den Bistumsanteil in Baden-Württemberg) und Rottenburg-Stuttgart.

Zugelassen als Lehrbuch für den katholischen Religionsunterricht an Gymnasien und Gesamtschulen von den Diözesanbischöfen von Berlin, Dresden-Meißen, Erfurt, Fulda, Görlitz, Hamburg, Hildesheim, Limburg (für den Bistumsanteil im Bundesland Hessen), Magdeburg, Mainz (für den Bistumsanteil im Bundesland Hessen), Münster (für den Bistumsanteil im Bundesland Niedersachsen), Osnabrück, Paderborn (für den Bistumsanteil im Bundesland Hessen), Speyer (für den Bistumsanteil im Bundesland Saarland) und Trier (für den Bistumsanteil im Bundesland Saarland).

Zugelassen als Lehrbuch für den katholischen Religionsunterricht an Gymnasien, Gesamtschulen und Berufskollegs von den Diözesanbischöfen von Aachen, Essen, Köln, Limburg (für den Bistumsanteil im Bundesland Rheinland-Pfalz), Mainz (für den Bistumsanteil im Bundesland Rheinland-Pfalz), Münster (für den Bistumsanteil im Bundesland Nordrhein-Westfalen), Paderborn (für den Bistumsanteil im Bundesland Nordrhein-Westfalen), Speyer (für den Bistumsanteil im Bundesland Rheinland-Pfalz) und Trier (für den Bistumsanteil im Bundesland Rheinland-Pfalz).

Umschlag: Kaselow Design, München
Herstellung, Layout und Satz: Nadine Wagner, München

www.cornelsen.de

1. Auflage, 6. Druck 2021

Alle Drucke dieser Auflage sind inhaltlich unverändert und können im Unterricht nebeneinander verwendet werden.

© 2013 Kösel-Verlag, München, in der Verlagsgruppe Random House GmbH
© 2016 Cornelsen Verlag GmbH, Berlin

Druck und Bindung: Grafisches Centrum Cuno GmbH & Co. KG, Calbe

ISBN 978-3-06-065490-1

PEFC zertifiziert
Dieses Produkt stammt aus nachhaltig bewirtschafteten Wäldern und kontrollierten Quellen.

www.pefc.de

PEFC/04-31-1370

Inhalt

sensus Religion

Diese Elemente finden Sie – neben Texten, Bildern und Diagrammen – in sensus Religion immer wieder:

Arbeitsanregungen

gehören wohl zu jedem Schulbuch. Sie finden hier zu jedem Thema ein breites Angebot. Es bietet viele Lernmöglichkeiten, man muss sich aber nicht sklavisch daran halten. Sprechen Sie in Ihrem Kurs darüber, wie sich die Arbeitsanregungen entsprechend Ihren Bedürfnissen verändern und erweitern lassen. Die **Operatoren** für das Fach katholische (und evangelische) Religionslehre sind durch **Fettdruck** hervorgehoben. Sie sagen Ihnen genau, was Sie zu tun haben, um eine Aufgabe zu erfüllen. Sie müssen diese Operatoren (das gilt für alle Fächer!) spätestens im Zentralabitur beherrschen und anwenden können. Es ist daher sinnvoll, sie sich frühzeitig anzueignen und die Arbeit damit einzuüben.

Projektideen

› Projekte sind eine Arbeitsform, die Ihnen viel Selbstständigkeit und Mitgestaltung über einen längeren Zeitraum hinweg ermöglicht. Auch hier gilt: Gemeinsam mit Ihren Lehrpersonen werden Sie die Ideen in diesem Buch sicher abwandeln können oder auf ganz neue Ideen kommen.

Dieser Titel hört sich für Sie wahrscheinlich zuerst recht fremd und sperrig an. Wir verstehen ihn als eine Kurzformel: Sie soll Ihnen verdeutlichen, was Sie davon haben, wenn Sie im Religionsunterricht mit diesem Buch arbeiten.

sensus ist ein lateinisches Wort. Von ihm kommt unser deutsches Wort „Sinn" her. „*sensus* Religion" will Sie anregen und Ihnen helfen, über den Sinn der Welt und Ihres Lebens nachzudenken. Sie sollen herausfinden, was für Sie „Sinn gibt". Es kann ein Codewort sein für Ihre Individualität und Eigenständigkeit.

sensus steckt auch in „sensibel". Das heißt: fähig zu genauer Wahrnehmung. Man sagt manchmal von Menschen, dass sie einen Sensus oder ein Sensorium für bestimmte Dinge haben. Dieses Buch will Ihr Sensorium wecken und entwickeln für Religion – für einen Bereich von Erfahrungen, der über unsere körperlichen Sinneswahrnehmungen hinausgeht. Ein Mittel dazu sind zum Beispiel Werke der Kunst. Sie spielen in „*sensus* Religion" eine besonders wichtige Rolle.

sensus steht auch für die Sinnesart von Menschen, für ihre Einstellungen und Wertungen, für das, was man mit einem heute etwas misslichen Wort ihre „Gesinnung" genannt hat. Es geht hier also auch um die Klarheit über tragfähige Grundhaltungen für das Leben, um das, was für Sie gut und richtig ist.

sensus ist das Wort für Verstand und Denkkraft. Sie sollen ihren „Grips" gebrauchen, gerade auch, wenn es um Religion und Glauben geht. Der Glaube soll Sie intellektuell herausfordern. Vieles in diesem Buch ist keine leichte Kost, eher so etwas wie Schwarzbrot: Man muss länger darauf kauen, aber es sättigt besser und ist gesund.

sensus steckt schließlich auch in „Konsens" und „Dissens". „*sensus* Religion" will Sie immer wieder zum Gespräch und zur Auseinandersetzung mit anderen, mit Mitschülern und Lehrern herausfordern und zur Zusammenarbeit mit ihnen. Eine wichtige Aufgabe unserer Gegenwart ist das friedliche Zusammenleben von Menschen verschiedener Konfessionen und Religionen. Das ist nur über den Dialog und die Auseinandersetzung zu erreichen. Auch dazu gibt Ihnen dieses Buch immer wieder Impulse und Informationen.

Entwickeln Sie Ihren sensus für Religion weiter! Die Herausgeber wünschen Ihnen viel Freude und viel Erfolg dabei.

„Zeit-Inseln"

Eine Besonderheit von *sensus* Religion sind die „Zeit-Inseln". Das sind Seiten, die nicht dem normalen Gang des Unterrichts zugeordnet sind. Reguläre Arbeitsaufträge gibt es hier nicht. Die „Zeit-Inseln" sind farbig besonders hervorgehoben.

Nutzen Sie dieses Angebot, um

> sich mit religiösen Phänomenen auf eine ganz persönliche Weise zu beschäftigen: kreativ, ruhig-besinnlich, impulsiv, kommunikativ ...,

> sich mit Texten und Bildern auseinanderzusetzen, die eine geistige Herausforderung darstellen, ohne dass Ihnen jemand vorschreibt, was Sie genau damit machen sollen,

> sich dann mit einem Thema zu beschäftigen, wenn es für Sie „dran ist", und nicht, wenn ein Lehrplan oder eine Kursplanung es vorschreibt.

Eine gute Möglichkeit ist das Anlegen eines persönlichen Lerntagebuchs zu den „Zeit-Inseln". Hier können Sie Ihre Gedanken aufschreiben, Zeichnungen anfertigen, passende Zeitungs- oder Internetartikel einkleben ... Sie dürfen das auch gerne bei den „offiziellen" Unterrichtsthemen weiterführen.

Entdecken Sie selbst die Wege einer persönlichen Auseinandersetzung mit Fragen des Lebens und des Glaubens, mit Fragen nach Sinn und Werten!

Zusätzlich finden Sie:

Vorne im Einbanddeckel eine didaktische Landkarte. Sie lädt ein, das Terrain selbst zu erkunden und eigene Wege zu gehen.

Vor den eigentlichen Themen-Kapiteln einen Prolog (S. 8–14).

Er gibt Ihnen einen Zugang zu einigen grundsätzlichen Denkansätzen für das Fach Religionslehre.

Hinten im Einbanddeckel einen Epochenüberblick.

Was ist wann in der Geschichte der Religion(en) passiert, über welche Zeiträume erstrecken sich wichtige Entwicklungen?

Im Anhang ein Glossar (S. 251–253).

Eine Zusammenstellung wichtiger Fachbegriffe, die an verschiedenen Stellen des Buches vorkommen (farbig markiert) und deren Bedeutung Sie sich aneignen sollten.

Im Anhang ein Bibelstellen-Register (S. 254).

Welche zentralen Bibelstellen kommen in diesem Buch vor und wo werden sie behandelt oder als Glaubensquellen herangezogen?

Im Anhang ein Quellen-/Autorenverzeichnis (S. 255–264).

Von welchen Leuten stammen die (Fach-)Texte und Bilder in diesem Buch und woher sind sie genommen?

Vernetzungshinweise

> Lernen besteht zu einem guten Teil darin, Neues mit Bekanntem zu verbinden und es auf diese Weise weiter zu verarbeiten. Dafür hat sich der Ausdruck „vernetztes Denken" eingebürgert.

> Auch dazu finden Sie in diesem Buch zahlreiche Hinweise. Sie helfen Ihnen, zusätzliche Informationen einzubeziehen, zusätzliche Aspekte zu bedenken, andere Perspektiven zu berücksichtigen und komplexe Fragestellungen angemessen einzuschätzen und weiterzuentwickeln.

> Zusätzlich zu diesen Vernetzungshinweisen gibt es im vorderen Einbanddeckel eine didaktische Landkarte als Vernetzungsübersicht. Sie gibt Ihnen einen Überblick über den inneren Zusammenhang der Themen des Religionsunterrichts und erleichtert es Ihnen, Verbindungen und Beziehungen zu entdecken.

> Wenn Sie den Hinweisen folgen, erschließen sich – über das Einzelthema hinaus – größere Zusammenhänge. Die hohe Bedeutsamkeit eines Themas oder seine Umstrittenheit im Lauf der Geschichte des Christentums zeigen sich oftmals erst im größeren Zusammenhang.: Dass Jesus der Christus ist und als Sohn Gottes bezeichnet wird, ist auch mit zu bedenken, wenn es um den jüdischen Wanderprediger aus Nazaret geht. Wenn Sie unter den vielfältigen Möglichkeiten der Vernetzung Ihre Auswahl treffen, entsteht Ihre eigene, persönliche „theologische Landkarte" (→ Einbanddeckel), mit den „Orten", „Wegen" und „Landmarken", die Ihnen besonders wichtig sind, die Sie durchdacht und weitergedacht haben.

Sinn fürs Eigentliche, Sinn fürs Ganze

Ein *sensus* für Religion

Als allererstes in diesem Buch begegnet Ihnen eine „Landkarte" mit „Routenplaner". In einem auf den ersten Blick nicht ganz übersichtlichen Terrain sind größere Gebiete markiert: Religion, Mensch, Ethik, Gott, Jesus Christus, Kirche, Zukunft. Diese Gebiete sind umgeben von Begriffen, die sie kennzeichnen und ausdeuten: thematische Umgebungen. Wie Höhenzüge, Tiefebenen, Wälder, Felder und Landmarken sind diese Themen eingetragen auf unserer „theologischen Landkarte". Wir laden Sie ein, das Terrain selbst zu erkunden. Manches wird Ihnen vertraut sein, manches fremd. Suchen Sie Ihre eigene Route von einem Gebiet zum anderen: schnelle, aussichtsreiche, kostengünstige Routen. Was könnte eine „schnelle" theologische Route sein? Vielleicht der rationale Weg des Wissens? Oder doch die plötzliche Überwältigung durch eine persönliche Erfahrung von Gottes Nähe? Und ist der theologische Weg mit den meisten „Sehenswürdigkeiten" der liturgische Pfad oder der lange Weg der interreligiösen Begegnung? Die theologische Landkarte selbst sagt darüber noch nichts aus. Erst durch Ihre Routenplanung und während Ihrer theologischen Reise erschließt sich das Terrain von Theologie, Glaube und Religion.

Begegnung mit dem Anderen. Begegnung mit sich selbst

Die Welt ist ein Buch. Wer nie reist, sieht nur eine Seite davon.

Augustinus (354-430 n.Chr.)

Die Reisebranche ist weltweit einer der wichtigsten Wirtschaftszweige. Sie erzielt Milliardenerlöse und stellt weltweit über 100 Millionen Arbeitsplätze zur Verfügung. Das Reisen hat eine lange Geschichte. In der Frühzeit war es vor allem die Suche nach Nahrung, Wasser und Sicherheit, die Menschen zu Wanderungen motivierte. Aber auch die Wallfahrt zu heiligen Orten und Kultstätten oder an die Gräber von Ahnen ist schon in den menschheitsgeschichtlich frühen Kulturen vielfältig belegt. Auf der Suche nach besseren Lebensbedingungen, aber auch auf der Suche nach Heil und Erlösung machen sich Menschen auf den Weg. Nicht immer in friedlicher Absicht, oft gewalttätig und kriegerisch und mit katastrophalen Folgen für sie selbst und die, denen sie begegnen.

Reisen führt zu Begegnung. Reisen nötigt zur Beschäftigung mit dem Fremden, Reisen ermöglicht den Perspektivwechsel, aber auch die Begegnung mit sich selbst. Auf Reisen, jenseits der Routinen und Sicherheit des Alltags, lernen wir uns selber besser kennen: die unvermuteten Schwächen, die unverhofften Stärken.

Auch die biblische Tradition kennt das Reisemotiv. Der Weg Abrahams in die Fremde, der Exodus des Volkes Israel aus der Knechtschaft, die Wanderungen Jesu und seiner Jüngerinnen und Jünger. Auch in den biblischen Erzählungen wird Reisen verstanden als Begegnung mit dem Fremden und mit sich selbst und damit als Chance für Verständigung, für Veränderung und Entwicklung: wird Josef in Ägypten ein anderer. Erst die unfreiwillige Reise lässt ihn zum Retter vieler werden. Die Reisegeschichten der Bibel erzählen in den Begegnungen der Menschen in der Fremde immer auch von der Begegnung mit Gott: unvermutet, unverhofft, nicht selten vollständig „fremd", immer als Herausforderung und Einforderung einer neuen „Sicht der Dinge".

Die „neue Sicht", der „Perspektivwechsel" ist der wichtigste Ertrag des Reisens. Von dorther wird verständlich, warum die Reise zur Metapher des Denkens, der Weltaneignung und des Glaubens werden kann. Reisen ist Bewegung – vor allem im Kopf.

Khaver Idrees, Equal but different, 2008

Gleichheit und Differenz

In mehreren geordneten Kreisbahnen und doch in losem Spiel umgeben die kleinen Formen den großen grünen Kreis mit dem innen liegenden gelben Quadrat. Wer länger und genau hinschaut, sieht, dass dieses gelbe Quadrat selbst förmlich durchstrahlt wird von einer weiteren, innen oder doch eher „dahinter" liegenden Kreisform. Mehr oder weniger transparent wirkt der gesamte Bildgrund, durchaus „abgezirkelt" erscheinen davor die kleinen Kreisformen. Jede für sich ist ganz individuell gestaltet: durch Linien und Schraffuren, durch florale und ornamentale Muster. Keine ist gleich, jede für sich bildet eine abgeschlossene Einheit und ist doch ausgerichtet auf eine gemeinsame Mitte, die aber nicht das planimetrische Zentrum des rechteckigen Bildes ist.

Der Blick der Betrachterinnen und Betrachter bleibt dadurch in Bewegung und wird absichtsvoll über die Bildränder hinausgeleitet. Möglich erscheint auch, dass es außerhalb der Bildfläche weitere Zentren gibt, zu denen hin sich die kleinen Kreisformen bewegen oder von denen sie kommen, dass hier zwar etwas in sich „Vollständiges", aber doch nur ein Ausschnitt eines größeren „Ganzen" gezeigt wird.

Die britische Künstlerin Khaver Idrees (geb. 1968 in Pakistan) sucht in ihren Bildern nach malerischen Ausdrucksformen für ihre Überzeugung, dass alle Dinge, Menschen und Religionen zutiefst aufeinander verwiesen sind. In Form und Farbe möchte sie das Spannungsfeld von Zusammengehörigkeit und Individualität ausloten. Der Bildtitel formuliert das programmatisch.

1 2 3 4

Treten Sie mithilfe der theologischen Landkarte eine theologische Reise an. Wählen Sie einen „Startbereich" und einen „Zielbereich" und führen Sie Ihre Routen über jeweils unterschiedliche Themengebiete. Was ändert sich dadurch an Ihrem Blick auf das „Ziel"?

1 **2** 3 4

Führen Sie ein Schreibgespräch zum Thema „reisen". Welche Erfahrungen, Vorstellungen und Erwartungen verbinden Sie mit Reisen?

1 2 **3** 4

sensus heißt Sinn. Klären Sie mithilfe eines Wörterbuches die Beziehung zu Begriffen wie Sensibilität", „Sensorium".

1 2 3 **4**

Der Titel des Bildes von Khaver Idrees wird probehalber geändert. Er lautet nun: „Ein *sensus* für Religion". Verfassen Sie mit Bezug auf die nebenstehende Beschreibung eine Deutung des Bildes, die diesen neuen Titel einbezieht.

9

Was sagt mir Gott?

Eine komplizierte Beziehung

1 2 3 4 5 6

Erstellen Sie zunächst in Einzelarbeit, dann in Gruppen und schließlich in Ihrem Kurs eine Liste von Fragen, die Sie an Gott richten möchten. Blättern Sie dann „sensus Religion" durch und notieren Sie hinter den Fragen die Seiten, die sich möglicherweise mit Ihrer Frage beschäftigen.

1 **2** 3 4 5 6

Interpretieren Sie den Text aus Gen 32 als Geschichte der Auseinandersetzung mit Gott in einer Krisensituation des Lebens. Berücksichtigen Sie dabei die Vor- und Nachgeschichte der Erzählung

1 2 **3** 4 5 6

Mehrere Seiten in „sensus Religion" beschäftigen sich mit dem Judentum. Finden Sie auf diesen Seiten Hinweise, dass „Israel" den Namen „Gottesstreiter" (vgl. Gen 32,29) zu Recht trägt.

1 2 3 **4** 5 6

Setzen Sie die Psalmverse unten in Beziehung zum Thema dieser Doppelseite:
[15]Warum, o Herr, verwirfst du mich, / warum verbirgst du dein Gesicht vor mir? [19]Du hast mir die Freunde und Gefährten entfremdet; / mein Vertrauter ist nur noch die Finsternis.
Ps 88,15.19

Sich mit Gott auseinandersetzen

Gott macht es dem Menschen keineswegs leicht. Vor allem angesichts von Leid und Lebenskrisen kommen Zweifel (→ S. 14 und → S. 106, → S. 130f.). Aber auch im Alltag ist es mit ihm nicht einfach: Religion und Glaube haben heute ihre Selbstverständlichkeit verloren und werden vielfach infrage gestellt.

Der Religionsunterricht will dazu ermutigen, sich mit Gott auseinanderzusetzen.

› Er findet in der Schule statt und fordert die intellektuelle Anstrengung (wie jedes andere Fach). Der große Gelehrte Thomas von Aquin (→ S. 124f.) sagt: „Selbstverschuldete Dummheit ist Sünde."

› Auch andere Qualitäten sind gefordert: Wachheit, die Bereitschaft, eine Herausforderung anzunehmen, und eine gute Portion Stehvermögen.

› Die große Chance des Religionsunterrichts ist der Austausch mit anderen. Er funktioniert nur, wenn man auf die oft billige Ausflucht verzichtet „Das muss doch jeder selbst wissen". Nur Austausch, Kommunikation und Dialog bringen uns als Menschen weiter (→ S. 56f.).

› Der Religionsunterricht bietet kompetente Begleiter: die Lehrerinnen und Lehrer mit ihren Fachkenntnissen, ihrer Kreativität und ihrer Geduld.

[23]In derselben Nacht stand er auf, nahm seine beiden Frauen, seine beiden Mägde sowie seine elf Söhne und durchschritt die Furt des Jabbok. [24]Er nahm sie und ließ sie den Fluss überqueren. Dann schaffte er alles hinüber, was ihm sonst noch gehörte. [25]Als nur noch er allein zurückgeblieben war, rang mit ihm ein Mann, bis die Morgenröte aufstieg. [26]Als der Mann sah, dass er ihm nicht beikommen konnte, schlug er ihn aufs Hüftgelenk. Jakobs Hüftgelenk renkte sich aus, als er mit ihm rang. [27]Der Mann sagte: Lass mich los; denn die Morgenröte ist aufgestiegen. Jakob aber entgegnete: Ich lasse dich nicht los, wenn du mich nicht segnest. [28]Jener fragte: Wie heißt du? Jakob, antwortete er. [29]Da sprach der Mann: Nicht mehr Jakob wird man dich nennen, sondern Israel (Gottesstreiter); denn mit Gott und Menschen hast du gestritten und hast gewonnen.
Gen 32,23–29

„Mit jemandem ringen" – das hat neben der wörtlichen Bedeutung auch eine metaphorische. Es geht dann um die intensive geistige Auseinandersetzung mit einer anderen Person. Die Auseinandersetzung mit Gott lässt sich heute kaum noch als Geschichte eines konkreten Ringkampfes erzählen. Aber für Menschen, de-

Paul Gauguin, Vision nach der Predigt – Jakobs Kampf mit dem Engel, 1888

1 2 3 4 **5** 6

Interpretieren Sie das Bild von Gaugin; ziehen Sie dazu → S. 100f. heran.

1 2 3 4 5 **6**

Gaugin bringt (seine) gegenwärtige Erfahrungswelt und den Bibeltext zusammen in ein Bild. Wie würden Sie das machen?

Projektidee
› Führen Sie in Ihrem Kurs, in Ihrem Lebensumfeld eine eigene Befragung durch zum Thema „Was sagt mir ‚Gott'?" und arbeiten Sie heraus, welche Formen der Auseinandersetzung mit Gott vorkommen.

nen die jüdische und christliche Tradition ihres Glaubens wichtig ist, bleibt es dabei: Es reicht nicht, über Gott nur Informationen zur Kenntnis zu nehmen. Der Glaube macht das Angebot, eine persönliche Beziehung zu ihm aufzubauen. Das ist nicht immer leicht. Gott ist herausfordernd, er ist kein „Schmusegott". Wie gehen wir damit um?

Was sagt mir Gott? – Stimmen Jugendlicher

Die Wochenzeitschrift „Christ in der Gegenwart" hat vor einigen Jahren Jugendliche zu einer Antwort auf die Frage „Was sagt mir ‚Gott'?" angeregt. Mehr als 3000 Schülerinnen und Schüler haben geantwortet – hier eine Auswahl:

› Gott – was für ein geheimnisvoller Name. Allen geläufig und trotzdem unbekannt. Das letzte große Tabu unserer Zeit. Unerklärlich und doch für jedermann erfahrbar – falls man sich darauf einlässt, auf den Mythos Gott. *(Tobias M. Schmidt)*

› Gott sagt mir nichts, wenn ich Erfolge erlebe. Gott sagt mir auch nichts, wenn ich Misserfolge durchlebe. Gott sagt mir nichts, wenn ich euphorisch bin. Nie sagt Gott mir etwas! Aber warum? *(Lina Bock)*

› Er ist in einem, er gehört zu mir und ich gehöre zu ihm. So einfach. Aber diese Beziehung ist so kompliziert wie keine andere. *(Annika Manegold)*

› Gott spricht nicht mit mir, weil ich nicht mit ihm spreche, weil er mich enttäuscht hat. *(Christian)*

› Ich versuche, jeden Tag anzufangen, mehr an Gott zu denken. Vielleicht morgen. *(Carolin Brand)*

Zwischen Festlegung und Auslegung

Nachdenken über Verbindlichkeit

1 2 3 4

Geben Sie den nebenstehenden Text mit Ihren eigenen Worten wieder und formulieren Sie ausdrücklich eine „Pointe".

1 **2** 3 4

Die kirchliche Tradition unterscheidet den Glauben, der geglaubt wird *(fides quae creditur),* vom Glauben, durch den geglaubt wird *(fides qua creditur),* also „Glauben" und „glauben". Diskutieren Sie, worum es im Religionsunterricht der Oberstufe eigentlich geht oder gehen soll.

1 2 **3** 4

Stellen Sie „das Dogma/das Dogmatische" vor Gericht. Was bringen Anklage und Verteidigung an Argumenten vor? Nutzen Sie für die Verteidigung die Hinweise von Beinert.

1 2 3 **4**

Zeigen Sie an den lehramtlichen Texten in der Randspalte auf, was alles zu bedenken ist, wenn von „Verbindlichkeit der Lehre" die Rede ist.

Vernetzung
› Zur weiteren Vertiefung des Themas können Sie die Informationen von → S. 24f. einbeziehen.

Glaubenslehre – Glaubensleben

1 Worum es im christlichen Glauben an Gott im Grunde geht, wird in einem Wort Jesu so zusammengefasst: „Ich bin gekommen, damit sie das Leben haben und es in Fülle haben *(Joh 10,10)*". „Leben" ist eines der Worte für die tiefste Sehnsucht von Menschen. Menschen suchen das Leben. Dabei ist „Leben" nicht gleich „Leben". Es gibt ein Leben „in Fülle", und es gibt einen Mangel an Leben. Es gibt ein
5 wirklich lebendiges Leben, und es gibt ein lediglich funktionierendes Leben. Noch tiefer reicht der Unterschied zwischen einem Leben, das dem Tode dient und in den Tod führt, und einem Leben für das Leben, über das der Tod keine letzte Macht hat. Jesus ist von Gott, dem Gott des Lebens, gekommen, um den Menschen das Leben zu geben, nach dem sie im Grunde ihres Herzens verlangen. Christlich an
10 Gott glauben meint: sich von Jesus diese Gabe schenken lassen. Christlicher Glaube an Gott ist nicht zuerst das Für-wahr-Halten von Lehrsätzen, sondern das Sich-Einlassen auf den Weg zum Leben, der von Gott her in der Person Jesu Christi den Menschen eröffnet ist. […]
Das macht die Glaubenslehre nicht überflüssig. Wer Jesus nachfolgt, muss darüber
15 nachdenken, wer dieser Jesus ist, in welcher Beziehung er zu Gott, seinem Vater lebt, und wodurch in ihm der Weg zum Leben erschlossen ist. Wer sich auf eine Hoffnung noch über den Tod hinaus einlässt, muss sich und anderen Rechenschaft darüber geben, wie sinnvoll von der „Auferstehung von den Toten" gedacht und gesprochen werden kann. Wer sich für seinen Weg in der Nachfolge Jesu Antrieb
20 und Kraft schenken lässt, hat mit dem Heiligen Geist zu tun und darin mit dem christlichen Bekenntnis zu Gott, dem Vater und dem Sohn und dem Heiligen Geist. Weil es beim Weg des Glaubens um das Gelingen des Lebens geht, muss dieser Weg vor Missverständnissen geschützt werden. Es muss ausgemacht und gesagt werden, wo Wegzeichen des Glaubens verstellt werden und in die Irre führen.
25 Ihre grundlegende Glaubenslehre finden Christen nicht in Glaubenssätzen, sondern in den *Glaubenserzählungen der Bibel.* In den sehr unterschiedlichen Büchern und Schriften der Bibel werden Erfahrungen überliefert, die Menschen machten, wenn sie den Weg des Glaubens gingen oder sich ihm verweigerten. Diese vielfältigen Erfahrungen lassen sich nie ganz in den Sätzen der Glaubens-
30 lehre einfangen. Dennoch können die in den Geschichten enthaltenen Wahrheiten in zusammenfassenden Sätzen vergegenwärtigt werden. Das geschieht in den Glaubensbekenntnissen. Diese ersetzen nicht die biblische Überlieferung, sondern formulieren, welche Glaubensüberzeugung die Kirche aufgrund der biblischen Überlieferung verbindet.

Dieter Emeis

Zwischen Festlegung und Auslegung

Dass etwas als „Dogma" gilt oder jemand „dogmatisch" argumentiert, hat in unserer demokratischen, individualisierten und pluralen Gesellschaft keinen guten Klang. Damit verbunden ist landläufig die Vorstellung von starrer Festlegung, von intellektueller Unfreiheit, von der Zumutung, etwas für wahr zu halten, zu glauben und anzunehmen, was der eigenen Überzeugung widerspricht, was der zeitgenössischen Rationalität und dem eigenen Nachdenken nicht standhält.

Demgegenüber sind die Funktion und die Eigenschaften des Dogmas im christlichen Glauben herauszustellen:

Unter Dogma im engeren Sinne (formelles Dogma) versteht man eine für den Glaubenden verbindliche Lehraussage, in der mit kirchlich festgelegten Sprachmustern eine in der göttlichen Offenbarung enthaltene Wahrheit unter den Bedingungen der Geschichtlichkeit ausgelegt, auf das christliche Leben bezogen und in ihrem bleibenden Sinngehalt bewahrt wird.

› Das Dogma ist seinem *Gehalt* nach die Verdeutlichung eines Sachverhalts.
› Es ist der *Form* nach ein (logisches) Urteil, das den genannten Sachverhalt beschreibt und damit von anderen Sachverhalten abgrenzt (Definition).
› Es ist der objektiven *Geltung* nach ein irrtumsfreies Urteil. Das liegt darin begründet, dass es nichts anderes ist als die Formulierung einer in der Heiligen Schrift enthaltenen Wahrheit.
› Es ist der *Herkunft* nach eine verbindliche Aussage der Kirche. Damit ist auch der Wortlaut in besonderer Weise geschützt: Es hat sprachregelnde und damit gemeinschaftsermöglichende Funktion. Das bedeutet aber nicht, dass es damit der Interpretation und Diskussion entzogen wäre.
› Es ist seinem *Geltungsanspruch* nach eine den Glaubenden im Gewissen (→ S. 82f.) verpflichtende Richtschnur für Leben und Glauben.
› Es ist seiner *Entstehung* nach geschichtlich: Das ergibt sich prinzipiell bereits aus der Bezogenheit des Dogmas auf die selbst geschichtliche Offenbarung, aber im Einzelfall vor allem daraus, dass es an bestimmte historische Rand- und Rahmenbedingungen geknüpft ist, die von dem dogmatischen Urteil nicht abgelöst werden können.

Nach Wolfgang Beinert

In eben jener katholischen Kirche selbst ist mit größter Sorgfalt dafür zu sorgen, dass wir halten, was überall, was immer, was von allen geglaubt wurde *(quod ubique, quod semper, quod ab omnibus creditum est)*. Denn das ist wirklich und wahrhaft katholisch, was, wie der Name und Grund der Sache erklären, alle insgesamt umfasst. *Vinzenz von Lérins, 435*

Mit göttlichem und katholischem Glauben ist also all das zu glauben, was im geschriebenen oder überlieferten Wort Gottes enthalten ist und von der Kirche in feierlichem Entscheid oder durch gewöhnliche und allgemeine Lehrverkündigung als von Gott geoffenbart zu glauben vorgelegt wird. *1. Vatikanisches Konzil, 1870*

Was diese Geschichtlichkeit angeht, muss zunächst bedacht werden, dass der Sinn, den die Glaubensaussagen haben, teilweise von der Aussagekraft der zu einer bestimmten Zeit und unter bestimmten Umständen angewandten Sprache abhängt. […] Schließlich unterscheiden sich zwar die Wahrheiten, die die Kirche in ihren dogmatischen Formeln wirklich lehren will, von dem wandelbaren Denken einer Zeit und können auch ohne es zum Ausdruck gebracht werden; trotzdem kann es aber bisweilen geschehen, dass jene Wahrheiten auch vom Lehramt in Worten vorgetragen werden, die Spuren solchen Denkens an sich tragen.
Erklärung Mysterium Ecclesiae der Glaubenskongregation, 1975

Das denkende Herz

Die Jüdin Etty Hillesum (geb. 1914) erlebte als junge Frau in Holland den wachsenden Druck der Besatzung durch das nationalsozialistische Deutschland und die Verfolgung und Deportation ihrer jüdischen Mitbürger. Seit 1941 hat sie ein Tagebuch geschrieben, das ihre Beobachtungen, ihr Ringen um den Sinn des eigenen Lebens und ihr Ringen mit Gott aufzeichnet. Es wurde nach ihrem Tod unter dem Titel „Das denkende Herz" veröffentlicht. Etty Hillesum wurde 1943 im KZ Auschwitz-Birkenau umgebracht.

Das denkende Herz

Es sind schlimme Zeiten, mein Gott. Heute Nacht geschah es zum ersten Mal, dass ich mit brennenden Augen schlaflos im Dunkeln lag und viele Bilder menschlichen Leidens an mir vorbeizogen. Ich verspreche dir etwas, Gott, nur eine Kleinigkeit: Ich will meine Sorgen um die Zukunft nicht als beschwerende Gewichte an den jeweiligen Tag hängen, aber dazu braucht man eine gewisse Übung. Jeder Tag ist für sich selbst genug. Ich will dir helfen, Gott, dass du mich nicht verlässt, aber ich kann mich von vornherein für nichts verbürgen. Nur dies eine wird mir immer deutlicher: dass du uns nicht helfen kannst, sondern dass wir dir helfen müssen, und dadurch helfen wir uns letzten Endes selbst. Es ist das Einzige, auf das es ankommt: ein Stück von dir in uns selbst zu retten, Gott. Und vielleicht können wir mithelfen, dich in den gequälten Herzen der anderen Menschen auferstehen zu lassen. Ja, mein Gott, an den Umständen scheinst auch du nicht viel ändern zu können, sie gehören nun einmal zu diesem Leben. Ich fordere keine Rechenschaft von dir, du wirst uns später zur Rechenschaft ziehen. Und mit fast jedem Herzschlag wird mir klarer, dass du uns nicht helfen kannst, sondern dass wir dir helfen müssen und deinen Wohnsitz in unserem Inneren bis zum Letzten verteidigen müssen … Ich werde allmählich wieder ruhiger, mein Gott, durch dieses Gespräch mit dir. Ich werde in der nächsten Zeit noch sehr viele Gespräche mit dir führen und dich auf diese Weise hindern, mich zu verlassen. Du wirst wohl auch karge Zeiten in mir erleben, mein Gott, in denen mein Glaube dich nicht so kräftig nährt, aber glaube mir, ich werde weiter für dich wirken und dir treu bleiben und dich nicht aus meinem Inneren verjagen.

Etty Hillesum

RELIGION –
VIELFALT UND BINDUNG

Freundliche oder feindliche Übernahmen?

Spuren des Religiösen heute

Auf den folgenden Doppelseiten erarbeiten Sie sich reflektierte Zugänge zu religiösen Phänomenen: begonnen bei der bewussten Wahrnehmung von vielfältigen Spuren des Religiösen in Ihrer Umwelt, über Definitionen und Beschreibungen von Religion und religiöser Sprache insgesamt bis hin zur unverzichtbaren Unterscheidung zwischen Religion und Glauben. Anwenden lassen sich diese Kompetenzen beispielsweise auf den Umgang mit religiös aufgeladener Werbung, auch aus einer (religions-)kritischen Perspektive heraus. Gegenüber eher diffusen Phänomenen des Religiösen sind die großen Weltreligionen sichtbare Gestalten von konkreten Glaubenstraditionen. Diese Kenntnis können Sie auf den folgenden Doppelseiten vertiefen, bevor abschließend die Frage gestellt wird, was eigentlich eine „gute Religion" ist. Es geht in diesem Kapitel also zunächst um die bunte Vielfalt religiöser Phänomene. Im Weiteren aber auch um Maßstäbe und verbindende Elemente von Religion bzw. Glauben. Möglicherweise können Sie dies – oder noch mehr und anderes, was Sie mit „Religion" in Verbindung bringen – bereits im Farbenspiel von Jerry Zeniuk (Altarpainting, 2002) auf der Kapiteleingangsseite entdecken. Lassen Sie sich von der abstrakten Buntheit anregen: Was geht Ihnen dabei durch den Kopf?

1 Wer heute über Religion sprechen möchte, kommt nicht daran vorbei, zuerst den Blick auf unsere Gesellschaft zu richten. Schon bald entdeckt man hier eine Vielfalt an religiösen Formen und religionsähnlichen Phänomenen. Bevor man jedoch den Begriff der Religion genauer untersucht, sollte zunächst die eigene

5 Wahrnehmung von Phänomenen des Religiösen in unserer Gesellschaft geschärft werden. Denn entgegen der oft geäußerten These, dass Religion bei den Menschen an Bedeutung verliere und aus der Gesellschaft verschwinde, kann man bei genauerem Hinsehen doch eher religionsproduktive Tendenzen in der Gegenwart beobachten. Es geht dabei um die Präsenz des Religiösen im Säkula-

10 ren, um „säkulare ‚Updates' religiöser Versatzstücke, freundliche und feindliche Übernahmen religiöser Sinn- und Deutungsmuster" (Hans-Joachim Höhn), in denen religiöse Elemente mitten im gesellschaftlichen Leben antreffbar werden: in Werbung und Produktmarketing, bei sportlichen Großereignissen, im Kino, in der Popmusik, in der bunten Esoterikszene, aber

15 auch in der Sorge um individuelle Gesundheit und Wellness für Körper und Geist. Religion ist also nicht nur dort gegenwärtig, wo die gewohnten religiösen Formen, Inhalte und Vokabeln ausdrücklich verwendet werden. Religiöse Elemente werden gerade auch dort wirksam, wo sie eher

20 versteckt und verschlüsselt gebraucht werden und erst auf den zweiten Blick zu erkennen sind. Inwieweit etwa eine Produktwerbung religiöse Themen verwendet, ist auch davon abhängig, was man überhaupt als „religiös" definiert. Genauso dienen mehr oder weniger direkte Anspielungen

25 auf biblische Motive in Kinofilmen nicht immer nur der Effekthascherei, sondern thematisieren und verarbeiten auf eigene Weise bleibend existenzielle Fragen des Menschseins. Hier ist also zunächst ein hohes Maß an Wahrnehmungsfähigkeit geboten, um dann kritisch unterscheiden

30 zu können.

WIE GESAGT: NIKE IST EINE
RELIGION. ODER KURZ: NIKE
WIRD ZUR RELIGION –
UND BEKLEIDUNG ZUM
BEKENNTNIS.
MATTHIAS SELLMANN

1 2 3 4 5 6
Erläutern Sie mithilfe des Textes, wie
man heute mit dem Phänomen Religion in der Gesellschaft umgehen
sollte.

1 **2** 3 4 5 6
Setzen Sie die Abbildungen **in Beziehung** zum Thema dieser Doppelseite.

1 2 **3** 4 5 6
Erläutern Sie an selbst gewählten
Beispielen, inwieweit in der heutigen
Gesellschaft neue Formen des Religi-
ösen entstehen.

1 2 3 **4** 5 6
Nehmen Sie **Stellung** zu der Frage, ob
die Verwendung traditioneller religiöser Inhalte, wie z.B. biblischer Motive,
in der Werbung legitim ist. **Beurteilen**
Sie, ob man hierbei von „freundli-
chen" bzw. „feindlichen Übernahmen"
sprechen kann.

1 2 3 4 **5** 6
Beurteilen Sie vor dem Hintergrund
der Überschrift dieser Doppelseite
das links stehende Zitat des Theologen M. Sellmann.

1 2 3 4 5 **6**
Recherchieren Sie selbst Beispiele für
die Präsenz des Religiösen in der
Gesellschaft und **vergleichen** Sie
deren Absichten und religiöse Aussagen.

Vernetzung
› Eine Anleitung zum Umgang mit
Werbung finden Sie in diesem
Kapitel auf → S. 32f.
› Der religiöse Gehalt der Bildmotive
lässt sich mit den Definitionen von
„Religion" (→ S. 18f.) in Beziehung
setzen.

„Religion" – was ist das eigentlich?!

Definitionsversuche

1 2 3 4 5 6

Geben Sie den Inhalt des nebenstehenden Textes mithilfe der Skizze sowie selbst gewählter Beispiele wieder und erklären Sie die beiden erwähnten Definitionsbereiche.

1 **2** 3 4 5 6

Erarbeiten Sie zu zweit die auf der nächsten Seite abgedruckten Beschreibungen von Religion, indem Sie zunächst Unverständliches zu klären versuchen und dann die Zitate den beiden Definitionsbereichen zuordnen.

1 2 **3** 4 5 6

Erörtern Sie, inwieweit substanzielle und funktionale Definitionen des Religionsbegriffs zueinander in Beziehung stehen können: Gibt es funktionale Beschreibungen, die sich aus substanziellen ergeben können? Oder schließen manche substanziellen Definitionen bestimmte Funktionen aus?

Vernetzung
› Beziehen Sie zum Verständnis von Religion → S. 66f. ein („Den alten Menschen ablegen") und bedenken Sie die mögliche Rolle Gottes im Leben (→ S. 92f. „Die Rede von Gott fängt beim Menschen an").

1 Viele Religionssoziologen charakterisieren den Menschen als *homo religiosus*: Das heißt, sie verstehen ihn als ein von Natur aus religiöses Wesen, weil er schon immer existenzielle Fragen stellt, beispielsweise nach dem Woher der Welt, nach dem Sinn des Lebens oder nach der Zukunft der Geschichte – mit
5 oder ohne eine Vorstellung von Gott. Daraus entstehen zunächst einmal religiöse bzw. religionsanaloge Phänomene, über deren Qualifizierung als „Religion" man sich streiten kann.

Es gibt deshalb eine Vielzahl von Beschreibungsversuchen und Definitionen von Religion, die man grob in zwei Bereiche einteilen kann:

10 *Substanzielle Definitionen* benennen bestimmte Inhalte, Formen und Merkmale, mit denen religiöse Phänomene charakterisiert werden. Eine sehr weit gefasste Definition stellt beispielsweise der Religionsbegriff des Theologen Paul Tillich dar: „Religion ist die Ergriffenheit von dem, was den Menschen unbedingt angeht." Enger erscheinen solche Definitionen, die Religion als eine
15 personale Beziehung des Menschen zu einem transzendenten Gegenüber (das Ultimate, der letzte Grund, Gott) kennzeichnen.

Funktionale Definitionen beziehen sich nicht auf Inhalte, sondern fragen nach den spezifischen Aufgaben und Funktionen von Religion. Als Religion gilt dann, was Funktionen wie beispielsweise die folgenden erfüllt: beispielsweise
20 die Bewältigung von Grenzerfahrungen wie Leid und Tod (Kontingenzbewältigung); die friedliche Vermittlung zwischen Individuum und Gesellschaft (Sozialintegration); die Beantwortung menschlicher Sinnfragen und Suche nach Identität (Identitätsstiftung).

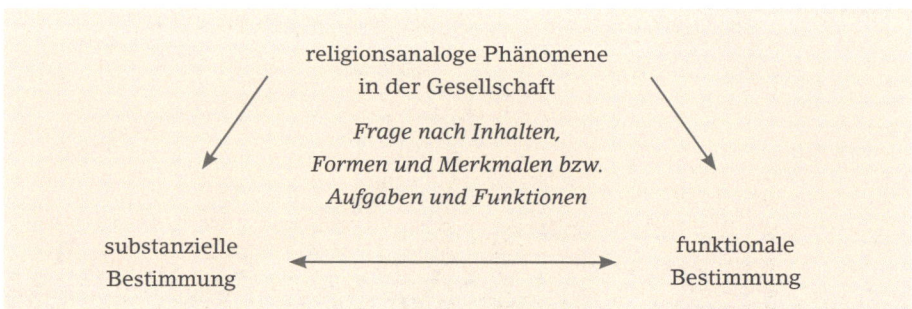

religionsanaloge Phänomene
in der Gesellschaft

*Frage nach Inhalten,
Formen und Merkmalen bzw.
Aufgaben und Funktionen*

substanzielle
Bestimmung

funktionale
Bestimmung

Stimmen zum Religionsbegriff

Religion ist die Begegnung des Menschen mit dem Heiligen. *(Rudolf Otto)*

Religion ist ein kulturelles Zeichensystem, das Lebensgewinn durch Entsprechung zu einer letzten Wirklichkeit verheißt. *(Gerd Theißen)*

Religion ist die Sehnsucht nach etwas ganz Anderem. *(Max Horkheimer)*

Religion ist der Versuch, keinen Nihilismus zu dulden und eine unendliche (endlich nicht widerlegbare) Bejahung des Lebens zu leben. *(Dorothee Sölle)*

Religion ist die Sinnganzheit der Welt. *(Max Weber)*

Religion schafft geistige Gemeinschaft und Heimat. *(Hans Küng)*

Religion ist im Kern gerade nicht Sinnstiftung oder Bewältigung von Kontingenz ... Religion ist Welt-Kritik, die Ungerechtigkeit sowie Zeitlichkeit und Kontingenz nicht ungefragt hinzunehmen bereit ist. *(Henning Luther)*

Die sozialisierende Funktion der Religion zielt darauf, im Einzelnen die Werte und Normen der Gesellschaft so zu verinnerlichen, dass er ein loyaler Bewohner der geschichtlich kontingenten Lebensordnung und in ihr wird, in der er lebt. Religion hilft durch *rites de passage* [Übergangsriten], in diese Lebensordnung hineinzuwachsen und in ihr zu bleiben, wenn „Theodizeekrisen" den Sinn und Wert der vorhandenen Ordnung erschüttern. Oft kann die Religion Einzelne auffangen, die durch Krisen „verloren" zu gehen drohen. Oft aber hat sie auch die Funktion, Menschen dazu zu motivieren, aus der all- gemeinen Lebensform „auszusteigen". Dann wird sie zum gegenkulturellen Protest gegen die Welt, die „im Argen liegt". *(Gerd Theißen)*

Religion ist die soziale Chiffrierung des Kontingenten und Unbestimmbaren. *(Niklas Luhmann)*

Religion ist Sinn und Geschmack fürs Unendliche. *(Friedrich Schleiermacher)*

Religion ist ein solidarisches System von Glaubensvorstellungen und Handlungen, bezogen auf sakrale Dinge. Diese Vorstellungen und Handlungen vereinen in einer moralischen Gesell- schaft, genannt Kirche, alle diejenigen, die ihr anhängen. *(Émile Durkheim)*

Religion ist die Kultur der Symbolisierung letzter Sinnhorizonte in der alltagsweltlichen Lebensorientierung. *(Wilhelm Gräb)*

Kontingenz (von lat. *contingere* = sich berühren, zusammenfallen) bezeich- net das Zufällige bzw. etwas, was nicht notwendig sein muss oder auch ganz anders sein könnte. *Kontingenzerfah- rungen* (vgl. → S. 18, Z. 20) resultieren z.B. aus der Angst vor nicht be- herrschbaren Gefahren wie erlebten Naturkatastrophen, aus der mensch- lichen Ohnmacht angesichts nicht heilbarer Krankheiten, aus dem Um- gang mit sinnlosem Leid, aus der Erkenntnis über die Unausweichlich- keit des Todes etc.

1 2 3 **4** 5 6

Gerd Theißen stellt in seiner Be- schreibung (Zitat links) zwei wesent- liche Funktionen von Religion gegen- über. Stellen Sie diese heraus und konkretisieren Sie das an histori- schen, persönlichen oder theoreti- schen Beispielen.

1 2 3 4 **5** 6

Vergleichen und beurteilen Sie die unterschiedlichen Beschreibungsver- suche und wählen Sie diejenigen aus, die für Sie selbst am überzeugendsten sind. Begründen Sie Ihre Auswahl und stellen Sie sich Ihre Ergebnisse gegenseitig vor.

1 2 3 4 5 **6**

Entwerfen Sie zu zweit einen fiktiven Dialog zwischen einem kritischen Religionswissenschaftler und einem ‚religiös überzeugten' Fußballfan über dessen Lebensmotto: „Schalke ist meine Religion!"

Vernetzung
› Setzen Sie die vorliegenden Be- schreibungen und Definitionen in Beziehung zu den Beispielen der vorherigen Doppelseite (→ S. 16f), indem Sie diese auf ihren religiö- sen Gehalt prüfen.

1 2 3 4 5 6

Erläutern Sie die begrifflichen Wurzeln von *religio* mit eigenen Worten und setzen Sie diese durch erläuternde Beispiele in Beziehung zu Ihrem bislang erworbenen Verständnis von Religion.

1 **2** 3 4 5 6

Beurteilen Sie, ob die Interpretation, es gehe beim lat. *religio* um die Beziehung zwischen Mensch und Gott, nicht zu eng ist und dem heutigen Gebrauch von „Religion" möglicherweise nicht mehr gerecht wird.

1 2 **3** 4 5 6

Beschreiben Sie zu zweit die strukturellen Grunddimensionen von Religion und ihre Beziehung zueinander. Ordnen Sie dazu auch die einzelnen Abbildungen passend zu und finden Sie eigene Beispiele.

1 2 3 **4** 5 6

Erörtern Sie mögliche Konsequenzen für ein religiöses Bekenntnis bzw. für die religiöse Praxis des Einzelnen, wenn jeweils eine der drei Dimensionen vernachlässigt wird: Welche Folgen könnte es beispielsweise für die Religiosität des Einzelnen haben, wenn in einer Religion die subjektive Dimension außer Acht gelassen wird?

1 2 3 4 **5** 6

Nehmen Sie begründet Stellung zu der These, eine religiöse Wirklichkeit bestehe unabhängig vom Menschen und übersteige dessen Welt (vgl. „objektive Dimension").

Begriffliche Annäherungen

Das Wort „Religion" ist heute sehr geläufig: Wir nehmen Formen von Religion in unserer Gesellschaft wahr. Wir lesen davon, dass Werbung religiöse Sprache verwendet und in der Schule besuchen wir den Religionsunterricht. Der Begriff klingt vertraut. Demgegenüber aber sprechen wir auch von „Religionen", von den monotheistischen Weltreligionen Judentum, Christentum und Islam oder von ostasiatischen Religionen wie dem Hinduismus oder von Naturreligionen etc.

Sobald man versucht, genau anzugeben, was Religion sei, gelangt man in Schwierigkeiten mit einer eindeutigen Begriffsbestimmung und Definition. Hier werden die vielen Facetten von Religion bzw. Religionen offenkundig und je nach Perspektive und Fragestellung kommt man zu unterschiedlichen Antworten. Diese Tatsache allerdings sollte man nicht nur negativ bewerten, ganz im Gegenteil:

> Die Versuche, hinter der Pluralität der Erscheinungen ein einziges „Wesen" von Religion auszumachen, führen zu Konstrukten, die von unterschiedlichen religiösen und philosophischen Positionen abhängig sind. […] Dass über den Begriff keine Einhelligkeit zu gewinnen ist, verwehrt nicht seine Erörterung, sondern verlangt sie, aber nicht zur terminologischen Fixierung des „Wesens", sondern zur Klärung der jeweiligen Perspektiven und Bewertungen. *Hans Zirker*

Etymologisch, das heißt die Wortherkunft betreffend, wird das lat. *religio* meistens auf drei mögliche Wurzeln zurückgeführt:

relegere = sorgfältig wahrnehmen, gewissenhaft beachten: nach dem antiken römischen Politiker und Philosophen Cicero (106–43 v.Chr.)

religare = anbinden, sich zurückbinden: nach dem frühchristlichen Theologen Laktanz (ca. 250–325 n.Chr.)

reeligere = wieder erwählen: nach dem mittelalterlichen Theologen und Philosophen Thomas von Aquin (1225–1274)

Bei allen drei Wurzeln geht es um eine spezifische Hinwendung des Menschen zu etwas Besonderem. Man mag dabei an kultische und moralische Verpflichtungen denken oder an die personale Beziehung zwischen dem Menschen einerseits und einem Absoluten, Unendlichen, das wir „Gott" nennen, andererseits.

Drei strukturelle Grunddimensionen von Religion

Um die komplexe Struktur von Religion besser verstehen zu können, kann man mit Hans Zirker drei Grunddimensionen von Religion unterscheiden. Sie machen jeweils auf ein charakteristisches Merkmal von Religion aufmerksam:

1. Die Innerlichkeit des religiösen Lebens (subjektive Dimension)

Der religiöse Mensch ist immer als ganzer betroffen und beansprucht: Sein Wahrnehmen und Denken, sein Fühlen, Wollen und Handeln, aber auch sämtliche Lebensbereiche sieht er von religiöser Erfahrung umgriffen und beeinflusst.

> Religiosität lässt sich jedenfalls nicht isoliert als eine eigene geistige Verfassung ausgrenzen; religiöse Akte sind nicht eindeutig von anderen Lebensvollzügen abzuheben. Deshalb spricht man gelegentlich von ihrem „existenziellen" Charakter.
>
> *Hans Zirker*

2. Das machtvolle Gegenüber (objektive Dimension)

Eine religiöse Wirklichkeit aber kommt nicht erst durch die religiöse Subjektivität zustande, sondern ist selbst deren tragender Grund und unverfügbarer Gegenstand. Für den religiösen Menschen besteht diese Wirklichkeit auch vor *(a priori)* und außerhalb menschlicher Erfahrungen und Beziehungen.

> Der religiöse Mensch erfährt sich auf eine Wirklichkeit bezogen, die alle einzelnen Elemente seiner Welt übersteigt, die „hinter" den Dingen steht; der man sich zwar zuwenden kann, die sich zugleich aber auch immer wieder entzieht.
>
> *Hans Zirker*

3. Die Verwiesenheit auf die Gemeinschaft (soziale Dimension)

Religion ist (im Unterschied zu Religiosität) nie nur die eines einzelnen Menschen, sie ist grundlegend ein soziales Phänomen. Auch höchst persönliche religiöse Erfahrungen und Überzeugungen sind auf die Verständigung und Korrektur in einer gesellschaftlichen Umgebung angewiesen.

> Religiöse Innerlichkeit braucht immer auch Ausdrucks- und Mitteilungsformen, um sich ihrer selbst in Gemeinschaft zu vergewissern. Eine herausragende Rolle spielt dabei die Sprache; doch ist diese nur Teil einer umfangreicheren religiösen Zeichenkultur.
>
> *Hans Zirker*

Vernetzung
› Prüfen Sie, ob die auf → S. 16f. erwähnten religionsanalogen Phänomene die aufgeführten Grunddimensionen aufweisen, und setzen Sie Ihre Erkenntnisse in Beziehung zu den Definitionsversuchen auf → S. 19.

Das Unsagbare sagen

Die Sprache der Religion

Foto: Tamara A. Y. Wahby

1 2 3 4 5 6

Beschreiben Sie in Anlehnung an den nebenstehenden Text die Funktionsweise metaphorischer Sprache.

1 2 3 4 5 6

Interpretieren Sie die Fotos der Doppelseite im Sinne einer Metapher: Welche Sachbereiche bzw. Themen stoßen hier aufeinander? Welche Aussagen könnten sich daraus ergeben? Entwerfen Sie in Partnerarbeit daraus jeweils sprachliche Metaphern, indem Sie zu den Fotos passende Sätze formulieren.

1 2 3 4 5 6

Analysieren und erläutern Sie das Zitat von O. H. Pesch und entwerfen Sie selbst metaphorische Aussagen und bewerten Sie gegenseitig Ihre Ergebnisse.

Gott ist der Horizont meines Lebens.
Otto Hermann Pesch

Der religiöse Mensch muss Wege finden, eine Wirklichkeit zum Ausdruck zu bringen, die eine sichtbare Welt übersteigt. Aber wie lässt sich das Unsagbare zur Sprache bringen? Religion bedient sich dafür der Symbole, Metaphern, Mythen und Rituale. Diese Formen religiösen Ausdrucks sind sowohl ein wesentliches Merkmal als auch ein Vollzug von Religion. Religiöse Menschen müssen deshalb fähig sein, symbolisch zu denken und metaphorische Sprache zu verstehen.

„Du bist das Pflaster für meine Seele." Die innovative Stärke metaphorischen Sprechens

1 Hinter der Metapher verbirgt sich eine Figur sprachlicher Innovation, also etwas völlig Neues. Diese neue Aussage entsteht durch eine syntaktisch (den Satzbau betreffend) hergestellte Spannung zwischen semantisch (die Wortbedeutung betreffend) unverträglichen Termen.

5 Betrachten wir zum Beispiel die folgende Textzeile der deutschen Popband „Ich und Ich" aus ihrem Song „Pflaster": „Du bist das Pflaster für meine Seele" – so müsste man zunächst grundlegend fragen: Wie kann ein Pflaster für die Seele eines Menschen hilfreich sein? Und kann ein menschliches Du zum Pflaster werden? Mindestens zwei getrennte Sachbereiche – menschliche Psyche und

10 Medizin – werden hier miteinander verknüpft (außerdem kann „Pflaster" auch einen Bodenbelag im Straßenbau bezeichnen!). Durch die Verknüpfung beider Bereiche entsteht eine qualitativ neue Aussage, in der einer menschlichen Beziehung heilende Kräfte zugeschrieben werden. Das besungene „Du" wird hier zum heilenden Gegenüber eines Ichs und dessen Seelenzustands.

15 Darüber hinaus könnten Hörer oder Hörerin des Liedes selbst fragen, welche Verletzungen eine Seele aufweisen kann, ob das Pflaster von Dauer ist oder nur zur ersten Schmerzlinderung Verwendung findet und was dieses Bild noch mehr über die besondere Beziehung zwischen zwei Menschen aussagen will. Oder andersherum gefragt: Klebt ein Pflaster nicht auch etwas zu, das einem

20 lästig ist oder das stört? Kann ein Pflaster – an die falsche Stelle geklebt – nicht auch das Atmen verhindern? Und jeder kennt den Schmerz beim Abziehen eines Pflasters, das zu lange auf der Haut geklebt hat. – Kurz: Metaphern sind Anreize und Anstöße zum unkonventionellen Nachdenken.

Eine andere Zeile im Songtext lautet übrigens: „Du bist der Kompass, wenn ich

25 mich verlier ..." Wie ist dieser Satz metaphorisch zu verstehen? *Jan Woppowa*

Foto: Tamara A. Y. Wahby

Über die realisierende Kraft des Symbols

1 Aufgrund seiner Leib-Geist-Struktur realisiert der Mensch sich selbst in leib-
haftigem Ausdruck: im Lachen realisiert er seine Freude, im Weinen seine
Trauer usw. […] In leibhaftigen Gebärden vollzieht sich zwischenmenschliche
Kommunikation: Im Zugehen auf den anderen, in Händedruck, Umarmung
5 und Kuss geschieht Zuwendung, in räumlichem Abrücken, in der Verweigerung
des Blicks geschieht Abwendung. In den realisierenden Ausdruck können außer dem eigenen Leib auch (an sich a-personale) Dinge einbezogen werden:
Ein Geschenk, ein Ring, eine Einladung zum Essen können Symbole der Zuwendung sein. *In solchen Symbolen werden Zuwendung und Abwendung nicht*
10 *nur signalisiert, sondern auch realisiert, nicht nur erkannt, sondern auch erfahren.*
Um diesen […] fundamentalen Sachverhalt zu kennzeichnen, unterscheidet
man zwischen *Realsymbol* und *Vertretungssymbol* oder, mit anderen Worten,
zwischen dem realisierenden Zeichen und dem bloß informierenden Zeichen.
Ein Verkehrszeichen zum Beispiel, das auf eine Bodenwelle aufmerksam
15 macht, ist ein informierendes Zeichen oder ein *Vertretungssymbol.* Es informiert den Kraftfahrer über eine Unebenheit der Straße, es „vertritt" die auf
größere Entfernung nicht wahrnehmbare Sache. Die Sache existiert aber unabhängig vom Zeichen. In einem *Realsymbol,* einem realisierenden Zeichen,
dagegen wird über einen Sachverhalt nicht nur informiert, er wird nicht nur
20 vertreten, sondern er wird im Vollzug des Zeichens realisiert: Mit einem Hand-
schlag wird ein Versprechen besiegelt, durch eine Unterschrift wird ein Vertrag
geschlossen, in Umarmung und Kuss vollzieht sich die Liebe.

Franz-Josef Nocke

Was unterscheidet ein Verkehrszeichen vom christlichen Symbol des
Kreuzes? Definieren Sie mithilfe des
Textes von Nocke die Begriffe „Symbol" und „Zeichen" und grenzen Sie
beide gegeneinander ab.

Erläutern und begründen Sie aus
dem Text heraus die besondere „Kraft
des Symbols" und beurteilen Sie vor
diesem Hintergrund den Ausspruch
des Philosophen Paul Ricœur: „Symbole geben zu denken".

Erörtern Sie zu zweit und mithilfe der
gesamten Doppelseite, wie aus einer
beliebigen menschlichen Erfahrung
eine religiöse Erfahrung werden kann
und wie Menschen dies zum Ausdruck bringen. Konkretisieren Sie das
an erläuternden Beispielen.

Vernetzung
› Benennen Sie weitere in den folgenden Kapiteln vorkommende
Metaphern und Symbole und
erläutern Sie diese.

Foto: Tamara A. Y. Wahby

23

Das Foto zeigt ein Werk des polnischen Künstlers Eugeniusz Get-Stankiewicz. Es befindet sich in der Nähe der Elisabethkirche in Breslau, die unten eingedruckte Inschrift lautet: „Zrob to sam – Do it yourself".

1 2 3 4 5 6
Erarbeiten Sie am Text, was notwendig ist für eine „gelingende Religiosität". Achten Sie dabei auf wesentliche Begriffe wie Wahrheit, Praxis, Übung, Entscheidung etc.

1 **2** 3 4 5 6
Begründen Sie, warum jede Diskussion des Religionsbegriffs die Gottesfrage (vgl. Z. 24f.) nach sich zieht.

1 2 **3** 4 5 6
Interpretieren Sie das Kunstwerk oben mithilfe der Inschrift und setzen Sie es in Beziehung zum Text. Inwiefern treffen Bild und Text ähnliche Aussagen? Worin bestehen deutliche Differenzen?

Was Glauben ausmacht

1 Respekt vor dem Glauben und der Wahl des anderen ist immer noch mehr wert als der vermeintliche Schulterschluss gemeinsamer Interessen, der sich bei näherer Betrachtung aber nicht als respektvolles Gegenüberstehen, sondern als „Schwitzkasten" erweist. Hinzu kommt, dass die Wahrheit, die den Men-
5 schen wählt, anspricht und herausfordert, keine Verhandlungssache und nicht Gegenstand von Übereinkünften sein kann; sie ist und bleibt eröffneter Weg, entzündetes Licht, geschenktes Leben. Teilhaben an dieser Wahrheit kann nur, wer sich auf sie einlässt, wer nicht hilflos alles auszuprobieren und wie ein unreifes Kind, das jeden Gegenstand in den Mund nimmt, zu „schmecken" ver-
10 sucht. Nötig ist seine Bereitschaft zur Selbstbeschränkung auf eine bestimmte kulturelle, soziale und religiöse Praktik der Religion, in die er sich als Myste, als Schüler, einweisen lässt von einem Mystagogen, einem Lehrer. Die „Lebenskunst" des Religiösen, mithin also die „gelingende" Religiosität, wird sich in der Praxis erweisen, eine Praxis, die aber in erster Linie „Asketik" ist, also „Übung"
15 im ursprünglichen griechischen Wortsinn. Eine kategoriale (d.h. von bestimmten Gruppen konkret gelebte, durch Regeln geordnete) Religion als „gute" Religion erfahren kann nur, wer sie ausübt und sich so in sie einübt. Auch in die fiktive Welt eines Buches komme ich nur hinein, wenn ich es lese; das Glück einer Partnerschaft erlebe ich nur, wenn ich auch Partnerschaft lebe und mich
20 um meinen Platz und den Platz des anderen in dieser Partnerschaft mühe. Die kalkulierte, regelgeleitete und angeleitete methodische Vorgehensweise ist dementsprechend der erste Schritt, um sich in einer Religion zu beheimaten, sich in ihr einzugewöhnen.

Und ein letzter Gedanke: Im Grunde ist jede Diskussion um den Religionsbe-
25 griff eine Diskussion der Gottesfrage. Gott ist es, der den Menschen anspricht und zu einer Entscheidung ruft. Er ist es, der im Menschen Wohnung nehmen und wachsen will. […] Wer Religion als „nützliche Sache" missbrauchen will, wer von „Religion" redet, wo es letztlich nur um eigene Interessen geht, der praktiziert keine Religion, die er zuvor mit *phrónesis,* also aus seiner Mitte he-
30 raus, gewählt hat. Religion ist dort zu finden, wo Gott das sein und bleiben kann, was er ist: Gott. Und wo der Mitmensch nicht aus dem Blick gerät, sondern im Gegenteil all meinen Eigeninteressen vorausgeht. *Thomas Meurer*

Sigmar Polke, Ohne Titel – mit Gesichtern, 1969–72

1 2 3 **4** 5 6

Wie könnte für Sie persönlich ein Glaubenswagnis aussehen? Konkretisieren Sie die Gedanken J. Werbicks mithilfe eigener Zugänge und an selbst gewählten Beispielen. Entwerfen Sie ein dazu passendes Haiku für Ihr Lerntagebuch.

1 2 3 4 **5** 6

Beschreiben Sie das Bild (mithilfe von „Sehen lernen" → S. 98f.), und finden Sie einen alternativen Bildtitel.

1 2 3 4 5 **6**

Setzen Sie Text und Bild zueinander in Beziehung: Inwiefern könnte auch im Bild von Sigmar Polke das „Wagnis des Glaubens" zum Ausdruck kommen?

Vernetzung
› Bedenken Sie zum Thema „Wagnis" auch → S. 110f. („Negative Theologie"), → S. 134f. („Theodizee") und → S. 138f. („Gerechtigkeit").

Vom Wagnis des Glaubens

Der Glaube ist – erkenntnistheoretisch gesehen – eine Option; das sei gar nicht bestritten. Und in einer Option setzt der Optierende auf das für ihn Wünschenswerte, darauf also, dass es die Realität seiner Lebenswirklichkeit mehr und mehr ausmache und bestimme. Wenn der Glaube als die grundlegende menschliche Option – als „option fondamentale" – anzusehen ist, so heißt das für unseren Zusammenhang: Er ist jene Option, auf die hin der Glaubende lebt, in die er sich „investiert", der „Einsatz", in dem er sich selbst wagt – in der Hoffnung, alles zu „gewinnen". […] Das Leben und Sich-Setzen in der Glaubens-Option mag unter Umständen gerade dann ein gesamtmenschliches Wagnis – ein Wagnis des Herzens und eben nicht nur ein „realistisches Kalkül" – sein, wenn ein zu glauben Versuchender sich im klaren Bewusstsein des „Vielleicht auch nicht" auf Gott hin wagt.

Jürgen Werbick

25

Neque enim quaero intelligere
ut credam sed credo ut intelligam.
Fides quaerens intellectum.
Nicht suche ich nämlich einzusehen,
um zu glauben. Sondern ich glaube,
um einzusehen. Glaube, fragend nach
Einsicht.

   Anselm von Canterbury (1033–1109)

Ich glaube.
Ich glaube dir.
Ich glaube dir das.
Ich glaube aufgrund von …
Ich glaube an dich.

Ich glaube, dass es heute Abend
regnen wird.
Ich glaube, nächste Saison wird
Werder Bremen Pokalsieger.
Ich glaub, ich spinne.

1 2 3 4 5
Beschreiben Sie mithilfe der „Glau-
benssätze" oben den unterschiedli-
chen Gebrauch des Wortes „glauben".
Vergleichen und bewerten Sie Ihre
Ergebnisse untereinander.

1 **2** 3 4 5
Erklären Sie auf der Grundlage des
Textes mit eigenen Worten die theologischen Fachtermini *fides quae, fides
qua* und *augustinische Trias* und illus-
trieren Sie sie durch selbst gewählte
Beispiele.

1 2 **3** 4 5
Setzen Sie die Bedeutung des Wortes
„Amen" in Beziehung zu den Inhalten
des Textes der Doppelseite.

*Menschen, die von sich behaupten, dass sie glauben, stehen immer vor der Herausfor-
derung, ihren Glauben mit ihrem Denken zu vereinbaren. Sie müssen imstande sein,
ihren Glauben vernünftig begründen zu können, wenn sie gefragt werden. Das heißt,
sie sollten erklären können, was es überhaupt bedeutet, wenn sie sagen: „Ich glaube."
Ist das etwa gleichbedeutend mit „Ich weiß nicht" oder „Ich weiß es noch nicht"? Oder
könnten sie auch sagen „Ich vertraue darauf"? Bedeutet glauben für sie, dass sie ihren
Verstand ausschalten? Oder überschreiten sie damit die Grenzen ihres Verstandes?*

Was Glauben ist

Seit dem vierten Jahrhundert sind in dem nach seinem Eingangswort „Credo" benannten Glaubensbekenntnis die unverzichtbaren Inhalte des christlichen Glaubens formuliert und fixiert. Das Anselm'sche *Credo ut intelligam* („ich glaube, um
einzusehen") spricht darüber hinaus aber von dem bleibenden Auftrag und Anspruch, den christlichen Glauben in der jeweiligen Zeit zu begreifen. Wie dieser
Glaube – oder besser: dieses *Glauben* zu verstehen ist, lässt sich an zwei klassischen Aussagen der christlichen Theologie erläutern:

1. Die Unterscheidung von *Fides qua creditur* und *Fides quae creditur*

Fides qua creditur („der Glaube, durch den geglaubt wird") besagt, dass der Glaube
in einem Vollzug besteht. Glauben ist demnach ein Akt, in dem bzw. mit dem geglaubt wird. Dieser Vollzug aber hat stets auch einen Inhalt. Diese inhaltliche
Seite wird bezeichnet mit *fides quae creditur* („der Glaube, der geglaubt wird").
Glaubensvollzug und Glaubensinhalt bilden hier die zwei untrennbaren Seiten
von Glaube bzw. glauben.

2. Augustinische Trias

Glauben ist nicht auf sich selbst bezogen. Vielmehr gibt es auch einen interpersona-
len Bezug des Glaubens, der beide Seiten, Vollzug und Inhalt, mit bestimmt. Dieser
Bezug kommt in einem Dreischritt zum Ausdruck, der auf Augustinus zurückgeht:
› *Credere Deum:* Gott, seine Existenz als Inhalt glauben
› *Credere Deo:* Gott als Glaubensgrund bzw. sich selbst bezeugende Autorität
   glauben
› *Credere in Deum:* Gott als Zielpunkt des Glaubens vor Augen haben, sich
   ihm überlassen, anvertrauen.

Paul Klee, Grenzen des Verstandes (Omega 8), 1927

1 2 3 **4** 5

Beschreiben Sie das Gemälde von Paul Klee (→ S. 98f. „Sehen lernen") und deuten Sie es anschließend unter Bezug auf den Bildtitel.

1 2 3 4 **5**

Finden Sie Beispiele, in welchen Situationen der Verstand an Grenzen stößt, und diskutieren Sie mögliche Reaktionen des Menschen.

Amen

Das am Gebetsende vom Gläubigen gesprochene „Amen" („Ja, so soll es sein") ist abzuleiten vom hebräischen *aman* = fest sein, gegründet sein, sich stellen auf bzw. *he-emin* = sich halten an, Vertrauen haben zu. Zu diesem Begriffsfeld gehört auch das hebräische *emuna* = Festigkeit, Sicherheit, Glaube bzw. *emet* = Stabilität, Integrität, Wahrheit. In der griechischen Übersetzung des Alten Testaments wurde *aman* bzw. *he-emin* durch das griechische *pisteuein* = glauben, vertrauen (vgl. *pistis* = Glaube, Vertrauen) wiedergegeben.

Vernetzung
› Erörtern Sie vor dem Hintergrund des letzten Absatzes des Textes auf dieser Doppelseite das Verhältnis von Religion und Glaube(n). Bedenken Sie dazu die Aspekte von → S. 24f.

Die augustinische theologische Glaubensformel mit Gott als Glaubensinhalt, Glaubensgrund und Glaubensziel bringt in aller Deutlichkeit das auch aus dem biblischen Kontext bekannte Grundverständnis von Glauben zum Ausdruck (s. dazu den Info-Text „Amen" rechts). Dieses interpersonale, das Verhältnis von Gott und Menschen betreffende Verständnis von Glauben steht einem umgangssprachlichen „Für-wahr-Halten" entgegen. Wenn schließlich Religion vordringlich als menschliches Ereignis, Glaube dagegen vor allem als von Gott selbst gewirktes Werk angesehen wird, stehen sich nicht zuletzt in Religion und christlichem Glauben menschliches Tun und göttliches Werk gegenüber.

Vom Zweifel zur Kritik

Der Glaube vor dem Forum der Vernunft

Zweifel, vom germanischen *twifla* (= doppelt, gespalten, zweifach, zwiefältig), beschreibt einen emotionalen Zustand bzw. eine Unsicherheit in Bezug auf Vertrauen, Taten, Entscheidungen oder Behauptungen und Vermutungen von Tatsachen. Der Gegensatz zum Zweifel ist die Gewissheit.

1 2 3 4 5 6 7

Formulieren Sie zu zweit Anfragen an einen Menschen, der von sich behauptet, er kenne keinen Zweifel.

1 **2** 3 4 5 6 7

Skizzieren Sie zuerst und begründen Sie anschließend den von E. Fried und K. v. Stosch hergestellten Zusammenhang von Zweifel und Angst mit eigenen Worten.

1 2 **3** 4 5 6 7

Nehmen Sie begründet Stellung zu der These von Max Horkheimer und Friedrich Nietzsche.

1 2 3 **4** 5 6 7

Beurteilen Sie in Anlehnung an A. Jeremic die These: „Zweifel ist der Treibstoff des Glaubens." Bewerten Sie Ihre Ergebnisse untereinander.

1 2 3 4 **5** 6 7

Gliedern Sie den Text rechts in sinnvolle Abschnitte, benennen Sie Unverständliches und notieren Sie wichtige sowie unklare Begriffe. Klären Sie offene Fragen zu zweit und geben Sie anschließend den Inhalt des Textes mit eigenen Worten wieder.

Angst und Zweifel

Zweifle nicht
an dem
der dir sagt
er hat Angst
aber hab Angst
vor dem
der dir sagt
er kennt keinen Zweifel.
Erich Fried

Jeder wirklich religiöse Mensch zweifelt mitunter an seinem Glauben. Oder er könnte zumindest zweifeln. So wie auch ein Liebender an der Liebe zweifeln kann, obwohl er es nicht tut, solange er sich dem Gefühl des Verliebtseins hingibt. Ein Leben in pausenlosem Verliebtsein ist aber genauso wenig möglich wie ein pausenloser zweifelsfreier Glaube an Gott. Ein Leben in absoluter Sicherheit ohne jeden Zweifel ist eher ein Zeichen von Angst, zumindest aber von Denkfaulheit.
Klaus von Stosch

DEN ZWEIFEL IN DIE RELIGION EINZUBEZIEHEN, IST EIN MOMENT IHRER RETTUNG.
MAX HORKHEIMER

ZWEIFEL IST DER TREIBSTOFF DER SELBSTBEWUSSTEN.
ALEKSANDAR JEREMIC

DER GLAUBE AN DIE WAHRHEIT BEGINNT MIT DEM ZWEIFEL AN ALLEN BIS DAHIN GEGLAUBTEN WAHRHEITEN.
FRIEDRICH NIETZSCHE

Die Illusion

1 Der Gegenstand des Menschen ist nichts anderes als sein gegenständliches Wesen selbst. Wie der Mensch denkt, wie er gesinnt ist, so ist sein Gott: so viel Wert der Mensch hat, so viel Wert und nicht mehr hat sein Gott. Das Bewusstsein Gottes ist das Selbstbewusstsein des Menschen, die Erkenntnis Gottes, die

⁵ Selbsterkenntnis des Menschen. Aus seinem Gotte erkennst du den Menschen und wiederum aus dem Menschen seinen Gott, beides ist eins. Was dem Menschen Gott ist, das ist sein Geist, seine Seele, und was des Menschen Geist, seine Seele, sein Herz, das ist sein Gott: Gott ist das offenbare Innere, das ausgesprochene Selbst des Menschen; die Religion, die feierliche Enthüllung der

¹⁰ verborgenen Schätze des Menschen, das Eingeständnis seiner innersten Gedanken, das öffentliche Bekenntnis seiner Liebesgeheimnisse.

Wenn aber die Religion, das Bewusstsein Gottes, als das Selbstbewusstsein des Menschen bezeichnet wird, so ist dies nicht so zu verstehen, als wäre der religiöse Mensch sich direkt bewusst, dass sein Bewusstsein von Gott das Selbst-

¹⁵ bewusstsein seines Wesens ist, denn der Mangel dieses Bewusstseins begründet eben das eigentümliche Wesen der Religion. Um diesen Missverstand zu beseitigen, ist es besser zu sagen: Die Religion ist das erste und zwar indirekte Selbstbewusstsein des Menschen. […] Die Religion, wenigstens die christliche, ist das Verhalten des Menschen zu sich selbst, oder richtiger: zu seinem Wesen,

²⁰ aber das Verhalten zu seinem Wesen als zu einem anderen Wesen. Das göttliche Wesen ist nichts anderes als das menschliche Wesen. […]

Der Mensch glaubt Götter, nicht nur weil er Fantasie und Gefühl hat, sondern auch weil er den Trieb hat, glücklich zu sein. Er glaubt ein seliges Wesen, nicht nur weil er eine Vorstellung der Seligkeit hat, sondern weil er selbst selig sein

²⁵ will; er glaubt ein vollkommenes Wesen, weil er selbst vollkommen zu sein wünscht; er glaubt ein unsterbliches Wesen, weil er selbst nicht zu sterben wünscht. Was er selbst nicht ist, aber zu sein wünscht, das stellt er sich in seinen Göttern als seiend vor; die Götter sind die als wirklich gedachten, in wirkliche Wesen verwandelten Wünsche des Menschen; ein Gott ist der in der Fan-

³⁰ tasie befriedigte Glückseligkeitstrieb des Menschen. Hätte der Mensch keine Wünsche, so hätte er trotz Fantasie und Gefühl keine Religion, keine Götter. Und so verschieden die Wünsche, so verschieden sind die Götter und die Wünsche sind so verschieden, als es die Menschen selbst sind. Der Trieb, aus dem die Religion hervorgeht, ihr letzter Grund ist der Glückseligkeitstrieb, und

³⁵ wenn dieser Trieb etwas Egoistisches ist, also der Egoismus.

Es handelt sich also im Verhältnis der selbstbewussten Vernunft zur Religion nur um die Vernichtung einer Illusion – einer Illusion aber, die keineswegs gleichgültig ist, sondern vielmehr grundverderblich auf die Menschen wirkt […], denn selbst die Liebe, an sich die innerste, wahrste Gesinnung, wird durch

⁴⁰ die Religiosität zu einer nur scheinbaren, illusorischen, indem die religiöse Liebe den Menschen nur um Gottes willen, also nur scheinbar den Menschen, in Wahrheit nur Gott liebt.

Ludwig Feuerbach

Ludwig Feuerbach (1804–1872) war Theologe und Philosoph und gilt als einer der bedeutendsten Religionskritiker des 19. Jahrhunderts.

Der Mensch schuf Gott nach seinem Bilde.   *Ludwig Feuerbach*

Gott schuf also den Menschen als sein Abbild, als Abbild Gottes schuf er ihn.   *Gen 1,27*

1 2 3 4 5 **6** 7
Bei Feuerbach wird Theologie (Lehre von Gott) zu Anthropologie (Lehre vom Menschen). Belegen Sie dies anhand des Textes links und des Zitats oben.

1 2 3 4 5 6 **7**
Erklären Sie auf Basis des Textes Ursprung und Ziel der Religionskritik Feuerbachs und gestalten Sie daraus ein Tafelbild. Nehmen Sie begründet zu seinem religionskritischen Ansatz Stellung.

Vernetzung
› Berücksichtigen Sie zum Thema die Texte von → S. 128f.
› Friedrich Nietzsche ist wie Ludwig Feuerbach, Karl Marx und Sigmund Freud einer der bedeutendsten Philosophen und Religionskritiker des 19. Jhs. Setzen Sie das Zitat Nietzsches in Beziehung zum Denken von Feuerbach und Marx (→ S. 29f.).

Widerspruch erwünscht!

Kritik und Gegenkritik

Karl Marx (1818–1883) war Jurist, Philosoph und politischer Journalist und steht in seinem Denken in der Nachfolge Feuerbachs.

1 2 3 4 5 6 7 8
Skizzieren Sie anhand der rechts abgedruckten Thesen die Kritik von Karl Marx an Feuerbach und erläutern Sie seine Vorstellung vom Menschen.

1 **2** 3 4 5 6 7 8
Bearbeiten Sie den Text wie auf der vorigen Doppelseite beschrieben (→ S. 29, Arbeitsauftrag 5).

1 2 **3** 4 5 6 7 8
Erläutern Sie die von Marx geäußerte These, Religion sei „Opium des Volkes" (Z. 13). Was folgert er daraus?

1 2 3 **4** 5 6 7 8
Erörtern Sie, inwiefern Marx mit seiner Religionskritik über den Ansatz Feuerbachs hinausgeht.

1 2 3 4 **5** 6 7 8
Nehmen Sie begründet zum religionskritischen Ansatz von Marx Stellung, auch im Vergleich zu Feuerbach.

Das religiöse Elend

1 Das Fundament der irreligiösen Kritik ist: Der Mensch macht die Religion, die Religion macht nicht den Menschen. Und zwar ist die Religion das Selbstbewusstsein und das Selbstgefühl des Menschen, der sich selbst entweder noch nicht erworben oder schon wieder verloren hat. Aber der Mensch, das ist kein

5 abstraktes, außer der Welt hockendes Wesen. Der Mensch, das ist die Welt des Menschen, Staat, Sozietät. Dieser Staat, diese Sozietät produzieren die Religion, ein verkehrtes Weltbewusstsein, weil sie eine verkehrte Welt sind. […] Der Kampf gegen die Religion ist also mittelbar der Kampf gegen jene Welt, deren geistiges Aroma die Religion ist.

10 Das religiöse Elend ist in einem der Ausdruck des wirklichen Elendes und in einem die Protestation gegen das wirkliche Elend. Die Religion ist der Seufzer der bedrängten Kreatur, das Gemüt einer herzlosen Welt, wie sie der Geist geistloser Zustände ist. Sie ist das Opium des Volks.

Die Aufhebung der Religion als des illusorischen Glücks des Volkes ist die For-

15 derung seines wirklichen Glücks: Die Forderung, die Illusionen über seinen Zustand aufzugeben, ist die Forderung, einen Zustand aufzugeben, der der Illusionen bedarf. Die Kritik der Religion ist also im Keim die Kritik des Jammertales, dessen Heiligenschein die Religion ist.

Die Kritik hat die imaginären Blumen an der Kette zerpflückt, nicht damit der

20 Mensch die fantasielose, trostlose Kette trage, sondern damit er die Kette abwerfe und die lebendige Blume breche. Die Kritik der Religion enttäuscht den Menschen, damit er denke, handle, seine Wirklichkeit gestalte wie ein enttäuschter, zu Verstand gekommener Mensch, damit er sich um sich selbst und damit um seine wirkliche Sonne bewege. Die Religion ist nur die illusorische

25 Sonne, die sich um den Menschen bewegt, solange er sich nicht um sich selbst bewegt.

Es ist also die Aufgabe der Geschichte, nachdem das Jenseits der Wahrheit verschwunden ist, die Wahrheit des Diesseits zu etablieren. Es ist zunächst die Aufgabe der Philosophie, die im Dienste der Geschichte steht, nachdem die

30 Heiligengestalt der menschlichen Selbstentfremdung entlarvt ist, die Selbstentfremdung in ihren unheiligen Gestalten zu entlarven. Die Kritik des Himmels verwandelt sich damit in die Kritik der Erde, die Kritik der Religion in die Kritik des Rechts, die Kritik der Theologie in die Kritik der Politik.   *Karl Marx*

Feuerbach und Marx kritisch gelesen

1 Während Religionskritik im Allgemeinen zunächst die theoretische Bestreitung der Existenz Gottes ist, verbindet sich die klassische Religionskritik des 19. Jahrhunderts bei Ludwig Feuerbach und Karl Marx im Besonderen mit einer ausdrücklichen Christentumskritik. Eine solche Kritik provoziert Gegen-

5 kritik – nicht weil man sie für unzulässig hielte, sondern gerade um sie als ernst zu nehmende Anfrage an religiöse Erfahrung und christlichen Glauben zu begreifen und zu diskutieren.

So hatte Feuerbach ohne Zweifel recht mit seiner Projektionsthese, denn wo an einen Gott geglaubt wird und dieser Glaube versprachlicht wird, da werden

10 auch reale Hoffnungen artikuliert und in dieses Gottesbild hineinprojiziert. Nicht zuletzt in der Bibel selbst kommen die unterschiedlichsten menschlichen Bilder und Vorstellungen von Gott zur Sprache. Aber verhindert eine Projektion, ein Gedanke an eine Sache schon die Existenz derselben? Schließt der Wunsch eines hungernden Menschen nach einem Stück Brot die reale Er-

15 füllung dieses Wunsches aus? Kann die erhoffte Erfahrung von Nähe und Geborgenheit, die ich in einen geliebten Menschen projiziere, nie auch real werden? Logisch gesprochen lässt sich also aus einer Projektion bzw. einem Wunsch noch keine Aussage über die Existenz oder Nichtexistenz des Gewünschten folgern. Und auch theologisch ist Feuerbach mittels der sog. Analo-

20 gielehre des 4. Laterankonzils (1215) zu widersprechen: Jede positive Aussage über Gott („Gott ist groß und allmächtig") muss zugleich eingeschränkt bzw. zurückgenommen werden („Gott ist nicht nur groß und allmächtig, er kann auch ganz klein und vielleicht sogar ohnmächtig sein"). Über Gott kann deshalb nur analog gesprochen werden, das heißt in Eigenschaften, die ihm zu-

25 gleich ähnlich und unähnlich sind.

Marx hat zu Recht eine Religion kritisiert, die, statt konkrete Missstände in der Gesellschaft zu beseitigen, ihre Gläubigen mit Vertröstungen auf das Jenseits betäubt. Auch Jesus hat mit seiner Botschaft von der Gottesherrschaft das Etablierte kritisiert, Menschen und Wirklichkeit verändert, so real, wie es die zahlrei-

30 chen Wunderberichte darlegen. Gegen Marx wird man allerdings einwenden können und müssen, dass seine Sicht einseitig geblieben ist. Denn auch im und lange vor dem 19. Jahrhundert haben Religion, Christentum und Kirche ihren Beitrag dazu geleistet, Gesellschaft im Sinne der Menschlichkeit zu gestalten.

Die klassische Religionskritik behält insgesamt also ihre Relevanz für Theolo-

35 gie und Christentum, denn sie „dringt auf eine rational verantwortungsfähige Verwendung des Wortes Gott" (Gregor Maria Hoff). Hinter das Denken Feuerbachs kann kein Theologe zurück. Die Religionskritik ist und bleibt wie der beständige Zweifel begleitende Anfrage und notwendiges Korrektiv des Gottesglaubens – nicht mehr, aber auch nicht weniger.

Jan Woppowa

Karl Marx:
Thesen über Feuerbach (1844)
These 6: Feuerbach löst das religiöse Wesen in das menschliche Wesen auf. Aber das menschliche Wesen ist kein dem einzelnen Individuum innewohnendes Abstraktum. In seiner Wirklichkeit ist es das ensemble der gesellschaftlichen Verhältnisse.
These 11: Die Philosophen haben die Welt nur verschieden interpretiert, es kommt darauf an, sie zu verändern.

1 2 3 4 5 **6** 7 8
Erarbeiten Sie die im Text genannten Argumente einer Kritik und geben Sie diese mit eigenen Worten wieder.

1 2 3 4 5 6 **7** 8
Konkretisieren Sie die genannten Gegenargumente an selbst gewählten Beispielen aus Geschichte und Gegenwart (vgl. Z. 30-33).

1 2 3 4 5 6 7 **8**
Nehmen Sie aus der Sicht eines gläubigen Christen Stellung zur Relevanz religionskritischer Aussagen und erläutern Sie dies an selbst gewählten Beispielen.

Vernetzung
› Entwerfen Sie zu dritt ein Streitgespräch zwischen einem christlichen Theologen, einem Feuerbachianer und einem Marxisten zu der Frage: „Existiert Gott?!" Berücksichtigen Sie dazu besonders → S. 94f., S. 110f., S. 102f., S. 104f., S. 124f. und S. 138f.
› Erörtern Sie die Frage, inwieweit das biblische Bilderverbot (vgl. Ex 20,4) auch eine Art Religionskritik darstellt (→ S. 108f.). Verbietet es solche Gottesbilder wie Ps 23,1 oder Jes 66,13?

SEHEN – GLAUBEN – KAUFEN?

Sieben methodische Schritte zum Umgang mit religiösen Motiven in der Werbung

1. Spontane Wahrnehmung

Noch mehr als ein Kunstwerk will Werbung unsere affektive, emotionale Seite ansprechen, will Gefühle und bleibende Eindrücke wecken. Deshalb ist der erste Impuls meiner Wahrnehmung von Werbung wichtig.

› *Geben Sie spontane Assoziationen und Emotionen beim ersten Betrachten der Werbeanzeige wieder!*

2. Bilder

Wenn es sich nicht gerade um Radiowerbung handelt, funktioniert Werbung meistens mit Bildern:

› *Benennen Sie alle Bildelemente der Werbeanzeige, beschreiben und sortieren Sie diese (nach Gegenständen, Personen, Perspektiven, Symbolen etc.).*

3. Wort und Text

Ebenso beinhaltet Werbung Wort und Text, um bestimmte Aussagen zu machen.

› *Benennen Sie alle Textelemente der Werbeanzeige und charakterisieren Sie diese (nach Fragen, Ausrufen, Schlagworten etc.).*

4. Religiöse Elemente

Im Kontext dieses Kapitels geht es um den Zusammenhang von Werbung und Religion. Deshalb sollte ein genauer Blick auf die religiösen Elemente der Werbeanzeige gerichtet werden.

› *Analysieren Sie alle religiösen Elemente in Bild und Text und ordnen Sie diese in ihren ursprünglichen Kontext ein (Weltreligionen, Bibel, Kirche etc.). Untersuchen Sie anschließend, welche menschlichen Bedürfnisse, Fragen, Sehnsüchte mit diesen Elementen angesprochen werden.*

5. Wort und Bild

Werbung funktioniert genau dann, wenn sich aus der Einheit von Wort/Text und Bild oder aus in ihr enthaltenen Brüchen, Widersprüchen und Spannungen eine Botschaft für Betrachterinnen und Betrachter ergibt, die sie angeht.

› *Beschreiben und interpretieren Sie dieses Spiel zwischen Wort und Bild.*

6. Zusammenhang von Marke, Produkt und religiösen Elementen

Die Verwendung religiöser Elemente in einer Werbeanzeige geschieht nicht zufällig; sie sind gezielt ausgewählt, werden aber auch aus ihrem ursprünglichen Zusammenhang gerissen.

› *Beurteilen Sie, wie die werbende Marke, das beworbene Produkt und die verwendeten religiösen Elemente zusammenpassen und ob es inhaltliche Übereinstimmungen oder eher Differenzen und Widersprüche, Stil- und Tabubrüche gibt.*

7. Vertiefungen

Setzen Sie sich mit den folgenden Fragen auseinander: Macht die vorliegende Werbeanzeige bestimmte Voraussetzungen bei Betrachterinnen und Betrachtern, das heißt, müssen sie vielleicht genaue Kenntnisse haben, um die Werbeanzeige überhaupt verstehen zu können? Ist die Anzeige Teil einer ganzen Reihe von Anzeigen der Marke bzw. des Produkts und spielen alle mit religiösen Elementen? Hat die Marke ein „Gesamtkonzept" mit religiösen Bezügen?

Deine Stärke ist mein Halt.
Dein Halt ist meine Kraft.
Deine Kraft ist mein Antrieb.
Dein Antrieb ist meine Zuversicht.
Deine Zuversicht ist meine Hoffnung.
Deine Hoffnung ist meine Hoffnung.
Dein Herz ist mein Herz.
Dein Leben ist mein Leben.
Deine Liebe ist meine Liebe.

(Diego Armando)

Wer etwas Wichtiges zu sagen hat, macht keine langen Sätze.

Bild Dir Deine Meinung!

Sie haben in diesem Kapitel bereits eine Menge Neues erfahren: über den Religionsbegriff, über das Wesen des Glaubens und über Argumentationsweisen der klassischen Religionskritik.

Stellen Sie sich zu dieser Doppelseite folgendes Szenario vor: Als überzeugter Anhänger von Ludwig Feuerbach und/oder Karl Marx stehen Sie vor einem der abgebildeten Werbeplakate. In Ihnen regen sich Widerstände ob dieser Aussichten, und alle religionskritischen Argumente und Denkmuster schießen Ihnen durch den Kopf: Projektionsverdacht, Opium des Volkes, Glückseligkeitstrieb des Menschen, Illusionen, Elend, Jammertal etc. Schauen Sie, denken Sie nach und entwerfen Sie zu einem der Werbeplakate ein Statement in religionskritischer Absicht.

Gemeinsame Suche nach Wahrheit

Religionen im Dialog

1 2 3 4 5 6
Nehmen Sie begründet **Stellung** zu den Vorbemerkungen Lehmanns über den besonderen Dialog der katholischen Kirche mit den anderen christlichen Kirchen und Gemeinschaften, mit dem Judentum und mit dem Islam. Warum trifft er diese Unterscheidungen?

1 **2** 3 4 5 6
Nennen Sie mit Blick auf die Ausführungen Karl Kardinal Lehmanns wesentliche Voraussetzungen für den interreligiösen Dialog. Welche können Sie noch hinzufügen?

1 2 **3** 4 5 6
Erörtern Sie die Bedeutung und die mögliche Problematik bei einer interreligiösen Suche nach Wahrheit.

1 2 3 **4** 5 6
Erläutern Sie die von Lehmann aufgezeigte Relevanz der Religionsfreiheit.

Positive Religionsfreiheit bezeichnet die Freiheit eines Menschen, einer selbst gewählten Religion anzugehören, sich zu ihr zu bekennen und ihre religiösen Praktiken frei auszuüben.
Negative Religionsfreiheit bezeichnet das Recht, nicht einer Religion oder religiösen Prinzipien und Handlungen unterworfen zu werden.

Auf den vorangegangenen Doppelseiten ist „Religion" im Allgemeinen zur Sprache gekommen, indem heutige Phänomene des Religiösen untersucht worden sind. Außerdem ist das Verhältnis von Religion, Glauben und Vernunft beleuchtet worden. Auf den folgenden Doppelseiten wird es um konkrete Ansichten und bestimmte Glaubenstraditionen aus den großen Weltreligionen gehen. Dabei ist zu bedenken, dass sich beispielsweise nicht ‚das' Judentum oder ‚der' Islam darstellen lässt. Vielmehr gibt es gewisse verbindliche inhaltliche Grundelemente (wie im Christentum etwa das Credo oder die Feier der Eucharistie), die ihrerseits wiederum verschieden interpretiert und gelebt werden. Deshalb kommen auf den entsprechenden Doppelseiten einzelne Vertreter der Weltreligionen zu Wort, jeweils exemplarisch für eine unter vielen Innenansichten. Der Eigenwert jeder dieser Stimmen ist zu beachten, nicht zuletzt im Blick auf gegenseitige Toleranz, die wechselseitige Übernahme fremder Perspektiven und den gemeinsamen Dialog. Denn gerade ein Dialog wird immer zwischen konkreten Gesprächspartnerinnen und Gesprächspartnern geführt.

Dialog in Freiheit und Wahrheit

Der interreligiöse Dialog muss unterschieden werden von der Ökumene, die sich um die Aussöhnung der verschiedenen christlichen Kirchen und Gemeinschaften bemüht. Der Dialog mit dem Judentum muss aufgrund der Gemeinsamkeit der biblischen Offenbarung des Alten Testaments, aber auch vor dem
5 Hintergrund des Antisemitismus und der Gräuel der nationalsozialistischen Zeit in seinem eigenen Gewicht betrachtet werden. Das Gespräch mit dem Islam hat ebenso eine eigene Struktur. Die katholische Kirche musste immer schon diese Frage des Dialogs mit den nicht-christlichen Glaubensgemeinschaften in betonter Weise aufgreifen, da sie als Weltkirche vor Ort immer
10 schon in Begegnung und Auseinandersetzung mit den anderen Religionen lebte.
Ausführlich geht die Kirche in der Erklärung des 2. Vatikanischen Konzils „Nostra aetate" auf das Verhältnis zu den nichtchristlichen Religionen ein. Das Gespräch und die Begegnung der Religionen setzen einen universalen und
15 menschheitlichen Horizont voraus. Ein Dialog ist nur dann möglich, wenn man sich – unbeschadet aller Unterschiede – zunächst einmal als Ebenbürtiger unter Ebenbürtigen akzeptiert *(par cum pari loquitur)*. Der Dialog darf nicht durch Machtansprüche welcher Art auch immer verzerrt werden.

Interreligiöses Weltgebetstreffen in Assisi, 2011

1 2 3 4 **5** 6

Nehmen Sie Stellung zu Lehmanns abschließender Warnung davor, die Wahrheitsfrage bzw. den Gottesglauben aus dem interreligiösen Dialog auszuklammern.

1 2 3 4 5 **6**

Erörtern Sie zu zweit, vor dem Hintergrund heutiger Erfahrungen und Geschehnisse in Politik und Gesellschaft, die Grenzen und Möglichkeiten für einen interreligiösen Dialog.

Vernetzung
› Erörtern Sie die Möglichkeit des interreligiösen Dialogs auch auf der Basis von → S. 220f.
› Einen Auszug aus dem Konzilsdokument „Nostra aetate" finden Sie auf der folgenden Doppelseite. Dort können Sie zentrale Aussagen nachlesen.

Projektidee
› Informieren Sie sich über das „Projekt Weltethos" des katholischen Theologen Hans Küng und stellen Sie es in seinen wesentlichen Grundanliegen dar.
› Recherchieren Sie die Inhalte des am 24. Februar 2002 verabschiedeten „Dekalogs von Assisi für den Frieden".
› Informieren Sie sich über Projekte und Initiativen eines Dialogs unter Religionen in Ihrer Nähe und gestalten Sie selbst ein solches Projekt an Ihrer eigenen Schule.

Es geht freilich im Dialog nicht nur um die abstrakte Gemeinsamkeit einiger
20 religiöser Elemente, sondern auch darum, wie eine Religion als Ganzes von anderen verstanden wird und gesellschaftlich in Erscheinung tritt. […]
Es gibt im Dialog freilich ein entscheidendes Element, das vielleicht eher sogar zu den Voraussetzungen des Dialogs gehört. Dies ist die theoretische und prak-
25 tische Frage der Religionsfreiheit, und dies im Sinne der negativen und positiven Religionsfreiheit. Nach meinem Verständnis ist das Eintreten für eine allseitige Religionsfreiheit und die praktische Verwirklichung dieser Religionsfreiheit ein ganz zentrales und wesentliches Kriterium für jeden interreligiösen Dialog. Die moralische Pflicht des Einzelnen, den wahren Glauben zu
30 suchen und anzunehmen, wird durch die Gewährung der Religionsfreiheit keineswegs aufgehoben oder relativiert, sondern lediglich von den Eingriffsmöglichkeiten staatlicher Gewalt kategorisch geschieden und gegen sie gesichert. In diesem Sinne hat die Religionsfreiheit eine zentrale und kritische Rolle auch für die anderen Menschenrechte. […]
35 Ich halte einen Dialog unter den Religionen, der die religiöse Frage ausklammert und nur politisch und sozial relevante Themen in Angriff nimmt, für schädlich. Es wäre geradezu paradox, wenn der interreligiöse Dialog sich um alles kümmern würde, aber nicht um die Suche nach Wahrheit und die Erfüllung dieses Suchens im Glauben an Gott. *Karl Kardinal Lehmann*

Strahlen der Wahrheit

Die Katholische Kirche und die Religionen

Im Jahr 1965 hat das 2. Vatikanische Konzil in der Erklärung „Nostra aetate" das Verhältnis der Katholischen Kirche zu den nicht-christlichen Religionen theologisch geordnet. Noch heute gilt der damals entstandene Text als kirchlich verbindliche und wegweisende Orientierung für den christlichen Blick auf die anderen Weltreligionen. Seine feierliche und feststellend-verpflichtende Sprache mag für heutige Ohren ungewohnt klingen, zeigt jedoch seine hohe Relevanz als offizieller und für die gesamte katholische Christenheit verbindlicher Text.

1 2 3 4 5 6 7

Skizzieren Sie den Aufbau des Konzilstextes und versuchen Sie, seine Struktur grafisch darzustellen.

1 **2** 3 4 5 6 7

Geben Sie den Argumentationsgang der Erklärung wieder: Von welchen Voraussetzungen geht sie aus? In welcher Weise werden die verschiedenen Weltreligionen erwähnt? Ist eine Zielperspektive zu erkennen?

1 2 **3** 4 5 6 7

Arbeiten Sie anhand des Textes Stellung und Anspruch der Katholischen Kirche gegenüber den Religionen heraus und nehmen Sie dazu aus heutiger Sicht Stellung.

1 2 3 **4** 5 6 7

Beurteilen Sie zu zweit, ob das damalige Anliegen der Konzilsväter auch heute noch Relevanz hat.

1 In unserer Zeit, da sich das Menschengeschlecht von Tag zu Tag enger zusammenschließt und die Beziehungen unter den verschiedenen Völkern sich mehren, erwägt die Kirche mit umso größerer Aufmerksamkeit, in welchem Verhältnis sie zu den nichtchristlichen Religionen steht. Gemäß ihrer Aufgabe, 5 Einheit und Liebe unter den Menschen und damit auch unter den Völkern zu fördern, fasst sie vor allem das ins Auge, was den Menschen gemeinsam ist und sie zur Gemeinschaft untereinander führt. […]

Die Menschen erwarten von den verschiedenen Religionen Antwort auf die ungelösten Rätsel des menschlichen Daseins, die heute wie von je die Herzen der Menschen im Tiefsten bewegen: Was ist der Mensch? Was ist Sinn und Ziel 10 unseres Lebens? Was ist das Gute, was die Sünde? Woher kommt das Leid, und welchen Sinn hat es? Was ist der Weg zum wahren Glück? Was ist der Tod, das Gericht und die Vergeltung nach dem Tode? Und schließlich: Was ist jenes letzte und unsagbare Geheimnis unserer Existenz, aus dem wir kommen und 15 wohin wir gehen? […]

Im Zusammenhang mit dem Fortschreiten der Kultur suchen die Religionen mit genaueren Begriffen und in einer mehr durchgebildeten Sprache Antwort auf die gleichen Fragen. So erforschen im Hinduismus die Menschen das göttliche Geheimnis und bringen es in einem unerschöpflichen Reichtum von Mythen 20 und in tief dringenden philosophischen Versuchen zum Ausdruck und suchen durch aszetische Lebensformen oder tiefe Meditation oder liebend-vertrauende Zuflucht zu Gott Befreiung von der Enge und Beschränktheit unserer Lage. In den verschiedenen Formen des Buddhismus wird das radikale Ungenügen der veränderlichen Welt anerkannt und ein Weg gelehrt, auf dem die Menschen mit 25 frommem und vertrauendem Sinn entweder den Zustand vollkommener Befreiung zu erreichen oder – sei es durch eigene Bemühung, sei es vermittels höherer Hilfe – zur höchsten Erleuchtung zu gelangen vermögen. So sind auch die übrigen in der ganzen Welt verbreiteten Religionen bemüht, der Unruhe des menschlichen Herzens auf verschiedene Weise zu begegnen, indem sie Wege 30 weisen: Lehren und Lebensregeln sowie auch heilige Riten.

Die katholische Kirche lehnt nichts von alledem ab, was in diesen Religionen wahr und heilig ist. Mit auf-

35 richtigem Ernst betrachtet sie jene Handlungs- und Lebensweisen, jene Vorschriften und Lehren, die zwar in manchem von dem abweichen, was sie selbst
für wahr hält und lehrt, doch nicht selten einen Strahl jener Wahrheit erkennen lassen, die alle Menschen erleuchtet.

40 Unablässig aber verkündet sie und muss sie verkündigen Christus, der ist „der
Weg, die Wahrheit und das Leben" *(Joh 14,6),* in dem die Menschen die Fülle
des religiösen Lebens finden, in dem Gott alles mit sich versöhnt hat. Deshalb
mahnt sie ihre Söhne, dass sie mit Klugheit und Liebe, durch Gespräch und
Zusammenarbeit mit den Bekennern anderer Religionen sowie durch ihr
45 Zeugnis des christlichen Glaubens und Lebens jene geistlichen und sittlichen
Güter und auch die sozial-kulturellen Werte, die sich bei ihnen finden, anerkennen, wahren und fördern.

Mit Hochachtung betrachtet die Kirche auch die Muslime, die den alleinigen
Gott anbeten, den lebendigen und in sich seienden, barmherzigen und all-
50 mächtigen, den Schöpfer des Himmels und der Erde, der zu den Menschen
gesprochen hat. Sie mühen sich, auch seinen verborgenen Ratschlüssen sich
mit ganzer Seele zu unterwerfen, so wie Abraham sich Gott unterworfen hat,
auf den der islamische Glaube sich gerne beruft. […]

Bei ihrer Besinnung auf das Geheimnis der Kirche gedenkt die Heilige Synode
55 des Bandes, wodurch das Volk des Neuen Bundes mit dem Stamme Abrahams
geistlich verbunden ist. So anerkennt die Kirche Christi, dass nach dem Heils-
geheimnis Gottes die Anfänge ihres Glaubens und ihrer Erwählung sich schon
bei den Patriarchen, bei Moses und den Propheten finden.

Sie bekennt, dass alle Christgläubigen als Söhne Abrahams dem Glauben nach
60 in der Berufung dieses Patriarchen eingeschlossen sind und dass in dem Auszug des erwählten Volkes aus dem Lande der Knechtschaft das Heil der Kirche
geheimnisvoll vorgebildet ist. Deshalb kann die Kirche auch nicht vergessen,
dass sie durch jenes Volk, mit dem Gott aus unsagbarem Erbarmen den Alten
Bund geschlossen hat, die Offenbarung des Alten Testamentes empfing und
65 genährt wird von der Wurzel des guten Ölbaums, in den die Heiden als wilde
Schösslinge eingepfropft sind. […]

Wir können aber Gott, den Vater aller, nicht anrufen, wenn wir irgendwelchen
Menschen, die ja nach dem Ebenbild Gottes geschaffen sind, die brüderliche
Haltung verweigern.

Nostra aetate 1–5

1 2 3 4 **5** 6 7

Setzen Sie die Abbildungen in Beziehung zu der Tatsache, dass Konzils-
texte (vgl. lat. *concilium* = Versammlung) durch die gemeinschaftliche
Entscheidung von Menschen unterschiedlichster Herkunft und Kultur
entstehen.

1 2 3 4 5 **6** 7

Ziehen Sie aus den Ausführungen des
Konzils Konsequenzen für die gegenwärtige Gestaltung eines interreligiösen Dialogs. Bewerten Sie Ihre Ergebnisse untereinander.

1 2 3 4 5 6 **7**

Erläutern Sie das im Text beleuchtete
Verhältnis der Kirche zum Judentum.

Vernetzung
› Setzen Sie den Konzilstext in Be-
 ziehung zu den Ausführungen Karl
 Kardinal Lehmanns zum interreli-
 giösen Dialog (→ S. 34f.).
› Vergleichen Sie die Aussagen des
 Konzilstextes über die verschiede-
 nen Weltreligionen mit den Inhal-
 ten der folgenden Doppelseiten.
› Setzen Sie die Aussagen über den
 Menschen und seine religiösen
 Erwartungen (vgl. Z. 8ff.) in Bezie-
 hung zu den allgemeinen Aussagen
 über Religion bzw. Religiosität am
 Beginn dieses Kapitels.
› Untersuchen Sie mithilfe von
 → S. 22f. die Metapher „Strahlen der
 Wahrheit".
› Berücksichtigen Sie die Informatio-
 nen zum 2. Vatikanischen Konzil
 auf → S. 212f.

Projektidee
› Informieren Sie sich über den
 historischen und kirchenge-
 schichtlichen Kontext sowie
 die theologische Bedeutung
 des 2. Vatikanischen Konzils.

Religion oder Volk?

Eine jüdische Stimme

1 2 3 4 5

Arbeiten Sie zu zweit wichtige Begriffe und die inhaltliche Struktur des Textes heraus.

1 **2** 3 4 5

Skizzieren Sie die von Leibowitz aufgeworfene Problematik im Selbstverständnis des Judentums.

1 2 **3** 4 5

Arbeiten Sie heraus, was der Autor mit der „Realität des Judeseins" (Z. 12ff.) zum Ausdruck bringt.

1 2 3 **4** 5

Erläutern Sie, wie Leibowitz den Begriff „Volk" versteht, und grenzen Sie ihn gegen den der „Religion" ab.

1 2 3 4 **5**

Erörtern Sie, ob sich die Gedanken von Leibowitz auf das Christentum bzw. den christlichen Glauben übertragen lassen.

Der Biochemiker und Religionsphilosoph Jeshajahu Leibowitz (1903–1994) war ein überzeugter und streitbarer Vertreter des orthodoxen, streng religiösen Judentums. Zugleich galt er als scharfer Kritiker der israelischen Tagespolitik und setzte sich für eine radikale Trennung von Staat und Religion ein. Denn insbesondere das Judentum hat seit seinen biblischen Ursprüngen ein Selbstverständnis als Religion und Volk zugleich entwickelt. In einem Interview Ende der 1980er-Jahre antwortete Leibowitz auf die Frage „Wie sehen Sie die Zukunft des jüdischen Volkes?" wie folgt:

1 Sie ist mir sehr unklar. Dreitausend Jahre lang war das Volk der Juden, trotz Diaspora, klar und eindeutig definiert – ein sehr geschlossener Block. Der große Bruch erfolgte im 19. Jahrhundert. Dreitausend Jahre, achtzig bis hundert Generationen ohne Staatlichkeit, ohne eigenes Territorium und dennoch

5 ein sehr geschlossenes und klar definiertes Volkstum. Das ist das historisch Erstaunliche. Die Auflösungserscheinungen des jüdischen Volkes in den letzten zweihundert Jahren dagegen – die sind etwas ganz Natürliches. Denn es hat ungeheurer Willenskraft bedurft, das jüdische Volkstum in diesen hundert Generationen zu erhalten, und ungeheure Opfer gefordert. Heute besteht das jü-

10 dische Volkstum – ich spreche jetzt nicht vom Individuum, sondern vom jüdischen Volk als Kollektiv – einfach nur in dem Bewusstsein des Judenseins, aber nicht in der Realität des Judeseins.

Diese Realität ist im 19. Jahrhundert brüchig geworden. Der spezifische Inhalt des jüdischen Volkstums war eben das Judentum gewesen. Und das ist

15 heute nicht mehr das gemeinsame Gut aller Menschen, die sich ganz aufrichtig als Juden ansehen. Auch wenn es wahrscheinlich mehrere Millionen Menschen gibt, für die das Judentum noch heute das reale Lebensprogramm ist. Das äußert sich in bestimmten Ordnungen der Küche, in einer bestimmten Ordnung des Sexuallebens und des Ehelebens. Das äußert sich in einer be-

20 stimmten Ordnung des Arbeitslebens, des Zusammenhaltens, des Sabbat und so weiter. Aber diese Lebensweise ist heute eine Lebensweise der Minorität der Juden. Die anderen unterscheiden sich in ihrem Alltag nicht von den Nichtjuden. Trotzdem haben sie eben – und das ist das Merkwürdige – dieses Bewusstsein, Juden zu sein. Das ist etwas, das auf die Dauer nicht bestehen

25 kann – wenn dieses Bewusstsein nicht mehr bestimmte Realitäten widerspiegelt.

Der siebenarmige Leuchter, die Menora   Das Staatswappen Israels

1 2 3 4 5 **6**

Informieren Sie sich über Herkunft und Bedeutung der Menora und setzen Sie sich mit ihrer Verwendung im Staatswappen Israels auseinander.

Vernetzung
› Vergleichen Sie die Charakterisierung der Kirche als „Volk Gottes" (→ S. 204f., → S. 213) mit den hier getroffenen Aussagen über das jüdische Volk.

Projektidee
› Sammeln Sie zentrale Daten zur Geschichte des Judentums seit den biblischen Anfängen bis zur Gegenwart.
› Erkundigen Sie sich über die zionistische Bewegung am Anfang des 20. Jahrhunderts und ihre Folgen.
› Informieren Sie sich über die verschiedenen Strömungen und religiösen Traditionen des gegenwärtigen Judentums.
› Zeichnen Sie die Geschichte des deutschen Judentums nach und informieren Sie sich insbesondere über die Entwicklung jüdischer Gemeinden in Deutschland nach der Schoah bis zur Gegenwart.

Wenn Sie mich nun fragen, wodurch ist denn heute das jüdische Volk definiert, so weiß ich darauf keine Antwort. […]

„Volk" ist so ein wechselhafter Begriff. Jeder Mensch ist von jedem anderen
30 Menschen verschieden. Warum ist eine Gruppe von Menschen, von denen jeder von allen anderen Menschen der Gruppe verschieden ist, ein Volk? Und warum sind andere Menschen, die von diesen Menschen nicht mehr verschieden sind, als sie selbst untereinander, ein anderes Volk? Das ist eine Frage, auf
35 die wir bis heute noch keine eindeutige Antwort haben.

Aber dieser Bandit Mussolini, der Vater des modernen Faschismus, hat eine gute Definition für „Volk" gegeben: „Volk ist die Gemeinschaft der Menschen, die gemeinsam kämpfen." Und sobald man die Staatlichkeit zum höchsten Wert erhebt, begibt man sich auf eine Bahn, die schließlich zu dieser Definition
40 von Mussolini führt. Für den Faschisten ist die Staatlichkeit ein Wert. Ein Faschist würde sagen: Das Wesen des Volkstums besteht darin, dass das Volk einen Staat hat, das heißt ein Machtinstrument. […]

Aber wer kein Faschist ist – und ich bin kein Faschist –, für den hat Staat nur den Sinn eines Rahmens. Ich meine, das war doch die stolze Leistung des Ju-
45 dentums, des stolzen Judentums, dass es niemals die Nation oder den Staat oder die Staatlichkeit als höchsten Wert anerkannt hat. Niemals.

Jeshajahu Leibowitz

39

Gott ist schön

Eine muslimische Stimme

Der Schriftsteller und Orientalist Navid Kermani (geb. 1967) beschreibt in seinem Buch „Gott ist schön" (1999) die dem Koran innewohnende Ästhetik sowie den Umgang der Gläubigen mit dieser heiligen Schrift des Islams. In zahlreichen Veröffentlichungen des Autors spielt insbesondere der vergleichende Blick auf andere Religionen eine nicht unwesentliche Rolle, auch zum besseren Verständnis der eigenen Glaubenstraditionen.

1 2 3 4 5 6

Stellen Sie die Hauptaussagen von Navid Kermani mit eigenen Worten dar und klären Sie dabei in Partnerarbeit die folgenden im Text vorkommenden Begriffe: Offenbarung, Selbstmitteilung Gottes, Prophet, sakramentale Handlung.

1 **2** 3 4 5 6

Erläutern und konkretisieren Sie die Aussage, der Koran sei nach muslimischem Verständnis „die direkte Rede Gottes" (Z. 12). Vergleichen Sie dieses mit dem christlichen Verständnis biblischer Texte.

1 2 **3** 4 5 6

Nehmen Sie Stellung zu der These, die Rezitation des Koran sei eine „sakramentale Handlung" (Z. 30).

1 2 3 **4** 5 6

Setzen Sie den Text in Beziehung zum Zitat von Nizar Qabbani und begründen Sie damit den Buchtitel „Gott ist schön".

1 Die heiligen Schriften aller Religionen sind ursprünglich Vortrags- oder Gesangstexte, wurden in erster Linie gehört und nicht gelesen – das gilt für die Tora wie für die Bibel, für das Avesta nicht weniger als für die Bücher Manis, für die Veden, die niederzuschreiben lange Zeit ein Sakrileg war, noch mehr als
5 für den Koran. [...] Obwohl also prinzipiell alle Heiligen Schriften Vortragstexte sind, gibt es, was ihren Rezitationscharakter betrifft, Unterschiede. Offenbarung ist prinzipiell eine Selbstmitteilung Gottes an die Welt, mithin ein Akt der Kommunikation. Im Islam jedoch ist sie eine direkte sprachliche Kommunikation. Gott hat nicht ein Buch herabgesandt oder Menschen inspiriert,
10 damit sie die göttliche Botschaft verkündigen. Gott hat gesprochen, und zwar in einer klar verständlichen, menschlichen Sprache. Der Koran ist im muslimischen Offenbarungskonzept die direkte Rede Gottes, der *mushaf* [i.e. das geschriebene Koranexemplar] ihre Aufzeichnung. Weil das geoffenbarte und von Muhammad verkündete Wort eine Rezitation ist und kein Buch, ist der münd-
15 liche Charakter des Korans dem Islam elementar und behauptet sich auch nach der Erfindung von Drucker- und CD-Rom-Pressen.
Es ist oft bemerkt worden, dass religionsphänomenologisch nicht Jesus und Muhammad einander entsprechen, sondern Jesus und der Koran. Sie sind jeweils das theologische Zentrum der Religion, indem sie beide das Wort Gottes
20 sind, das Fleisch gewordene der eine, das Rede gewordene das andere. Christus ist die dem Menschen zugängliche, diesseitige Erscheinung Gottes und das Bindeglied zu ihm; niemand kommt zum Vater denn durch Ihn. Im Islam dagegen kommt dies der Schrift zu, nicht dem Propheten. [...] Während Jesus im Christentum als göttlich angebetet wird, ist der islamische Prophet bloßes
25 Sprachrohr, das Medium, durch das Gott zu den Menschen spricht. [...]
„Wenn ich eine Unterredung mit Gott wünsche", sagt ein Frommer, „lese ich den Koran; da höre ich nicht auf, vertraulich mit Ihm zu reden und Er mit mir."

Gottes Wort im Mund zu führen, durch die Ohren es aufzunehmen, im Herzen es sich zu vergegenwärtigen, ist dem Wesen nach, auch wenn der Islam diese

30 Begrifflichkeit nicht verwendet, eine sakramentale Handlung; das Göttliche wird nicht nur erinnert, es wird vom Gläubigen – ähnlich Jesus Christus im Abendmahl – physisch in sich aufgenommen (weshalb der Gläubige übrigens sorgfältig den Mund ausspülen und die Zähne putzen soll, bevor er die Rezi-

35 tation beginnt, und nach Ansicht besonders Strenger auf stark riechendes Gemüse wie Knoblauch, Zwiebeln oder Lauch vorzugsweise ganz verzichtet); das Göttliche ist ein Erscheinendes oder präziser: ein Erklingendes im Augenblick, da sein Wort von Sterblichen gesprochen wird: „Eure Münder sind Wege Gottes."

Navid Kermani

Als Gott zum Menschen sprechen wollte, wählte er die Poesie, die wohlklingende Weise, das schöne Wort, den anmutigen Vers. Es hätte in seiner göttlichen Macht gestanden, dem Menschen zu befehlen, ‚Glaube an mich!', und der Mensch hätte geglaubt. Aber er hat es nicht getan. Gott wählte den schöneren Weg, das edlere Mittel. Er wählte die Poesie.

Nizar Qabbani

Der Taschahhud (Bekenntnisverlesung) ist ein Teil des rituellen Gebets im Islam, das der Beter in einer bestimmten Haltung auszuführen hat. Die Abbildung besteht aus dem kalligrafierten muslimischen Glaubensbekenntnis *(Schahada)*.

1 2 3 4 **5** 6
Formulieren Sie Ihren spontanen Eindruck beim Betrachten der Abbildung: Wie wirkt das, was Sie sehen, auf Sie? Welche Form erkennen Sie beim genauen Hinsehen? Setzen Sie die Abbildung in Beziehung zum Ritual des Taschahhud.

1 2 3 4 5 **6**
Setzen Sie die Abbildung in Beziehung zum Text der Doppelseite.

Vernetzung
› Beziehen Sie zum Bild Jesu Christi im Islam → S. 192f. ein.

Projektidee
› Informieren Sie sich über wesentliche Elemente und rituelle Handlungen in der Glaubenstradition des Islams und stellen Sie diese vor.
› Recherchieren Sie, welche islamischen Einrichtungen es in Ihrer Stadt gibt. Beziehen Sie dazu aktuelle Fragestellungen und Probleme (→ S. 221) ein.

Ozean des Göttlichen

Eine hinduistische Stimme

Swami Vivekananda (1863–1902) war ein bedeutender hinduistischer Mönch und Gelehrter. Sein Denken basierte auf der Lehre des Vedānta (der heiligen Schriften des Hinduismus), einer der auch noch heute populärsten Strömungen der indischen Philosophie und im Verständnis Vivekanandas die Krone aller Religionen.

1 Der Vedānta behauptet, dass der Mensch göttlich ist, dass alles, was wir um uns herum wahrnehmen, möglich ist durch das Bewusstsein des Göttlichen. Alles, was stark, gut und mächtig im menschlichen Wesen ist, stammt aus dieser Göttlichkeit. Wenn sie in vielen auch nur potenziell vorhanden ist, so gibt es zwischen Mensch
5 und Mensch im Wesenskern durchaus keinen Unterschied, alle sind gleich göttlich. Es gibt sozusagen einen unendlichen Ozean hinter allem, und Sie und ich sind Wellen auf diesem unendlichen Ozean. Jeder von uns versucht sein Bestes, dieses Unendliche zu manifestieren. Jeder von uns besitzt potenziell diesen Ozean von Sein-Bewusstsein-Seligkeit als Geburtsrecht, als sein wirkliches Wesen. Der Un-
10 terschied zwischen uns wird verursacht durch die größere oder geringere Fähigkeit, diese Göttlichkeit zu manifestieren. Deshalb verlangt der Vedānta, dass der Mensch nicht nach seiner Erscheinung beurteilt werden soll, sondern nach dem, was hinter ihm steht. Hinter jedem Menschen steht das Göttliche, und deshalb sollte jeder Lehrer dem Menschen nicht helfen, indem er ihn verdammt, sondern
15 indem er ihm hilft, die Göttlichkeit, die in ihm vorhanden ist, freizulegen.
Eine andere Besonderheit des Vedānta ist, dass wir die unendliche Vielfalt im religiösen Denken gelten lassen müssen und nicht versuchen sollten, jedermann zur selben Auffassung zu bringen, denn das Ziel ist dasselbe. Wie der Vedāntin in seiner poetischen Sprache sagt: Wie die vielen Flüsse, die ihre Quellen in verschiede-
20 nen Gebirgen haben und gewunden oder gerade dahinfließen, schließlich in den Ozean münden, so kommen die verschiedenen Bekenntnisse und Religionen, die mit unterschiedlichen Standpunkten beginnen und krumme oder gerade Wege einschlagen, schließlich alle zu Dir. […]
Wenn unser Auge geöffnet und das Herz geläutert ist, wird dieselbe Göttlichkeit in
25 jedem menschlichen Herzen sichtbar, und nur dann können wir von einer Bruderschaft der Menschen sprechen. Wenn ein Mensch das Höchste erreicht hat, wenn er weder Männer noch Frauen sieht, weder Sekte noch Bekenntnis, weder Hautfarbe noch Geburt noch irgendeinen anderen dieser Unterschiede, sondern über sie hinausgeht und die Göttlichkeit findet, die der wahre Mensch hinter jedem
30 Menschen ist – dann und nur dann hat er die universale Bruderschaft erreicht, und nur dann ist er ein Vedāntin.

Swami Vivekananda

---

1 2 3 4 5 6 7 8
Gliedern Sie den Text nach Sinneinheiten und fassen Sie die wesentlichen Aussagen zusammen.

1 **2** 3 4 5 6 7 8
Konkretisieren Sie, was mit der „Göttlichkeit des Menschen" gemeint sein könnte.

1 2 **3** 4 5 6 7 8
Erörtern Sie Möglichkeiten und Grenzen, diese Göttlichkeit in einem Menschen freizulegen (Z. 14).

1 2 3 **4** 5 6 7 8
Arbeiten Sie heraus, mit welchen Argumenten der Autor davon ausgehen kann, dass alle Menschen um dasselbe Ziel bemüht sind. Welche Rolle spielt dabei die „universale Bruderschaft der Menschen" (Z. 30)?

1 2 3 4 **5** 6 7 8
Nehmen Sie aus heutiger Sicht Stellung zu den Thesen Vivekanandas. Vergleichen und bewerten Sie Ihre Ergebnisse untereinander.

Der Gott Shiva gehört neben Brahma (der Schöpfer) und Vishnu (der Bewahrer) zu einer göttlichen Dreigestalt, die den Lauf des Weltgeschehens bestimmt. Hier ist Shiva dargestellt als „König des Tanzes". Er verkörpert zugleich Schöpfung und Vernichtung, Kontrolle und Loslassen, Transzendenz und Immanenz.

1 2 3 4 5 **6** 7 8
Skizzieren Sie, wie der indische Politik- und Religionswissenschaftler C. Ram-Prasad Religiosität bzw. religiöses Bewusstsein charakterisiert.

1 2 3 4 5 6 **7** 8
Setzen Sie seine Beschreibung von religiösen Phänomenen des indischen Alltags in Beziehung zu den Aussagen Vivekanandas.

1 2 3 4 5 6 7 **8**
Erläutern Sie die Abbildung mithilfe der Bildunterschrift und setzen Sie Ihre Erkenntnisse in Beziehung zu den Aussagen Ram-Prasads (vgl. Z. 4ff.).

Vernetzung
> Wiederholen Sie Definitionsmöglichkeiten und Strukturelemente des Religionsbegriffs (→ S. 18f.) und wenden Sie die Inhalte auf die Texte dieser Doppelseite an.
> Arbeiten Sie die in den Texten enthaltene religiöse Sprache (→ S. 22f.) heraus.

Projektidee
> Informieren Sie sich über Gottesvorstellungen, religiöse Riten und Strömungen im Hinduismus und präsentieren Sie Ihre Erkenntnisse.
> Recherchieren Sie die Ausbreitung hinduistischer Traditionen in Europa bzw. Deutschland.

Vielfalt des Heiligen

1 Das Herzstück religiösen Bewusstseins ist die Überzeugung vom Bestehen einer reicheren, wunderbaren Dimension der Existenz, wo Wahrheiten und Kräfte walten, die uns zwar nicht unmittelbar zugänglich sind, die sich aber durch geistige Übung und entsprechendes Verhalten erschließen lassen. Durch
5 die gesamte Menschheitsgeschichte haben diese Wahrheiten und Kräfte eine fast allumfassende Macht über den menschlichen Geist ausgeübt. Licht und Dunkel, die Ambivalenz des Begehrens, das Erhabene und das Schreckliche, Hoffnung und Leid, Ekstase und der ihr benachbarte Wahnsinn, die Offenbarung und das Unsagbare, Schweigen und Poesie, Gewalt und Heilung, Zwang
10 und Gnade – all dies ist in unser Verständnis des Heiligen eingeflossen. Religiosität durchläuft nach wie vor die gesamte Skala unserer Gefühle.
Im indischen Alltag tritt diese vielfältige Präsenz des Heiligen deutlich hervor: Der eine geht um der Gottheit willen über glühende Kohlen, während der andere sie um Heilung anruft; Gott in weiblicher Gestalt trinkt Blut und wird
15 doch als Mutter verehrt; die religiösen Zeremonien werden mit äußerster Sorgfalt verrichtet, während man gleichzeitig den Mitmenschen seiner Not überlässt; der Bau eines Tempels spaltet die Gesellschaft; statt der gelassenen Rationalität der klassischen philosophischen Texte wird ihre göttliche Inspiriertheit hervorgehoben und emotional zelebriert.   *Chakravarthi Ram-Prasad*

Religion der Menschlichkeit

Eine buddhistische Stimme

1 2 3 4 5 6

Skizzieren Sie die in den Worten des Dalai Lama zum Ausdruck gebrachte Vorstellung vom Menschen in ihren wesentlichen Grundzügen.

1 **2** 3 4 5 6

Arbeiten Sie die Bedeutung des menschlichen Leidens in den Ausführungen des Dalai Lama heraus.

1 2 **3** 4 5 6

Konkretisieren Sie zu zweit anhand selbst gewählter Beispiele die menschliche Suche nach Glück und das Streben, Leid zu vermeiden.

1 2 3 **4** 5 6

Erörtern Sie zu zweit Möglichkeiten und Grenzen der Vermeidung von Leid. Bedenken Sie dabei die Rolle der Religionen.

1 2 3 4 **5** 6

Nehmen Sie Stellung zu der These des Dalai Lama, alle Religionen verfolgen dasselbe Ziel (Z. 39f.).

Der Dalai Lama („ozeangleicher Lehrer") ist das Oberhaupt des tibetischen Buddhismus. Der buddhistische Mönch Tendzin Gyatsho (geb. 1935), der 14. Dalai Lama, hat im Westen vor allem als Botschafter für den Frieden unter Menschen und Staaten breiten Zuspruch erfahren. Für seine Bemühungen, mit friedlichen Mitteln auf die politische Lage seines Heimatlandes Tibet hinzuweisen, ist ihm am 10. Dezember 1989 in Oslo der Friedensnobelpreis verliehen worden. Der folgende Auszug stammt aus seiner Dankesrede anlässlich der Preisverleihung.

1 Eure Majestät, Mitglieder des Nobel-Komitees, Brüder und Schwestern, ich schätze mich sehr glücklich, heute hier bei Ihnen zu sein, um den Friedensnobelpreis entgegenzunehmen. Ich fühle mich geehrt und demütig bewegt, dass Sie diesen wichtigen Preis einem einfachen Mönch aus Tibet geben wollen. Ich
5 bin niemand Besonderes. Aber ich glaube, der Preis ist eine Anerkennung für den wahren Wert von Uneigennützigkeit, Liebe, Mitgefühl und Gewaltlosigkeit, die ich in Übereinstimmung mit den Lehren Buddhas und den großen Weisen Indiens und Tibets zu praktizieren versuche.

Im Namen der Unterdrückten überall auf der Welt und für alle, die um Freiheit
10 kämpfen und für den Frieden in der Welt arbeiten, nehme ich den Preis in tiefer Dankbarkeit entgegen. Ich nehme ihn an als eine Ehrung für den Mann, der die moderne Tradition der Veränderung durch gewaltloses Handeln begründete: Mahatma Gandhi, dessen Leben mich belehrte und begeisterte. Natürlich nehme ich ihn auch im Namen der sechs Millionen Tibeter und Tibeterinnen
15 an, meiner tapferen Landsleute im Inneren Tibets, die so sehr gelitten haben und immer noch leiden müssen. Sie sind einer überlegten und systematischen Strategie ausgesetzt, die auf die Zerstörung ihrer nationalen und kulturellen Identität abzielt. Der Nobelpreis bestärkt unsere Überzeugung, dass mit Wahrheit, Mut und Entschlossenheit als unseren Waffen, Tibet wieder befreit wer-
20 den wird.

Gleich aus welchem Teil der Welt wir kommen: Im Grunde sind wir alle die gleichen menschlichen Wesen. Wir alle suchen Glück und streben danach, Leid zu vermeiden. Wir haben die gleichen grundlegenden menschlichen Bedürfnisse und Interessen. Wir alle wollen als menschliche Wesen Freiheit und
25 das Recht, über unser eigenes Schicksal zu bestimmen, sei es als Individuen oder als Volk. Das ist menschlich. Die großen Veränderungen, die überall in

44

der Welt vor sich gehen – von Osteuropa bis Afrika –, sind ein klares Anzeichen dafür. […]

Als buddhistischer Mönch erstreckt sich meine Anteilnahme auf alle Mitglie-
30 der der menschlichen Familie und natürlich auch auf alle anderen fühlenden Wesen, die leiden. Ich glaube, Leiden wird durch Unwissenheit verursacht. Menschen fügen anderen Schmerzen zu in dem selbstsüchtigen Streben nach eigenem Glück und eigener Befriedigung. Wahres Glück jedoch entspringt ei-
35 nem Gefühl inneren Friedens und innerer Zufriedenheit. Dieses wiederum muss durch das pflegende Einüben von Uneigennützigkeit, Liebe, Mitgefühl einerseits und durch die Beseitigung von Unwissenheit, Selbstsucht und Begierde andererseits erlangt werden. […]

Ich glaube, alle Religionen verfolgen dasselbe Ziel: menschliche Güte zu ent-
40 falten und allen menschlichen Wesen Glück zu bringen. Obwohl die Mittel hierfür verschieden zu sein scheinen, ist das Resultat doch dasselbe. Nun, da wir in das letzte Jahrzehnt dieses Jahrhunderts eintreten, bin ich zuversichtlich, dass die alten Werte, welche die Menschheit bisher erhalten haben, wieder erstarken werden, um uns auf ein freundlicheres, glücklicheres 21. Jahrhun-
45 dert vorzubereiten.

Ich bete für uns alle – Unterdrücker und Freunde –, dass es uns gelingen möge, durch menschliches Verständnis und menschliche Liebe zusammen eine bessere Welt zu errichten und dass wir die Schmerzen und Leiden aller fühlenden Wesen auf diese Weise verringern können.

50 Ich danke Ihnen.   *14. Dalai Lama*

Tibetische Gebetsmühle

1 2 3 4 5 **6**
Informieren Sie sich über Bedeutung und Funktionsweise einer tibetischen Gebetsmühle und setzen Sie dies in Beziehung zu den Ausführungen des Dalai Lama über die größtmögliche Verbreitung von Güte und Glück.

Vernetzung
› Setzen Sie Ihre Erkenntnisse zu dieser Doppelseite in Beziehung zu den Inhalten der vorangegangenen Doppelseite zum Hinduismus.
› Vergleichen Sie die Rede des 14. Dalai Lama mit der Erklärung des 2. Vatikanischen Konzils über das Verhältnis der Kirche zu den nichtchristlichen Religionen (→ S. 36f.).
› Gestalten Sie ein Streitgespräch zwischen je einem Vertreter/einer Vertreterin von Judentum, Christentum, Islam, Hinduismus und Buddhismus zu der Frage: „Haben die Religionen ein gemeinsames Ziel?"
› Vergleichen Sie in einem Beitrag zu Ihrem Lerntagebuch die auf den Seiten → 38ff. jeweils enthaltenen Binnensichten und Verständnisweisen von Religion.

Projektidee
› Informieren Sie sich über den politischen Konflikt zwischen China und Tibet und berücksichtigen Sie dabei die Rolle des 14. Dalai Lama.
› Sammeln Sie biografische Daten zu dem Führer der indischen Unabhängigkeitsbewegung Mahatma Gandhi (1869–1948).
› Informieren Sie sich über die religiösen Traditionen und Strömungen des Buddhismus.
› Recherchieren Sie die Präsenz und die Gestalt des Buddhismus in Deutschland.

WAS IST EINE GUTE RELIGION?

Es lohnt sich, der Frage einmal nachzugehen, wann eine Religion gut ist bzw. was eine gute Religion ausmacht. Das kann in einem Gedankenexperiment geschehen: von einem möglichst neutralen Standpunkt aus, um größtmögliche Unabhängigkeit und Objektivität walten zu lassen. In diesem Sinne regen die folgenden, gewiss unvollständigen und vorläufigen Sätze und Fragestellungen an, sich auf den Weg zu machen.

Jede Religion entwickelt Vorstellungen von einem geglückten Leben und entwirft Regeln, wie man gut und richtig leben soll. Richtet sie sich auch selbst in ihrem Umgangsstil und in ihren Entscheidungsprozessen nach jenen Grundsätzen?

Identifizieren sich die Gläubigen oder zumindest die meisten von ihnen mit den Zielen und der Praxis ihrer Religionsgemeinschaft? Hilft ihnen ihre Religion auf ihrem persönlichen Lebensweg? Fühlen sie sich umgekehrt in ihrer eigenen Religionsgemeinschaft angenommen, respektiert und zur Beteiligung und Mitbestimmung aufgefordert?

Spätestens seit der Aufklärung müssen sich Politik und Gesellschaft an den Menschenrechten und an der Vorstellung von einer unantastbaren Würde des Menschen messen lassen. Achtet eine Religionsgemeinschaft diese Grundwerte? Garantiert sie ihren Gläubigen immer auch Freiheit in Lebensführung und Lebensentscheidungen? Sind Frauen und Männer gleichberechtigt? Schützt sie das Wohl von Kindern? Regelt die Religionsgemeinschaft ihre Angelegenheiten nach rechtsstaatlichen Grundsätzen?

Religionen sind immer Teil der öffentlichen Gesellschaft und beeinflussen Politik und Geschichte. Wie tritt eine Religionsgemeinschaft in der Öffentlichkeit auf? Setzt sie sich ein für Humanität, für den Schutz des Lebens, für die Bewahrung der Schöpfung? Beherzigt sie die Grundsätze von Frieden, Gerechtigkeit und Toleranz? Oder billigt sie Hass und Gewalt? Ergreift sie Partei für die Armen und Schwachen? Oder ist sie eine Religion der Reichen und oberen Schichten?

Durch Globalisierung und weltweite Migration begegnen sich nicht zuletzt auch die (Welt-)Religionen und religiösen Bekenntnisse. Das führt zu Vergleichen, aber auch zu Abgrenzungen und Vermischungen. Wie wirkt eine Religionsgemeinschaft auf ihre Anhänger und deren Lebensstile? Welche Spiritualität und geistliche Lebensformen bietet sie an? Öffnet sie sich für einen Dialog nach außen, oder zieht sie sich zurück aus der Welt? Wie beurteilt sie andere Religionen, und welche Rechte billigt sie Andersgläubigen zu? Ist sie bereit, vom Fremden und von Fremden zu lernen?

Religionen erheben vielfach einen Wahrheitsanspruch, denn im Letzten beanspruchen sie je für sich, der richtige Heilsweg zu einem geglückten Leben zu sein. Wie geht die Religion mit „Wahrheit" um? Sieht sie sich selbst, in exklusiver Weise im alleinigen Besitz der Wahrheit? Oder versteht sie ihren eigenen Weg eher relativ, als einen von vielen verschiedenen Wegen zur Wahrheit?

MENSCHEN
(ER)KENNTNIS

Urknall versus Schöpfung?

Der Schöpfungsglaube in der heutigen Welt

Das Kapitel „Menschen (Er)Kenntnis" ist ein Kapitel der Spannungsfelder. Sie lernen hier einiges über

› *die Spannung zwischen dem Schöpfungsglauben und der Vorstellung von der Evolution der Welt und des Lebens,*
› *die Spannung zwischen der „Natur" des Menschen und den Versuchen, ihn zu optimieren,*
› *die Spannung zwischen Gemeinschaftsbezug und dem Bedürfnis nach Freiraum und Unabhängigkeit,*
› *die Spannung zwischen biologischer und sozialer Sicht von Geschlechtlichkeit,*
› *die Spannung zwischen Würde und Entwürdigung des Menschen,*
› *die Spannung zwischen Unrecht und Elend in der Welt und der menschlichen Fähigkeit zur Hoffnung.*

Das Titelbild (→ S. 47) zeigt die Skulptur „Tischgesellschaft" (1988) von Katharina Fritsch. Sie macht einige der Spannungen sichtbar, in denen Menschen heute stehen (bzw. sitzen). Welche Farben, Formen, Strukturen prägen das Werk? In welcher Situation sind die Personen? Welche Fragen über den Menschen löst die Skulptur bei Ihnen aus? Es sieht so aus, als hätten Religion und Glaube dem modernen Menschen nichts Wesentliches mehr zu sagen. Zur Erklärung der Welt greifen wir auf die Erkenntnisse der Naturwissenschaften zurück; sie scheinen den biblischen Schöpfungsglauben erledigt zu haben. Ist das wirklich so? Oder steckt nicht großes Potenzial in ihm, das dem Menschen hilft, wirklich menschlich zu sein?

1 „Wie erbärmlich klein, wie ohnmächtig müssen wir Menschen uns vorkommen, wenn wir bedenken, dass die Erde, auf der wir leben, in dem schier unermesslichen Weltall nur ein minimales Stäubchen, geradezu ein Nichts bedeutet […]" (Max Planck). Viele Jahrhunderte glaubte der Mensch, die Erde sei das
5 Zentrum des Universums, um das sich alle Gestirne des Himmels drehen. Heute wissen wir: Die Erde ist eine Kugel, die sich mit weiteren acht Planeten um die Sonne bewegt. Und die Sonne? Sie ist ein ganz durchschnittlicher Stern. „Mit 150 Milliarden anderen Sternen bildet sie einen großen, spiralförmigen Sternenhaufen, eine Galaxie; unsere Milchstraße. Aber auch diese ist nichts
10 Besonderes. Die Wissenschaft hat Milliarden anderer Galaxien – größere und kleinere – in den Tiefen des Universums gefunden" (C. Bresch). Ist es da erstaunlich, dass die Menschen in ihrem Selbstwertgefühl verunsichert wurden? Hat doch die Naturwissenschaft dem Menschen Sicherheit und Geborgenheit genommen, die ihnen das alte Weltbild im Zusammenhang mit dem Glauben
15 geschenkt hatte. Die Wissenschaft hat alles Geheimnisvolle entfernt und die Ordnung der Natur als reinen und geistlosen Zufall oder als eine notwendige und damit sinnlose Folge der mechanistischen Gesetze entlarvt. Kein Wunder, das Steven Weinberg schreiben konnte: „Je begreiflicher uns das Universum wird, umso sinnloser erscheint es auch." Der Biologe Jacques Monod äußert
20 sich ähnlich: „Der alte Bund ist zerbrochen: Der Mensch weiß endlich, dass er in der teilnahmslosen Unermesslichkeit des Universums allein ist, aus der er nur zufällig hervortrat." Das ist die eine – sicherlich auch legitime – Sichtweise, die uns die Naturwissenschaft nahelegt. Aber ist sie auch die einzige? Max Planck vollendet den oben zitierten Satz: „[…] und wie seltsam muss es uns
25 andererseits erscheinen, dass wir, winzige Geschöpfe mit einem beliebig winzigen Planeten, imstande sind, mit unseren Gedanken zwar nicht das Wesen, aber doch das Vorhandensein und die Größe der elementaren Bausteine der ganzen großen Welt genau zu erkennen." Die Entstehung des Menschen war sicherlich eine bemerkenswerte und interessante Idee der Natur. Am Ende eines langwierigen und komplizierten Prozesses möchte der Mensch nun wissen: Bin ich durch Zufall entstanden? Bin ich gewollt? Geplant? Welche Rolle spiele ich in diesem kosmischen Drama?

Erwin Neu

Brauchen wir Gott zur Erklärung der Existenz der Welt und des Menschen?

1 Die Evolution ist von Anfang an ein Drahtseilakt voll extremer Unwahrschein-
lichkeiten, ohne welche menschliches Leben nie möglich geworden wäre:
Finetuning der Naturkonstanten, Bildung der für Leben notwendigen Stoffe
im Innern der Sterne, ausgeklügelte Konstellation Sonne-Erde-Mond-Jupiter
5 (dessen Masse Asteroiden von der Erde ablenkt), tägliche Rotation der Erde
(nicht jährliche wie bei der Venus, die sich einseitig auf 500° C aufheizt), Erdge-
schichte mit Andauer von lebensgünstiger Temperatur-Amplitude seit Jahr-
milliarden (trotz enormem Vulkanismus) usw. – lauter staunenswerte Vorgänge, in denen Glaubende eine Absicht und einen Ermöglicher sehen können.
10 Jedenfalls ist die Auskunft, man brauche Gott nicht, um die Existenz unseres
Universums und des Menschen zu erklären, unbegründet. Denn dafür, dass
überhaupt eine Welt existiert, hat der Atheismus letztlich keine Erklärung, erst
recht nicht für einen eventuellen Anfang der Welt. Und dafür, dass nach dem
Urknall die Naturkonstanten des Universums sich mit genau den Werten ein-
15 gependelt haben, dass menschliches Leben möglich wurde, hat der Atheismus
entweder keine Erklärung oder nur eine sehr spekulative: unendlich viele Welten, die sich nie nachweisen lassen, unter denen dann zufällig unsere sein soll.
Nebenbei: Wer an Gott glaubt, kann auch der Idee vieler Welten gelassen begegnen. Unzählig viele Universen, darunter unseres, darin viele Galaxien, dar-
20 unter unsere, und darin unsere Sonne mit diesem blauen Planeten – der Auf-
wand, den Gott mit uns macht, wäre noch staunenswerter und Gott noch
unendlich größer.
Der Gottesglaube hat für die Existenz der Welt eine gute Erklärung und ebenso
für einen Anfang der Welt. Auch für ein fein abgestimmtes Universum, in dem
25 menschliches Leben möglich ist, und für die vielen anderen Drahtseilakte der
Evolution dorthin hat er eine gute Erklärung. Übrigens konnten schon griechische Kirchenväter evolutiv denken; so sagt zum Beispiel Gregor von Nyssa um
380, Gott habe „nicht das Einzelne" geschaffen, sondern „eine gewisse Keim-
kraft zur Entstehung des Alls grundgelegt", aus der das Einzelne sich entfaltet
30 hat.
Hans Kessler

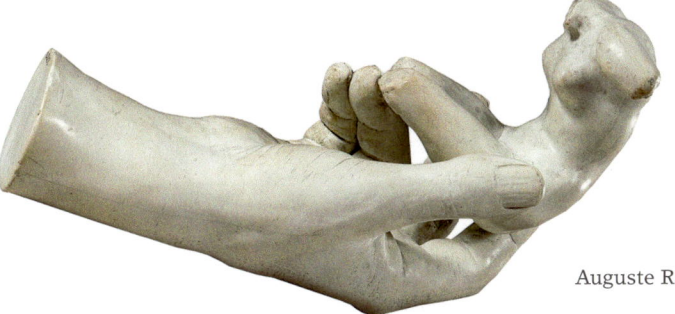

Auguste Rodin, Die Hand Rodins, 1917

1 2 3 4 5
Arbeiten Sie aus den Texten die Ziel-
richtung und die Grenzen einer na-
turwissenschaftlichen Welterklärung
heraus.

1 **2** 3 4 5
Setzen Sie sich mit der Überschrift
der Doppelseite „Urknall versus
Schöpfung" auseinander. Tauschen
Sie sich mithilfe eines Placemat in
einer Gruppe über das Thema aus
und nehmen Sie anschließend einen
begründeten eigenen Standpunkt ein.

1 2 **3** 4 5
Setzen Sie Ihre Arbeitsergebnisse in
Beziehung zu der abgebildeten
Skulptur von Auguste Rodin.

1 2 3 **4** 5
Nehmen Sie begründet Stellung zu
dem Zitat von Joseph Ratzinger.

[…] Eine Welt, von der man nicht
weiß, woher sie kommt, ist ja zutiefst
irrational; nur wenn die Materie aus
Gottes Händen kommt, ist sie von
Grund auf rational. *Joseph Ratzinger*

1 2 3 4 **5**
Beschreiben Sie die sprachliche Gestalt der beiden Schöpfungstexte in
der Bibel (Gen 1,1–2,24). Untersuchen
Sie die Intention beider Texte. Vergleichen Sie sie mit der naturwissen-
schaftlichen Erklärung. Eine Hilfe
kann Ihnen die Anmerkung in einer
Bibelausgabe sein.

Vernetzung
› Berücksichtigen Sie zur argumen-
tativen Auseinandersetzung mit
Religion und Atheismus → S. 28ff.

Wer herrscht über die Schöpfung?

Der Gestaltungsauftrag der Menschen

1 2 3 4 5

Vergleichen Sie den Slogan des Zentralverbands des Deutschen Handwerks mit Gen 1,1.

1 **2** 3 4 5

Gestalten Sie zu der Überschrift „Den ganzen Rest haben wir gemacht" eine eigene Collage, die menschengemachte Probleme (Umweltkatastrophe, Atomkraft, Öl-Katastrophe usw.) verdeutlicht.

1 2 **3** 4 5

Die Figur nennt Elemente der Gottebenbildlichkeit der Menschen. Formulieren Sie weitere.

1 2 3 **4** 5

Vergleichen Sie das Gottes- und Menschenbild von Psalm 8 mit dem satirischen Gedicht von Robert Gernhardt:

Lieber Gott, nimm es hin,
dass ich was Besond'res bin.
Und gib ruhig einmal zu,
dass ich klüger bin als du.
Preise künftig meinen Namen,
denn sonst setzt es etwas.
Amen   *Robert Gernhardt*

1 2 3 4 **5**

Erörtern Sie, welche fruchtbaren und welche gefährlichen Seiten das Selbstbewusstsein der Menschen haben kann, sie seien die „Herren der Welt".

WWW.HANDWERK.DE

Am Anfang waren Himmel und Erde. Den ganzen Rest haben wir gemacht.

Das Handwerk ist mit mehr als 4,8 Millionen Beschäftigten einer der größten Wirtschaftsbereiche Deutschlands. In fast 1 Million Betrieben werden jedes Jahr weit über 450.000 Lehrlinge in 151 Berufen ausgebildet. Auf das Know-how und die Fertigkeiten der Handwerkerinnen und Handwerker kann man heute in keinem Lebensbereich mehr verzichten. Zugegeben: Dafür haben wir mehr als 7 Tage gebraucht. Überzeugen Sie sich selbst: **www.handwerk.de**

DAS HANDWERK
DIE WIRTSCHAFTSMACHT. VON NEBENAN.

Jeder Mensch ist Bild Gottes

Gemeinschaftswesen

?

Freiheit und Verantwortung haben

Geschlechtlichkeit gestalten

Statthalter sein – Umgang mit Macht

Auf Hoffnung hin leben

?

Diese Katastrophe wurde von Menschen verursacht

1 Naoto Kan war japanischer Ministerpräsident, als im März 2011 eine dreifache Katastrophe den Inselstaat in Fernost heimsuchte: Erdbeben, Tsunami und GAUs in Fukushima. Und es waren die Ereignisse rund um die havarierten Reaktoren des Kraftwerksbetreibers Tepco, die letztlich zum Rücktritt Kans

5 führten. Kan übernahm im August 2011 die politische Verantwortung dafür, dass die Bevölkerung nicht schnell genug über die Ereignisse in Fukushima und deren Konsequenzen informiert wurde – und auch dafür, dass das System zur Messung von Radioaktivität offenbar mangelhaft war.

Rückblickend macht Kan als Ursache für die nukleare Katastrophe von Fuku-

10 shima „menschliches Versagen" aus. Auf dem World Economic Forum von Davos sagte Kan: „Das war keine Naturkatastrophe und auch kein technisches Versagen. Diese Katastrophe wurde von Menschen verursacht." An drei Punkten macht er dies fest. Erstens wurde das Tsunami-Risiko schlichtweg unterschätzt. Statt die Reaktoren 35 Meter über dem Meeresspiegel zu errichten, be-

15 gnügte man sich seinerzeit mit zehn Metern. Das war offensichtlich zu wenig. Zweitens hätten die Tepco-Mitarbeiter zu wenig Wissen über die inneren Strukturen und Details der Reaktoren gehabt, weil sie diese „schlüsselfertig" von General Electric übernommen hätten und es bei dieser Übergabe einen Informationsverlust gab. Drittens habe es in Japan einen breiten Konsens dar-

20 über gegeben, dass Kernkraftwerke völlig sicher seien. Die Experten, die Journalisten und die Bevölkerung hätten das so gesehen. Ein kollektiver Irrtum.

In Fukushima war es durch den Ausfall der Kühlung gleich in drei Reaktoren zu einer Kernschmelze gekommen. Weil überdies Wasserstoff-Explosionen die Dächer der Reaktorgebäude wegsprengten, konnten radioaktive Substanzen

25 aus den Brennstäben in die Umwelt gelangen – unter anderem Jod-131, Cäsium-134, Cäsium-137 und Plutonium-239. Es wurden Sperrzonen eingerichtet und 80.000 Menschen umgesiedelt. Sie werden wohl nie mehr in ihre Heimat zurückkehren können.

Das Schlimmste, was nach der Reaktorkatastrophe zu befürchten stand, blieb

30 den Japanern erspart. Mehrfach drohten die Winde eine radioaktive Wolke direkt auf Tokio zuzutreiben. Doch dazu kam es nicht. „Es lag im Bereich des Möglichen, dass man Tokio hätte evakuieren müssen", erinnert sich Kan. Doch man möchte sich nicht vorstellen, was dies für die 35 Millionen Menschen im Großraum Tokio bedeutet hätte.

Welt online vom 9.3.2012

Psalm 8

[2] Herr, unser Herrscher,
wie gewaltig ist dein Name auf der
ganzen Erde;
über den Himmel breitest du deine
Hoheit aus.
[3] Aus dem Mund der Kinder und
Säuglinge schaffst du dir Lob,
deinen Gegnern zum Trotz;
deine Feinde und Widersacher
müssen verstummen.
[4] Seh ich den Himmel, das Werk
deiner Finger,
Mond und Sterne, die du befestigt:
[5] Was ist der Mensch, dass du an ihn
denkst,
des Menschen Kind, dass du dich
seiner annimmst?
[6] Du hast ihn nur wenig geringer
gemacht als Gott,
hast ihn mit Herrlichkeit und Ehre
gekrönt.
[7] Du hast ihn als Herrscher eingesetzt
über das Werk deiner Hände,
hast ihm alles zu Füßen gelegt:
[8] All die Schafe, Ziegen und Rinder
und auch die wilden Tiere,
[9] die Vögel des Himmels und die
Fische im Meer,
alles, was auf den Pfaden der Meere
dahinzieht.
[10] Herr, unser Herrscher,
wie gewaltig ist dein Name auf der
ganzen Erde!

Vernetzung
› Bedenken Sie zum Verständnis dessen, was mit Schöpfung gemeint ist, auch → S. 102f.

Superman im Reagenzglas?

Designer-Babys und Brain-Enhancement

1 2 3 4 5 6 7

Idealbilder vom Menschen hat es in der Geschichte immer wieder gegeben. Recherchieren Sie, welche Bedeutung die Zeichnung von Da Vinci hat (genannt *Der vitruvianische Mensch*, 1492), und vergleichen Sie diese mit dem Buchcover. Mit welchen Eigenschaften müsste für Sie ein Superheld ausgestattet sein?

1 **2** 3 4 5 6 7

Entwerfen Sie sich als „optimalen Menschen". Was finden Sie an sich optimal? Was können Sie verändern?

1 2 **3** 4 5 6 7

Klären Sie die Bezeichnungen „Designer-Baby" und „Ersatzteillager Mensch". Welche Bezeichnung passt zu dem Versuch, den Menschen zu optimieren? Informieren Sie sich auch, was man unter „Präimplantationsdiagnostik" (PID) versteht. Welche Chancen und Risiken bergen diese Untersuchungsverfahren?

1 2 3 **4** 5 6 7

Nehmen Sie begründet Stellung: Wie stehen Sie zur biomedizinischen Verbesserung des gesunden Menschen?

1 2 3 4 **5** 6 7

Beleuchten Sie das Problem von verschiedenen Perspektiven. Führen Sie eine Plenumsdiskussion an und schlüpfen Sie in die verschiedenen Rollen: Eltern, Geschwisterkind des gezüchteten Embryos, Arzt, Vertreter des Ethik-Rats u.a.

Die Verbesserung des Menschen

Die Patientin war eine 44 Jahre alte Frau, die zwei Tage pro Woche ganz apathisch und nicht in der Lage war, ihre normalen Aufgaben zu bewältigen. Sie erfüllte keine Kriterien für depressive Störungen, obwohl sie an einer „Persönlichkeitsstörung" litt, die sie abhängig und passiv aggressiv machte. Man konnte den Eindruck gewinnen, dass die Ärzte sie für hypochondrisch hielten. Sie wollte Fluctin verschrieben haben, um an ihren schlechten Tagen mehr Energie zu haben. Ihre Ärzte meinten jedoch, dass eine Psychotherapie wirksamer sei. Die Patientin ließ nicht locker und bekam schließlich ihr Rezept. Nach sechs Wochen berichtete sie, dass sie viel mehr Energie, Optimismus und Selbstvertrauen hätte: „Genau so wollte ich mich immer fühlen." Zweimal hatte sie Fluctin abgesetzt und wieder ihren normalen, unzufriedenen Zustand erreicht. Wenn sie das Medikament wieder einnahm, war sie erneut voller Energie und Optimismus …

Peter D. Kramer

Kosmetische Eingriffe am Körper, Sport-Doping, Pillen zur Verbesserung von Aufmerksamkeit und Gedächtnis, Antidepressiva zur Stimmungsaufhellung, Anti-Aging-Maßnahmen – längst schon hat sich der Begriff „Enhancement" als Bezeichnung für den Einsatz biomedizinischer Mittel zur Leistungssteigerung oder Verbesserung gesunder Menschen etabliert.

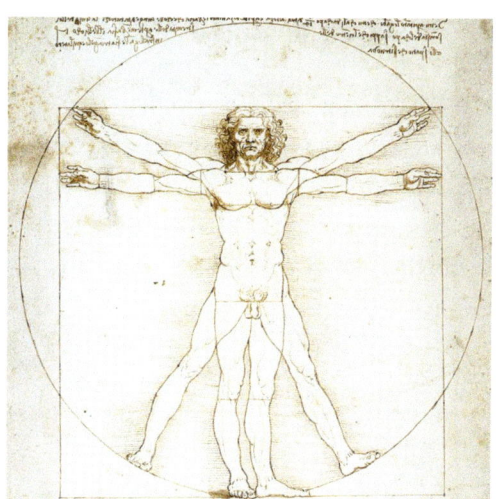

„Beim Leben meiner Schwester"

Der Film „Beim Leben meiner Schwester" beschreibt die Geschichte der Familie Fitzgerald, deren zweitältestes Kind Kate an Leukämie erkrankt ist. Als an der kleinen Kate der Ausbruch der Krankheit festgestellt wird und herkömmliche Therapien keinen Erfolg haben, beschließen die Eltern Sara und Brian auf Vorschlag des behandelnden Arztes, ein In-vitro-Kind mit identischem genetischen Code wie Kate zur Welt zu bringen. Dieses Kind, Anna, dient in den folgenden Jahren als Spenderin von Knochenmark, Stammzellen und anderen lebenswichtigen Körpersubstanzen für ihre Schwester.

Eines Tages wird bei der dann fünfzehnjährigen Kate ein Versagen der Nieren festgestellt. Anna soll eine Niere spenden, doch diesmal weigert sie sich. Sie nimmt sich einen Anwalt, um sich in medizinischen Fragen von der elterlichen Fürsorge entbinden zu lassen.

1 2 3 4 5 **6** 7
Erarbeiten Sie zunächst mithilfe des Glossars den Begriff „Dilemma". Untersuchen Sie nun, welche Dilemma-Situationen die verschiedenen Personen im Film bewältigen müssen.

1 2 3 4 5 6 **7**
Entwerfen Sie mögliche Fortsetzungen der Filmhandlung.

Als ich klein war, erzählte mir meine Mutter, dass ich ein kleines Stück des blauen Himmels bin, das auf die Welt gekommen wäre, weil sie und Dad mich so sehr liebten. Später wurde mir klar, dass das nicht der ganzen Wahrheit entsprach. […]

Ich wurde künstlich erschaffen, geboren zu einem ganz bestimmten Zweck. Ein Wissenschaftler brachte die Eizellen meiner Mutter mit dem Sperma meines Vaters zusammen, um eine spezielle Kombination von Genen zu erzeugen.

Er tat es, um das Leben meiner Schwester zu retten.

Manchmal frage ich, was gewesen wäre, wenn Kate gesund gewesen wäre. Dann wäre ich vermutlich immer noch da oben im Himmel und würde darauf warten, dass mir ein Körper hier unten auf der Erde zugeteilt wird.

Geplant oder nicht – ich bin hier!

Aus: Beim Leben meiner Schwester

Projektidee
› Informieren Sie sich, welche aktuellen Konfliktfelder zum Thema „Optimierung des Menschen" es gibt, und präsentieren Sie Ihre Ergebnisse im Kurs.
› Bedenken Sie zum Thema dieser Doppelseite die Aspekte ethischer Urteilsbildung auf → S. 72.

„... und da kommen Sie und wollen den verkaufsoffenen Sonntag einführen!"

Nach jüdischem Glauben ist der Sabbat, nach christlichem Glauben der Sonntag der Tag der „Schöpfungsruhe", der Höhepunkt der Schöpfung. Der folgende Radiobeitrag von Fritz Pleitgen wurde am 7.11.1999 im Deutschlandradio Berlin gesendet. Er erzählt von einem (Alp-)Traum des für verkaufsoffene Sonntage zuständigen Ministers. Gott selbst erscheint ihm, um mit ihm über sein Schöpfungswerk und dessen Vervollkommnung am siebten Tag zu reden. In ironischer Brechung spricht der Text von Gott, vor allem aber vom Menschen.

„Damals teilte ich mit mächtiger Hand Licht und Finsternis, Land und Meer. Tags darauf hing ich die Sonne, Mond und Sterne ans Firmament. Ein mächtiges Stück Arbeit, wie Sie sich vielleicht denken können. Es funktionierte erst mit den Keppler'schen Planetengesetzen." „Was Sie nicht sagen!", sagte der Minister. „An den nächsten Tagen experimentierte ich mit Pflanzen, Vögeln und Fischen, strickte DNS-Spiralen, tüftelte Periodensysteme aus, erfand Kongruenzsätze und die Zahl Pi ... – haben Sie eine Ahnung, was es bedeutet, die Zahl Pi zu erfinden?" Der Minister war sich nicht ganz sicher. „Und dann kam der sechste Tag", fuhr der Alte fort. „Das war der Höhepunkt. In einem Anfall von tollkühner Geselligkeit formte ich den Menschen, damit einer sei, der alles entdecke und betrachte. – Und ich sah, dass es gut war. Alles war sehr, sehr gut. – Es funktionierte reibungslos: Zellen und Organe, Sehnen und Gelenke, Fliehkraft und Gravitation, sogar das Ohm'sche Gesetz und das Planck'sche Wirkungsquantum erwiesen sich als brillante Ideen. Ein kosmisches Patentamt hätte seine helle Freude gehabt. Und ganz nebenbei hatte ich die Sechs-Tage-Woche erfunden. Es war einfach toll!" „Alle Achtung!", sagte der Minister. Es schien ihm gut,

den Fremden bei Laune zu halten. Verstohlen sah er zum Wecker. Es konnte nicht mehr lange dauern. „Und doch." Theo erhob sich und tat ein paar Schritte. „Alles war gut, aber irgendetwas schien zu fehlen. Alles arbeitete reibungslos und griff perfekt ineinander. Es war glatt und schön und fehlerfrei. Aber es war – wie soll ich sagen – irgendwie langweilig ... Man staunte, aber es blieb einem fremd. Es war perfekt, aber nicht vollkommen ..." Er blieb am Fenster stehen und sah in den Garten. Die Blätter bewegten sich leise im Wind. „Sophia brachte mich drauf. Frauen haben ein feines Gespür für das Wesentliche." Er kehrte zum Bett zurück, zog einen Stuhl heran und setzte sich. Er sah dem Minister voll ins Gesicht. „Am nächsten Tag erschuf ich die Ruhe", sagte er. „Sagten Sie Ruhe?", fragte der Minister und blickte wie ein Karpfen. „Ja, die Ruhe", bestätigte Theo und atmete tief, „den Frieden zwischen den Kriegen, die Schwebe zwischen den Atemzügen, den Lidschlag zwischen den Blicken, die Stille zwischen den Worten und das Schweigen in allen Sprachen ... – und ich spürte: Groß und mächtig war ich an allen vorherigen Tagen, Gott war ich erst am siebten. An ihm erschuf ich das Geheimnis und die Weisheit aller anderen Tage. – Vorher habe ich erfunden und geplant, geformt und gebaut. Vorher war ich ein Gott nach eurem Ebenbild. Am siebten Tag war ich der ganz Andere, nicht außer mir, sondern ganz bei mir selbst, und gab euch die Chance, Mensch zu werden, nach meinem Ebenbild." Er lächelte und fuhr leise fort: „Seit dem siebten Tag gilt nicht das Erwerben, sondern das Verschenken, nicht das Vernichten, sondern das Bewahren, nicht das Herrschen, sondern das Dienen, nicht das Haben, sondern das Sein, nicht das Ich, sondern das Wir. – Denn jedes Bauen bedeutet Zerstörung. Jedes Handeln greift folgenschwer ein."

Er schwieg, wohl wissend, dass seine Worte hier nur schwer Eingang fanden. Der da vor ihm lag, war kein Denker. Er war ein Täter, ein Macher … Doch Theo gab noch nicht auf. „Am siebten Tag erschuf ich … den Umweg und die Freude am Rätsel und Spiel. Seitdem gilt nicht der Rock, um den jemand bittet, sondern der Mantel, den man dazugibt … Verstehen Sie, der siebte ist der entscheidende Tag. Er ist das Geheimnis, der Sinn und die Weisheit der anderen sechs. – Und da kommen Sie und wollen den verkaufsoffenen Sonntag einführen!“ Vorwurfsvoll blickte er sein Gegenüber an. Der fühlte sich ungewöhnlich eingeschüchtert. „Und die Händler“, fragte er zaghaft, „man muss doch an den Umsatz der Händler denken.“ „Das meinen immer nur die Händler“, sagte Theo. „Ich denke lieber an die Menschen.“ „Die wollen ihn ja auch!“, sagte der Minister. „Die Kaufhäuser waren voll. Man geht ja auch hin, um mal richtig was zu erleben.“ Der Alte schüttelte verwundert den Kopf. „Die ganze Welt habe ich für euch erschaffen – und ihr braucht ein Kaufhaus, um mal richtig was zu erleben?“ […]

mach dich mal frei!

MACH MAL SONNTAG

MACH MAL SONNTAG!
EINE AKTION VON ANDERE ZEITEN E.V.
www.machmalsonntag.de

Auch Stachelschweine brauchen Nähe

Der Mensch als Gemeinschaftswesen

Um in der Welt zu bestehen, müssen wir sie begreifen. Das geht nur durch Wahrnehmung, indem wir uns ein Bild von der Welt, von der Wirklichkeit machen. Doch wovon hängt unser Bild von der Wirklichkeit ab? Der folgende Text verweist auf etwas Grundlegendes: Die Welt ist nur zu begreifen, wenn wir uns mit anderen über sie austauschen.

1 2 3 4 5 6 7 8 9

Erstellen Sie mit einem Partner oder einer Partnerin ein Cluster zum Begriff „Gemeinschaft".

1 **2** 3 4 5 6 7 8 9

Arbeiten Sie heraus, was der Autor Bernd Scheffler unter Gemeinschaft versteht.

1 2 **3** 4 5 6 7 8 9

Stellen Sie in einer Tabelle gegenüber, inwiefern wir Menschen „für uns selbst" sind und inwiefern wir auf andere angewiesen sind.

1 2 3 **4** 5 6 7 8 9

Nehmen Sie begründet zu dem Zitat „Wirklichkeit entsteht durch Gemeinschaft" (Z. 2f.) Stellung und zeigen Sie Konsequenzen auf. Beziehen Sie die unten rechts stehenden Zitate ein.

1 2 3 4 **5** 6 7 8 9

Finden Sie heraus, ob unter Gruppenzwang die eigene Wahrnehmung verändert wird. Führen Sie mit einer Gruppe ein ähnliches Experiment durch, wie im Text beschrieben.

1 2 3 4 5 **6** 7 8 9

Sammeln Sie Alltagsbeispiele für Situationen, in denen sich Menschen einem Gruppendruck beugen, und bewerten Sie dieses Verhalten.

1 „Ich bin allein in der Welt meiner Träume. Aber ich weiß, dass die Alltagswelt für andere ebenso wirklich ist wie für mich." Wirklichkeit entsteht durch Gemeinschaft. […] Und umgekehrt hätten andere Menschen die Fähigkeit, uns zu verwirren oder im Extremfall sogar verrückt zu machen, indem sie unsere eigenen

5 Wahrnehmungen gerade nicht bestätigen würden, indem sie sie für „total falsch" erklären würden. […] Schon bei verhältnismäßig einfachen Wahrnehmungen, etwa die Länge von Strichen oder die Bewegung von Lichtpunkten betreffend, beugen sich Menschen dem Druck anderer Wahrnehmungen, dem Gruppendruck. Eine Gruppe von Personen war gebeten worden, absichtlich

10 falsche Angaben über die offenkundige Länge von Strichen zu äußern, kurz bevor die eigentliche Versuchsperson befragt wurde. Es zeigte sich, dass viele (nicht alle!) Menschen ihre eigene, korrekte Wahrnehmung verwerfen oder verleugnen und dass dies um so eher geschieht, je mehr Menschen etwas anderes behaupten. […] Aufgrund der Geschlossenheit des Nervensystems muss

15 und kann jeder Mensch seine Erfahrungen nur selbst machen; jeder Mensch ist aufgrund der Geschlossenheit seiner kognitiven Welt zutiefst allein; und dennoch wird die eigene Wahrnehmung nicht nur durch andere beeinflusst, sondern ist ohne die anderen gar nicht denkbar. Wirklichkeit wird gerade auch sozial konstruiert: aufgrund vergleichbarer, einander ähnlicher, indessen nie

20 identischer Handlungen innerhalb bestimmter sozialer Zusammenhänge. Stets stoßen wir auf die Wirklichkeitsmodelle der anderen, wir brauchen sie ebenfalls „zutiefst", aber was auch immer wir davon direkt übernehmen, wir tun dies auf eine jeweils einzigartige Weise.

Bernd Scheffer

Was dem Schwarm nicht nützt, das nützt auch der einzelnen Biene nicht.
Mark Aurel

Verbunden werden auch die Schwachen mächtig.
Friedrich Schiller

Die Stachelschweine

Eine Gesellschaft Stachelschweine drängte sich an einem kalten Wintertage recht nahe zusammen, um, durch die gegenseitige Wärme, sich vor dem Erfrieren zu schützen. Jedoch bald empfanden sie die gegenseitigen Stacheln; welches sie dann wieder voneinander entfernte. Wann nun das Bedürfnis der Erwärmung sie wieder näher zusammenbrachte, wiederholte sich jenes zweite Übel; sodass sie zwischen beiden Leiden hin- und hergeworfen wurden, bis sie eine mäßige Entfernung voneinander herausgefunden hatten, in der sie es am besten aushalten konnten.   *Arthur Schopenhauer*

Bruce Nauman, Anthro / Socio. Rinde Spinning, 1992

Auf drei Projektionsflächen und sechs Monitoren ist der Kopf eines Mannes in verschiedenen Aufnahmen zu sehen. Während er sich unaufhörlich um die eigene Achse dreht, singt er in verschiedenen Tonhöhen „FEED ME/EAT ME/ANTHROPOLOGY" (Füttere mich/iss mich/Anthropologie), „HELP ME/HURT ME/SOCIOLOGY" (Hilf mir/verletze mich/Soziologie) und „FEED ME, HELP ME, EAT ME, HURT ME".

Die Rufe aus verschiedenen Richtungen irritieren ebenso wie die widersprüchlichen Aufforderungen, die auf die einfachsten körperlichen Bedürfnisse zielen und sie zugleich infrage stellen. Die Installation fordert zum Nachdenken über den Menschen in der Gesellschaft auf und über die Frage, wie viel Gemeinschaft ein Mensch braucht.

1 2 3 4 5 6 **7** 8 9

Erläutern Sie Ihrem Sitznachbarn oder Ihrer Sitznachbarin das Gleichnis von Schopenhauer. Skizzieren Sie, wodurch Gemeinschaft in dem Text von Schopenhauer bestimmt wird.

1 2 3 4 5 6 7 **8** 9

Diskutieren Sie mit der Fishbowl-Methode die Frage, ob bei der Veröffentlichung von persönlichen Fotos und privaten Informationen im Internet die Balance von Distanz und Nähe gewahrt wird.

1 2 3 4 5 6 7 8 **9**

Betrachten Sie die Videostills der Installation „Anthro / Sozio". Im Internet (www.medienkunstnetz.de) finden Sie dazu auch Filmaufnahmen. Notieren Sie Ihre Assoziationen bei der Betrachtung. Diskutieren Sie anhand der Installation das Verhältnis von Individuum und Gemeinschaft.

> Vernetzung
> › Berücksichtigen Sie zur Bedeutung von Gemeinschaft für Menschen die Materialien auf → S. 206f.

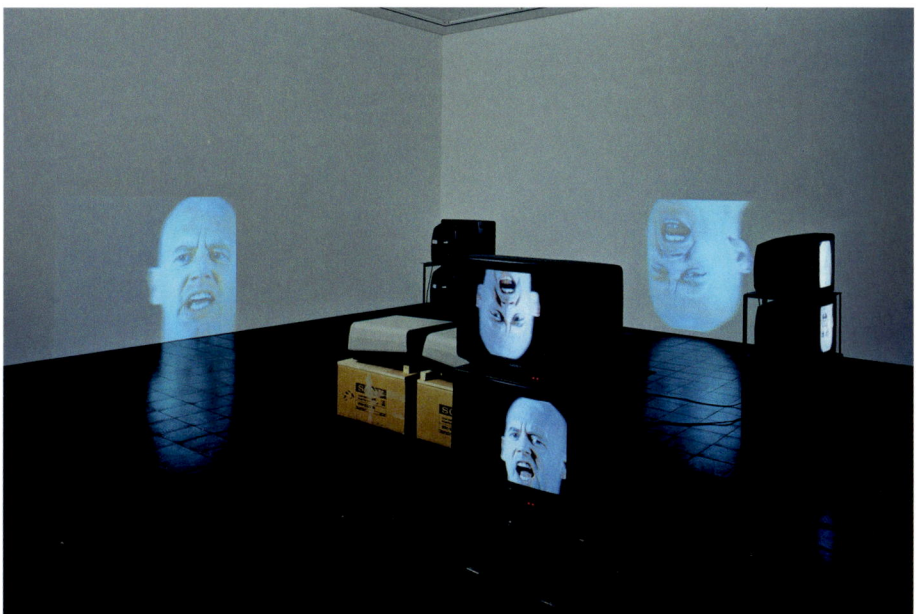

Das Problem mit der Freiheit

In Freiheit Verantwortung übernehmen

1 2 3 4 5 6 7

Führen Sie mit einem Partner oder einer Partnerin ein stummes Schreibgespräch zum Thema „Freiheit" durch. Fassen Sie die jeweils andere Position zusammen und kommentieren Sie diese.

1 **2** 3 4 5 6 7

Setzen Sie das Bild oben in Beziehung zum Thema Freiheit. Notieren Sie spontan Ihre ersten Eindrücke in Ihr Heft.

1 2 **3** 4 5 6 7

Konkretisieren Sie die Aussagen des Textes durch Alltagsbeispiele.

1 2 3 **4** 5 6 7

Untersuchen Sie, wie Freiheit in den Medien dargestellt wird (Werbung). Entwerfen Sie mit Ihren Ergebnissen eine Wandzeitung.

Positive Freiheit

Die „positive" Bedeutung des Wortes „Freiheit" leitet sich aus dem Wunsch des Individuums ab, sein eigener Herr zu sein. Ich will, dass mein Leben und meine Entscheidungen von mir abhängen und nicht von irgendwelchen äußeren Mächten. Ich will das Werkzeug meiner eigenen, nicht fremder Willensakte sein. Ich will Subjekt, nicht Objekt sein; will von Gründen, von bewussten Absichten, die zu mir gehören, bewegt werden, nicht von Ursachen, die gleichsam von außen auf mich einwirken. Ich will jemand sein, nicht niemand; ein Handelnder – einer, der Entscheidungen trifft, nicht einer, über den entschieden wird; ich will selbstbestimmend sein, nicht Gegenstand des Wirkens der äußeren Natur oder anderer Menschen, als wäre ich ein Ding oder ein Tier oder ein Sklave, der unfähig ist, die Rolle eines Menschen zu spielen. […] All dies meine ich zumindest auch, wenn ich sage, dass ich vernunftbegabt bin und dass ich mich durch meinen Verstand als menschliches Wesen von der übrigen Welt unterscheide. Vor allem möchte ich meiner selbst als eines denkenden Wesens bewusst sein, möchte verantwortlich für meine Entscheidungen sein und sie aus meinen eigenen Ideen und Absichten erklären können.

Negative Freiheit

Gewöhnlich sagt man, ich sei in dem Maße frei, wie niemand in mein Handeln eingreift, kein Mensch und keine Gruppe von Menschen. Politische Freiheit in diesem Sinne bezeichnet den Bereich, in dem sich ein Mensch ungehindert durch andere betätigen kann. Wenn andere mich daran hindern, etwas zu tun, das ich sonst tun könnte, bin ich insofern unfrei; und wenn andere diesen Bereich über ein bestimmtes Mindestmaß hinaus einengen, kann man von mir sagen, ich unterläge einem Zwang, oder vielleicht auch, ich sei „versklavt". […] Bloßes Unvermögen, ein Ziel zu erreichen, ist nicht politische Unfreiheit. […] Nur wenn ich annehme, dass mein Unvermögen, eine bestimmte Sache zu erlangen, daher rührt, dass andere Menschen Abmachungen oder Maßnahmen getroffen haben, durch die mir, im Unterschied zu anderen, das Geld vorenthalten bleibt, mit dem ich zahlen könnte – nur dann betrachte ich mich als Opfer von Zwang oder Knechtschaft. […]

Isaiah Berlin

Bindung als Freiheit

1 Eine Bindung eingehen, heißt Spannungen zu ertragen. Eine Bindung verlangt Selbstständigkeit genauso wie Abhängigkeit, Stabilität nicht weniger als Mobilität, Offenheit ebenso wie Geborgenheit, in gleicher Weise Nähe und Abgrenzung. Auch Bindung und Freiheit scheinen sich zunächst zu widersprechen.

5 Doch eine Freiheit, die kein Maß und keinen Ort kennt, löst sich von selbst auf. Freiheit kann nur dann wirkliche Freiheit bleiben, wenn sie sich an einem Punkt festmacht oder bindet. So lässt Freiheit sich ein, engagiert sich, lässt sich gebrauchen und verbrauchen. Sie wird konkret. Der scheinbare Verlust von Freiheit wird zu ihrer Verwirklichung.

10 Das Geheimnis der Bindung rührt an die Wurzeln unseres Menschseins, des Sinnes von Liebe, Leben, Verantwortung, Gemeinschaft und Schöpfung. Das letzte Warum kann nicht beantwortet werden, das Woher und Wohin kann der Mensch nicht bestimmen. Bindung grenzt an Sinn, Geheimnis und Transzendenz. Diese öffnen sich im Horizont des Glaubens. Glaube und Bindung werden verflochten. Bindung heißt Glaube, denn in Gott allein besitzt er seinen Orientierungspunkt.

Menschliche Existenz ist ohne Bindung undenkbar. Der Mensch ist ein Wesen der Bindung, das sich in dieser verwirklicht. Wird Bindung verweigert, kann sich menschliches Leben psychisch und physisch nicht entfalten. Menschen,
20 deren Bindungsgefühl missachtet wird, finden kein Selbstwertgefühl. Eine dauerhafte Bindung verlangt nach Form in Gestalt der Institution. Der Mensch lebt nicht in einem gesellschaftsfreien Raum. Je persönlicher sich eine Bindung erweist, desto stärker appelliert sie an das Engagement der Freiheit des Menschen und offenbart dessen Möglichkeiten und Grenzen.

Nach Christian Schütz

> Thorsten S. (18): „Ich bin bei der freiwilligen Feuerwehr. Manchmal ist es schon anstrengend, wenn ich mitten in der Nacht zum Dienst muss. Ich bin aber auch stolz. Schließlich retten wir Leben."

> Rosi W. (15), CJD Königswinter: „Ich werde in einem Altenheim aushelfen. Die Senioren freuen sich schon. Ich werde einen ganzen Tag mit ihnen Zeit verbringen."

> Rebekka D. (13): „Vorher haben meine Freundinnen und ich unsere alte Kleidung immer weggeschmissen. Jetzt sammeln wir sie und bringen sie zur Nachbarschaftshilfe. So freuen sich Menschen, die es nicht so gut haben."

> Peter M. (20): „Ich hatte keine Ahnung, was ich nach der Schule machen sollte. Studieren wollte ich noch nicht und einfach jobben auch nicht. Da entdeckte ich den Bundesfreiwilligendienst. Etwas Geld verdienen und etwas Nützliches tun – das klingt doch gut!"

1 2 3 4 **5** 6 7
Arbeiten Sie abschnittsweise heraus, was Christian Schütz unter Bindung versteht. Befragen Sie ihn von Ihrer eigenen Position her: Was macht für Sie Bindung aus?

1 2 3 4 5 **6** 7
Nehmen Sie Stellung zu dem Zitat von Sartre:

Der Mensch ist dazu verurteilt, frei zu sein. Verurteilt, weil er sich selbst nicht erschaffen hat, und dennoch frei, weil er, einmal in die Welt geworfen, für all das verantwortlich ist, was er tut. *Jean-Paul Sartre*

1 2 3 4 5 6 **7**
Informieren Sie sich im Internet über gemeinnützige Organisationen und kirchliche Projekte in Ihrer Stadt. Wo können sich Jugendliche sozial engagieren? Stellen Sie die Ergebnisse mit einer Collage im Plenum vor.

Vernetzung
› Bedenken Sie zum Thema Freiheit die Aspekte, die auf der → S. 80 dargestellt werden.
› Zur Religionsfreiheit → S. 34f.

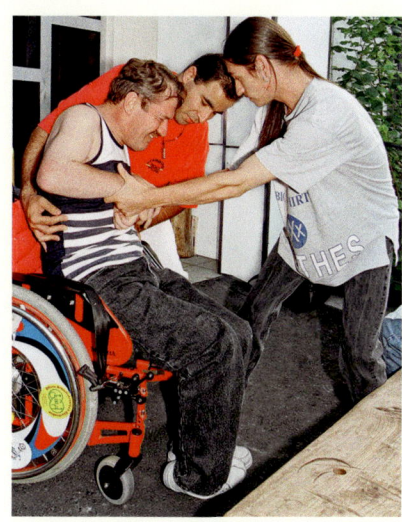

Gibt es noch Mann und Frau?

Herausforderung durch Geschlechtlichkeit

1 2 3 4 5 6 7
Setzen Sie die Kapitel-Überschrift „Gibt es noch Mann und Frau?" mit den Bildern in Beziehung. Was fällt Ihnen auf?

1 **2** 3 4 5 6 7
Sammeln Sie Beispiele aus den Medien, z.B. Werbespots oder Castingshows, in denen die Rolle des Mannes der der Frau ähnlich ist (Beispiel: Kosmetika für den Mann o.Ä.).

1 2 **3** 4 5 6 7
Befragen Sie Ihre Mitschülerinnen und Mitschüler, was für sie typisch männlich oder typisch weiblich ist. Stellen Sie das Ergebnis mit einer Grafik dar.

1 2 3 **4** 5 6 7
Entwerfen Sie in der Kleingruppe eine Concept-Map zum Thema „Sexualität".

1 2 3 4 **5** 6 7
Setzen Sie sich mit dem Text der Kongregation für die Glaubenslehre, dem Text aus dem Jugendkatechismus und dem Zitat aus der Genesis auseinander.

Es ist keine Frage, dass die Sexualität wesentlich zum Menschen gehört. Was sie aber bedeutet und wie sie zu gestalten ist, das ist immer wieder neu zu klären.

1   2. […] Um jegliche Überlegenheit des einen oder des anderen Geschlechts zu vermeiden, neigt man dazu, ihre Unterschiede zu beseitigen und als bloße Auswirkungen einer historisch-kulturellen Gegebenheit zu betrachten. Bei dieser Einebnung wird die leibliche Verschiedenheit, Geschlecht genannt, auf ein Mi-
5   nimum reduziert, während die streng kulturelle Dimension, Gender genannt, in höchstem Maß herausgestrichen und für vorrangig gehalten wird. Die Verschleierung der Verschiedenheit oder Dualität der Geschlechter bringt gewaltige Auswirkungen auf verschiedenen Ebenen mit sich. Diese Anthropologie, die Perspektiven für eine Gleichberechtigung der Frau fördern und sie von je-
10   dem biologischen Determinismus befreien wollte, inspiriert in Wirklichkeit Ideologien, die zum Beispiel die Infragestellung der Familie, zu der naturgemäß Eltern, also Vater und Mutter, gehören, die Gleichstellung der Homosexualität mit der Heterosexualität sowie ein neues Modell polymorpher [vielgestaltiger] Sexualität fördern.

15   3. Die unmittelbare Wurzel der genannten Tendenz findet sich im Kontext der Frauenfrage. Ihre tiefste Begründung muss aber im Versuch der menschlichen Person nach Befreiung von den eigenen biologischen Gegebenheiten gesucht werden. Gemäß dieser anthropologischen Perspektive hätte die menschliche Natur keine Merkmale an sich, die sich ihr in absoluter Weise auferlegen: Jede
20   Person könnte und müsste sich nach eigenem Gutdünken formen, weil sie von jeder Vorausbestimmung aufgrund ihrer Wesenskonstitution frei wäre. […]

Kongregation für die Glaubenslehre, Über die Zusammenarbeit von Mann und Frau in der Kirche und in der Welt, 2004

Junge Frauen erobern Männerberufe

(dpa). Autos reparieren, Schornsteine fegen oder eine Flotte Lastwagen koordinieren – alles reine Männersache? „Nein!" – sagen Schülerinnen in unserer Region und in ganz Deutschland beim „Girls' Day" und schnupperten in klassische Männerberufe hinein. Sie folgten einer Einladung der Schirmherrin und Kanzlerin Angela Merkel. Unternehmen, Organisationen und Hochschulen öffneten ihre Werkstätten und Labors. Es ist der größte Mädchentag seit Beginn der Initiative vor zehn Jahren. Bundesweit stünden mehr als 130 000 Plätze zur Verfügung, teilte die Koordinierungsstelle in Bielefeld mit.

Gießener Anzeiger, 22.4.2010

Der metrosexuelle Mann

1 Er ist durchschnittlich 30 Jahre alt, seine Finger sind maniкürt, er geht gerne einkaufen und benutzt regelmäßig Hautpflegeprodukte. Und er ist trotzdem heterosexuell. Das Phänomen hat einen Namen: „Metrosexuell". Aber der neue Mann ist nicht nur ein gepflegter Schönling, er ist auch liebevoller Fami-
5 lienvater und ganzer Kerl, der in die Kneipe und zum Fußball geht. Einfach perfekt. Findet auch die Kosmetikindustrie, denn der Markt für Herren-Hautpflege ist in diesem Jahr um rund 40 Prozent gewachsen. Aus 200 Pflegeserien kann Mann mittlerweile wählen. Ikone und Leitwolf des Metro-Trends ist David Beckham. Domenico Dolce und Stefano Gabbana schneiderten dem
10 Fußballgott eine ganze Kollektion auf den Leib, weil sie seine Stilsicherheit bewundern. Trendsetter David trägt ganz selbstverständlich Haarreif, verwendet gern den Nagellack von Gattin Victoria und ab und zu auch deren Dessous. Der Begriff „metrosexuell" wurde 1994 von dem britischen Journalisten Mark Simpson geprägt: eine Wortschöpfung, um die wachsende Gruppe kosmetikbe-
15 wusster Männer zu beschreiben. Da Simpson die Käufer von Herrenparfüm, Deo und After Shave zu Recht vor allem in Großstädten vermutete, nannte er sie metrosexuell (von: Metropole = Großstadt). Der Begriff wurde von Marketing- und Kosmetikfirmen für die neue hochinteressante Zielgruppe übernommen. Doch niemand konnte damals ahnen, dass sich mit dem Wort Metro-
20 Sex seit 2003 ein neuer Lifestyle und ein neuer Männertyp verbinden würde.

1 2 3 4 5 **6** 7

Erläutern Sie, was ein metrosexueller Mann ist, und nehmen Sie Stellung dazu, warum Metrosexualität zum Lifestyle wurde.

1 2 3 4 5 6 **7**

Erkundigen Sie sich über die Aktionen Girls' Day und Boys' Day in Ihrer Stadt.

Es ist nicht gut, dass der Mensch allein bleibt.

Gen 2,18

Jugendkatechismus der Katholischen Kirche:
Mann sein oder Frau sein prägt den Menschen ganz tief. Es ist eine andere Weise des Fühlens, eine andere Art des Liebens, eine andere Berufung in Hinsicht auf die Kinder, ein anderer Weg des Glaubens. Weil er wollte, dass sie füreinander da sind und sich in der Liebe ergänzen, hat Gott Mann und Frau verschieden geschaffen. Darum ziehen sich Mann und Frau sexuell und geistig an. Wenn Mann und Frau sich lieben und miteinander schlafen, findet ihre Liebe den sinnlich tiefsten Ausdruck. Wie Gott in seiner Liebe schöpferisch tätig ist, darf auch der Mensch in der Liebe schöpferisch sein und Kindern das Leben schenken.

Nr. 400

Erhaben erhoben sein

Gott wendet sich den Menschen zu. Ein Akt der Herab-
lassung? Und was bedeutet das für die Menschen? Klein
gehalten, unten gehalten zu werden? Oder ist es vielleicht
genau andersrum? Das Gedicht und das Bild wissen auf
ihre je eigene Art davon etwas zu sagen.

Erhebender Abstieg

Mensch wir werden.
dass selber
und Geistes Kraft uns zu geben,
der unser Ursprung ist,
zu dem,
um uns zu erheben
hinab gestiegen
Du himmlisches Wort,

Gedanken sind.
was der Menschen
das aufdeckt,
Du entscheidendes Wort,

als stärker erweist.
und sich doch
menschlicher Macht
vor der Hartherzigkeit
Du Wort, das fliehen muss

das Niedrige aber groß sein lässt.
die das Hohe gering,
Du Wort voller Kraft,
auf das Ja einer Frau.
bis es trifft
zu den Menschen sich bahnt
das seinen Weg
Du göttliches Wort,

Keith Haring, Ohne Titel, 1981

Statthalter sein

Über den Umgang mit Macht

1 2 3 4 5 6 7 8 9

Arbeiten Sie heraus, was mit „Ebenbild Gottes" gemeint ist, und entwerfen Sie dazu ein Schaubild.

1 **2** 3 4 5 6 7 8 9

Erläutern Sie, welche Verpflichtungen mit der Position „Statthalter Gottes" einhergehen.

1 2 **3** 4 5 6 7 8 9

Setzen Sie sich mit dem Begriff „schöpfungsfeindliche Chaoskräfte" (Z. 20) auseinander. Welche Erscheinungen in der Welt würden Sie diesem Begriff zuordnen?

1 2 3 **4** 5 6 7 8 9

Vergleichen Sie die Aussagen des Textes von Beate Ego mit der Aussage des Zitats von Georg Christoph Lichtenberg:

Gott schuf den Menschen nach seinem Bilde. Das heißt vermutlich: Der Mensch schuf Gott nach dem seinigen.
Georg Christoph Lichtenberg

1 2 3 4 **5** 6 7 8 9

Nehmen Sie begründet zu dem Zitat von Lichtenberg Stellung und setzen Sie es in Beziehung zur Religionskritik Feuerbachs (→ S. 28f.).

1 2 3 4 5 **6** 7 8 9

Gestalten Sie eine Collage, die Bilder wie auf → S. 65 unten mit dem ersten Satz des Grundgesetzes verbindet.

Der Mensch wird in der Bibel als Ebenbild Gottes gesehen (vgl. Gen 1,26–27). Die Texte auf dieser Doppelseite erklären, was darunter verstanden wird und welche konkreten Konsequenzen sich aus diesem Denkmodell ergeben.

1 […] Der Begriff „Bild", hebr. *zäläm*, meint konkret die Götterstatue, das Götterbild. Im Hinblick auf das Verständnis des Begriffs im weiteren Sinne ist es entscheidend, dass für die Relation „Gott – Götterstatue" nicht die Relation „Urbild – Abbild" maßgeblich ist. Götterbilder werden im Alten Orient nicht als
5 Nachbildungen des Aussehens der Götter verstanden; vielmehr repräsentiert ein Götterbild die betreffende Gottheit insofern, als es als Träger ihrer Macht angesehen wird. Das Götterbild ist sozusagen der Ort, von dem aus die Gottheit in die Welt hineinwirkt. Wird der Mensch als Götterbild bezeichnet, so bedeutet dies, dass er als ein Medium der göttlichen Kräfte und Werte in die Welt hi-
10 neinwirkt. So hat der Mensch die Aufgabe, „Statthalter Gottes" auf Erden zu sein. Man mag überrascht sein, dass hier der Begriff *zäläm*, der ursprünglich mit dem Götterbild verbunden war, auf den Menschen übertragen wurde. Aber auch in diesem Zusammenhang hat die biblische Formulierung Vorbilder. Denn sowohl in Ägypten als auch in Mesopotamien konnte der König als „Bild
15 Gottes" bezeichnet werden. Die wichtigste Aufgabe des so verstandenen königlichen Amtes ist es, die Lebensordnung gegen die inneren und äußeren Feinde zu schützen sowie gerade den Schwachen zum Recht zu verhelfen. […] Die Aufgabe des Menschen innerhalb der Schöpfung erinnert dann tatsächlich an das Handeln Gottes am Anfang: Wie Gott es einst getan hat, so soll der Mensch
20 nun Leben ermöglichen, indem er die schöpfungsfeindlichen Chaoskräfte in ihre Schranken weist. […] Deutlich wird auf jeden Fall, dass der biblische Herrschaftsauftrag dem Menschen gerade keinen Freibrief für die Ausbeutung und Unterdrückung der Natur geben will, sondern ihn mit seinem Auftrag an Gott zurückbindet. Gottes lebensstiftenden Segen soll er in die Welt bringen.
25 Aber dabei ist Bescheidenheit angesagt, denn letztendlich ist es Gottes Treue zu seiner Schöpfung, die alles am Leben erhält.
Beate Ego

Die Würde des Menschen ist (un)antastbar …

1 Wenn jeder Mensch Repräsentant Gottes ist, dann kommt jedem Menschen „herrschaftliche" Würde zu. Diese Würde eines jeden Menschen konkretisiert sich in der Beziehung der Menschen untereinander als Verhältnis der Gleichheit. Sie sind in dieser biblischen Perspektive genötigt, sich als Gleiche
5 anzuerkennen. Die Zuweisung ungleicher Rechte ist nicht legitimierbar; grundlegende Rechte – wie sie in den Menschenrechtserklärungen artikuliert werden – kommen allen Menschen in gleicher Weise zu. Herrschaft von Menschen über Menschen lässt sich auf dieser Grundlage nur noch legitimieren als freiwillige Übertragung von Herrschaftsfunktionen, die um der Ordnung und
10 Koordination willen von den Beherrschten bejaht wird, weil – und insofern – damit Verbesserungen der Lebensmöglichkeiten verbunden sind. […]Weil die Gottesbildlichkeit allen Menschen von den ersten Menschen an zukommt und für das Verhältnis der Menschen untereinander bedeutsam ist, begründet sie biblisch einen Universalismus der Ethik. Es sind keine Differenzierungen im
15 Menschengeschlecht denkbar, die einen Ansatzpunkt dafür hergeben würden, Teilen der Menschheit die Gottesbildlichkeit abzusprechen. Rassismus und Sexismus sind unvereinbar mit der biblischen Botschaft des Alten und Neuen Testaments. Nicht ausgeschlossen wird, dass es unterschiedliche kulturelle und individuelle Konzepte eines gelingenden Lebens geben kann. Universalis-
20 mus in der Ethik meint nicht Uniformität; vielmehr beinhaltet er auch das gleiche Recht auf Unterschiedlichkeit. Universalismus hält allerdings daran fest, dass das Maß des Rechts für alle gleich ist, grundlegende Rechte für alle gelten und nicht selektiv abgesprochen werden können. Das Prinzip der Gerechtigkeit – die Anerkennung der anderen als Gleiche (in ihrer Unterschiedlich-
25 keit) – gilt universal. *Bernhard Laux*

1 2 3 4 5 6 **7** 8 9
Fassen Sie die Kernaussagen des Textes von Bernhard Laux zum Thema „Menschenwürde" zusammen.

1 2 3 4 5 6 7 **8** 9
Unterstreichen Sie mit der Folientechnik die wichtigsten Schlüsselbegriffe des Textes. Erstellen Sie mit diesen Stichwörtern einen Regelkatalog zum Thema „Menschenwürde".

1 2 3 4 5 6 7 8 **9**
Arbeiten Sie die Bedeutung des Begriffs „Universalismus" aus dem Text heraus und versuchen Sie eine Definition.

Vernetzung
› Schätzen Sie auf der Basis der Texte dieser Doppelseite und der Materialien, die Sie auf → S. 74ff. finden, die Tragfähigkeit der Vorstellung vom „Ebenbild Gottes" ein. Kann es das Selbstverständnis von Menschen prägen? Wo kann es ihnen helfen und Impulse zum Handeln geben? Wo sind seine Grenzen?
› → S. 112f. Gott wird Mensch – eine christologische Respektive

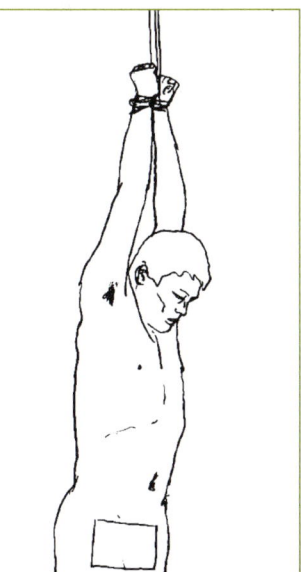

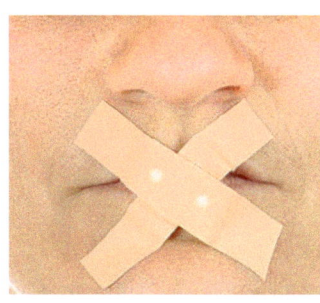

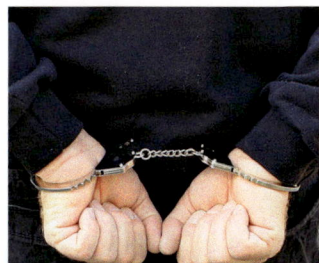

Den alten Menschen ablegen

Auf Hoffnung hin leben

1 2 3 4 5 6 7 8 9 10 11
Fassen Sie das Thema des Konzilstextes mit eigenen Worten zusammen.

1 **2** 3 4 5 6 7 8 9 10 11
Was könnte mit den „teuer erkauften
Siegen des Fortschritts" gemeint sein?

1 2 **3** 4 5 6 7 8 9 10 11
Beurteilen Sie, ob der Text Antworten
auf die aufgeworfenen Fragen gibt.

1 2 3 **4** 5 6 7 8 9 10 11
Besprechen Sie zu zweit: Was kann
das „Ablegen des alten Mensch"
schwer machen?

1 2 3 4 **5** 6 7 8 9 10 11
Entwerfen Sie Bilder, Fotos (wie das
hier abgebildete Exempel) oder Col-
lagen zum „Ablegen" des alten und
„Anziehen" des neuen Menschen.

1 2 3 4 5 **6** 7 8 9 10 11
Schon immer haben Künstler das
Thema „Hoffnung" zum Ausdruck
gebracht und gestaltet. Sammeln Sie
Beispiele dafür und bringen Sie sie in
den Religionsunterricht mit.

1 2 3 4 5 6 **7** 8 9 10 11
Von welchem „Kind" ist im Text von
U2 die Rede?

Jeder Blick in die Nachrichten des Tages zeigt, dass es mit den Menschen und ihrer Welt nicht zum Besten steht. Wie kann es anders werden? Das beschwörende „Alles wird gut" sind nur Selbsttäuschung und naiver Optimismus, wenn es keinen tragenden Grund für diese Hoffnung gibt.

Die tieferen Fragen der Menschheit

Es wächst angesichts der heutigen Weltentwicklung die Zahl derer, die die Grundfragen stellen oder mit neuer Schärfe spüren: Was ist der Mensch? Was ist der
Sinn des Schmerzes, des Bösen, des Todes – alles Dinge, die trotz solchen Fortschritts noch immer weiterbestehen? Wozu diese Siege, wenn sie so teuer erkauft
werden mussten? Was kann der Mensch der Gesellschaft geben, was von ihr erwarten? Was kommt nach diesem irdischen Leben?

Die Kirche glaubt: Christus, der für alle starb und auferstand, schenkt dem Menschen Licht und Kraft durch seinen Geist, damit er seiner höchsten Berufung
nachkommen kann; es ist kein anderer Name unter dem Himmel den Menschen
gegeben, in dem sie gerettet werden sollen. Sie glaubt ferner, dass in ihrem Herrn
und Meister der Schlüssel, der Mittelpunkt und das Ziel der ganzen Menschheitsgeschichte gegeben ist. […] *Gaudium et spes 10*

Legt den alten Menschen ab, der in Verblendung und Begierde zugrunde geht,
ändert euer früheres Leben und erneuert euren Geist und Sinn! Zieht den neuen
Menschen an, der nach dem Bild Gottes geschaffen ist in wahrer Gerechtigkeit
und Heiligkeit. *Eph 4,22–24*

Yahweh

Nimm diese Schuhe
Die eine Sackgasse hinunterklappern
Nimm diese Schuhe
Und lasse sie passen
Nimm dieses Hemd
Weißes Polyester-Zeug aus
    nirgendwoher
Nimm dieses Hemd
Und mach es sauber, sauber
Nimm diese Seele
Die in Fleisch und Knochen
    gestrandet ist
Nimm diese Seele
Und lass sie singen, singen

Yahweh, Yahweh
Es schmerzt immer
bevor das Kind geboren wird
Yahweh, Yahweh
Ich warte noch immer auf die
    Dämmerung

Ich warte noch immer
auf die Dämmerung, die Sonne
    geht auf
Die Sonne geht
über dem Ozean auf
Diese Liebe ist wie
ein Tropfen im Ozean
Diese Liebe ist wie
ein Tropfen im Ozean

Yahweh, Yahweh
Es schmerzt bevor das Kind
    geboren wird
Yahweh, sag mir doch
Warum ist die Dunkelheit vor der
    Dämmerung?

Nimm diese Hände
Lehre sie was sie tragen sollen
Nimm diese Hände
Mach keine Faust
Nimm diesen Mund
Der so schnell kritisieren kann
Nimm diesen Mund
Gib ihm einen Kuss

Yahweh, Yahweh
Es schmerzt immer
    bevor das Kind geboren wird
Yahweh, Yahweh
Ich warte noch immer auf die
    Dämmerung

Nimm diese Stadt
Eine Stadt sollte
auf einem Hügel leuchten
Nimm diese Stadt
Wenn es dein Wille ist
Was kein Mensch besitzen kann,
kein Mensch nehmen kann
Nimm dieses Herz
Nimm dieses Herz
Nimm dieses Herz
Und lass es brechen

U2

1 2 3 4 5 6 7 **8** 9 10 11
Hören Sie sich das Lied in der Originalsprache an und schließen Sie dabei zunächst die Augen. Schreiben oder malen Sie anschließend auf, was Ihnen durch den Kopf geht.

1 2 3 4 5 6 7 8 **9** 10 11
Auch andere Lieder von U2 sind christlich geprägt. So greift z.B. der U2-Song „40" den Text des Psalms 40 auf. Beschreiben Sie den Zusammenhang des Themas von Ps 40 mit dem Thema dieser Seite: „Den alten Menschen ablegen. Auf Hoffnung hin leben".

1 2 3 4 5 6 7 8 9 **10** 11
In den biblischen Psalmen haben Menschen ihre Hoffnungen und Ängste ausgedrückt. Suchen Sie passende Psalmen aus der Bibel heraus.

1 2 3 4 5 6 7 8 9 10 **11**
Gestalten Sie Standbilder oder kleine Spielszenen zu den gefundenen Bibelstellen.

Vernetzung
> Diese Doppelseite eignet sich gut für eine Vernetzungsübersicht. Beziehen Sie → S. 86f. (Globalisierung), → S. 186f. (Christusbeziehung), → S. 212f. (Konzil), → S. 228f. und → S. 248f. (Zukunft) ein und bedenken Sie die dort dargestellten Aspekte.

Danklied

Jemand dankt. In einer Sprache, die an die Psalmen des Alten Testaments denken lässt. Wofür eigentlich? Und wem? Gott? Oder doch eher dem Lebenspartner, der Lebenspartnerin? Und warum ist es wichtig fürs Menschsein, dankbar sein zu können für diese Erfahrungen?

Danklied

Ich danke dir dass du mich nicht beschützt
dass du nicht bei mir bist wenn ich dich brauche
kein Firmament bist für den kleinen Bärn
und nicht mein Stab und Stecken der mich stützt.

Ich danke dir für jeden Fußtritt der
mich vorwärtsbringt
zu mir auf meinem Weg.
Ich muss alleine gehn.
Ich danke dir. Du machst es mir nicht schwer.

Ich dank dir für dein schönes Angesicht
das für mich alles ist und weiter nichts.
Und auch dass ich dir nichts zu danken hab
als dies und manches andere Gedicht.

Ulla Hahn

Handeln
und Verwandeln

Es könnt alles so einfach sein, isses aber nicht!

Ethisches Handeln als Herausforderung

„Das hat Hand und Fuß!" Die Redewendung unterstreicht die Umsetzbarkeit eines Handlungsvorschlags. Das ist unmittelbar einsichtig: Wir sollten so entscheiden und handeln, dass die Sache „Hand und Fuß" hat. Aber hat der Handlungsvorschlag auch „Kopf und Herz"? Gibt es Einwände gegen ihn, die ihn trotz seiner vermeintlich unmittelbaren Einsichtigkeit bedenklich erscheinen lassen? Gibt es Gegenargumente zu seinen Kosten und Nutzen, seinen Risiken und Chancen? Das folgende Kapitel macht bekannt mit Begriffen, Begründungen und unterschiedlichen Modellen des ethischen Argumentierens. Sie sind unverzichtbar und hilfreich, um in ethischen Konflikten klar und reflektiert zu Urteilen und Entscheidungen zu gelangen. Entscheidungen im Bereich des Ethischen sind immer mit konkreten Handlungen verbunden. Dies nicht nur im individuell-zwischenmenschlichen Bereich, sondern auch im Bereich sozialer, wirtschaftlicher und politischer Verantwortung. Diese sozialethische Dimension (verbunden mit dem Stichwort „Gerechtigkeit") und die individualethische Dimension (verbunden mit dem Stichwort „Glück") werden exemplarisch vorgestellt.

Das Bild von Paul Klee trägt den Titel „hat Kopf, Hand, Fuß und Herz" und zeigt abstrahierte Körperteile. Bei längerer Betrachtung wird die Gestalt in der Wahrnehmung „ganz"; unser Gehirn „ergänzt" und „fügt zusammen", was im Bild fehlt. Dadurch entsteht der Eindruck von Aktivität, von Bewegung. Ein Bild für ethisches Handeln?

Ein gutes und gelingendes Leben

In ihrem Song *„Einfach sein"* beschreiben *„Die fantastischen Vier feat. Herbert Grönemeyer"* Entscheidungssituationen im Leben, Situationen, in denen Menschen sich fragen, was sie tun wollen und tun sollen, wie es weitergeht mit ihnen und anderen und wie sie sich selbst verstehen. Es geht um Verführung und Karriere und um die Bedingungen und Möglichkeiten des Menschseins. Was da eigentlich zur Entscheidung ansteht, bleibt auf eine merkwürdige Art offen. In der Schlussstrophe heißt es dann:

„Klar ham wir Fragen, aber 'ne Antwort – ham wir leider nicht.
Klar wolln wir fort, aber irgendwo ankommen – könn wir leider nicht.
Wir wolln 'ne Formel für ewigen Reichtum – krieg'n wir aber nicht.
Harrison Ford oder Xavier Naidoo – sind wir leider nicht."

Und nun? Alles so lassen, wie es ist? Wie man's macht, macht man's falsch?

Der Songtitel „Einfach sein" kann nicht nur als Abkürzung der Refrainzeile gelesen werden, sondern auch – mit der Betonung auf „sein" – als der Wunsch nach einem guten und gelingenden Leben: einfach sein, den eigenen Neigungen nachgehen können, sich entfalten und entwickeln können, über das eigene Leben bestimmen können. Aber: So einfach ist das eben nicht. Dem Wunsch der Einzelnen nach einem guten Leben sind vielfältige Grenzen gesetzt. Im Erkennen der eigenen, der persönlichen Grenzen, in der Auseinandersetzung mit den Rechten und den Ansprüchen der anderen, in der Auseinandersetzung auch mit den Begrenzungen, die das Gemeinwohl, das Leben in der Gemeinschaft Menschen auferlegen, gilt es, Entscheidungen zu treffen.

Und das Ende vom Lied? Im Anschluss an die fundamentale Einsicht der Schlussstrophe, die gerade durch die letzten beiden Zeilen – selbstironisch gebrochen – noch unterstrichen wird, singt *Herbert Grönemeyer* gleich viermal: *„Es könnt alles so einfach sein, isses aber nicht."* Beschwört der erste Teil des Refrains noch den Wunsch nach einer eindeutigen Antwort und einer eindeutigen Richtung, so eröffnet das lakonische „isses aber nicht" vor allem dies: Antworten, Richtungen, Perspektiven gibt es nur durch Entscheidungen und Handlungen, und zwar die eigenen. Das gilt auch für Harrison Ford und Xavier Naidoo.

Kernfragen der Ethik

1 Was müssen wir tun, damit unser Leben gelingt? Wie erreichen wir ein Leben, zu dem wir Ja sagen und in dem wir in Übereinstimmung mit uns selbst leben können? Die philosophische Tradition hat im Sinne dieser Lebensorientierung auch vom „guten" oder „glücklichen" Leben als Gegenstand der Ethik gesprochen. […]

5 Wenn die Ethik im Blick auf die Einzelnen nach den Bedingungen fragt, die ein „gutes" oder „glückliches" Leben ermöglichen, fragt sie im Blick auf die Gesellschaft, wie diese beschaffen sein muss, damit sie unseren Vorstellungen von Gerechtigkeit entspricht. Es darf nicht sein, dass der rücksichtslose Egoist über den hilflos Schwachen triumphiert oder eine kleine Schicht Privilegierter über

10 die vielen verfügt. […] Deshalb muss man sich auf solche Leitbilder und Werte verständigen, die *Gerechtigkeit* in einem Gemeinwesen fördern. […]
Weil die Vorstellungen von einem guten und gerechten Leben sich im Laufe der Zeit verändern und gerade in den offenen Gesellschaften der Moderne unterschiedliche Entwürfe des guten Lebens miteinander konkurrieren, klärt die

15 Ethik solche Positionen. Diese Klärungsarbeit hilft den Suchenden, aus dem Angebot an Werten und Lebensmodellen auszuwählen, sich zu entscheiden und die getroffene Entscheidung auch zu begründen. Weitgehend Einigkeit besteht in der Philosophie seit Kant darüber, dass Ansprüche, die ich für mein Leben einfordere, grundsätzlich auch anderen zugebilligt werden müssen. Der

20 Anspruch auf ein Leben in Selbstachtung und Würde gilt nicht nur für mich, sondern auch für die anderen. […] Die wichtigsten ethischen Impulse des Christentums (z.B. Nächstenliebe, Streben nach Frieden und Gerechtigkeit, Schutz des Lebens) sind unstrittig. Sie sind verankert im europäischen Wertekonsens, und oft ist unklar, ob sie aus christlicher oder aus allgemein humaner

25 Motivation vertreten werden. […] Zentrale Werte, die das Leben fördern, sind für die Christen im Glauben an einen Gott begründet, der am Wohlergehen der Menschen interessiert ist und den die Bibel als Schöpfer, als Befreier und als Anwalt der Gerechtigkeit charakterisiert.

Rüdiger Kaldewey/Franz Wendel Niehl

---

1 2 3 4
Notieren Sie in das vergrößerte Bild der Wegkreuzung bei einem Schreibgespräch Alltagssituationen, die „so einfach" sein könnten, es aber nicht sind.

1 **2** 3 4
Finden Sie treffende Kurzbezeichnungen, um den jeweiligen Konflikt zu charakterisieren.

1 2 **3** 4
Führen Sie mit Bezug auf ein medizinethisches, sozialethisches oder wirtschaftsethisches Problem (die Tageszeitung oder die Nachrichtensendungen bieten aktuelles Material) eine Podiumsdiskussion über „Gemeinwohl und Eigenwohl" durch. Wie argumentieren persönlich Betroffene im Gegensatz zu Vertretern und Vertreterinnen von Institutionen?

1 2 3 **4**
Gestalten Sie in Anlehnung an das Bild von Paul Klee eine Collage zu einem ethischen Konflikt, die zum Ausdruck bringt, dass ethische Entscheidungen „Hand und Fuß", aber auch „Kopf und Herz" haben sollen.

Projektidee
› Führen Sie an Ihrer Schule eine Umfrage durch: „Ein Problem an dieser Schule, das ich ganz einfach lösen könnte, wenn man mich nur ließe." Gestalten Sie eine Posterpräsentation, die die unterschiedlichen Entscheidungen und deren Begründungen veranschaulicht. Nutzen Sie für Ihre Analyse und Darstellung die Hinweise auf „Typen ethischer Argumentation" → S. 74.

Wie würden Sie entscheiden?!

Schritte zur ethischen Urteilsfindung

Die Fähigkeit des Menschen zur selbstkritischen Reflexion über sich und sein Handeln ist zugleich die Grundlage dafür, dass er in Konfliktsituationen frei entscheiden kann. Allerdings ist er als freier Mensch für sein Tun verantwortlich und kann dafür zur Rechenschaft gezogen werden. Ethisches Handeln ist also immer auch mit Begründungen verbunden, in denen es um bestimmte Werte und geltende Normen geht. Die folgende Situation erfordert eine ethische Entscheidung. Der Text wirft Fragen auf, wie die betreffende Person handeln soll, was in ihrer Situation moralisch „richtig" oder „gut" ist oder welche Folgen eine Entscheidung haben kann. Als Leserin und Leser werden Sie selbst in den Entscheidungsprozess hineingenommen und begeben sich auf das Terrain ethisch ausgerichteten Kommunizierens und Argumentierens.

Ethik

Ethik (griech. *ethos*: Sitte, Gewohnheit) ist die wissenschaftliche Reflexion des menschlichen Handelns unter der Perspektive des Guten und Richtigen bzw. Schlechten und Falschen. Sie ist grundsätzlich geleitet von der Suche nach einem gelingenden Leben. Gleichermaßen geht es ihr um die Einzelnen (Individualethik) wie die Gesellschaft (Sozialethik).

Moral

Moral (lat. *mos*: Ordnung, Regel; lat. *mores*: Sitte, Gewohnheit, Brauch) bezeichnet das komplexe Normengeflecht, das unser Verhalten und Handeln bestimmt durch Regeln, Wertmaßstäbe und Sinnvorstellungen.

1 2 3 4 5 6

Setzen Sie sich unter Zuhilfenahme der Begriffsdefinition zu Ethik mit dem Zitat des Philosophen Nicolai Hartmann auseinander.

1 **2** 3 4 5 6

Benennen und beschreiben Sie Beispiele für konkrete Moralvorstellungen.

1 2 **3** 4 5 6

Entwerfen Sie zu zweit für die auf dieser Seite geschilderte Situation „Finn und die Firma" eine Mind-Map mit allen Argumenten und Handlungsalternativen, die Ihnen einfallen.

Finn und die Firma

1 Finn ist Großhandelskaufmann und begabter Hobbyinformatiker. Vor zwei Jahren hat er seine Ausbildung in einer internationalen Chemiehandelsgesellschaft abgeschlossen, und glücklicherweise ist er von seiner Firma trotz angespannter Lage auf dem Arbeitsmarkt übernommen worden. Aufgrund seiner

5 sehr guten Abschlüsse und Mehrfachqualifikationen wird er bald zum abteilungsübergreifenden Administrator für das firmeninterne Netzwerk ernannt, um eine neue, noch recht fehleranfällige Systemsoftware zu betreuen. Durch eine Berichterstattung in den Medien erfährt er, dass seine Firma im Verdacht steht, Giftgasbestandteile für militärische Zwecke über das europäische Aus-

10 land in den Mittleren Osten verkauft zu haben. Ein Ermittlungsverfahren wird allerdings aus Mangel an Beweisen kurze Zeit später eingestellt. Mithilfe seiner Administratorenrechte recherchiert Finn nun auf eigene Faust im Intranet der Firma und erhält so Zugang zu sensiblen Daten, die einige leitende Angestellte bis hin zur Unternehmensspitze eindeutig belasten. Er ist schockiert,

15 aber unschlüssig, wie er damit umgehen soll …

Ethik lehrt nicht fertige Urteile, sondern Urteilen selbst.
Sie ist kein Codex von Geboten und Verboten wie das Recht, sie wendet sich an das Schöpferische im Menschen.
Nicht Entmündigung und Einspannung des Menschen in ein Schema ist ihr Ziel, sondern seine Erhebung zur vollen Mündigkeit und Verantwortungsfähigkeit.

Nicolai Hartmann

Sechs Schritte zur ethischen Urteilsfindung

Ethische Probleme bzw. Konflikte sind vielfältig und nicht selten aufgrund ihrer Komplexität unübersichtlich. Für eine erste Orientierung und danach folgende Entscheidungen sind die folgenden konkreten Schritte zur ethischen Urteilsfindung hilfreich. Mit ihnen kann ein Problem zunächst richtig erkannt und analysiert werden (1 und 2), bevor Verhalten, Werte und Normen reflektiert (3 und 4) sowie schließlich Entscheidungen getroffen und öffentlich vertreten (5 und 6) werden.

Schritt 1: Das Problem wahrnehmen und definieren
Worin liegt eigentlich das ethische Problem? Wie lautet die ethische Frage? Wie reagiere ich im ersten Moment?

Schritt 2: Die Situation analysieren
Wie ist das Problem entstanden? Welche Faktoren spielen eine Rolle und wie hängen sie zusammen? Welche Personen, Gruppen sind direkt oder indirekt beteiligt? Wer sind in diesem Kontext die Schwächsten?

Schritt 3: Verhaltensoptionen benennen
Welche Lösungsvorschläge und Verhaltensoptionen gibt es schon? Wer vertritt diese? Und warum? Welche weiteren Alternativen könnte es geben? Wie wirken sich die einzelnen Vorschläge auf die Beteiligten, insbesondere die Schwächsten aus?

Schritt 4: Werte und Normen reflektieren
Welche Überzeugungen stecken hinter den einzelnen Vorschlägen? Kann ich ihnen zustimmen? Welche Werte und Normen spielen eine Rolle und welche Lösungen ergeben sich, wenn das Problem aus einer bestimmten philosophischen oder religiösen Perspektive betrachtet wird? Zum Beispiel wenn man vom Gebot der Nächstenliebe, vom Verbot zu lügen oder von der „vorrangigen Option für die Armen" ausgeht? Wie sind diese Lösungen hinsichtlich ihrer Verträglichkeit mit Menschen (Humanverträglichkeit), mit Umwelt (Umweltverträglichkeit), mit dem gesellschaftlichen Zusammenleben (Sozialverträglichkeit) zu beurteilen?

Schritt 5: Eine Entscheidung treffen
Für welche Lösung entscheide ich mich und warum? Wo geben Institutionen (Schule, Kirche, Verein …) eine Entscheidungshilfe? Welche Folgen hat mein Urteil für andere, für mich? Können andere, kann ich mit diesen Folgen leben?

Schritt 6: Die Entscheidung öffentlich machen
Wie vermittle ich meine Entscheidung? Welche Form der öffentlichen Darstellung wähle ich? Was ist in meiner Begründung wichtig und zentral? Wie und wo gewinne ich Mitstreiterinnen und Mitstreiter für mein Urteil?

Nach Heinz Eduard Todt

Werte
Werte sind Leitvorstellungen, die ein allgemein akzeptiertes Ziel (z.B. Freiheit, Gleichheit, Gerechtigkeit) bezeichnen und so das ethische Handeln bestimmen. Werteprofile von Einzelnen sind geprägt von Erziehung und Bildung, von Vereinen und Peergroups; das Werteprofil einer Gesellschaft ist beeinflusst von ökonomischen und sozialen Bedingungen. Somit können Werte verfallen oder sich unter veränderten Bedingungen wandeln (Wertewandel).

Normen
Normen (lat. *norma*: Regel, Maßstab) in der Ethik sind Regeln und Vorschriften für verantwortliches Handeln. Ihnen liegen meist bestimmte Werte zugrunde. Normen können auch bei bestimmten (Gewissens-) Entscheidungen des Einzelnen helfen. Normen sind wie Werte zeit- und kulturabhängig.

1 2 3 **4** 5 6
Wenden Sie zu zweit die sechs Schritte zur Urteilsfindung auf das links stehende Beispiel an.

1 2 3 4 **5** 6
Recherchieren Sie selbst eine ethische Konfliktsituation und entwerfen Sie mithilfe der sechs Schritte ein eigenes Urteil. Präsentieren Sie ihre Ergebnisse.

1 2 3 4 5 **6**
Nehmen Sie Stellung zu der oftmals geäußerten Behauptung, die gegenwärtige Gesellschaft unterliege einem Werteverfall.

Wer die Wahl hat …

Modelle der Normenbegründung

1 2 3 4 5 6 7 8
Beschreiben Sie unter Zuhilfenahme praktischer Beispiele bzw. ethischer Konfliktsituationen die nebenstehenden Modelle der Normenbegründung.

1 **2** 3 4 5 6 7 8
Erklären Sie mit eigenen Worten die Unterscheidung von deontologischer und teleologischer Normenbegründung und grenzen Sie davon den Ansatz einer Tugendethik ab.

1 2 **3** 4 5 6 7 8
Beurteilen Sie die Möglichkeit, moralische Entscheidungen mittels einer einzigen ethischen Position eindeutig zu begründen.

1 2 3 **4** 5 6 7 8
Erläutern Sie die Karikatur und erörtern Sie dabei die Frage, ob die Normenbegründung mithilfe eines bestimmten Modells eine einfache Willensentscheidung sein kann.

Moralische Entscheidungen folgen meist bestimmten Prinzipien, zwischen denen der Mensch sich als handelndes Subjekt frei entscheiden kann. Um deren Begründungen nachvollziehbar zu machen, unterscheidet man bestimmte Begründungsmuster (Modelle) wie beispielsweise die hier genannten.

Deontologische und teleologische Normenbegründung

Grundsätzlich kann man die Vielzahl ethischer Entwürfe in zwei Argumentationstypen einteilen: Eine Urteilsbildung bzw. Urteilsbegründung nennt man deontologisch (griech. *déon* = Pflicht), wenn eine Handlung oder ein Verhalten (z.B. ein gegebenes Versprechen zu halten) aus sich heraus ohne Rücksicht auf die Folgen als gut und richtig qualifiziert und zur Pflicht gemacht wird. Eine Argumentation nennt man teleologisch (griech. *télos* = Ziel), wenn eine Handlung von ihren Folgen her beurteilt wird. Eine Handlung ist dann moralisch richtig, wenn ihre guten Folgen die üblen überwiegen. In bestimmten Konfliktfällen kann also auch der Zweck normalerweise unerlaubte Mittel heiligen.

Utilitarismus

Im ethischen Utilitarismus (lat. *utilitas* = Nutzen) herrscht in Anlehnung an den Sozialethiker Jeremy Bentham (1748–1832) das „Prinzip der Nützlichkeit" vor. Die moralische Richtigkeit einer Handlung ist von der Qualität ihrer beabsichtigten, oder tatsächlichen Folgen abhängig. Danach ist genau die Handlung geboten, die den größtmöglichen Nutzen für die größtmögliche Zahl von Menschen bringt bzw. bei der die positiven Folgen über die negativen maximal überwiegen. So ist der Utilitarismus das Standardbeispiel für eine teleologische Art der Normbegründung.

Hedonismus

Der ursprünglich auf den griechischen Philosophen Epikur (341–270 v.Chr.) zurückgehende Hedonismus (griech. *hedoné* = Lustgefühl, Freude, Genuss) basiert vor dem Hintergrund des menschlichen Strebens nach Glück auf einem Verständnis von Lust als höchstem Gut und Bedingung für gelingendes Leben. Er verfolgt deshalb als ethisches Leitprinzip die größtmögliche Realisierung von Lust bzw. Lusterfüllung, Freude, Genussbefriedigung und Vergnügen bzw. die Vermeidung von Unlust und Schmerz. Der Grad der Erfüllung des Luststrebens ist das Maß für die ethische Beurteilung von Handlungen.

Naturrecht

Das Naturrecht bzw. natürliche Sittengesetz bezeichnet ein Rechtssystem, das aus der Natur des Menschen heraus begründet wird. Dieses „von Natur aus vorgegebene" Recht resultiert aus vom Menschen nicht beeinflussbaren Quellen (göttliche Schöpfung, naturwissenschaftliche Notwendigkeiten etc.) und beansprucht universale (über Menschen und Völker hinausgehende) und immerwährende (über Raum und Zeit hinausgehende) Gültigkeit. Allgemeingültige und unveränderliche Grundnormen lassen sich demnach ermitteln durch Einsicht in das menschliche Leben: Z.B. deutet die von Menschen in vielen Situationen geäußerte Klage über ungerechte Behandlung darauf hin, dass das Verlangen nach Gerechtigkeit zum Wesen des Menschen gehört; der Staat und jeder Einzelne haben deshalb die Verpflichtung, gerecht zu handeln.

Tugendethik

Der Begriff Tugendethik bezeichnet, wie deontologische oder teleologische Ethiken, eine ganze Klasse ethischer Theorien, in denen die menschliche Tugend (hervorragende Charaktereigenschaft, vorbildliche Lebenshaltung) zur Verfolgung des sittlich Guten im Zentrum der Argumentation steht. Hier geht es also in erster Linie nicht um die Bewertung einer einzelnen Handlung, sondern um die Bewertung der handelnden Person als Ganze. Handlungen sind dann gut, wenn sie so wie die Handlungen eines Tugendhaften sind. Es gibt verschiedene Arten von Tugenden: Kardinaltugenden (wie Klugheit und Gerechtigkeit), bürgerliche Tugenden (wie Sparsamkeit), christliche Tugenden (wie Glaube, Liebe Hoffnung) etc.

Diskurs- oder Kommunikationsethik

In dem von den Philosophen Jürgen Habermas (geb. 1929) und Karl-Otto Apel (geb. 1922) entwickelten Ansatz ist die Grundlage ethischer Begründung der Diskurs: ein vorurteilsfreier, ein die Diskurspartner wechselseitig anerkennender und ein vernünftig geführter Austausch von Argumenten mit dem Ziel der Verständigung. Die Ergebnisse des Diskurses gehen über individuelle Glücksvorstellungen und Nutzenserwartungen hinaus und beanspruchen überpersönliche, d.h. universale Geltung. Ob eine Handlung als moralisch gut oder richtig zu qualifizieren ist und wie Normen zu bestimmen und zu begründen sind, ist also das Ergebnis eines Ringens um allgemeine Zustimmung unter den Diskurspartnern. Damit ein Diskurs gelingen kann, fordert Habermas für die Geltung von Argumenten idealerweise Verständlichkeit, Richtigkeit, Wahrheit und Wahrhaftigkeit. Dazu formuliert er konkrete Regeln für eine „ideale Sprechsituation" bzw. einen herrschaftsfreien Diskurs wie zum Beispiel: „Kein Sprecher darf sich widersprechen." oder „Jeder Sprecher darf nur das behaupten, was er selbst glaubt" oder „Jedes sprach- und handlungsfähige Subjekt darf an Diskursen teilnehmen".

1 2 3 4 **5** 6 7 8

Benennen und erläutern Sie weitere Beispiele für aus dem Naturrecht abgeleitete Handlungsnormen.

1 2 3 4 5 **6** 7 8

Vervollständigen Sie durch eigene Recherche die im Text erwähnten Tugenden und nehmen Sie dazu jeweils Stellung.

1 2 3 4 5 6 **7** 8

Beurteilen Sie die Relevanz von Tugenden in der gegenwärtigen Gesellschaft, in Ihrer Schule, in Ihrem Freundeskreis.

1 2 3 4 5 6 7 **8**

Benennen Sie Orte, Institutionen und Situationen in unserer Gesellschaft, wo die Anwendung einer Diskursethik sinnvoll und notwendig ist. Beurteilen Sie vor diesem Hintergrund die bestehende Realität.

Vernetzung
› Vergleichen Sie die ethischen Positionen von Immanuel Kant und Hans Jonas (→ S. 76ff.) mit den vorliegenden Normenbegründungsmodellen.
› Wenden Sie zu zweit die verschiedenen Modelle auf das Beispiel von → S. 72f. an, indem Sie bestimmte Entscheidungen bzw. Entscheidungsprozesse aus den jeweiligen Positionen heraus begründen.

Pflicht zur Wahrhaftigkeit

Die Morallehre Immanuel Kants

Immanuel Kant (1724–1804), Philosoph der Aufklärung, hat in seinen Werken „Kritik der reinen Vernunft" und „Kritik der praktischen Vernunft" die Ethik kritisch von der menschlichen Vernunft her zu begründen versucht.

1 2 3 4 5
Geben Sie den Gedankengang Kants mit eigenen Worten wieder.

1 **2** 3 4 5
Entfalten Sie den im Text beschriebenen ethischen Konflikt und nehmen Sie Stellung zu der Forderung Kants, Wahrhaftigkeit sei eine Pflicht.

1 2 **3** 4 5
Erklären Sie mit eigenen Worten, was man unter dem kategorischen Imperativ versteht.

In dem folgenden Text aus dem Jahr 1797 weist Kant die Thesen des französischen Philosophen Benjamin Constant zurück, der einer unbedingten Pflicht zur Wahrhaftigkeit widersprochen hat.

Aus Menschliebe lügen?

1 Nun ist die *erste Frage:* ob der Mensch, in Fällen, wo er einer Beantwortung mit Ja oder Nein nicht ausweichen kann, *die Befugnis* (das Recht) habe, unwahrhaft zu sein. Die *zweite Frage* ist: ob er nicht gar verbunden [verpflichtet] sei, in einer gewissen Aussage, wozu ihn ein ungerechter Zwang nötigt, unwahrhaft zu
5 sein, um eine ihn bedrohende Missetat an sich oder einem anderen zu verhüten.

Wahrhaftigkeit in Aussagen, die man nicht umgehen kann, ist formale Pflicht des Menschen gegen jeden, es mag ihm oder einem andern daraus auch noch so großer Nachteil erwachsen. […]

10 Die Lüge also, bloß als vorsätzlich unwahre Deklaration gegen einen andern Menschen definiert, bedarf nicht des Zusatzes, dass sie einem anderen schaden müsse; wie die Juristen es zu ihrer Definition verlangen […]. Denn sie schadet jederzeit einem anderen, wenn gleich nicht einem andern Menschen, doch der Menschheit überhaupt, indem sie die Rechtsquelle unbrauchbar
15 macht.

Diese gutmütige *Lüge* kann aber auch durch einen *Zufall (casus)* strafbar werden, nach bürgerlichen Gesetzen; was aber bloß durch den Zufall der Straffälligkeit entgeht, kann auch nach äußeren Gesetzen als Unrecht abgeurteilt werden. Hast du nämlich einen eben itzt mit Mordsucht Umgehenden *durch eine*
20 *Lüge* an der Tat verhindert, so bist du für alle Folgen, die daraus entspringen möchten, auf rechtliche Art verantwortlich. Bist du aber strenge bei der Wahrheit geblieben, so kann dir die öffentliche Gerechtigkeit nichts anhaben; die unvorhergesehene Folge mag sein, welche sie wolle. Es ist doch möglich, dass, nachdem du dem Mörder auf die Frage, ob der von ihm Angefeindete zu Hause
25 sei, ehrlicherweise mit Ja geantwortet hast, dieser doch unbemerkt ausgegangen ist und so dem Mörder nicht in den Wurf gekommen, die Tat also nicht geschehen wäre; hast du aber gelogen und gesagt, er sei nicht zu Hause, und er ist auch wirklich (obzwar dir unbewusst) ausgegangen, wo denn der Mörder ihm im Weggehen begegnete und seine Tat an ihm verübte: so kannst du mit Recht

30 als Urheber des Todes desselben angeklagt werden. Denn hättest du die Wahrheit, so gut du sie wusstest, gesagt: so wäre vielleicht der Mörder über dem Nachsuchen seines Feindes im Hause von herbeigelaufenen Nachbarn ergriffen und die Tat verhindert worden. Wer also *lügt*, so gutmütig er dabei auch gesinnt sein mag, muss die Folgen davon, selbst vor dem bürgerlichen Gerichts-

35 hofe, verantworten und dafür büßen: so unvorhergesehen sie auch immer sein mögen; weil Wahrhaftigkeit eine Pflicht ist, die als die Basis aller auf Vertrag zu gründenden Pflichten angesehen werden muss, deren Gesetz, wenn man ihr auch nur die geringste Ausnahme einräumt, schwankend und unnütz gemacht wird.

40 Es ist also ein heiliges, unbedingt gebietendes, durch keine Konvenienzen [Übereinkünfte] einzuschränkendes Vernunftgebot, in allen Erklärungen *wahrhaft* (ehrlich) zu sein.

Der kategorische Imperativ

Kant hat seinen kategorischen Imperativ in der Schrift „Grundlegung zur Metaphysik der Sitten" (1785) in mehreren Fassungen formuliert. Der kategorische Imperativ ist zugleich ein Grundgesetz der menschlichen Vernunft für das eigene Handeln. Die hier wiedergegebenen Formulierungen zielen darauf, dass eine persönliche Maxime zum ethischen Gesetz für alle Menschen werden kann, das heißt, dass sie objektiv, notwendig und allgemein gültig sein muss.

Der kategorische Imperativ ist also nur ein einziger, und zwar dieser: „Handle nur nach derjenigen Maxime, durch die du zugleich wollen kannst, dass sie ein allgemeines Gesetz werde. […]"

Weil die Allgemeinheit des Gesetzes, wonach Wirkungen geschehen, dasjenige ausmacht, was eigentlich Natur im allgemeinsten Verstande (der Form nach), d.i. das Dasein der Dinge, heißt, sofern es nach allgemeinen Gesetzen bestimmt ist, so könnte der allgemeine Imperativ der Pflicht auch so lauten: „Handle so, als ob die Maxime deiner Handlung durch deinen Willen zum allgemeinen Naturgesetze werden sollte."

1 2 3 **4** 5
Benennen und erläutern Sie Beispielsituationen, in denen ein Handeln nach dem kategorischen Imperativ relevant werden kann bzw. muss

1 2 3 4 **5**
Setzen Sie die Argumentation des ersten Textes in Beziehung zum kategorischen Imperativ Kants und zeigen Sie Konsequenzen für das alltägliche Handeln der Menschen auf.

Maxime
Eine Maxime (franz. *maxime* = Leitspruch) bezeichnet eine oberste persönliche Lebensregel oder einen persönlichen Handlungsgrundsatz. Für Kant ist es das *subjektive* Prinzip zu handeln und deshalb vom *objektiven* Prinzip, dem praktischen Gesetz, zu unterscheiden. Während das einzelne Subjekt nach einer persönlichen *Maxime* handelt, gibt der Imperativ einen für jedes vernünftige Subjekt geltenden Grundsatz an, nach dem es *handeln soll*.

Vernetzung
> Erklären Sie mithilfe der hier abgedruckten Texte, warum die Morallehre Kants Beispiel für eine deontologische Ethik (→ S. 74) ist.

Pflicht zur Verantwortung

Der ethische Ansatz von Hans Jonas

Hans Jonas (1903–1993), jüdischer Philosoph deutscher Herkunft, dessen Hauptwerk „Das Prinzip Verantwortung" weltweite Anerkennung erlangt hat.

1 2 3 4 5 6
Beschreiben Sie den im ersten Text dargestellten Zusammenhang zwischen Technik, Macht und Ethik. Erörtern Sie mögliche Folgen für das Entscheiden und Handeln des Menschen und beachten Sie dabei insbesondere Jonas' Hinweis auf „das Eindringen ferner, zukünftiger und globaler Dimensionen" (Z. 15).

1 **2** 3 4 5 6
Formulieren Sie den neuen Imperativ von Hans Jonas mit eigenen Worten und vergleichen Sie ihn mit dem kategorischen Imperativ Immanuel Kants.

In seinem Hauptwerk „Das Prinzip Verantwortung. Versuch einer Ethik für die technologische Zivilisation" (1979) entwirft Hans Jonas die Grundlagen einer Ethik, die angesichts zunehmender Technisierung die Gefährdung und den Fortbestand menschlichen Lebens ins Zentrum rückt. In dem Folgeband „Technik, Medizin und Ethik. Zur Praxis des Prinzips Verantwortung" (1985) wendet er seine theoretischen Grundlagen auf Themen der Medizin und Gentechnologie an.

Verantwortung als Pflicht der Macht

1   Dass, ganz allgemein gesprochen, die Ethik in Angelegenheiten der Technik etwas zu sagen hat, oder dass Technik ethischen Erwägungen unterliegt, folgt aus der einfachen Tatsache, dass die Technik eine Ausübung menschlicher Macht ist, das heißt eine Form des Handelns, und alles menschliche Handeln
5   moralischer Prüfung ausgesetzt ist. Es ist ebenso eine Binsenwahrheit, dass ein und dieselbe *Macht* sich zum Guten wie zum Bösen benutzen lässt und man bei ihrer Ausübung ethische Normen beachten oder verletzen kann. Die Technik, als enorm gesteigerte menschliche Macht, fällt eindeutig unter diese generelle Wahrheit. Aber bildet sie einen besonderen Fall, der eine Bemühung des
10 ethischen Denkens erfordert, die verschieden ist von der, die sich für jede menschliche Handlung schickt und für alle ihre Arten in der Vergangenheit ausreichte? Meine These ist, dass die moderne Technik in der Tat einen neuen und besonderen Fall bildet. […]
    Der springende Punkt hier ist, dass das Eindringen ferner, zukünftiger und
15 globaler Dimensionen in unsere alltäglichen, weltlich-praktischen Entscheidungen ein ethisches Novum ist, das die Technik uns aufgeladen hat; und die ethische Kategorie, die vorzüglich durch diese neue Tatsache auf den Plan gerufen wird, heißt: *Verantwortung*. Dass diese wie nie zuvor in den Mittelpunkt der ethischen Bühne rückt, eröffnet ein neues Kapitel in der Geschichte der
20 Ethik, das die neuen Größenordnungen der Macht spiegelt, denen die Ethik von nun an Rechnung tragen muss. Die Anforderungen an die Verantwortlichkeit wachsen proportional zu den Taten *der Macht*.

Ein neuer Imperativ

1 Kants kategorischer Imperativ sagte: „Handle so, dass du auch wollen kannst, dass deine Maxime allgemeines Gesetz werde." Das hier angerufene „kann" ist das der Vernunft und ihrer Einstimmung mit sich selbst: Die Existenz einer Gesellschaft menschlicher Akteure (handelnder Vernunftwesen) *vorausge-*

5 *setzt*, muss die Handlung so sein, dass sie sich ohne Selbstwiderspruch als allgemeine Übung dieser Gemeinschaft vorstellen lässt. Ein Imperativ, der auf den neuen Typ menschlichen Handelns passt und an den neuen Typ von Handlungssubjekt gerichtet ist, würde etwa so lauten: „Handle so, dass die Wirkungen deiner Handlung verträglich sind mit der Permanenz echten menschli-

10 chen Lebens auf Erden"; oder negativ ausgedrückt: „Handle so, dass die Wirkungen deiner Handlung nicht zerstörerisch sind für die künftige Möglichkeit solchen Lebens"; oder einfach: „Gefährde nicht die Bedingungen für den indefiniten Fortbestand der Menschheit auf Erden"; oder, wieder positiv gewendet: „Schließe in deine gegenwärtige Wahl die zukünftige Integrität des

15 Menschen als Mit-Gegenstand deines Wollens ein". [...]
Kants kategorischer Imperativ war an das Individuum gerichtet, und sein Kriterium war augenblicklich. Er forderte jeden von uns auf, was geschehen würde, *wenn* die *Maxime* meiner jetzigen Handlung zum Prinzip einer allgemeinen Gesetzgebung gemacht würde oder es in diesem Augenblick schon

20 wäre: Die Selbsteinstimmigkeit oder Nichteinstimmigkeit einer solchen *hypothetischen* Verallgemeinerung wird zur Probe meiner privaten Wahl gemacht. Aber es war kein Teil dieser Vernunftüberlegungen, es bestehe irgendeine Wahrscheinlichkeit dafür, dass meine private Wahl tatsächlich allgemeines Gesetz werde oder zu einem solchen Allgemeinwerden auch nur beitrage. In

25 der Tat, *reale* Folgen sind überhaupt nicht ins Auge gefasst, und das Prinzip ist nicht dasjenige objektiver Verantwortung, sondern das der subjektiven Beschaffenheit meiner Selbstbestimmung. Der neue Imperativ ruft eine andere Einstimmigkeit an: nicht die des Aktes mit sich selbst, sondern die seiner schließlichen *Wirkungen* mit dem Fortbestand menschlicher Aktivität in der

30 Zukunft. [...]
Die erste Regel ist, dass kein Sosein künftiger Abkömmlinge der Menschenart zulässig ist, das dem Grunde zuwiderläuft, warum das Dasein einer Menschheit überhaupt gefordert ist. Also ist der Imperativ, *dass* eine Menschheit sei, der erste, soweit es sich um den Menschen allein handelt.

1 2 **3** 4 5 6
Prüfen Sie, inwieweit sich die Bedingungen seit Erscheinen von Hans Jonas' Schrift „Das Prinzip Verantwortung" verändert (verbessert, verschlechtert) haben, und **benennen** Sie Beispiele.

1 2 3 **4** 5 6
Beurteilen Sie die gegenwärtige und zukünftige Relevanz dieses ethischen Ansatzes.

1 2 3 4 **5** 6
Setzen Sie den neuen Imperativ in Beziehung zu christlichen bzw. biblischen Aussagen über die Welt und den Menschen.

1 2 3 4 5 **6**
Gestalten Sie weitere Briefmarkenmotive zum 110. Geburtstag bzw. 20. Todestag des Philosophen Hans Jonas.

> Vernetzung
> › Vergleichen Sie die ethischen Ansätze und Argumentationen von Hans Jonas und Immanuel Kant miteinander.
> › Setzen Sie die Verantwortungsethik von Hans Jonas in Beziehung zu den Modellen ethischer Normenbegründung (→ S. 74f.).

Der autonome Mensch

Freiheit aus ethischer Sicht

1 2 3 4 5 6 7

Erläutern Sie die folgenden Begriffe und setzen Sie diese sinnvoll zueinander in Beziehung: Willensfreiheit, Handlungsfreiheit, Wesensfreiheit, Autonomie, Heteronomie, „Freiheit von", „Freiheit zu", „Ermöglichung von Freiheit".

1 **2** 3 4 5 6 7

Entfalten Sie das im Text enthaltene Zitat des katholischen Moraltheologen Franz Böckle (Z. 8ff.) vor dem Hintergrund des Gesamttextes.

1 2 **3** 4 5 6 7

Nennen Sie Beispiele, wann und wie Menschen fremdbestimmt sein können.

1 2 3 **4** 5 6 7

Untersuchen Sie in Partnerarbeit, inwieweit bekannte biblische Texte sich dazu eignen, als Erzählungen vom göttlichen Befreiungshandeln zu gelten.

1 2 3 4 **5** 6 7

Begründen Sie anhand des Textes, dass Gottesglaube und menschliche Autonomie keine Gegensätze darstellen.

1. Aus Sicht einer philosophischen Ethik

Die Freiheit des Menschen ist sein Wählenkönnen in Entscheidungssituationen. Freiheit ist zugleich notwendige Voraussetzung für die Möglichkeit sittlichen Handelns, denn nur in Freiheit lässt sich sinnvoll zwischen Gut und Böse unterscheiden bzw. von Verdienst und Schuld sprechen. Ohne Freiheit keine

5 Ethik! Freiheit wird im Allgemeinen verstanden als *Freiheit der Entscheidung* bzw. Wahl (Willensfreiheit) sowie als *Freiheit des Tuns* bzw. *Handelns* (Handlungsfreiheit).

Grundlegend aber gilt, dass sich der Mensch frei entscheiden muss: „Die Notwendigkeit des Sich-entscheiden-Müssens ist kein Gegensatz zur Freiheit,

10 sondern deren erklärte Wesenseigenschaft" (Franz Böckle). Diese Wesensfreiheit des Menschen ist seine *Autonomie* (Selbstbestimmung). Als ein mit Vernunft begabtes Wesen muss sich der Mensch, im Unterschied zum Tier, in Freiheit selbst Regeln schaffen und sich selbst ein Gesetz *(auto-nomos)* geben. Nach Immanuel Kant realisiert er so seine ihm wesenseigene Mündigkeit, so-

15 gar noch mehr: Autonomie des Subjekts bezeichnet die Identität von Freiheit und Norm, denn im Sinne Kants sind ein freier Wille und ein Wille unter einem sittlichen Gesetz dasselbe. Eine normlose Freiheit wäre dagegen verantwortungslose Willkür.

Bei der Frage allerdings, wie sich der Mensch im konkreten Fall entscheiden

20 soll, hat er wiederum die Wahlfreiheit aus verschiedenen Möglichkeiten. Die Autonomie des Menschen verwirklicht sich somit in einer Einheit von freiem Entschluss, Entscheidung und (handelnder) Ausführung des Entschlusses. Und das ist wesentlich mehr und grundlegender als ein oberflächliches Alltagsverständnis, nach dem Freiheit lediglich das Vermögen ausdrückt, tun und

25 lassen zu können, was man will.

Wenn Freiheit also die Fähigkeit des Menschen zur Selbstbestimmung *(Autonomie)* meint, dann bedeutet das negativ ausgedrückt seine Unabhängigkeit von Fremdbestimmung *(Heteronomie)*. Fremdbestimmt kann ein Mensch sein durch Gefühle und Triebe, durch Erziehung oder durch politische bzw. soziale

30 Einflüsse. Dass der Mensch grundlegend und wesentlich frei davon ist, macht ihn zu einem autonomen Wesen. Was er mit dieser Wesensfreiheit praktisch anfängt, ist wiederum die Folge seiner Willens- und Handlungsfreiheit.

2. Aus Sicht einer theologischen Ethik

1   Was wird aber nun aus der Autonomie des Menschen, wenn er sich gleichzeitig als göttliches Geschöpf begreift und sich religiösen Gesetzen und Regeln verpflichtet weiß? Kann man ihn dann überhaupt noch wesentlich frei nennen? Wie passen der christliche Gottesglaube und ein philosophisches Freiheits-
5   verständnis zusammen?

Auf solche Fragen antworten biblische Erzählungen, in denen es um Freiheit geht, genauer um „Freiheit als Befreiung": Die göttliche Befreiung des Volkes Israel aus der Knechtschaft Ägyptens wird als die Freiheit zu einer neuen Zukunft erfahren (vgl. *Ex 20,1; Dtn 5,6*); die heilende Befreiung des Bartimäus
10 (vgl. *Mk 10,46–52*) von körperlicher und seelischer Blindheit erscheint als die Freiheit zu einem neuen Leben; die vom Tod befreiende Auferweckung Jesu (vgl. u.a. *Mk 16*) als die Freiheit des ewigen Lebens.

Die Freiheit der biblischen Botschaft und die Freiheit des Glaubens insgesamt sind zu verstehen als eine befreiende, das heißt frei machende Freiheit zu
15 neuen Lebensmöglichkeiten. Der Gott Israels und der Gott Jesu befreit den Menschen von den Mächten der Fremdbestimmung („Freiheit von") hin zur Selbstbestimmung in Solidarität mit seinem Nächsten („Freiheit zu"). Darin liegt ein Zuspruch an den Menschen als Ebenbild Gottes, aus dem zugleich ein Anspruch an den Menschen und an seine Wahl- und Handlungsfreiheit resul-
20 tiert: Der Einzelne soll seine eigene Freiheit realisieren, indem er auch dem anderen zur Freiheit verhilft, indem er ihn befreit und ihm neues Leben ermöglicht.

So ist menschliche Freiheit nie ohne die von Gott geschenkte Freiheit zu sehen, und umgekehrt ist wohl auch das göttliche Befreiungshandeln nicht ganz
25 ohne den Blick auf menschliche Freiheit zu verstehen. Das liegt auch darin begründet, dass sowohl Gott als auch Menschen im Christentum personal gedacht werden, in Beziehung zueinander und untereinander.

In diesem Sinne ist Freiheit mehr als (nur) individuelle Selbstbestimmung. Vielmehr ist Autonomie mit Solidarität zusammenzudenken; das Merkmal
30 einer „solidarischen Freiheit" (Thomas Pröpper) ist für einen christlichen Autonomiebegriff unverzichtbar. Denn theologisch betrachtet, realisiert sich individuelle Freiheit genau dann, wenn sie gleichzeitig zur Ermöglichung anderer Freiheit wird. Auch und gerade in seiner selbstbestimmten Entscheidung zur Freiheit des Nächsten verwirklicht der Einzelne seine ihm wesenseigene Autonomie.

Jan Woppowa

1 2 3 4 5 **6** 7

Benennen Sie mithilfe des zweiten Textabschnitts zentrale Aspekte, in denen sich die theologische Ethik von der philosophischen Ethik unterscheidet.

1 2 3 4 5 6 **7**

Nehmen Sie begründet Stellung zum Zitat des mittelalterlichen Theologen und Philosophen Thomas von Aquin:

Wer die bösen Taten unterlässt, nicht weil sie böse sind, sondern (nur), weil Gott es so geboten hat, handelt nicht frei.   *Thomas von Aquin*

Vernetzung
› Beachten Sie auch die Inhalte auf → S. 58f.
› Zum Hintergrund der Ethik Kants lesen Sie nach auf → S. 76f.

Handle gut und nicht egoistisch

Die Verbindlichkeit des Gewissens

Die kirchliche Lehre vom Gewissen

Die Kirche hat sich immer der Aufgabe verpflichtet gesehen, die Gewissen der Gläubigen zu bilden. Das bedeutet auch, die Gläubigen in Fragen der ethischen Entscheidungen zu unterweisen und mit der Auslegung und den Normen der kirchlichen Lehre bekannt zu machen. Das bedeutet nicht, dass den Gläubigen die Verantwortung für ihre Entscheidungen abgenommen werden soll, sondern – im Gegenteil – den Gläubigen ihre unabdingbare und unabnehmbare Verantwortung bewusst zu machen. Gewissensbildung als Aufgabe der Kirche bedeutet also nicht die Durchsetzung der Autorität des Lehramts gegen den Gewissensspruch. Bereits Thomas von Aquin stellt die Freiheit von äußerer, weltlicher wie geistlicher, Autorität und die unbedingte personale Verbindlichkeit bezüglich des Gewissens heraus: „Das Gewissen ist das praktische Urteil oder der praktische Spruch der Vernunft, durch die wir urteilen, was hier und jetzt getan werden soll, weil es gut ist, oder zu unterlassen ist, weil es schlecht ist." Der Umgang der kirchlichen Autorität mit der Gewissensfreiheit der Gläubigen war und ist nicht konfliktfrei. Im 2. Vatikanischen Konzil hat sich die katholische Kirche ausdrücklich zur Gewissensfreiheit bekannt. Hinweise dazu finden sich auch in den Darlegungen der Glaubenslehre, den Katechismen.

Das Gewissen: Stimme Gottes, Über-Ich oder Mitte der Person?

1 Das Gewissen ist eine Erfahrungswirklichkeit. In jedem Menschen gibt es offenkundig ein Gespür für das Gute und das Böse, für das, was zu tun und zu unterlassen ist. Diese innere Instanz wird in ethischen Entscheidungssituationen und Konflikten auch als verbindliche „letzte" Instanz erlebt. Wer gegen
5 sein Gewissen handelt, erfährt im „schlechten" Gewissen dessen bleibenden Anspruch. Schon die Antike beschreibt diese Erfahrung und misst ihr hohe Bedeutung bei. Die kirchliche Tradition spricht verschiedentlich von der „Stimme Gottes", die im Gewissen zum Menschen spricht und den Willen Gottes als An-Spruch im Zentrum des eigenen Personseins erfahrbar mache. Und
10 auch in den säkularisierten Gesellschaften der Moderne gilt das Gewissen als Ausdruck der besonderen, unantastbaren Würde und Freiheit des Menschen; die Gewissensfreiheit gehört zu den Grundrechten.
Zugleich werden aber die Freiheit des Gewissens und die Behauptung seiner grundsätzlichen Ausrichtung auf das sittlich Gute durch Erkenntnisse der
15 Psychologie und der Soziologie in Zweifel gezogen. Sie wenden ein, dass die Entscheidungen des Gewissens lediglich Konventionen und Normen folgen, dass die Gewissensregungen Ausdruck verinnerlichter Ängste und Strafandrohungen (das „Über-Ich" bei Sigmund Freud) sind, dass das Gewissen den Wandlungen des Zeitgeistes unterliegt. Schon die Tradition hat dies gesehen
20 und eine Differenzierung zwischen dem Gewissen als Anlage (synderesis) und dem konkreten Gewissensspruch (conscientia) vorgenommen. Der Gewissensspruch unterliegt dem Wandel und kann angesichts einer zu beurteilenden Situation und Entscheidung auch irren. Das Gewissen als Anlage aber gilt als Personenmitte, die von sich aus auf das Gute ausgerichtet ist, die die Freiheit
25 des Menschseins ermöglicht und garantiert. Darin gründet die Unantastbarkeit und Verbindlichkeit des Gewissens selbst da, wo der Gewissensspruch irrt. Philosophische und theologische Hinweise zur Gewissensbildung machen deutlich, dass das Gewissen der Entwicklung bedarf, nicht *obwohl,* sondern *weil* es die nächst Gott „letztverbindliche" Instanz des freien und verantwortli-
30 chen Menschen ist.

2. Vatikanisches Konzil

Im Inneren seines Gewissens entdeckt der Mensch ein Gesetz, das er sich nicht selbst gibt, sondern dem er gehorchen muss und dessen Stimme ihn immer zur Liebe und zum Tun des Guten und zur Unterlassung des Bösen aufruft und, wo nötig, in den Ohren des Herzens tönt: Tu dies, meide jenes. Denn der Mensch hat ein Gesetz, das von Gott seinem Herzen eingeschrieben ist, dem zu gehorchen eben seine Würde ist und gemäß dem er gerichtet wird. Das Gewissen ist die verborgenste Mitte und das Heiligtum im Menschen, wo er allein ist mit Gott, dessen Stimme in diesem seinem Innersten zu hören ist. Im Gewissen erkennt man in wunderbarer Weise jenes Gesetz, das in der Liebe zu Gott und dem Nächsten seine Erfüllung hat. Durch die Treue zum Gewissen sind die Christen mit den übrigen Menschen verbunden im Suchen nach der Wahrheit und zur wahrheitsgemäßen Lösung all der vielen Probleme, die im Leben der Einzelnen wie im gesellschaftlichen Leben entstehen.

Gaudium et spes, 16

Jugendkatechismus der Katholischen Kirche

Wer über das Gewissen eines Menschen hinweggeht, es ignoriert und Zwang ausübt, verletzt seine Würde. Kaum etwas macht den Menschen nämlich mehr zum Menschen als die Gabe, selbst Gut und Böse unterscheiden und wählen zu können. Das gilt sogar dann, wenn die Entscheidung, bei Licht besehen, falsch ist. Wenn ein Gewissen nicht falsch gebildet wurde, spricht die innere Stimme in Übereinstimmung mit dem, was allgemein vernünftig ist, gerecht und gut vor Gott ist.

Nr. 296

Deutscher Erwachsenen-Katechismus

In der Bemühung um die sittliche Wahrheit und um die Begründung konkreter Normen ist die Kirche nicht immer frei von Irrtum und Mängeln gewesen. Es wäre jedoch falsch, daraus den Schluss zu ziehen, das Lehramt würde sich bei seinen Aussagen gewöhnlich täuschen. Deshalb dürfen Urteile über sittliche Fragen, die in den Kompetenzbereich des Lehramts fallen, bis zum Beweis des Gegenteils die Vermutung für sich beanspruchen, dass sie zutreffen. Dennoch können Christinnen und Christen trotz aufrichtiger Bemühungen, bestimmte Lehraussagen anzunehmen, ernsthafte Schwierigkeiten haben, ihre Zweifel auszuräumen. Wo Schwierigkeiten bestehen, sollten sie, wo immer dies möglich erscheint, nicht nur der persönlichen Gewissensentscheidung überlassen bleiben, sondern ihre Lösung sollte in einem ehrlichen Dialog angestrebt werden, der vom Geist der Liebe geprägt ist.

Band 2, S. 117f.

1 2 3
Entwerfen Sie eine Schemazeichnung, die die Beziehung zwischen der Verbindlichkeit des Gewissensspruchs und der Notwendigkeit der Gewissensbildung veranschaulicht. Setzen Sie Ihr Schema in Beziehung zur unten stehenden Zeichnung.

1 **2** 3
Erläutern Sie, welche Rolle Gott im Prozess des Gewissensspruchs spielt. Interpretieren Sie dazu den Text des 2. Vatikanischen Konzils.

1 2 **3**
Diskutieren Sie, ob die Freiheit des Gewissens durch Gott oder die Autorität des kirchlichen Lehramts eingeschränkt wird.

Ich war's

Schuld und Verantwortung

1 2 3 4 5 6

Führen Sie ein Schreibgespräch zu „Schuld und Verantwortung" durch.

1 **2** 3 4 5 6

Erläutern Sie mit Blick auf die nebenstehende Definition den strafrechtlichen Grundsatz „Keine Strafe ohne Schuld".

1 2 **3** 4 5 6

Diskutieren Sie die Umkehrung des Satzes! Stellen Sie den Zusammenhang her zur Rede vom „heimlichen Unschuldswahn, der sich in unserer Gesellschaft ausbreitet und mit dem wir Schuld und Versagen, wenn überhaupt, immer nur bei ‚den anderen' suchen, bei den Feinden und Gegnern, bei der Vergangenheit, bei der Natur, bei Veranlagung und Milieu" (*Synodendokument „Unsere Hoffnung", Nr. 1.5*).

1 2 3 **4** 5 6

Welche Dimensionen des Schuldbegriffs werden in der Karikatur satirisch herausgestellt?

1 2 3 4 **5** 6

Grenzen Sie die Begriffe „Schuld" und „Sünde" in Ihren Worten voneinander ab.

1 2 3 4 5 **6**

Erörtern Sie, inwiefern eine Feier der Versöhnung nötig und sinnvoll ist. Gibt es Vergleichbares auch in anderen Lebensbereichen?

Wer hat Schuld? Was ist Schuld?

Ein Verkehrsunfall. Wer hat Schuld? – Die Finanzkrise. Wer hat Schuld? – Eine gewalttätige Auseinandersetzung. Wer hat Schuld? – Eine betrügerische Geldanlage. Wer hat Schuld? – Graffiti an einer Hauswand. Wer hat Schuld? – Der Klimawandel. Wer hat Schuld? – Jugendliche ohne Schulabschluss. Wer hat Schuld? – Entwürdigende Arbeitsbedingungen in China. Wer hat Schuld? – Unerlaubte Downloads. Wer hat Schuld? – Die Völkermorde des 20. Jahrhunderts. Wer hat Schuld? – Haben Sie Schuld? Woran sind Sie schuldig? Was ist eigentlich Schuld?

1 Der Begriff der Schuld spielt sowohl in der Ethik als auch im Recht eine wichtige Rolle. Mit ihm wird die Verantwortung einer Person für einen negativ bewerteten Zustand oder eine negativ bewertete Tat (ein „Übel") zum Ausdruck gebracht. Der Begriff ist in diesem Zusammenhang *objektiv* zu verstehen. Er
5 bezieht sich auf die Beziehung zwischen der Person, ihrem Handeln und Unterlassen und dem Übel. In diesem Sinne unterscheidet er sich von einem *subjektiven* Begriff der Schuld, der mit Begriffen wie „Scham" oder „Reue" bezeichnet wird und im Bereich von Psychologie und Theologie eine wichtige Rolle spielt. Die allgemeinste Formulierung objektiver Schuld lautet: Es be-
10 steht eine Beziehung zwischen Person A und einem Übel x, die so beschaffen ist, dass A für Tadel (aufgrund einer moralischen Regel) oder für Strafe (aufgrund einer rechtlichen Regel) infrage kommt. Die Beziehung zwischen A und x, die als tadelns- oder strafwürdig gilt, *kann* darin bestehen, dass Person A das Übel x verursacht hat. In unserer heutigen Gesellschaft reicht das Kausalitäts-
15 prinzip aber in der Regel nicht aus. Gefragt wird ethisch und rechtlich immer auch nach Schuldgründen, nach Handlungsalternativen und nach der individuellen Zurechnungsfähigkeit, verstanden als die Fähigkeit der Person, Verantwortung überhaupt zu übernehmen, gefragt wird nach den Beziehungen zwischen A und x. Damit ist der objektive Schuldbegriff ein *relationaler* Begriff.
20 Diese Relationen sind auch zu bedenken, wenn das Maß von Tadel und Strafe zu bedenken sind. Ganz grundsätzlich gilt in unserer Gesellschaft heute: „Keine Strafe ohne Schuld". Das Umgekehrte gilt aber nicht: Auf Schuld an sich muss nicht zwingend Strafe folgen. Sowohl in der ethischen wie in der juridischen Praxis gibt es Raum für Vergebung und Begnadigung.

Nach Antonie van den Beld

Wonach überhaupt gefragt wird:
Schuld in unterschiedlichen Urteilszusammenhängen

rechtlich
› Vorsatz
› Fahrlässigkeit
› Zurechnungsfähigkeit
› Zumutbarkeit der Unterlassung der widerrechtlichen Tat

philosophisch-anthropologisch
› das (dem anderen/dem Gemeinwohl) Geschuldete (lat. *debitum* = Bringschuld)
› das durch Verfehlung des normativ vorgegebenen Handlungsziels Verschuldete (lat. *culpa*)
› der durch Verfehlung angerichtete Schaden
› das Zurückbleiben hinter den eigenen Idealen und Lebensmöglichkeiten (existenzielle Schuld)

psychologisch
› Voraussetzung von Schuld ist die Einsicht in Recht und Unrecht und ein hinreichendes Vermögen, das eigene Verhalten entsprechend zu steuern
› Schuldgefühl als Verknüpfung von moralisch-ethischen Normen, kritischer Selbstbeurteilung, Gefühlen der Selbstabwertung, Reue und Furcht vor erwarteter Strafe
› Abwehrmechanismen durch Projektion (Sündenbocksuche), rationalisierenden Entschuldungsmechanismen oder Geltendmachung von Geringfügigkeit

theologisch-ethisch
› Verfehlung gegenüber dem Gesollten als Selbstverfehlung der Menschen
› Eigenverantwortlichkeit der Menschen als Kehrseite ihres schöpferischen Selbstbewusstseins („Gottebenbildlichkeit")
› christliches Sprechen von Schuld steht im Kontext des Glaubens an die Vergebung durch Gott
› die angemessene Antwort der Menschen besteht in der Bereitschaft zu Schuldbekenntnis, Reue, Umkehr und Dank für das Angebot von Vergebung

Sünde

Das christliche Verständnis der Sünde ist nicht deckungsgleich mit dem Begriff der Schuld. Die Rede von der Sünde bezieht sich auch nicht einfach auf Verstöße gegen spezifisch religiöse Normen und Gebote. Das christliche Verständnis von Sünde betrifft im Grunde gar nicht so sehr die Ebene der *Sachverhalte*, sondern bezieht sich auf den *Sinnhorizont* von Tun und Lassen. Sünde wird in dieser Weise verstanden als eine wissentliche und willentliche Missachtung des guten Willens Gottes. Der „gute Willen Gottes" meint nicht eine Sammlung von Geboten und Verboten, sondern die Formulierung bringt zum Ausdruck, dass die liebende Zuwendung Gottes zur Welt und zum Menschen mit dem Anspruch Gottes an den Menschen einhergeht, wirklich „Ebenbild" zu sein. Menschen sollen – wie Gott – andere Menschen (und sich selbst) wertschätzen, anerkennen und lieben um ihrer selbst willen, sie nicht zum bloßen Mittel eigener Interessen verzwecken. Menschen sollen – wie Gott – nicht zum Zweck des eigenen Profits und der eigenen Macht Ungerechtigkeit und Unterdrückung ausüben. Missachtung des guten Willens Gottes meint die Missachtung der Mitmenschen und Mitgeschöpfe, die Leugnung ihrer Würde, die Indienstnahme der Schöpfung ausschließlich zu eigenen Zwecken, die egozentrische und rücksichtslose Verwirklichung von Zielen nur für mich. Sünde in diesem Sinne ist ein personales Defizit, eine Störung der Beziehung zu Gott, eine Störung der Beziehung zu den Mitmenschen und Mitgeschöpfen, aber auch eine Form der Selbstbeschädigung des Menschen. Nicht jede Schuld ist Sünde.

Der Globus quietscht und eiert

Gerechtigkeit und globale Nachbarschaft

Sozialethik
Sozialethik ist ein Teilbereich der Ethik, der sich nicht wie die Individualethik mit dem isolierten Handeln einzelner Personen befasst, sondern mit Maßstäben für das soziale Handeln von Personen, Institutionen und ganzen Gesellschaften. Grundkriterien für die sozialethischen Normen sind vor allem Menschenwürde, Freiheit, Gerechtigkeit, Solidarität und Toleranz.

Wussten Sie, dass …
› … junge Menschen zwischen 7 bis 20 Jahren in Deutschland schätzungsweise für 18 Milliarden Euro Kleidung pro Jahr einkaufen?
› … die Deutschen mit 12 kg neuer Kleidung Weltmeister sind im Verbrauch von Textilien? Weltweit sind es durchschnittlich 8 kg, in Kamerun nur 0,5 kg pro Kopf und Jahr!
› … schon nach drei Wochen ein neu gekauftes Kleidungsstück bei uns in Deutschland nicht mehr als „in", neu, modern gilt?

Rückzug oder Solidarität?

1 Unsere westliche Gesellschaft ist durch eine zunehmende Pluralisierung und Individualisierung der Lebensstile und Lebensentwürfe gekennzeichnet. Parallel dazu lässt sich aber auch eine zunehmende Privatisierung und Entsolidarisierung beobachten. Die Unübersichtlichkeit der Welt, die Unsicherheit, die
5 von der Pluralität ausgeht, führt dazu, dass sich der Einzelne in seine eigene Welt, in seine Privatsphäre zurückzieht und sein Handeln ganz an seinen jeweils eigenen Interessen orientiert. Gerade unter den Bedingungen des Wohlstands und der wachsenden Unterschiede zwischen Arm und Reich will keiner zu kurz kommen oder der Dumme sein. Solidarisches Einstehen füreinander
10 oder für das Gemeinwesen verlieren damit an Wert. Denn ein Verhalten, das nicht nur vom eigenen Vorteil geleitet ist, sondern dem es um den anderen geht, scheint genau dazu zu führen, dass man am Ende als Verlierer dasteht. Der christliche Glaube ist von seinen Anfängen an nie nur Privatsache gewesen, sondern hat immer auch Konsequenzen für das gesellschaftliche Zusam-
15 menleben der Menschen und für die Gestaltung der öffentlichen Einrichtungen gehabt. Von zentraler Bedeutung ist dabei – von der barmherzigen Herrschaft Gottes her, die alle Herrschaft von Menschen relativiert – der Einsatz für Gerechtigkeit und Solidarität. *Nach Stephan Ernst/Ägidius Engel*

Globalisierung als neue Herausforderung

Es ist eine relativ neue Entwicklung, dass „unsere alltäglichen, weltlich-praktischen Entscheidungen" (Hans Jonas → S. 78) eine globale Dimension bekommen haben, das heißt: Unser Handeln ist durch die weltweite Verflechtung mitbestimmt von Faktoren, die irgendwo auf der Erde ihren Ursprung haben, und umgekehrt hat unser Handeln Auswirkungen auf Menschen in fernen Ländern. Davor können wir – ethisch gesehen – nicht die Augen verschließen.

Ein Beispiel: Unsere Kaufentscheidungen

Ein großer Teil der Produkte, die wir konsumieren, wird in weit entfernten Weltgegenden produziert.
„Da wirkt auch ein gewöhnlicher karierter Pullover extrem global – mit einem Stoff aus Usbekistan, gefärbt mit englischen Chemieprodukten, und einem anderen aus Ägypten, gefärbt mit deutschen Chemieprodukten, die dann in mexikani-

schen Fabriken auf deutschen Maschinen verarbeitet werden, um letztendlich nach einem italienischen Design in Slowenien genäht zu werden und dann von einer amerikanischen Firma bei uns in Deutschland auf dem Markt zu landen. So weitreichend ist ein Produktionszyklus ganz alltäglicher Produkte. Und wenn man noch bedenkt, dass sie dann, wenn sie bei uns ‚aus der Mode' sind, als Second-hand-Ware in Afrika landen, dann scheint die Globalität des Pullovers komplett" (Dollo, 21 Jahre aus Berlin).

Mit der Anschaffung vieler Produkte nehmen wir soziale und ökologische Probleme in den Herkunftsländern „in Kauf".

Unwürdige Arbeitsbedingungen in der Textilindustrie

In der kambodschanischen Textilindustrie arbeiten rund 300.000 Menschen, überwiegend Frauen. […] Die Arbeiterinnen haben oft keine Ausbildung. Sie ziehen als billige Arbeitskräfte in die Städte und müssen einen Teil ihres Hungerlohnes an ihre Familien schicken, um deren Überleben zu sichern. Da es ein Überangebot an Arbeitskräften gibt, können die Textilfirmen die Löhne bis auf oder unter das Existenzminimum drücken.

Die unwürdigen Bedingungen führten in den vergangenen Jahren zu immer neuen Protesten. Dabei kam es wiederholt zu gewalttätigen Auseinandersetzungen. Die Arbeitgeber dulden keine gewerkschaftlichen Aktivitäten. […]

Deutsche Welle vom 25.2.2012

Gibt es Handlungsmöglichkeiten?

Hier sind einige Ideen:
› sich über Siegel und Marken in der Bekleidungsbranche informieren, die den Anspruch auf die Einhaltung fairer Arbeitsbedingungen erheben
› bewusst Kleidung aus fairem Handel und ökologisch nachhaltiger Produktion kaufen
› im Bekanntenkreis das Problem ansprechen
› an Politiker und Wirtschaftsunternehmen schreiben und sie zum Einsatz für faire Arbeitsbedingungen in der Textilindustrie auffordern
› bei einer Initiative für fairen Handel mitarbeiten

Chinesische Näherinnen in einer Jeansfabrik

Jeans im europäischen Handel

1 2 3 4 5
Analysieren Sie das Beispiel auf dieser Doppelseite nach den „Sechs Schritten zur ethischen Urteilsfindung" (→ S. 73). Nutzen Sie zur Reflexion von Werten und Normen (4. Schritt) auch → S. 78f. und → S 222f.

1 **2** 3 4 5
Setzen Sie sich mit der Tragfähigkeit der „Handlungsmöglichkeiten" unten auf dieser Seite auseinander.

1 2 **3** 4 5
Erschließen Sie weitere Felder der „Globalisierung im Alltag" (z.B. Nahrungs- und Genussmittel, Energie- und Wasserverbrauch …).

1 2 3 **4** 5
Ordnen Sie dem Text von Gandhi konkrete (Fall-)Beispiele zu.

1 2 3 4 **5**
Belegen Sie mit Blick auf die Texte von Ernst/Engel und der Enzyklika die Motivation der Christen für die Solidarität mit den Benachteiligten.

Die vorrangige Liebe für die Armen
Heute muss angesichts der weltweiten Bedeutung, die die Soziale Frage erlangt hat, diese vorrangige Liebe mit den von ihr inspirierten Entscheidungen die unzähligen Scharen von Hungernden, Bettlern, Obdachlosen, Menschen ohne medizinische Hilfe und vor allem ohne Hoffnung auf eine bessere Zukunft umfassen: Es ist unmöglich, die Existenz dieser Menschengruppen nicht zur Kenntnis zu nehmen. An ihnen vorbeizusehen würde bedeuten, dass wir dem „reichen Prasser" gleichen, der so tat, als kenne er den Bettler Lazarus nicht, „der vor seiner Tür lag" (vgl. *Lk 16,19–31*).

Johannes Paul II., Enzyklika Sollicitudo rei socialis (1987), Nr. 44

Mein Leben – eine Kunst!?

Auf der Suche nach dem gelingenden Leben

1 2 3 4 5 6 7 8 9

Überlegen Sie, wann und wodurch Sie glücklich sind. Tauschen Sie sich in Kleingruppen aus.

1 **2** 3 4 5 6 7 8 9

Erstellen Sie eine Mind-Map, was für Sie ein „gelingendes Leben" ist.

1 2 **3** 4 5 6 7 8 9

Erarbeiten Sie die „Ästhetik der Lebenskunst" und vergleichen Sie diese mit Ihren Vorstellungen von Glück und gelingendem Leben.

1 2 3 **4** 5 6 7 8 9

In *1 Kor 13,13* formuliert Paulus Maximen christlicher Lebensführung. Diskutieren Sie, inwiefern diese auch heute noch gelingendes Leben begründen.

1 2 3 4 **5** 6 7 8 9

Erarbeiten Sie, wie EVA & ADELE Lebenskunst verstehen und leben.

1 2 3 4 5 **6** 7 8 9

Vergleichen Sie EVA & ADELES Verständnis von Lebenskunst mit dem Text auf → S. 88.

Das Leben stellt jeden Menschen immer wieder vor neue Entscheidungen und neue Aufgaben. Ein gelingendes Leben zu gestalten gleicht einer Kunst, einer Lebenskunst. Diese Lebenskunst steckt voller ethischer Herausforderungen.

Ästhetik der Lebenskunst

1 Ein perfekter Körper, Markenkleidung, ein schnelles Auto, ein Penthouse am Meer – so könnte ein gelingendes Leben aussehen, das sich auf äußerliche Schönheit, auf ein ästhetisch-gestyltes Leben bezieht. Lebenskunst meint jedoch mehr. Sie zielt auf gelingendes Leben im umfassenden Sinne. Doch was

5 bedeutet dies?

Leben besteht nicht nur aus Angenehmen, sondern umfasst auch das Unangenehme, Schmerzliche und Hässliche. Die Ästhetik der Lebenskunst zielt daher nicht auf eine ästhetische Perfektionierung oder Harmonisierung. Sie umfasst auch das Misslingen, das Scheitern und das Negative. Maßstab eines gelingen-

10 den Lebens ist vielmehr, ob man insgesamt zu seinem Leben „Ja"-sagen kann. Vor diesem Hintergrund, so schreibt der Philosoph Wilhelm Schmid, „kann die Lebenskunst sich anschicken, das Leben zu verschönern; verschönern aber im Sinne von: das Leben bejahenswerter zu machen. Lebenskunst kann in der Tat heißen, *sich ein schönes Leben zu machen* und hierzu eine Arbeit an sich selbst,

15 am eigenen Leben und an den Verhältnissen, die dieses Leben bedingen, zu leisten. […] Dieses Leben besteht nicht nur aus Glücksmomenten, die Widersprüche sind aus ihm nicht ausgeschlossen, es handelt sich nicht unbedingt um das, was man ein leichtes Leben nennt, eher um eines, das voller Schwierigkeiten ist, die zu bewältigen sind, voller Widerstände, Komplikationen, Ent-

20 behrungen, Konflikte, die ausgefochten oder ausgehalten werden […]. Das schöne Leben meint nicht das *moderne Glück,* diesen Zustand des dauerhaft Angenehmen, voller Lust, ohne Schmerz, ohne Arbeit, den die meisten nicht erreichen und darob unglücklich sind, während die, die ihn erreichen, auch nicht zu beneiden sind. Dieses Glück lebt von der Spirale des Konsums,

25 d.h. des *Verbrauchs,* des Verschleißes: Güter, äußere wie innere, auch Beziehungen, müssen vom Selbst verbraucht werden, um sich ‚gut zu fühlen'; der rasche Verbrauch aber, die Leere, die er hinterlässt, fordert noch mehr Verbrauch.

30 Wenn für das schöne Leben überhaupt vom Glück die Rede sein kann, dann ist
es demgegenüber das autarke Glück. [Es] hält sich offen für [den] Augenblick,
für das tychische Glück, den göttlichen Zufall *(tyche)*, den man nicht herstellen,
für den man nur bereit sein kann. Dieses Glück ist ein schöner Moment, der
das Maß, die Existenz und selbst die Geschichte sprengt, und von dem sich,
35 wenn überhaupt nur zärtlich, poetisch reden lässt."

Wilhelm Schmid

EVA & ADELE. Ein Lebenskunstwerk

1 EVA & ADELE treten seit 1989 grell geschminkt in exzentrischer Damenbe-
kleidung und mit kahl geschorenen Köpfen in der Öffentlichkeit auf. In der
Werkserie „Cum" (lat. „mit") lassen sie sich „cum" Passanten fotografieren.
Diese Bilder verarbeiten sie im Atelier weiter und fügen sie anschließend zu
5 größeren Werkserien zusammen. Kunst und Leben gehen im Auftreten der
zwei Künstler ineinander über. Konsequent proklamieren sie daher auch:
„Where we are is Museum."
Der Ursprung von EVA & ADELE liegt im Wunsch der Künstler begründet, Ge-
schlechtergrenzen und gesellschaftliche Leitbilder zu überschreiten: „Dieses
10 hemmungslose Springen zwischen geschlechtlichen Positionen haben wir als
persönliche Lebenschance aufgefasst – mit einem Partner genau diese Unentschiedenheit zu leben und sich zu Hause zu fühlen in sich selbst. Da wir beide
aus der bildenden Kunst kommen, war uns klar, dass das nur funktionieren
kann, wenn das Leben unser Werk und das Werk unser Leben ist. Die Rede ist
15 von einer Lebenskunst, die nicht das Leugnen von Widersprüchen praktiziert,
sondern im Weg als Kunst besteht."
EVA & ADELE zielt damit auf die Befreiung von Machtstrukturen, die das Leben der Menschen lenken und teils auch unterdrücken. Ihnen geht es deshalb
um das Überschreiten von Weltbildern, um im eigenen Tun und Leben die
20 Wirklichkeit zu durchdringen. Es ist offen, was bei EVA & ADELE Wahrheit
oder Fiktion, Inszenierung oder Identität, Leben oder Kunst ist.

„Cum", EVA & ADELE mit Timo
(einem Passanten) in Berlin

1 2 3 4 5 6 **7** 8 9
Recherchieren Sie weitere Werke von
EVA & ADELE und beziehen Sie
Stellung zu ihrem Lebenskunstwerk.

1 2 3 4 5 6 7 **8** 9
„Dieses hemmungslose Springen
zwischen geschlechtlichen Positionen
haben wir als persönliche Lebenschance aufgefasst – mit einem Partner
genau diese Unentschiedenheit zu
leben und sich zu Hause zu fühlen in
sich selbst." Diskutieren Sie das Lebenskunstwerk von EVA & ADELE
auch vor dem Hintergrund des Textes
auf → S. 60.

1 2 3 4 5 6 7 8 **9**
„Mein Lebenskunstwerk" – Gestalten
Sie unter diesem Titel einen Text oder
ein Bild, in dem Ihre Vorstellungen
von einem gelingenden Leben zum
Ausdruck kommen.

Projektidee
› Veranstalten Sie eine antike Philo-
sophenakademie. Diskutieren Sie
über das Thema Glück, indem Sie
die Position antiker Philosophen
vertreten (z.B. Diogenes, Platon,
Epikur, Aristoteles, Seneca).

Wie handelt man?

Ethisches Handeln in der Spannung von Freiheit und Ver-
antwortung zielt auf das gelingende Leben. Ethisches
Handeln aus dem christlichen Glauben ist verwiesen auf
die Impulse aus Bibel und Tradition. Diese wiederum sind
umzusetzen in begründete Urteile. Gar nicht so einfach.
Die wichtigste Frage im Anschluss an Erwägen und Urtei-
len, die sich der „Zweifler" im gleichnamigen Gedicht von
Bertolt Brecht stellt, stellt sich auch und gerade den Chris-
tinnen und Christen.

Zu wem
Sprecht ihr?
Wem nützt es, was ihr da sagt? Und nebenbei:
Lässt es auch nüchtern? Ist es am Morgen zu lesen?
Ist es auch angeknüpft an Vorhandenes? Sind die Sätze, die
Vor euch gesagt sind, benutzt, wenigstens widerlegt? Ist alles belegbar?
Durch Erfahrung? Durch welche? Aber vor allem
Immer wieder vor allem andern: Wie handelt man
Wenn man euch glaubt, was ihr sagt? Vor allem: Wie handelt man?

Bertolt Brecht

Gottes
Verständnis

Von hier aus

Die Rede von Gott fängt beim Menschen an

Die christliche Gotteslehre umfasst die biblischen Texte des Alten und des Neuen Testaments ebenso wie das Nachdenken der antiken, der mittelalterlichen und der gegenwärtigen Philosophie. Sie bedenkt konkrete lebensgeschichtliche Erfahrungen ebenso wie geschichtliche, politische Situationen. Sie konfrontiert sich auch mit anderen weltanschaulichen Zugängen zu Welt und Leben und mit der Möglichkeit, sich gegen Gott zu entscheiden. Das folgende Kapitel macht mit den unterschiedlichen Fragestellungen bekannt, indem es immer wieder an das Suchen und Fragen nach Gott in den Lebenssituationen und Lebensfragen von Menschen anknüpft und so den Ausgangspunkt der Rede von Gott in der theologischen Rede vom Menschen sucht. In dieser Perspektive bietet das Kapitel Zugänge zur Frage nach Gotteserfahrung und Gottesbeziehung, nach angemessenen Formen der Rede von Gott, nach Möglichkeiten und Grenzen der Gotteserkenntnis, nach dem Wesen Gottes und seinem Handeln in der Welt. Dabei tritt nicht nur das jeweilige Gottesverständnis unterschiedlicher Epochen und Denkrichtungen zutage, sondern der Grund christlichen Glaubens und christlicher Hoffnung in der Zuwendung Gottes zu Welt und Menschen, in Gottes Verständnis.

1 2 3 4

Führen Sie in einer Kleingruppe ein Schreibgespräch zum Bild von Roman Opalka (→ S. 91).

Ein künstlerisches Konzept

Der Künstler Roman Opalka (1931–2011) hat im Jahr 1965 sein malerisches Werk im wörtlichen Sinn zum „Lebenswerk" gemacht. Er malt weiß auf dunklem Grund eine bei „1" beginnende aufsteigende Zahlenreihe. Der letzten Zahl am unteren rechten Bildrand folgt die nächste als erste Zahl am oberen linken Bildrand der nächsten Leinwand. So entsteht Zahl um Zahl, Arbeitstag um Arbeitstag, Jahr um Jahr, Bild um Bild – bis zu seinem Tod. Dabei hellt sich der Untergrund nach einem genau berechneten Maß zunehmend auf. Das Maß ist die durchschnittliche Lebenserwartung von Männern in Europa, also die durchschnittlich zu erwartende Lebensdauer des Künstlers. Seit dem Jahr 2000 malt Opalka fast weiße Zahlen auf fast weißem Grund. Rein weiß werden diese Bilder jedoch nie werden. Ein malerisches Konzept, das viel mit Mathematik zu tun hat, und dennoch wirken diese Zahlen nicht „nüchtern", sondern bilden eine „lebendige", „bewegte" Bildfläche.

Roman Opalka macht Zeit sichtbar: als Malerei in Maß und Zahl, die zeitlichen Gesetzmäßigkeiten unterliegt: immer mehr Bilder mit immer längeren Zahlenkolonnen in immer stärkerer Aufhellung – *potenziell unendlich*, aber *faktisch begrenzt* durch die Endlichkeit, die Sterblichkeit, das Menschsein des Künstlers. Die aufsteigende Zahlenreihe geht Richtung unendlich, eine streng lineare und neutrale Ordnung. Die Aufhellung der Farbe geht Richtung Weiß, der Summe aller Farben im Licht – auch eine Form der Unendlichkeit. Das „Sichtbarmachen" von Zeit vollzieht sich im Bild als berechenbare Größe und doch in größtmöglicher existenzieller Dichte, nämlich in der Handschriftlichkeit, die die Lebenszeit anschaulich hält.

Das Werk Roman Opalkas macht deutlich, dass das Nachdenken über Unendlichkeit sich immer unter den Bedingungen von Endlichkeit vollzieht, das Bedenken des objektiv Gegebenen unter den Bedingungen von Subjektivität, der Ausblick auf Vollendung unter den Bedingungen des bleibend Unvollendeten. Das ist nicht als Mangel zu verstehen! Das bestätigt auch der Blick auf die lichte, bewegte Oberfläche dieser Zahlenbilder, die die Spannung zwischen unpersönlicher Reihung und persönlicher Handschrift nicht aufhebt, sondern in den Zusammenhang von Aufhellung und Erhellung stellt und damit den Betrachterinnen und Betrachtern diese Spannung im doppelten Sinne zur Betrachtung aufgibt.

Rita Burrichter

Ein theologisches Konzept

1 Eine Geschichte „haben", das heißt nicht einfach, dass mir vieles widerfährt und dass ich versuche, damit irgendwie zurechtzukommen. Der Ausdruck *meine Geschichte* stellt mich als „Subjekt" dieser Geschichte vor; gewiss nicht in dem Sinne, dass ich die Geschichte, die ich habe, selbst „mache" – ihren Ab-

5 lauf souverän bestimme. Subjekt meiner Geschichte bin ich, zu einer Geschichte komme ich wie ein Wanderer, der sich die Gegend, in der er sich seinen Weg sucht, nicht aussuchen konnte, der sich gleichwohl seinen Weg sucht; einen Weg, der ihm entspricht, der ihm – nach allem, was war – konsequent und zugleich verheißungsvoll vorkommt. Die Selbstvergewisserung darüber, wel-

10 chen Weg man geht und gehen will, welchen Spuren man folgt, mit wem zusammen man gegangen ist und gehen will, wo Wege sich trennten und kreuzten – sie ist die Entstehungssituation von erzählter, geschriebener Biografie. Im Erzählen (und Schreiben) suche ich herauszufinden, welchen Weg ich gehe – und wohin er wohl führt; suche ich der Botschaft, die *ich* bin, auf die Spur zu

15 kommen. Subjektwerden ereignet sich nicht einfach in reflexiv-leerer Ich-Vergewisserung, sondern in, mit und unter den vielen tastenden Versuchen, meinen Weg zu finden und ihn zu gehen, immer wieder zu ihm zurückzufinden. Und diese Versuche haben ihr Medium im stillen oder mitteilenden, rekonstruierenden und entwerfenden Erzählen einer „Lebenslinie", an der ich mich

20 selbst identifiziere und identifizieren lassen will.

Und bei alldem *kann* Gott eine Rolle spielen oder auch nicht. Eine gute oder eine verhängnisvolle Rolle. Die biblischen Geschichten, ja alle biblischen Texte wollen erzählt werden als Herausforderung, sich selbst in die hier erzählte oder besprochene Gottes-Geschichte hineinzuerzählen und so der Bedeutung

25 der dort als Metaphern erzählten Gottesnamen in der eigenen Biografie auf die Spur zu kommen. Für die biblisch-christliche Glaubensüberlieferung gehören Glaube, Vernunft, Erinnerung und Subjektivität unlösbar zusammen. Die Herausforderung zum Subjektwerden und zum Vernunftgebrauch führt nicht von Gott weg. Man nimmt sie auf mit der Frage, inwiefern Gott der Autor meiner/

30 unserer Geschichte ist und wie ich/wie wir zu ihrem Mit-Autor, ihrer Mit-Autorin werden können; mit der Klage darüber, dass Gottes Heils-Wille in meiner und unserer Geschichte noch nicht geschieht, dass wir in ihr seine „Handschrift" – seine Autorschaft – kaum wahrnehmen können; mit der dringlichen Bitte, in meiner und unserer Geschichte möge seine Autorschaft zur Geltung

35 kommen, möge Sein Geist uns ergreifen und zu Mit-Autoren machen.

Nach Jürgen Werbick

1 **2** 3 4
Diskutieren Sie, ob und – wenn ja – warum die Rede von Gott, die Theo-Logie, beim Menschen anfängt.

1 2 **3** 4
Schreiben Sie auf, was für Ihr Leben wichtig ist, was Ihr Leben ausmacht. Zeichnen Sie Linien, Flächen, Formen, die dem Ausdruck verleihen.

1 2 3 **4**
Erzählen oder schreiben Sie eine Geschichte, die zu den von Nicole Angstenberger porträtierten Jugendlichen passt. Vergleichen Sie die Geschichten miteinander.

Mit Gott anfangen

Sprache des Glaubens

1 2 3 4 5

Erläutern Sie die Begriffe *supranatural* und *anthropozentrisch* mithilfe eines Wörterbuchs. Diskutieren Sie Reichweite und Grenzen der sich daraus ergebenden Weltansichten.

1 **2** 3 4 5

Beschreiben Sie das Schöpfungsbild der Buchmalerei auf der folgenden Seite.

1 2 **3** 4 5

Das Fotogramm von Wasser- und Luftblasen des Künstlers David Fried bezieht sich im Titel auf „Lucy", das 3,2 Mio. Jahre alte Skelett eines Australopithecus afarensis (Art der ausgestorbenen Gattung Australopithecus, lebte vor ca. 4–2,9 Mio. Jahren) und auf das Klonschaf „Dolly". Erläutern Sie die Beziehung von Bild und Bildtitel von David Fried. Deuten Sie das Bild vor dem Hintergrund des modernen „autonomen" menschlichen Selbstverständnisses.

1 2 3 **4** 5

„Gläubige verwenden das Wort ‚Gott'". Nennen Sie konkrete, aktuelle Beispiele für die im Text genannten Bereiche und überlegen Sie, inwiefern damit die Rede von Gott verbunden sein kann.

1 2 3 4 **5**

„Die Dinge lasst reden von Gott" (→ S. 95). Nennen Sie Beispiele.

Aussagen über Gott beziehen sich auf eine Weltsicht

Aussagen über Gott lassen sich auf zwei sehr unterschiedliche Arten lesen:
Man kann fragen: Welche Vorstellung von Gott enthält diese Aussage? Welche Auskünfte über die (jenseitige) Wirklichkeit Gottes erhalte ich in dieser Aussage? In diesem Fall wird in einem supranaturalen Weltbild gefragt.
Man kann eine Aussage über Gott aber auch als Selbstaussage von Menschen lesen. Dann lautet die Leitfrage: Welches Bild von sich selbst entwerfen Menschen, wenn sie diese oder jene Aussage über Gott machen? In diesem Fall wird in einem anthropozentrischen Weltbild gefragt.

In den vergangenen zwei Jahrhunderten hat sich das Frageinteresse zugunsten der zweiten Frage verschoben. Einige Ursachen dafür lassen sich benennen:
Durch den Übergang vom geozentrischen zum heliozentrischen Weltbild im 16. Jahrhundert ging ein anschauliches Vorstellungsmodell für den Kosmos verloren. Es gilt nicht mehr: Gott „oben", die Hölle „unten", die Welt der Menschen „dazwischen", sondern „alles" ist Welt.
Die Erkenntnisse der Naturwissenschaften haben sich beträchtlich ausgeweitet. Das führte dazu, dass viele Erscheinungen, die früher dem Eingreifen Gottes zugeschrieben wurden, natürlich erklärt werden können. In der modernen Zivilisation sind die Menschen weniger als in der Agrarkultur vom Wetter und von den Jahreszeiten abhängig. Viel häufiger wirken Zusammenhänge in ihr Leben hinein, die von Menschen selbst verursacht wurden. So geht das Gefühl der Abhängigkeit von der Natur und damit indirekt das Gefühl der Abhängigkeit von Gott zurück: Menschen verstehen sich als autonom und fühlen sich selbst verantwortlich für ihre Lebenswelt. Die Katastrophen des 20. Jahrhunderts – Weltkriege, Vertreibungen und Völkermorde, vor allem die Schoah– haben das Vertrauen auf einen guten und menschenfreundlichen Gott als Lenker der Geschichte erschüttert. Menschen erfahren, dass dem, was sie machen und gestalten können, ein weites Feld des Unverfügbaren gegenübersteht: Schicksal, Zeit, Glück, Liebe und Tod. In diesem Zusammenhang stellt sich auch für Menschen heute die Gottesfrage immer noch und immer wieder.

Der Weg zur Frage, was wir über Gott wissen und sagen können, führt über die Frage, wie Menschen das Wort „Gott" verwenden und was sie damit zum Ausdruck bringen wollen.

Gläubige verwenden das Wort „Gott",

› wenn sie erschrecken über den schicksalhaften Charakter des Lebens: seine Einmaligkeit, seine Grenzen, seine Unwiderruflichkeit;

› wenn sie Versäumnisse und Schuld beklagen, die man nicht mehr gut-machen kann;

› wenn schwierige und unwiderrufliche Entscheidungen sie seelisch belasten;

› wenn sie sich durch Notsituationen, Leid und Elend anderer Menschen zur Hilfe herausgefordert fühlen;

› wenn sie sich dem Anspruch einer unbedingten moralischen Verpflichtung ausgesetzt sehen;

› wenn sie dankbar auf überstandenes Leid und Herausforderungen, die sie bewältigt haben, zurückblicken;

› wenn sie überwältigt sind von der Schönheit der Natur oder beseligt vom Gefühl der Liebe;

› wenn sie darauf vertrauen, dass trotz Enttäuschungen und Leiden ein letzter Sinn das Leben trägt.

Nach Rüdiger Kaldewey / Franz Wendel Niehl

Die Dinge lasst reden

Nicht „von Gott" lasst uns reden,
„Von" – „Gott", „von Gott" nicht.
Von den Dingen lasst uns reden,
Von den Dingen, den Dingen, den Dingen.

Gott lasst reden von sich,
Von sich lasst Gott reden.
Die Dinge lasst reden von sich,
Von sich lasst reden die Dinge.

Lasst Gott von den Dingen reden,
Lasst von den Dingen Gott reden.
Lasst die Dinge reden von Gott,
Die Dinge lasst reden von Gott.

Fridolin Stier

Der Schöpfergott als Baumeister der Welt, Buchmalerei, 1250

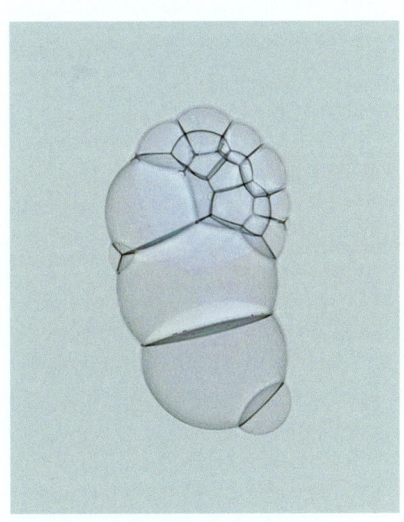

David Fried, In bed with Lucy and Dolly Nr. 32, 2003

Vernetzung
› Bedenken Sie zur Autonomie des Menschen die Aspekte, die auf → S. 50f. entfaltet werden.

95

Bitte gib mir nur ein Wort

Gottesbeziehung in Gebet und Schweigen

1 2 3 4

„Der Mensch, das betende Tier", so lautet der Titel eines Buchs des britischen Biologen Alister Hardy. Erläutern Sie mit Blick auf die Grundformen des Betens, inwiefern das Gebet typisch menschlich ist.

1 **2** 3 4

Sammeln Sie Ihnen bekannte Ausdrucksformen des Gebets aus unterschiedlichen Religionen.

1 2 **3** 4

Schweigen oder Verschweigen? Still werden oder Verstummen? Sammeln Sie Beispiele aus dem täglichen Leben für „heilsames" und „unheilvolles" Schweigen.

1 2 3 **4**

Vergleichen Sie das Liebeslied von „Wir sind Helden" mit dem Kirchenlied Huub Oosterhuis'. Verändern Sie die Texte so, dass „Nur ein Wort" zum Gebet und „Ich steh vor dir" zum Lovesong wird.

Projektidee
› Die Abbildungen (→ S. 97) sind Beispiele aus einem Projekt „Gestaltete Gebete". Gestalten Sie selbst künstlerisch-kreative Ausdrucksformen zu „Zuflucht", „Bitte und Klage", „Dank und Lob".

Bitte und Dank, Klage und Lobpreis, Reden und Schweigen

Das Gebet ist in nahezu allen Religionen die grundlegende Ausdrucksform des Glaubens. Es wird einzeln oder gemeinschaftlich vollzogen, in der Regel als eine sprachliche Äußerung, die aber oft von bestimmten Körperhaltungen und Bewegungen begleitet und unterstützt wird. Im Gebet wird ein Gegenüber angespro-
5 chen, im Gebet wenden sich Menschen an Gott. Die Formen der Gebetsäußerungen sind von Religion zu Religion, aber auch innerhalb einer religiösen Tradition äußerst vielgestaltig. Sie unterliegen oft epochalem und regionalem Wandel, selbst da, wo Gebetsformulare und Gebetsanweisungen strikte Vorgaben für den Vollzug machen. Überlieferte Formen des Gebets bestätigen den Bezug zu Glaubensbekennt-
10 nis und Glaubensgemeinschaft, sie sind aber für die Gläubigen auch hilfreich, weil sie geprägte Wendungen anbieten, an die das eigene Bitten und Klagen, Loben und Danken anschließen kann. Zur religiösen Praxis gehören auch die spontan und frei formulierten Gebete, das höchst individuelle Gespräch mit Gott. Gebet ist nicht nur das innerlich oder laut gesprochene oder gesungene Wort, nicht nur der rituelle
15 Vollzug begleitender Haltungen und Bewegungen, auch ganz praktische Vollzüge in Alltag und Arbeit, in Kunst und Kreativität können, wenn sie an Gott adressiert werden, als Gebet verstanden werden. Den betenden Menschen selbst kann das Gebet Trost und Stärkung sein, eine Situation klar vor Augen stellen und Ruhe geben. Das Gebet als Ausdruck der Gottesbeziehung umfasst auch das Schweigen vor
20 Gott: nichts mehr sagen zu müssen, aber auch: nichts mehr sagen zu können.
Voneinander zu unterscheiden sind (in Anlehnung an Bernhard Lang):
› Gebete der Zufluchtnahme, die die Beterin und den Beter in den Schutz Gottes stellen und sie einen Zustand der Geborgenheit erreichen lassen.
› Gebete der Bitte und Klage, die die konkreten Bedürfnisse und Wechselfälle des
25 Lebens, vor allem Not und Bedrängnis vor Gott bringen. Dabei kann die Klage nicht nur Anfrage an Gott sein, sondern auch seine Infragestellung, wenn nach Ursache und Sinn des Leidens gefragt wird (→ S. 131). Das christliche Bittgebet hofft auf Erhörung, wahrt aber die Souveränität Gottes: „Dein Wille geschehe."
› Das Dankgebet und der Lobpreis Gottes, die die konkrete göttliche Tat und die
30 Größe und Herrlichkeit Gottes feiern und eine wesentliche Dimension gerade auch der gemeinschaftlichen Gebetstraditionen ausmachen.
› Das „höhere Gebet", das sich in Demut und unter Verzicht auf Bitte und Klage in Gottes unergründlichen Willen schickt *(Ijob 2,10)* oder in Anerkennung des gnädigen Gottes die Liebe zwischen Gott und der menschlichen Seele feiert.

Nur ein Wort

Ich sehe, dass du denkst
Ich denke, dass du fühlst
Ich fühle, dass du willst
Aber ich hör dich nicht, ich

Hab mir ein Wörterbuch geliehen
Dir A bis Z ins Ohr geschrien
Ich stapel tausend wirre Worte auf
Die dich am Ärmel ziehen

Und wo du hingehen willst
Ich häng an deinen Beinen
Wenn du schon auf den Mund
fallen musst
Warum dann nicht auf meinen

Oh bitte gib mir nur ein Oh
Bitte gib mir nur ein Oh
Bitte gib mir nur ein
Bitte bitte gib mir nur ein Oh
Bitte gib mir nur ein Oh
Bitte gib mir nur ein Oh
Bitte gib mir nur ein
Bitte bitte gib mir nur ein Wort

Es ist verrückt, wie schön du schweigst
Wie du dein hübsches Köpfchen neigst
Und so der ganzen lauten Welt und mir
Die kalte Schulter zeigst

Dein Schweigen ist dein Zelt
Du stellst es mitten in die Welt
Spannst die Schnüre und staunst
Stumm wenn
Nachts ein Mädchen drüberfällt

Zu deinen Füßen red ich mich
Um Kopf und Kragen
Ich will in deine tiefen Wasser
Große Wellen schlagen. […]

Wir sind Helden

Ich steh vor dir

Ich steh vor dir
mit leeren Händen, Herr;
fremd wie dein Name
sind mir deine Wege.
Seit Menschen leben,
rufen sie nach Gott;
mein Los ist Tod,
hast du nicht andern Segen?
Bist du der Gott,
der Zukunft mir verheißt?
Ich möchte glauben,
komm mir doch entgegen.

Von Zweifeln
ist mein Leben übermannt,
mein Unvermögen
hält mich ganz gefangen.
Hast du mit Namen mich
in deine Hand,
in dein Erbarmen
fest mich eingeschrieben?
Nimmst du mich auf
in dein gelobtes Land?
Werd ich dich noch
mit neuen Augen sehen?

Sprich du das Wort,
das tröstet und befreit
und das mich führt
in deinen großen Frieden.
Schließ auf das Land,
das keine Grenzen kennt,
und lass mich
unter deinen Kindern leben.
Sei du mein täglich Brot,
so wahr du lebst.
Du bist mein Atem,
wenn ich zu dir bete.

Huub Oosterhuis

Antonia Wenzlawski-Abdel-Hadi,
Arbeiten ist Beten, 2003

Jutta Pintaske, Klang der Stille, 2003

Helga von Berg-Harder, Besinnung,
2003

Sehen lernen

Andrej Rublëv, Trinität, 1411

Gnadenstuhl, Landgrafenpsalter, ca. 1211–1213

Sich ein Bild machen

„Bin im Bilde!" Diese Redewendung gebraucht, wer Bescheid weiß, wer sich über eine Sachlage informiert hat, wer „durchblickt" und deshalb jetzt mitreden, handeln, entscheiden kann. „Bild" wird in diesem Zusammenhang dann nicht als Kunstwerk, Illustration oder digitales Medium verstanden, sondern als „Idee", als „Vorstellung", die wir uns machen. „Im Bilde" ist in unserem Sprachgebrauch vor allem aber auch, wer sich intensiv mit einer Sache beschäftigt hat, wer Veränderungen zur Kenntnis genommen hat, neue Informationen aufgegriffen und in seine Vorstellungen eingearbeitet hat. Dann hat man sich „ein Bild gemacht" und kann zu einem Urteil kommen. Nicht selten wird man dazu von anderen „ins Bild gesetzt", wird vertraut gemacht mit notwendigen Informationen, hingewiesen auf wichtige Voraussetzungen und so hineingenommen in eine gemeinsame – immer auch kommunikative – Denkbewegung.

Sich mit Bildern ein Bild machen

Dass auch das Bild an der Wand „Idee" und „Vorstellung" ist, sagt schon sein Name. Als materielles Objekt „bindet" es sozusagen Ideen und Vorstellungen der Künstlerinnen und Künstler, aber auch der jeweiligen Epoche, aus der es stammt. Als materielles Objekt „verbindet" es sich aber auch mit Ideen und Vorstellungen der gegenwärtigen Betrachterinnen und Betrachter und unserer Gegenwart. In eben dieser Wechselbeziehung können Bilder besonders hilfreich sein, um Sachverhalte zu verstehen, aber auch, um sie neu und anders zu verstehen.

Sehen und Verstehen

Jedes Bild hat seine eigene „Sprache", es drückt sich aus mittels Form, Farbe und Material. Wer das Bild verstehen will, muss zuallererst *sehen* und auch später alle weitergehenden Informationen (etwa zur Lebensgeschichte der Künstlerinnen und Künstler, zu ihrer Absicht oder zu Thema und Motiv eines Bildes) immer wieder *sehend* am Bild selbst prüfen.

Ein Modell der Bilderschließung

› *Was sehe ich?* Im Bild „wandern" und spontane Wahrnehmungen und erste Eindrücke formulieren.

› *Wie ist die Bildfläche organisiert?* Eine systematische Wahrnehmung des Bildaufbaus und der Bildstruktur: Formen, Proportionen, Kontraste, Lichtverhältnisse, Perspektive und Blickrichtungen. Analysiert werden auch: Körpersprache, Gestik und Mimik von Personen, Landschaft, Architektur.

› *Was löst das Bild in mir aus?* Assoziationen und Stimmungen können genannt werden.

› *Was hat das Bild zu bedeuten?* Das Bildthema und sein Bezug zu bestimmten Texten. Welche besondere Gestalt gibt das Bild dem Thema? Eine Einordnung in die historische Epoche zeigt, welchen Standpunkt das Bild in Bezug auf das Thema einnimmt, wozu es dienen sollte, für wen es bestimmt war. Eventuell müssen hier weitere Informationen hinzugezogen werden.

› *Was bedeutet das Bild für mich?* Spricht das Bild meine Fragen an und sagt es mir etwas?

Nach Günter Lange

Hildegard von Bingen, Darstellung der Trinität, Das Buch vom Wirken Gottes, 1163

1 2 3
Interpretieren Sie das Bild der Hildegard von Bingen mithilfe des Modells von Günter Lange.

1 **2** 3
Auf der linken Seite sehen Sie die „Dreifaltigkeitsikone" des russischen Ikonenmalers Andrej Rublёv (1360–1430) und den „Gnadenstuhl" aus dem Landgrafenpsalter von 1211. Die Ikone bezieht sich auf Gen 18,1–15, die Erscheinung Gottes in Gestalt dreier Männer bei Abraham. Der mittelalterliche „Gnadenstuhl" ist eine Darstellung der Trinität, die Gottvater sitzend zeigt, das Kreuz vor sich haltend. Zwischen Vater und Sohn schwebt die Geisttaube (→ S. 233).
Sammeln Sie weitere Darstellungen der Trinität aus Vergangenheit und Gegenwart und vergleichen Sie die ästhetischen Gestaltungen hinsichtlich ihrer Unterschiede.

1 2 **3**
Gestalten Sie Ihre persönliche „Perspektive auf die Gottesfrage"!

Vernetzung
› Diskutieren Sie das Bild der Hildegard von Bingen mit Blick auf die Fragen der „Negativen Theologie" (→ S. 110f.) und auf die Hinweise zu „Trinität" (→ S. 118ff.).

Anders sehen lernen

"Salve Sancta Facies – Sei gegrüßt, heiliges Angesicht", so beginnt eine mittelalterliche Gebetsanrufung vor dem Bild Christi.

Die Künstlerin Dorothee von Windheim (geb. 1945) beschäftigt sich in ihren Arbeiten immer wieder mit der Frage nach dem Bild: Was ist das Bild? Abbild der Wirklichkeit? Der ganzen Wirklichkeit? Begegnet uns im Bild die abgebildete Person "wirklich"? Nein? Aber warum sind uns dann Bilder mancher Menschen so kostbar? Warum sehen wir sie immer wieder an? Tragen sie ständig bei uns?

Im Kunstobjekt begegnen uns gleich mehrfach die auf ein Tuch reproduzierten Augenpartien von Christusbildern, in Glas eingeschlossen, auf einen Sockel in Augenhöhe montiert. Was sehen Sie?

Dorothee von Windheim, Salve Sancta Facies, 1980

In seinem Roman „Schiffbruch mit Tiger" erzählt Yann Martel die irrwitzige, komische, abenteuerliche und anrührende Geschichte eines überlebten Schiffbruchs, eine Geschichte, „die Sie an Gott glauben lässt", wie der Ich-Erzähler behauptet, der sich und sein Bild von Gott gleich zu Anfang vorstellt:

Nach einem Jahr auf der High School ging ich an die Universität von Toronto und schrieb mich für einen Bachelor-Studiengang mit zwei Hauptfächern ein. Die beiden Fächer waren Religionswissenschaften und Zoologie. Im ersten widmete ich meinen Examensessay gewissen Aspekten der Kosmogonie Isaak Lurias, des großen Kabbalisten, der im 16. Jahrhundert in Safed tätig war. Als Abschlussarbeit in Zoologie schrieb ich eine Funktionsanalyse der Schilddrüse des Dreifingerfaultiers. Ich wählte das Faultier, weil es mit seinem Lebenswandel – ruhig, still, in sich gekehrt – meinem zerrütteten Ich ein wenig Trost bot. […] Es ist ein äußerst faszinierendes Geschöpf. Im Grunde ist die Trägheit sein einziger Wesenszug. Es schläft oder ruht im Durchschnitt zwanzig Stunden am Tag. […] Am regsten ist das Faultier bei Sonnenuntergang, wobei das Wort rege hier mit größtmöglicher Relativität zu verstehen ist. Das Tier bewegt sich in seiner charakteristischen hängenden Haltung mit einer Geschwindigkeit von etwa 400 Metern die Stunde den Ast eines Baumes entlang. […]

Über die Außenwelt erfährt das Dreifingerfaultier nicht viel. […] Trifft man auf freier Wildbahn auf ein schlafendes Dreifingerfaultier, so genügt es in der Regel, es zwei- oder dreimal anzustoßen, um es zu wecken. Es wird sich dann schläfrig in jede erdenkliche Richtung umsehen, nur nicht in die, aus der der Stoß kam. Warum es sich umsieht, weiß man allerdings nicht, denn das Faultier sieht wie Mr. Magoo alles nur durch einen Nebel. Was das Gehör angeht, ist ein Faultier nicht wirklich taub; es interessiert sich nur nicht für Geräusche […] Und den etwas höher bewerteten Geruchssinn eines Faultiers sollte man auch nicht überschätzen. Es

heißt, sie könnten abgestorbene Äste riechen und dann meiden, doch Bullock berichtet, dass Faultiere „häufig" zu Boden fallen, weil sie sich an abgestorbenen Ästen festhalten.

Man fragt sich, wie ein solches Tier überleben kann.

Es überlebt, weil es so langsam ist. Trägheit und Schläfrigkeit schützen es vor allen Gefahren, sie sorgen dafür, dass ein Jaguar oder Ozelot, dass Harpyrien und Anakondas das Faultier überhaupt nicht wahrnehmen. Im Pelz des Faultiers gedeiht eine Algenart, die in der Trockenzeit braun und in der Regenzeit grün ist, und so fügt sich das Tier stets in das Moos und Blattwerk seiner Umgebung ein und wirkt wie ein Ameisen- oder Eichhörnchennest oder einfach nur wie ein Teil des Baumes.

Das Dreifingerfaultier lebt ein friedliches Vegetarierleben in vollkommenem Einklang mit seiner Umgebung. „Stets hat es ein gutmütiges Lächeln auf den Lippen", schreibt Tirler. Es ist ein Lächeln, das ich mit meinen eigenen Augen gesehen habe. Ich bin keiner, der leichtfertig menschliche Charakterzüge oder Gefühlsregungen auf Tiere projiziert, doch viele Male, wenn ich […] ein ruhendes Faultier betrachtete, hatte ich den Eindruck, dass ich in der Gegenwart eines an den Füßen hängenden, tief in seine Meditation versenkten Jogis war oder eines ganz dem Gebet ergebenen Eremiten, in der Gegenwart von Wesen großer Weisheit, deren inneres Leben jenseits all meiner wissenschaftlichen Forschungen lag.

Manchmal gerieten mir meine beiden Studienfächer durcheinander. Manche meiner Kommilitonen bei den Religionswissenschaftlern – wirrköpfige Agnostiker, die nicht wussten, welche Seite oben war, allesamt der Vernunft ergeben, jenem Katzengold der Intelligenz – erinnerten mich an das Dreifingerfaultier; und das Dreifingerfaultier, ein so perfektes Beispiel für das Wunder des Lebens, erinnerte mich an Gott.

Ein Gott des Lebens

Der Rote Faden biblischer Gottesrede

1 2 3 4
Beschreiben Sie das Selbstverständnis des Menschen, das in Ps 8 zum Ausdruck kommt (→ S. 51). Diskutieren Sie, wie „Herrscher" in diesem Zusammenhang zu verstehen ist.

1 **2** 3 4
Sammeln Sie Ihnen bekannte biblische Erzählungen und prüfen Sie, ob diese ebenfalls „Brückenpfeiler" im beschriebenen Sinne sind.

1 2 **3** 4
Gestalten Sie eine „Landkarte" der existenziellen menschlichen Erfahrungen, Gefährdungen und Herausforderungen und zeichnen Sie die biblischen „Brückenpfeiler" als „Wegmarkierungen" dort ein.

1 2 3 **4**
Beziehen Sie die Rede von der „Zu-Neigung Gottes" auf das Schöpfungsbild von Silke Rehberg.

Gottes Zu-Neigung zum Menschen

1 Wenn hier von Zu-Neigung Gottes zum Menschen die Rede ist, so ist damit im biblischen Verständnis ein Zweifaches gemeint: Zum einen die Hinwendung bzw. das „Sich-Herablassen" Gottes zum Menschen, zum anderen seine Liebe zum Menschen als dahinterstehender Beweggrund. Diese Zuneigung wurzelt in der Erschaf-
5 fung des Menschen als Gottes Ebenbild und Sachwalter gegenüber der gesamten Schöpfung. Es ist dieses besondere Verhältnis Gottes zum Menschen innerhalb alles Geschaffenen, das der Beter, die Beterin in Psalm 8 angesichts der Diskrepanz zwischen der Unscheinbarkeit des Menschen im Verhältnis zum All und der ihm von Gott verliehenen Würde staunend und lobpreisend bedenkt. […] Gottes Zunei-
10 gung zum Menschen erweist sich als unerschütterlich. Sie trotzt allen Belastungen und Krisen, denen die Gott-Mensch-Beziehung durch die Sünde der Menschen ausgesetzt ist. Immer wieder erwachsen aus ihr Initiativen Gottes, den Menschen, aber auch der durch die Sünden der Menschen in Mitleidenschaft gezogenen Schöpfung neue Perspektiven zu eröffnen. Diese Initiativen erstrecken sich wie
15 kühne Brückenkonstruktionen vom Anfang bis zum Ende der Bibel. Den gleichsam ersten Brückenpfeiler bildet der Noach-Bund. […] Ihre abschließende Verankerung finden die göttlichen Initiativen zugunsten von Mensch (und Schöpfung […]) schließlich im Christusgeschehen als dem letzten Brückenpfeiler. […] Eine oft verwendete Metapher, mit der biblisch die Zuneigung Gottes zum Menschen und seine
20 daraus erwachsende (Für-)Sorge zur Sprache gebracht wird, ist [schon im AT] die Hirtenmetapher. [… Im NT] verkündigt Jesus von Nazaret in […] Übereinstimmung mit den Heiligen Schriften Israels Gott als den guten Hirten, der dem verirrten bzw. verloren gegangenen Schaf so lange nachgeht, bis er es gefunden hat. […]
Unter dem Aspekt des mit der Zuneigung Gottes zum Menschen verbundenen
25 göttlichen Beistandes spannt sich schließlich noch ein vergleichbarer Bogen zwischen alt- und neutestamentlicher Tradition: In Ex 3,14 offenbart Gott sich bei seiner Erscheinung im brennenden Dornbusch Moses und damit den Israeliten als *Jahwe – Ich-bin-da*. Ganz ähnlich wird im Matthäus-Evangelium das Beistandsmotiv über einen Namen transportiert: *Immanuel – Gott-mit-uns*. […] Gottes Zunei-
30 gung zum Menschen wird somit in der Person Jesu von Nazaret konkret erfahrbar als Mit-Sein im Sinne eines Mit-auf-dem-Weg-Seins. Dieses Mit-Sein endet freilich nicht mit dem Tod Jesu am Kreuz. […] Im Auferweckten sagt nämlich Gott unwiderruflich seinen Beistand zu, in dem sich seine Zuneigung zum Menschen manifestiert: „Seid gewiss: Ich bin bei euch alle Tage bis zum Ende der Welt […]."

Nach Marlies Gielen

Genesis 9,13–15

[13]Meinen Bogen setze ich in die Wolken; er soll das Bundeszeichen sein zwischen mir und der Erde. [14]Balle ich Wolken über der Erde zusammen und erscheint der Bogen in den Wolken, [15]dann gedenke ich des Bundes, der besteht zwischen mir und euch und allen Lebewesen, allen Wesen aus Fleisch, und das Wasser wird nie wieder zur Flut werden, die alle Wesen aus Fleisch vernichtet.

Psalm 8,4–7

[4]Seh ich den Himmel, das Werk deiner Finger, Mond und Sterne, die du befestigt: [5]Was ist der Mensch, dass du an ihn denkst, des Menschen Kind, dass du dich seiner annimmst? [6]Du hast ihn nur wenig geringer gemacht als Gott, hast ihn mit Herrlichkeit und Ehre gekrönt. [7]Du hast ihn als Herrscher eingesetzt über das Werk deiner Hände, hast ihm alles zu Füßen gelegt.

Ezechiel 34,15b–16

[15]Ich werde meine Schafe auf die Weide führen, ich werde sie ruhen lassen – Spruch Gottes, des Herrn. [16]Die verloren gegangenen Tiere will ich suchen, die vertriebenen zurückbringen, die verletzten verbinden, die schwachen kräftigen, die fetten und starken behüten. Ich will ihr Hirt sein und für sie sorgen, wie es recht ist.

Römerbrief 8,31b–32.38–39

[31]Ist Gott für uns, wer ist dann gegen uns? [32]Er hat seinen eigenen Sohn nicht verschont, sondern ihn für uns alle hingegeben – wie sollte er uns mit ihm nicht alles schenken? [38]Denn ich bin gewiss: Weder Tod noch Leben, weder Engel noch Mächte, weder Gegenwärtiges noch Zukünftiges, weder Gewalten [39]der Höhe oder Tiefe noch irgendeine andere Kreatur können uns scheiden von der Liebe Gottes, die in Jesus Christus ist, unserem Herrn.

Vernetzung
› Berücksichtigen Sie zur Sorge Gottes um die Menschen → S. 166ff. (Reich Gottes) und → S. 112ff.
› Bedenken Sie zum Thema „Schöpfung" auch → S. 50f.

Silke Rehbergs Illustration zu Gen 1 zeigt die Schöpfung als Bewegung von innen nach außen, als energetische Struktur, die die Weite des Alls und die mikroskopisch kleine Zelle gleichermaßen in den Blick nimmt.

Gott ist ansprechbar

Die Offenbarungstexte des Buches Exodus

Das Alte Testament spricht in verschiedenster Weise von Gott

JHWH, das Tetragramm, ist der Eigenname Gottes und wird im Alten Testament am häufigsten gebraucht (6828 Belege). Der Name soll nicht zu magischen Zwecken missbraucht werden, daher gibt es die Tradition, den Namen nicht auszusprechen. Die älteste griechische Bibelübersetzung, die Septuaginta, übersetzt JHWH mit *kyrios*, Herr. Im Judentum wird stattdessen auch *ha-schem*, hebräisch *der Name* gesagt.

Die Bezeichnung *JHWH Zebaot* kommt im Sanctus und in vielen Kirchenliedern vor. Zebaot bezeichnet die israelitischen Heere. Der Name hat eine kriegerische Dimension.

El ist eine allgemeine Bezeichnung für Gott. *Eli*, „mein Gott", bringt die persönliche Beziehung zwischen Mensch und Gott zum Ausdruck. *Elohim* ist die zweithäufigste Gottesbezeichnung im Alten Testament (2.602 Belege). Das Pluralwort bedeutet „Gottheit". Im Alten Testament wird es in Verbindung mit *adonaj* (Herr) verwendet, um die Aussprache von JHWH zu vermeiden.

Zusage von Rettung und bleibender Zuwendung

[7]ER aber sprach: Gesehn habe ich, gesehn die Bedrückung meines Volkes, das in Ägypten ist, ihren Schrei vor seinen Treibern habe ich gehört, ja, erkannt habe ich seine Leiden. [8]So zog ich nieder, es aus der Hand Ägyptens zu retten, es aus jenem Land hinaufzubringen nach einem Land, gut und weit, nach einem Land, Milch und Honig träufend, nach dem Ort des Kanaaniters und des Chetiters, des Amoriters und des Prisiters, des Chiwwiters und des Jebusiters. [9]Nun da ist der Schrei der Söhne Jisraels zu mir gekommen, und gesehn auch habe ich die Pein, mit der die Ägypter sie peinigen: [10]nun geh, ich schicke dich zu Pharao, führe mein Volk, die Söne Jisraels, aus Ägypten. [11]Mosche sprach zu Gott: Wer bin ich, dass ich zu Pharao gehe, dass ich die Söhne Jisraels aus Ägypten führe! [12]er aber sprach: Wohl, ich werde dasein bei dir, und dies hier ist dir das Zeichen, dass ich selber dich schicke: hast du das Volk aus Ägypten geführt, an diesem Berg werdet ihr Gott dienstbar. [13]Mosche sprach zu Gott: Da komme ich denn zu den Söhnen Jisraels, ich spreche zu ihnen: Der Gott eurer Väter schickt mich zu euch, sie werden zu mir sprechen: was ists mit seinem Namen? – was spreche ich dann zu ihnen? [14]Gott sprach zu Mosche: Ich werde dasein, als der ich dasein werde. Und sprach: So sollst du zu den Sönen Jisraels sprechen: ICH BIN DA schickt mich zu euch. [15]Und weiter sprach Gott zu Mosche: So sollst du zu den Söhnen Jisraels sprechen: ER, der Gott eurer Väter, der Gott Abrahams, der Gott Jizchaks, der Gott Jakobs, schickt mich zu euch. Das ist mein Name in Weltzeit, das mein Gedenken, Geschlecht für Geschlecht.

Exodus 3,7–15 (in der Übersetzung von Martin Buber/Franz Rosenzweig)

Ein programmatisches biblisches Kapitel

[…] ein seltsames Geschehen lässt [den Hirten Mose] von seinem alltäglichen Trott abweichen. Er sieht einen Dornbusch, der brennt und nicht verbrennt. Das eigentümliche Schauspiel bringt Mose dazu heranzutreten – die Stimme Gottes heißt ihn jedoch, nicht zu nahe zu kommen. Die Begegnung mit dem Heiligen fordert Nähe und Distanz. […] Er werde mit ihm sein, verheißt Gott dem Mose und bereitet so die Offenbarung des Namens vor, der mit dem hebräischen Wort *haja* – „sein, da sein, für jemanden da sein" – zusammengebracht wird.

Mose will nun wissen, was er denn sagen solle, wenn er seinerseits gefragt werde, wer der Gott sei, der sich Israels annehmen wolle. Und nun *(Ex 3,14)* bekommt er die Antwort: ähjä aschär ähjä. „Ich bin, der ich bin." So kann man das übersetzen, die flexible Zeitstruktur des Hebräischen erlaubt jedoch ebenso: „Ich werde sein, der ich sein werde." Denkbar ist auch ein Wechsel innerhalb der Wendung, also „Ich bin, der ich sein werde" oder „Ich werde sein, der ich bin". Gott ist, so lesen [es die jüdischen Bibelgelehrten], die Rabbinen, jetzt für sein Volk da und er wird es auch in zukünftigen Bedrückungen sein.

Hört man hier eine Erklärung des Gottesnamens, so leuchtet das „Ich-bin-da" Gottes in vielen Dimensionen, Zeiten und Aktionen auf. Aber man kann es auch ganz anders hören, nämlich als Abweisung der Frage nach dem Namen: Du fragst nach meinem Namen? Ich bin, der ich bin – ich heiße, wie ich heiße! Namensoffenbarung oder Namensverweigerung? Eben beides. Die *Verweigerung,* die Abwehr eines Definitionszugriffs, der im Kennen eines Namens und der Möglichkeit, den namentlich Bekannten her zu zitieren, stecken kann, ist ein konstitutives Element der Namens*offenbarung.* Zu dem, was offenbar wird, gehört das, was sich dem Zugriff entzieht. So lässt gerade die Vielfalt der möglichen Lesarten die Fülle dessen aufscheinen, das im Namen Gottes aufleuchtet und zugleich verborgen bleibt. Zum Verstehen gehört darum auch das Nicht-Verstehen, und im aufmerksamen und behutsamen Umgehen mit dem Gottesnamen sollte stets beides mitklingen (bzw. mitschweigen).   *Nach Jürgen Ebach*

Mose am Dornbusch, Ikone vom Sinai, 12./13. Jh.

1 2 3
Verständigen Sie sich darüber, was unter einem „Namen" zu verstehen ist. Begründen Sie, inwiefern der Gottesname überhaupt ein Name sein kann.

1 2 3
Vergleichen Sie die Bibelübersetzung von Buber/Rosenzweig mit der Einheitsübersetzung.

1 2 3
Die Darstellungen der Offenbarung des Gottesnamens zeigen häufig Mose, der auf Gottes Geheiß die Schuhe ablegt *(Ex 3,5).*
Nennen Sie Situationen aus der Alltagswelt, in denen die Schuhe abgelegt werden, und klären Sie unterschiedliche Bedeutungen.

Gott ist Gegenüber

Gotteserfahrung im Buch Ijob

Das Buch Ijob entstand vermutlich in der Zeit des 6.–4. Jh .v.Chr. im nordwestarabischen Raum.

Der Text hat märchenartige Züge: die Prüfung Ijobs als „Wettstreit" zwischen Gott und Satan, die doppelte Bewährungsprobe, das glückliche Ende.

Literarisch auffällig ist das Zueinander von Erzähltext und eingefügten Rededuellen, in denen der Streit um die Erklärung des Leids ausgetragen wird. Verschiedene Vorlagen (Rahmenerzählung, Dialoge, Reden) wurden in mehreren Bearbeitungsstufen verarbeitet.

Die im Text vorgestellten theologischen Deutungsmuster begegnen auch sonst im Alten Testament: der Tun-Ergehen-Zusammenhang *(Spr 11,21)*, die unbedingte Gerechtigkeit Gottes *(Dtn 32,4)*, der Verweis auf die größere Weisheit Gottes *(Sir 4,17f.)* und die gute, geordnete Schöpfung *(Ps 104)*.

Eine biblische Auseinandersetzung mit dem Leid

1 Ist Ijob nur rechtschaffen und gottesfürchtig, weil es ihm gut geht? Der fromme Grundbesitzer verliert seinen ganzen Besitz, seine Kinder sterben, er wird von Krankheit geplagt. Seine Freunde besuchen ihn in seinem Elend und versuchen, Ijobs Leiden zu erklären. Sie tun das mit noch heute geläufigen Deu-
5 tungsmustern: Wer das Gute tut, dem wird es auch gut ergehen. Wenn Ijob Böses widerfährt, wird er das schon irgendwie verdient haben *(Ijob 4,7)*. Wer weiß, wofür das alles gut ist *(Ijob 36,15)*. Der Mensch vermag Gottes unerforschlichen Ratschluss nur nicht einzusehen *(Ijob 11,7)*. Ijob lässt diese Erklärungen aber nicht gelten. Er sieht keinen Sinn in seinem Leid. Seine anfängliche Glau-
10 bensfestigkeit wird erschüttert, er klagt Gott als ungerecht, grausam und gleichgültig an. Gott weist diese Anklage schroff zurück. Wer ist der Mensch, dass er die Wege und den Willen Gottes erkennen will? Der Schöpfergott ist mit den Begriffen des Geschöpfs nicht zu begreifen. Ijob wird durch seine Begegnung mit Gott überzeugt, sieht seine Begrenztheit ein und widerruft seine An-
15 klage. Damit endet der Text aber nicht. Ausdrücklich setzt Gott Ijob ins Recht und betont, dass sein Schrei nach Antwort Gehör gefunden hat.

Ijobs Ringen um Gottes Antwort

[1]Zum Ekel ist mein Leben mir geworden, ich lasse meiner Klage freien Lauf, reden will ich in meiner Seele Bitternis. [2]Ich sage zu Gott: Sprich mich nicht schuldig, lass mich wissen, warum du mich befehdest.
Ijob 10,1–2

[35]Gäbe es doch einen, der mich hört. Das ist mein Begehr, dass der Allmächtige mir Antwort gibt.
Ijob 31,35

Hab ich gefehlt? [20]Was tat ich dir, du Menschenwächter? Warum stellst du mich vor dich als Zielscheibe hin? Bin ich dir denn zur Last geworden?
Ijob 7,20

[2]Ich hab erkannt, dass du alles vermagst; kein Vorhaben ist dir verwehrt. [4]Hör doch, ich will nun reden; ich will dich fragen, du belehre mich!
Ijob 42,2.4

Ijobs Klage, Byzantinische Buchmalerei, 9. Jh.

1 2 3 4 5

Vergleichen Sie die Darstellung auf dieser Doppelseite mit traditionellen und modernen Darstellungen der Klage Ijobs, wie sie sich im Internet finden.

1 **2** 3 4 5

Verfassen Sie eine „Sprechblase" zum Bild, die die Anklage gegen Gott enthält. Was geschieht, wenn Sie den Text zum Gebet umformulieren?

1 2 **3** 4 5

Sammeln Sie mithilfe von Tageszeitungen und aktuellen Nachrichtensendungen „Ijobgeschichten" der Gegenwart. Wo, wie und warum wird dabei heute noch die Frage nach Gott gestellt?

1 2 3 **4** 5

Nehmen Sie Stellung zu den Positionen der Freunde Ijobs. Berücksichtigen Sie dabei auch die Bibelstellen mit Ijobs Fragen und Vorwürfen.

1 2 3 4 **5**

Bauen Sie Standbilder zu Ijob als „Dulder", als „Ratgeber" und als „Rebell".

Vernetzung
› Bedenken Sie bei Ihrer Stellungnahme die (An)Fragen der „Negativen Theologie" (→ S. 110f.).

Die christliche Kunst stellt Ijob bis weit in die Neuzeit hinein vor allem als den Dulder, den still und demütig leidenden Gerechten dar. Diese byzantinische Miniatur ist überraschend anders.

Aus dem halbrunden „Himmel" ragt Gottes Hand in das Bild, in die „Welt" hinein. Dass Gott spricht, zeigt in der antiken Bildsprache der eingeknickte vierte Finger.

107

Die Unverfügbarkeit Gottes achten

Das biblische Bilderverbot

1 2 3 4 5

Stellen Sie mit Bezug auf die Texte der gegenüberliegenden Seite die Bedeutung des atl. Bilderverbots dar und beschreiben Sie seine Funktion für das jüdisch-christliche Gottesverständnis.

1 **2** 3 4 5

Der Reformator Martin Luther hat das erste Gebot so interpretiert: „Woran du aber dein Herz hängst, das ist dein Gott."
Sammeln Sie Beispiele und erklären Sie die gesellschaftskritische Dimension dieser Interpretation.

1 2 **3** 4 5

Eine Gemeinde möchte ein neues Bild anschaffen, das die Schöpfung darstellen soll. Eine Gruppe möchte den Schöpfergott abgebildet sehen, eine andere argumentiert mit Verweis auf das Bilderverbot dagegen. Nehmen Sie in einem Brief an den Kirchenvorstand der Gemeinde begründet Stellung!

1 2 3 **4** 5

Sammeln Sie weitere Beispiele für sprachliche Bilder von Gott und prüfen Sie, inwiefern diese die Unverfügbarkeit Gottes achten.

1 2 3 4 **5**

Auf die altorientalischen Kultstatuen von Göttern und Göttinnen bezieht sich das Bilderverbot als Fremdgötterverbot. Recherchieren Sie weitere Beispiele, deren Herkunft und Verbreitung.

Das biblische Bilderverbot: eindeutig mehrdeutig!

1 Das biblische Bilderverbot wird von vielen Menschen als striktes und eindeutiges Verbot einer künstlerischen Betätigung gelesen. Dabei ist aber zu beachten, dass dieses Verbot im Zusammenhang der Zehn Gebote zunächst einmal als eine Art „Ausführungsbestimmung" zum zentralen Fremdgötterverbot zu

5 lesen ist. Israel wird ermahnt, die Exklusivität des Bundes mit seinem Gott Jahwe zu wahren und die Anfertigung und Verehrung von Kultstatuen der anderen altorientalischen Göttinnen und Götter zu unterlassen. Erst in der späteren Erläuterung der Zehn Gebote wird darauf verwiesen, dass der Gott Israels sich am Berg Horeb „in keinerlei Gestalt" gezeigt, vielmehr „aus dem Feuer

10 heraus" gesprochen habe. Der Hinweis, dass die Wirklichkeit dieses Gottes alles Gestalthafte übersteigt, ist bis heute von zentraler Bedeutung: Jedes materielle Bild Gottes verfehlt seine Einzigartigkeit, seine Unverfügbarkeit, seine Herrlichkeit. Menschen können Gott nicht festlegen, sie verfügen nicht über ihn. Im Grunde gilt dieser Vorbehalt auch für jede Rede über Gott, für jede me-

15 taphorische Annäherung: Ist denn eigentlich die biblische Rede von Gott als einem wütenden Kriegsherrn, einem eifersüchtigen Ehemann, einer Schutz gebenden Henne, einer umsichtigen Hausfrau, einer betörenden Geliebten und einem eifersüchtigen Geliebten überhaupt angemessen? Unter welchen Umständen? Gibt es Grenzen? Und wo liegen sie? Dass Menschen von Gott

20 nur reden können vor dem Hintergrund ihrer geschichtlichen, sozialen und persönlichen Erfahrungen, ist Grundvoraussetzung aller biblischen Gottesrede. Damit ist aber nicht alles, schon gar nicht Letztes über Gott gesagt. Dem Bilderverbot kommt an dieser Stelle eine theologische „Wächterfunktion" (Christoph Dohmen) zu, es bildet ein unhintergehbares Kriterium der Theo-

25 logie, der notwendig immer unabgeschlossenen und je neu zu aktualisierenden Rede von Gott.
Die christliche Tradition hat diesen biblischen Bildvorbehalten in ihrer langen Geschichte im Großen und Ganzen stets Rechnung getragen. Sie hat zum einen sehr strenge Vorgaben zum kultischen Umgang mit den Bildern formuliert, die

30 sicherstellen sollen, dass nicht das Bild an sich verehrt wird und damit magisch-numinos missverstanden wird. Diese Vorgaben verweisen darauf, dass die Verehrung des Bildes immer eine Verehrung des Abgebildeten ist. Darüber hinaus betont die christliche Bildgeschichte durch ihre Vielgestaltigkeit die grundsätz-

liche Uneinholbarkeit Gottes im Bild und durch das Bild. Sie erweist sich gerade
35 in ihrer Überfülle an Beispielen als Bildvorbehalt durch Bildangebot und damit
als ein Stück Negativer Theologie (→ S. 110f.) *Rita Burrichter*

Das Bilderverbot als Fremdgötterverbot

²Ich bin Jahwe, dein Gott, der dich aus Ägypten geführt hat; aus dem Sklavenhaus.
³Du sollst neben mir keine anderen Götter haben. ⁴Du sollst dir kein Gottesbild
machen und keine Darstellung von irgendetwas am Himmel droben, auf der Erde
unten oder im Wasser unter der Erde. ⁵Du sollst dich nicht vor anderen Göttern
niederwerfen und dich nicht verpflichten, ihnen zu dienen. *Ex 20,2–5a*

Das Bilderverbot als Hinweis auf die Einzigartigkeit und Unverfügbarkeit Gottes

¹⁵Nehmt euch um eures Lebens willen gut in acht! Denn eine Gestalt habt ihr an
dem Tag, als der Herr am Horeb mitten aus dem Feuer zu euch sprach, nicht gesehen. ¹⁶Lauft nicht in euer Verderben, und macht euch kein Gottesbildnis, das irgendetwas darstellt, keine Statue, kein Abbild eines männlichen oder weiblichen
Wesens, ¹⁷kein Abbild irgendeines Tiers, das auf der Erde lebt, kein Abbild irgendeines gefiederten Vogels, der am Himmel fliegt, ¹⁸kein Abbild irgendeines Tiers,
das am Boden kriecht, und kein Abbild irgendeines Meerestieres im Wasser unter
der Erde. *Dtn 4,15–18*

Etwas anderes nämlich ist es, ein Bild anzubeten, und etwas anderes, durch das
auf dem Bild Dargestellte zu lernen, was anzubeten sei. Denn was den des Lesens
Kundigen die Schrift, das bietet den schauenden Einfältigen das Bild, denn in ihm
sehen die Unwissenden, was sie befolgen sollen, in ihm lesen die Analphabeten.
Gregor der Große

Biblische Bilder

Gott ist ein gerechter Richter, ein Gott, der täglich strafen kann. *Ps 7,12*

Der Herr ist mein Hirte, nichts wird mir fehlen. *Ps 23,1*

Denn ich, der Herr, dein Gott, bin ein eifersüchtiger Gott. Bei denen, die mir feind
sind, verfolge ich die Schuld der Väter an den Söhnen, an der dritten und vierten
Generation. *Ex 20,5*

Wie eine Mutter ihren Sohn tröstet, so tröste ich euch; in Jerusalem findet ihr
Trost. *Jes 66,13*

Pfeilerfigur Aschera, Palästina/Israel,
7./8. Jh. v.Chr.

Wettergott Ivriz, hethitisches Relief,
Babylon, Mesopotamien (Irak),
9. Jh. v.Chr.

Vernetzung
› Beziehen Sie zum metaphorischen
Charakter der religiösen Sprache
→ S. 22f. ein.

Wie über Gott sprechen?

Möglichkeiten und Grenzen der Gotteserkenntnis und Gottesrede

Meine Gedanken sind nicht eure
Gedanken, und eure Wege sind nicht
meine Wege – Denn zwischen dem
Schöpfer und dem Geschöpf kann
man keine so große Ähnlichkeit feststellen, dass zwischen ihnen keine
noch größere Unähnlichkeit festzu-
stellen wäre.

4. Laterankonzil 1215

Mit einem Worte, die Erhabenheit
dieses Namens [des Gottesnamens
JHWH] und die Scheu, ihn auszusprechen, ist darauf zurückzuführen,
dass er das Wesen Gottes in einer
Bedeutung ausdrückt, die keines der
geschaffenen Dinge mit ihm gemein
hat.

*Mosche ben Maimon
(Moses Maimonides, um 1135–1204)*

Gott ist absolut transzendent; nichts
ist Ihm auch nur ähnlich. Da Gott
absolut transzendent ist, sind wir auf
seine eigenen Aussagen über sich
selbst angewiesen, die Er uns durch
seine Offenbarungen zukommen ließ.
Nur dadurch wird es dem Menschen
möglich, Ihn in seinen Dimensionen
in sinnvollem Maß mit dem menschlichen Verstand zu erfassen.

Islamisches Zentrum Aachen

Der Denkansatz einer „negativen Theologie"

1   Ist Gott „lieb", „gerecht", „mächtig", „zornig", „streng"? Sind diese Zuschreibun-
gen, sind diese Begriffe angemessen für „das, über das hinaus nichts Größeres
gedacht werden kann" (Anselm von Canterbury)? Dass unserer Rede von Gott
immer nur Begriffe zur Verfügung stehen, die der endlichen Welt entstammen
5   und damit notwendig der göttlichen Wirklichkeit nicht gerecht werden, hat
schon die antike Philosophie gesehen und den Weg einer negativen Rede von
Gott eingeschlagen: „Wir sagen, was Es nicht ist. Was Es aber ist, das sagen wir
nicht." (Plotin) Der Gedankenweg einer negativen Theologie ist nicht als Infragestellung oder gar Bestreitung Gottes zu verstehen, sondern als Grenzmar-
10 kierung zwischen der menschlichen Erkenntnismöglichkeit des Absoluten
und dem Absoluten selbst. Dieser Gedankenweg wird von der christlichen Tradition aufgenommen und weiterentwickelt. Die christliche Rede von der Unbegreiflichkeit Gottes wahrt nicht nur die Grenzen der Erkenntnis, sondern auch
die biblisch immer wieder bezeugte Unverfügbarkeit Gottes, die sich mensch-
15 lichen Fixierungen und Funktionalisierungen Gottes entzieht. „Wenn du be-
greifst, ist es nicht Gott" (Augustinus) – in diesem Sinne spricht die Theologie
von Gott als „Geheimnis". Insbesondere die mittelalterliche Philosophie und
Theologie – Thomas von Aquin, Nikolaus von Kues und Meister Eckhart – betonen im Sinne der Wahrung des „ganz anders Seins" Gottes die Notwendigkeit
20 negativer Theologie. Die neuere Theologie aber fragt über die Problematisie-
rung der Erkenntnismöglichkeiten hinaus angesichts der vielfältigen menschlichen Erfahrungen von Gottesferne und unverschuldetem Leid auch, ob
unsere christliche Rede von Gott – auch und gerade die philosophisch reflektierte – nicht allzu glatt sei und fordert eine „negative Theologie der Untröst-
25 lichkeit" (Johann Baptist Metz), die angesichts des erhofften Handelns Gottes
ganz grundsätzlich nach der Angemessenheit jeder philosophischen Gotteslehre fragt.

Gotteserkenntnis aus Welterkenntnis – die Analogielehre

1 Erkennen setzt […] voraus, dass die Erkenntnisobjekte in einem Gefüge, in einer bestimmten Ordnung zueinander stehen, welche unabdingbar für den Vorgang des Erkennens sind. Dieses ist stets „verhältnismäßig", es geht den bestehenden Verhältnissen entlang. Verhältnismäßig heißt griechisch *anà lógon*.

5 Daher nennt man solches Erkennen analog. Analogien […] sind dann Entsprechungen. […] [Die mittelalterliche Philosophie] unterschied univoke Begriffe (Mensch), äquivoke Begriffe (Bank = Sitzgelegenheit oder Geldinstitut) und eben analoge Begriffe: Gesund ist ein Produkt der pharmazeutischen Industrie nicht im gleichen Sinne wie ein menschlicher Leib, sondern nur in Bezug auf

10 diesen. Analoge Begriffe sind also ähnliche Begriffe. Sie interferieren wie die olympischen Ringe: Teilweise fallen die Inhalte zusammen, teilweise – und zwar zum größten Teil – unterscheiden sie sich. Bei der Analogie ist die Unähnlichkeit immer größer als die Ähnlichkeit. Aber sie besitzt deswegen Erkenntniswert, weil sie anzeigt, wie Dinge einander zugeordnet sind.

Wilhelm Breuning

Barnett Newman, Stations of the Cross, 1958–1966

1 2 3 4 5
Recherchieren Sie die im Text → S. 110 erwähnten Personen und stellen Sie sie im Unterricht vor.

1 **2** 3 4 5
Entwerfen Sie zum Stichwort „Rede von Gott" einen Artikel für ein Jugendlexikon „Was in Reli wichtig ist". Nutzen Sie dazu neben den Texten dieser Seite auch → S. 22f.

1 2 **3** 4 5
Vergleichen Sie das Konzept der christlichen Negativen Theologie mit den jüdischen und muslimischen Aussagen in der linken Randspalte.

1 2 3 **4** 5
Überlegen Sie, in welchen Bereichen ein Denken sinnvoll ist, das die „Schwebe zwischen Ja und Nein" aushält, und in welchen nicht. Nennen Sie Beispiele aus Ihrem Alltagsleben.

1 2 3 4 **5**
Die Bilder des amerikanischen Künstlers Barnett Newman (1905–1970) sind „konkrete" Kunst: ungegenständlich, nicht illustrativ. In den Jahren von 1958–1966 malt er vierzehn Bilder (auf dem Bild sind 13 Bilder zu sehen), die er „Kreuzweg" nennt. Informieren Sie sich über den Kreuzweg als Gebetsform und diskutieren Sie, ob dieses Kunstwerk ein Beitrag zu einer „Negativen Theologie" ist.

Er ist das Ebenbild

Zuwendung Gottes zur Welt in Jesus Christus

Präexistenz des Logos

Der Ausdruck (von lat. *prä* „vor" und *exsistere* „hervortreten") bezeichnet allgemein die Existenz eines Gegenstands relativ früher zu einem oder mehreren anderen, vor allem aber auch eine Existenzweise „vor jeder Zeit".

In der antiken Philosophie vertritt z.B. Platon die Auffassung der Existenz einer Seele, die bereits vor dem Eingehen in konkrete Lebewesen bei Gott existiert und die Welt der Ideen, die jenseits von Raum und Zeit zu denken sind, schaut.

In vielen Religionen werden Phänomene, Personen oder Prinzipien als präexistent aufgefasst: In bestimmten Strömungen des Judentums die Weisheit Gottes (gr. *sophia*) oder die Tora, im Islam gilt dies für den Koran.

Das von der antiken Philosophie beeinflusste hellenistische Christentum redet schon in ntl. Zeit von der Präexistenz Christi. Es tut dies dort, wo es um die Gottessohnschaft Jesu Christi geht. Das Johannes-Evangelium drückt dies in der Rede vom „Fleisch werden" des ewigen Logos (griech. „Wort", „Sinn", „Vernunft") aus *(Joh 1,14)*.

Biblische Hinweise

⁹Wer mich gesehen hat, hat den Vater gesehen. *Joh 14,9*

⁵Wir verkündigen nämlich nicht uns selbst, sondern Jesus Christus als den Herrn, uns aber als eure Knechte um Jesu Willen. ⁶Denn Gott, der sprach: Aus Finsternis soll Licht aufleuchten!, er ist in unseren Herzen aufgeleuchtet, damit wir erleuchtet werden zur Erkenntnis des göttlichen Glanzes auf dem Antlitz Christi. *2 Kor 4,5–6*

Dieser ist Bild des unsichtbaren Gottes, Erstgeborener aller Schöpfung, denn in Ihm wurde alles erschaffen, in den Himmeln und auf der Erde, das Sichtbare und das Unsichtbare. Alles wurde durch Ihn und auf Ihn hin erschaffen. Und Er ist vor allem und alles hat in Ihm Bestand. Und Er ist das Haupt des Leibes. Dieser ist Anfang, Erstgeborener aus den Toten, denn es gefiel der ganzen Fülle, in Ihm zu wohnen und durch Ihn alles zu versöhnen auf Ihn hin, sei es das auf der Erde, sei es das in den Himmeln. *Nach Kol 1,15–20*

1 Im neutestamentlichen Brief an die Gemeinde in Kolossä findet sich ein christologisches Lehrgedicht, das hier auf seine Grundform gekürzt und in einer nahe am Griechischen bleibenden Übersetzung von *Ingrid Maisch* wiedergegeben ist. Es geht um Christus als präexistenten Logos, um die Vorstellung, dass in
5 Gott selbst von Anfang an die liebende, erlösende Zuwendung zur ganzen Welt, zu Mensch und Schöpfung gegründet ist. Immer schon und für immer nähert sich Gott der Welt, gibt sich Gott zu erkennen in Jesus Christus, der als „Bild" Repräsentant Gottes in der Welt ist. Die Bezeichnung „Erstgeborener" verweist auf seinen hoheitlichen Rang: Der Auserwählte Gottes steht auf Gottes Seite
10 und ist doch ganz nah bei der endlichen Schöpfung und ihren sterblichen Kreaturen. Die „Fülle", die in ihm wohnt, ist die göttliche Weisheit. Durch Christus und das Wirken der göttlichen Weisheit *(„Sophia")* sind auch Welt und Mensch einbezogen und von Anfang an hineingenommen in den göttlichen Heilswillen und dadurch gleichsam „vergöttlicht". Die Christinnen und Christen dürfen
15 sich dieser Heilszusage sicher sein, da sie als „Leib" mit Christus, dem „Haupt", verbunden sind. Die frühchristlichen Überlegungen zu Jesus als präexistentem Logos sind von der antiken griechischen Philosophie geprägt und doch bleibt in ihnen das biblische Erbe des sich zuneigenden Gottes Israels bewahrt.

Prolog des Johannes-Evangeliums, Buchmalerei, um 1015

1 2 3

Nennen Sie Gründe, warum im Verhältnis zwischen Gott und Welt der „Weisheit" eine bedeutende Rolle zukommt.

1 2 3

Interpretieren Sie das Bild in Bezug auf den Anfang des Johannes-Evangeliums („Prolog"):
„Im Anfang war das Wort, und das Wort war bei Gott, und das Wort war Gott. Und das Wort ist Fleisch geworden und hat unter uns gewohnt, und wir haben seine Herrlichkeit gesehen, die Herrlichkeit des einzigen Sohnes vom Vater, voll Gnade und Wahrheit."

1 2 3

Die Rede von der Präexistenz des Logos beinhaltet ein spezifisch christliches Verständnis der Welt und des menschlichen Lebens.
Nennen Sie einige konkrete Bereiche und begründen Sie.

Das Bild zeigt im oberen Bildteil den thronenden Christus als Pantokrator, als Herrscher des Alls. Seinen Fußschemel bildet eine halbierte Erdkugel. Der untere Bildteil zeigt die irdische Schöpfung mit den personifizierten Darstellungen von Meer und Land. Auf dem Schoß von „Mutter Erde" sitzen zwei menschliche Figuren, die als Adam und Eva identifiziert werden können; auf die Erzählung des Sündenfalls verweist auch die Schlange, die sich um den Baum auf der rechten Bildseite windet. Im mittleren Bildteil, in der „Welt", aber mit der „Grenze" zwischen göttlicher und irdischer Sphäre durch einen Strahlenkranz verbunden, ist das göttliche Kind zu sehen: Jesus Christus als Wickelkind im Futtertrog.

Nach Ingrid Maisch

Bis zum Äußersten

Gegenwart Gottes in Inkarnation und Erlösung

Die Inkarnation, lat. „Fleischwerdung", die Menschwerdung Gottes in Jesus von Nazaret, gehört zum Kernbestand christlicher Überzeugungen. Die beiden anderen abrahamitischen Religionen, das Judentum und der Islam, stehen dieser christlichen Glaubensaussage ablehnend gegenüber, da sie die Unverfügbarkeit und Einzigartigkeit Gottes hier gefährdet sehen. Demgegenüber versteht der christliche Glaube die Menschwerdung als äußerste Konsequenz der biblisch immer wieder bezeugten und von allen drei Religionen geglaubten Zuwendung und Barmherzigkeit Gottes.

Dass im Kreuzestod Jesu Christi das Heil der Menschen gründet, ist Aussage der christlichen Erlösungslehre, der Soteriologie (griech. Σωτηρ=„Retter"). Während in der mittelalterlichen Theologie bis weit in die Neuzeit hinein der Kreuzestod als Sühneleistung für die menschliche Sünde verstanden wurde, betont die neuere Theologie, dass Gott im Kreuz die Schuldverstrickung des Menschen anerkennt und auf sich nimmt: solidarisch ohnmächtig mit den Ohnmächtigen dieser Welt und in Anerkennung menschlicher Freiheit, der in dieser absoluten Entäußerung Gottes radikal „Platz geschaffen" wird.

Vergegenwärtigungen

„Wie lässt sich Jesus heute darstellen, am Beginn des XXI. Jahrhunderts? Wie lässt sich mit heutigen Mitteln, in der uns vertrauten Welt, sein Leben, sein Tun, seine Lehre schildern, sodass es uns anspricht, dass es – und das mag paradox erscheinen – zeitlos wirkt, wie es ja in den Evangelien heißt: ‚Ich bin mit euch für immer, bis ans Ende der Welt'?"

Bettina Rheims, Serge Bramly

1 Die französische Fotografin Bettina Rheims hat zusammen mit Serge Bramly zwischen 1994 und 1998 ein ungewöhnliches Fotoprojekt realisiert. Thema des Unternehmens war das Leben Jesu. Die Bildmittel: Hochglanzästhetik, männliche und weibliche Models, an unterschiedlichen Schauplätzen vom Mittelmeer
5 bis zum Gleisdreieck. Als der Fotoband 1998 in Frankreich erschien, löste er heftige Kontroversen aus. Eine Stellungnahme […] der französischen Bischofskonferenz sprach von einer „Verdrehung" der Episoden aus dem Leben Jesu und von einem „Angriff" *(„une aggression au respect")* auf die Gläubigen. In Deutschland waren christliche Institutionen eher bereit, eine intensive Aus-
10 einandersetzung mit diesen Übersetzungsversuchen der „alten" Geschichte in eine Bildsprache der Gegenwart anzuregen. Teile des Zyklus wurden in katholischen Kirchen in Oberhausen (Jugendkirche TABGHA) und Nürtingen (St. Johannes) gezeigt. Die einerseits für religiöse Themen ungewohnte, aber zugleich auch vertraute, „moderne" Ästhetik ist auf den ersten Blick irritierend,
15 für viele auch faszinierend. Die vordergründige Oberflächlichkeit der Fotografien erweist sich bei näherem Hinsehen als ein klug durchdachtes Arrangement von symbolischen Bezügen, von sinnvollen Transformationen traditioneller Motive in unsere Lebenswirklichkeit.

Herbert Fendrich

Bettina Rheims, I.N.R.I., Die Anbetung der Hirten, 1997

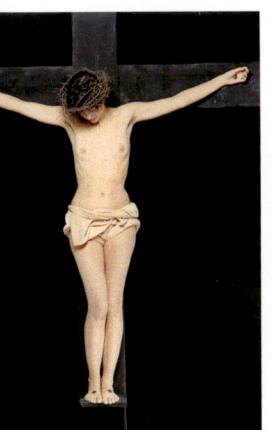

Bettina Rheims, I.N.R.I., Kreuzigung I-III, 1997

1 2 3 4

Beschreiben Sie das Weihnachtsbild von Bettina Rheims und entfalten Sie, wie und wem sich Gott in der Geburt Jesu zuwendet.

1 **2** 3 4

Das Bild „übersetzt" die übliche weihnachtliche Bildsprache sehr konsequent in die Gegenwart. Vergleichen Sie die Darstellung mit einem Bild der Tradition. Welches ist für Sie das „frommere" Bild? Begründen Sie Ihre Entscheidung.

1 2 **3** 4

Vergleichen Sie auch das Kreuzigungsbild mit Darstellungen der Tradition. Wo und wie begegnen Ihnen die unterschiedlichen Körperhaltungen der Personen links und rechts? Deuten Sie die Unterschiede.

1 2 3 **4**

Serge Bramly und Bettina Rheims schreiben zu ihrem Kreuzigungsbild: „Sie haben den Menschensohn hingerichtet: Männer, Frauen, die gesamte Menschheit wurde an diesem Tage gekreuzigt." Deuten Sie vor diesem Hintergrund die „Leerstelle" im mittleren Bild.

Vernetzung
> Beziehen Sie die Bilder auf die theologischen Hinweise zum Erlösungshandeln → S. 178ff.

Erkennen und Bekennen

Der Islamwissenschaftler, Publizist und Schriftsteller Navid Kermani macht auf das Zueinander von ästhetischer Erfahrung und religiöser Erfahrung als Kennzeichen islamischer Gottrede aufmerksam und verweist zum besseren Verständnis auf die Erfahrung von Musik.

Was ist Musik für Sie? Führen von Ihrem Umgang mit Musik Wege zu Gott?

Gotteserfahrung im Hören

Der Prophet Muhammad wuchs in einer Welt auf, die das poetische Wort beinah religiös verehrte. Er hatte das schwierige Handwerk der Poesie nicht gelernt, als er selbst begann, seinen Mitmenschen Verse vorzutragen. Der Koran war kein geschriebenes Stück, sondern bestand aus einzelnen Vortragseinheiten, die sich erst später zu einem Gesamttext fügten. […] sprachlich waren sie von großer Eindringlichkeit, sie faszinierten die Zeitgenossen durch ihren pulsierenden Rhythmus, die eindringlichen Lautmalereien, die fantastische Matrix der Bilder. Und doch waren die Verkündigungen Muhammads anders als die Poesie. […]

[…] von einem Kundschafter aus Yathrib […], dem späteren Medina, [wird] erzählt, [dass er] nach Mekka kam, um den mysteriösen Nachrichten über das Auftreten eines neuen Propheten nachzugehen. Zuvor hatte man ihn eindringlich vor den Zaubertricks des Propheten gewarnt und ihn ermahnt, sich nur ja die Ohren zu verstopfen, bevor er auf Menschen treffe, die seine Verkündigung rezitieren. Der Mann ging also durch die Straßen Mekkas und begegnete einer Gruppe von Gläubigen, die einer Koranlesung lauschten. Er dachte bei sich: Ich bin ein Mann von Verstand und Erfahrung, warum mache ich mich lächerlich und stopfe mir die Ohren zu, nur weil jemand einen Text vorträgt? Er nahm seinen „Ohrschutz" ab, vernahm den Klang des Korans und bekannte sich auf der Stelle zum Islam. […]

Die Rationalisierung des ästhetischen Erlebens führte im Islam sogar zu einer eigenen theologisch-poetologischen Doktrin, nämlich der Lehre vom *i'dschāz*, der Unübertrefflichkeit und Unnachahmlichkeit des Korans. Diese Argumentation kann für Christinnen und Christen nicht eigenartiger sein: Ich glaube an den Koran, weil seine Sprache zu vollkommen ist, als dass sie von einem Menschen erdichtet worden sein könnte. Das ist – aus islamischer Sicht – das eigentliche Wunder des Propheten. Man kann das durchaus als eine Art ästhetischen Gottes- oder Wahrheitsbeweis verstehen. Eine Entsprechung in einem westlichen Kulturkreis lässt sich in der Sphäre der Religion kaum finden. Eher muss man an den subjektiven Eindruck denken, den manche Kompositionen […] hinterlassen. Nicht zufällig neigen Hörerinnen und Hörer dazu, [manche Musik] „göttlich" zu nennen.

Navid Kermani

Erfahrungen mit Gott als Ausgangspunkt theologischer Rede

1 **1** 2 3 4 5

Klären Sie das Verhältnis von „den Glauben erfahren" und „den Glauben denken", indem Sie Gründe für die Wichtigkeit des einen und des anderen Zugangs benennen.

1 **2** 3 4 5

Welche konkreten biblisch bezeugten Erfahrungen der Jüngerinnen und Jünger mit Jesus Christus sind Ihres Erachtens maßgeblich für das christliche Gottesbild? Sammeln Sie Ihre Überlegungen.

1 2 **3** 4 5

Klären Sie die Begriffe „ökonomische" und „immanente Trinität".

1 2 3 **4** 5

Diskutieren Sie, inwiefern das Denkmodell Trinität Bedeutung für den persönlichen, gelebten Glauben der Gegenwart hat.

1 2 3 4 **5**

Erörtern Sie, ob dies eine angemessene Darstellung der Trinität ist. Entwerfen Sie eigene Trinitätssymbole!

1 Der christliche Glaube ist unabdingbar mit dem trinitarischen Bekenntnis zu Gott als dem Vater, Sohn und Heiligen Geist verknüpft. Dieses Bekenntnis bildet seit der alten Kirche die Grundregel christlicher Bekenntnisse und kann als Summe christlichen Glaubens angesehen werden. Seinen ursprünglichen Ort hat das tri-
5 nitarische Bekenntnis in Taufe und Eucharistie […]. Es wurde nicht am Schreibtisch der Theologen ersonnen, sondern ist bereits in der frühesten liturgischen Praxis der Kirche nachweisbar. […] die Erfahrung des ungeheuren Anspruchs und Zuspruchs in der Person Jesu brachte seine Jüngerinnen und Jünger dazu, ihn als das Person gewordene Zusagewort Gottes, ja als Gott selbst, zu bekennen.
10 Jesu Selbstunterscheidung vom Vater, auf dessen Königsherrschaft er verwies, erlaubte es nicht, ihn mit seinem himmlischen Vater zu identifizieren. Seine Inanspruchnahme der Autorität des Vaters und seines Willens bei gleichzeitiger unvermittelter Vertrautheit mit ihm verbot es, ihn vom Vater zu trennen.
Zugleich bestand die konstitutive Erfahrung der Jüngergemeinschaft darin, dass
15 der Geist Jesu Christi sie auch nach seinem Tod zusammenführte und es ihnen ermöglichte, das Lebenswerk Jesu lebendig zu halten (Pfingstereignis). Der Geist, der sie zusammenführte und zum Leben ermutigte, war es auch, der sie in der Begegnung mit Jesus ergriff und es ihnen erlaubte, ihn als den Christus zu bekennen. Diese Erfahrungen machten und machen es unabdingbar, das Bekenntnis zu Jesus
20 als dem Christus in einen trinitarischen Bezugsrahmen zu stellen. Gott offenbart sich einerseits im Fleisch gewordenen Zusagewort seiner Liebe (Sohn / Logos) und ergreift andererseits die Herzen der Menschen mit seiner Liebe, sodass sie diese Zusage der Liebe erleben und für andere Wirklichkeit werden lassen können (Hl. Geist). Ausgangspunkt des Glaubens an die Dreieinigkeit Gottes sind also
25 Erfahrungen mit Gott.
Dieser heilsgeschichtlichen oder auch ökonomischen Rede von der Trinität steht die immanente Rede gegenüber. Während die heilsökonomische Trinität die geschichtlichen Erfahrungen mit dem dreieinigen Gott in den Blick nimmt, geht es bei der immanenten Trinität um das innere Leben Gottes. Die Verwegenheit, etwas
30 über das innere Leben Gottes auszusagen, rührt aus dem Vertrauen, dass Gott sich nicht anders offenbart, als er ist. Gott – so vertrauen Christen – ist kein Schauspieler, sondern er zeigt sich dem Menschen so, wie er an sich ist. Deshalb ist das Vertrauen angemessen, dass die ökonomische Trinitätslehre dem Wesen Gottes entspricht.

Klaus von Stosch

Deckenmosaik, Baptisterium von Albenga, Ende des 5. Jhs.

Das kosmologische Trinitätssymbol der Taufkirche im italienischen Albenga entfaltet in einem dreifachen Kreis das Christusmonogramm mit den griechischen Buchstaben XP (Chi und Rho) für **Chr**istos. Den Durchmesser der Kreisformen bilden der erste und der letzte Buchstabe des griechischen Alphabets Aω (Alpha und Omega), die für den Anfang und das Ende und umgangssprachlich für das Wesentliche (das A und O einer Sache) stehen. Zwölf Tauben, die auf die zwölf Stämme Israels, aber auch auf die zwölf Apostel und damit auf die Gesamtheit aller Gläubigen zu allen Zeiten verweisen, gruppieren sich auf dem tiefblauen „Himmelsgrund" mit den hellen Sternen um die Kreisformen.

Vernetzung
› Berücksichtigen Sie „Anspruch und Zuspruch in der Person Jesu" → S. 168ff.
› Beziehen Sie zum Thema Glaubensbekenntnis → S. 178ff. ein.

Wir glauben an den einen Gott,
den Vater, den Allmächtigen,
der alles geschaffen hat […]
Und an den einen Herrn Jesus Christus,
Gottes eingeborenen Sohn […]
Für uns Menschen und zu unserem Heil
ist er vom Himmel gekommen,
hat Fleisch angenommen
durch den Heiligen Geist […]
Wir glauben an den Heiligen Geist,
der Herr ist und lebendig macht,
der aus dem Vater und dem Sohn hervorgeht […]

Aus dem Glaubensbekenntnis von

Nizäa und Konstantinopel

[19]Darum geht zu allen Völkern, und macht alle Menschen zu meinen Jüngern; tauft sie auf den Namen des Vaters und des Sohnes und des Heiligen Geistes, [20]und lehrt sie, alles zu befolgen, was ich euch geboten habe. Seid gewiss: Ich bin bei euch alle Tage bis zum Ende der Welt. *Mt 28,19f.*

Visuelle Grenzziehungen

Herausfordernde Darstellungen der Trinität

Darstellungen der Trinität stehen unter dem grundsätzlichen Vorbehalt aller Gottesbilder (→ S. 108f.) und unter dem Vorbehalt einer Negativen Theologie (→ S. 96f.). Die christliche Kunstgeschichte zeigt daher vor allem Trinitätssymbole. Bei figürlichen und szenischen Darstellungen ist jeweils im Einzelfall zu fragen, ob sie dem christlichen Bekenntnis Ausdruck verleihen, es herausfordernd zuspitzen, durch Verfremdung aktualisieren oder aber, ob sie problematische Deutungen befördern.

Darstellungen wie die *triandrische* (griech. „drei Männer") *Trinität* waren z.B. in früherer Zeit kirchenamtlich ausdrücklich verboten. Sie fördern die Vorstellung, es mit drei unterschiedlichen Gottheiten zu tun zu haben (Missverständnis des *Tritheismus*), und legen darüber die Identifizierung Gottes als Mann nahe.

Dogmatische Formulierungen sind Ergebnisse von Auseinandersetzungen. Das gilt auch für die Aussagen zur Trinität.

Gegen die Vorstellung, Gottvater habe zunächst als Schöpfergott gewirkt, sodann die Menschheit als Jesus Christus erlöst, um uns nunmehr als Heiliger Geist beizustehen (Missverständnis des *Modalismus*) betont schon die Tradition im 2. Jahrhundert die Einheit Gottes im Wesen und im Handeln.

The Brick Testament, www.thebricktestament.com

Triandrische Trinität, 14. Jh.

Dreigesicht, 17. Jh.

Taufe Jesu, 11. Jh.

Gegen die Vorstellung, der Mensch Jesus sei von Gottvater adoptiert und dadurch zu Christus und zum Gottessohn geworden, und gegen die Vorstellung, der Sohn sei dem Vater untergeordnet (Missverständnis des *Adoptianismus* und des *Subordinationismus*), betont die Kirche seit dem 4. Jahrhundert, dass Christus „wahrer Gott vom wahren Gott" und „eines Wesens mit dem Vater" ist, so wie es auch das Große Glaubensbekenntnis formuliert.

1 2 3 4
Beschreiben Sie die Problematik der Darstellung von „Dreigesicht" und „Taufe Jesu" mit Blick auf „Modalismus" und „Adoptianismus".

1 **2** 3 4
Nennen Sie gute Gründe, die für die beiden Darstellungen sprechen können!

1 2 **3** 4
Identifizieren und prüfen Sie die Attribute/äußere Erscheinung der „triandrischen Trinität" und der Darstellung aus „The Brick Testament". Was ist daran problematisch?

1 2 3 **4**
Gestalten Sie eine angemessene Trinitätsdarstellung. Wenden Sie dazu Ihr auf den vorausgehenden Seiten erworbenes Wissen an.

Vernetzung
› Diskutieren Sie die Visualisierungen im Zusammenhang mit den weiteren Hinweisen zur Trinität, Präexistenz des Logos → S. 112f., Gottessohnschaft Jesu Christi → S. 180f., Artikel Glaubensbekenntnis im Glossar → S. 251 des dreieinen Gottes → S. 178f.

Davon machst du dir keinen Begriff

Die leidenschaftliche Gottsuche der Mystik

Mystik – ein Gegenprogramm

Die mittelalterliche Mystik (griech. „geheimnisvoll") gilt als „Gegenprogramm" zur mittelalterlichen Scholastik (lat. „Schulwissenschaft", „Schulbetrieb"). Diese wird heute historisch beschreibend als eine Epoche der Wissenschaftsgeschichte verstanden, die um 1050 beginnt, im 13. Jahrhundert ihren Höhepunkt erreicht und im 14. Jahrhundert ausklingt. Die Scholastik ist durch eine Tendenz zur Verwissenschaftlichung charakterisiert. Ihren Gegenstand bilden Texte mit einem besonderen Wahrheits- und Geltungsanspruch. Kennzeichnend für die Scholastik ist es,

› den Geltungsanspruch mittels der Logik kritisch zu prüfen und durch Abwägung von Argumenten und Gegenargumenten vernünftig einsehbar zu machen,
› die Lehr- und Glaubenssätze in einen systematischen Zusammenhang zu bringen, durch den sie im Rahmen einer beweisenden Wissenschaft darstellbar und lehrbar sind.
› Lehre und Studium zu organisieren und zu institutionalisieren.

Einsichten der Mystik

Die mittelalterliche Theologie (Scholastik) ist davon überzeugt: Gott hat eine Welt erschaffen und gestaltet, die ihm in gewisser Weise ähnlich (analog) ist. Allerdings kann die materielle Welt nur unvollkommen abbilden, was in Gott selbst vollendet existiert. So ist Gott der Welt und den Menschen zugleich nah und dennoch unendlich fern.

1 Die Erfahrung der fernen Nähe Gottes prägt noch stärker das Denken der Mystik. Eine grundlegende Einsicht der Mystik lautet: *Jeder Mensch ist mehr als er selbst. Das Leben hat eine Tiefendimension, die Menschen trägt und sie wertvoll macht. Aber die Vernunft allein kann diese Tiefendimension gar nicht erfassen.*
5 Mystiker, Frauen und Männer, suchen deshalb nach Wegen, die zu dichteren, intensiveren Erfahrungen führen, als die Vernunft sie stiften kann: Wege der Betrachtung, der Meditation, der Versenkung. Dort kann jener Punkt erreicht werden, an dem das Leben durchsichtig wird auf einen tieferen Zusammenhang hin. In diesen *Erlebnissen der Diaphanie [des „Durchscheinens"]* wird die
10 Oberfläche des Lebens durchstoßen, und oft können Mystiker und Mystikerinnen nur noch tastend und stammelnd darstellen, was ihnen dann widerfährt.
An der Grenze des Sagbaren suchen sie nach Metaphern, nach Vergleichen und Paradoxien, die ausdrücken, wie Gott und wie Christus ihnen begegnet sind: Aus der Nacht wird Tag; der Seelengrund wird sichtbar; alle Dinge begin-
15 nen zu leuchten; die Seele verliebt sich in Christus; die Gottesschau verwandelt die Frauen und Männer, die sich in Gott verlieren und die dadurch für immer andere werden; in der Betrachtung der Leiden Christi erleben manche von ihnen, wie das eigene Leiden mit den Leiden Christi verschmilzt. […]

Rüdiger Kaldewey/Franz Wendel Niehl

Christus und die minnende Seele, Buchmalerei, Codex Donaueschingen, 15. Jh.

<u>1</u> 2 3 4 5
Nennen Sie die zentralen Unterschiede zwischen Mystik und Scholastik (→ S. 94f.).

1 <u>2</u> 3 4 5
Nennen Sie Situationen und Erfahrungen, in denen die „Tiefendimension des Lebens" aufscheinen können.

1 2 <u>3</u> 4 5
Suchen Sie im Internet nach mittelalterlichen weltlichen Minnedarstellungen und vergleichen Sie sie mit der Abbildung. Nennen Sie Unterschiede und Gemeinsamkeiten.

1 2 3 <u>4</u> 5
Die mittelalterliche Mystik beschreibt die Beziehung zwischen Christus und der menschlichen Seele oft als Liebesbeziehung. Begründen Sie den Zusammenhang von Glaube und Erotik mithilfe des Gedichts.

1 2 3 4 <u>5</u>
Der Wissenschaftler Blaise Pascal (17. Jh.) notierte als „Memorial" (Erinnerungsblatt):
„Gott Abrahams, Gott Isaaks, Gott Jakobs",
nicht der Philosophen und der Gelehrten.
Gewissheit, Gewissheit, Empfinden, Freude, Friede.
Gott Jesu Christi.
Deum meum et Deum vestrum.
„Dein Gott wird mein Gott sein."
Erläutern Sie die Kennzeichen des mystischen Glaubenszugangs an diesem Textauszug.

Vernetzung
› Beziehen Sie zum Verständnis der Mystik → S. 183 und → S. 186f. ein.

Die Buchmalerei zeigt auf einem blühenden Rasenstück ein zärtlich aufeinander zugehendes Paar. Dass es sich um Christus handelt, ist am Kreuznimbus zu erkennen, dem „Heiligenschein". Dass die junge Frau eine Personifikation der menschlichen Seele darstellt, wird durch den umgebenden Text klargestellt, der die Christusbeziehung als „Minne" schildert. Dies ist eine besondere, mittelalterliche Form des gesellschaftlichen Umgangs miteinander, des ehrenden Angedenkens und der Liebe. Diese Beziehung ist auf Wechselseitigkeit angelegt. Christus geht auf die Seele zu, die Seele nähert sich Christus. Beide wollen das – dringlich, leidenschaftlich.

Die Zugehörigkeit der Seele zu Gott

Der Fisch kann im Wasser nicht ertrinken,
Der Vogel in den Lüften nicht versinken,
Das Gold ist im Feuer nie vergangen,
Denn es wird dort Klarheit und leuchtenden Glanz empfangen,
Gott hat allen Kreaturen das gegeben,
Dass sie ihrer Natur gemäß leben.
Wie könnte ich denn meiner Natur widerstehn?
Ich muss von allen Dingen weg zu Gott hingehn,
Der mein Vater ist von Natur,
Mein Bruder nach seiner Menschheit,
Mein Bräutigam von Minnen
Und ich die seine ohne Beginnen.
Wähnt ihr, ich würde diese Natur nicht fühlen?
Gott kann beides: kräftig brennen und kühlen.

Mechthild von Magdeburg, 13. Jh.

123

Gottes Dasein denken

Gottesbeweise als rationale Zugänge

Anselm von Canterbury

Anselm von Canterbury (1033–1109) formuliert den bis heute einflussreichen sogenannten *Ontologischen Gottesbeweis*. Seine Formel „Gott ist das, worüber hinaus nichts Größeres gedacht werden kann" ist keine inhaltliche Bestimmung Gottes im Sinne eines Superlativs („der Allergrößte"), sondern eine Regel zur Bildung des Gottesbegriffs. Die Verwendung der komparativischen Formel ist operational zu verstehen: Sie leitet eine Denkhandlung an, die den Begriff herstellt. Die Existenz Gottes wird also aus dem Begriff Gottes abgeleitet, wobei die Einheit von Erkenntnis und Wirklichkeit vorausgesetzt wird. Anselms Gedankengang stützt sich nicht auf die Autorität der Schrift. Vielmehr sucht er den Gottesbeweis allein mit den Mitteln der Vernunft, näherhin unter Zuhilfenahme der philosophischen Logik, anzutreten. Sein Gottesbeweis findet sich im 2. Kapitel des *Proslogion*, eines philosophiegeschichtlich bedeutenden Werks. Anselms Gottesbeweis wird vom Standpunkt des Glaubens aus formuliert, dem es darum geht, sich der Vernunftgemäßheit seiner Annahmen zu versichern. Das belegt die Rahmung seines Beweises durch Gebetselemente.

Thomas von Aquin

Thomas von Aquin (1225–1274) formuliert im Rahmen seines Hauptwerks, der *Summa Theologiae*, fünf Denkwege *(quinque viae)* hin zu Gott. Dabei geht er im Anschluss an Aristoteles davon aus, dass sich auf philoso-

Glaube und Vernunft

1 Der Glaube an Gott beruht in der Regel nicht auf der Einsicht in Beweise und vernünftige Argumente. Die Vorstellungen von Gott sind vielmehr geprägt von Einflüssen und zwischenmenschlichen Begegnungen in Familie und Freundeskreis, in der Gemeinde und an anderen gesellschaftlichen Orten mit-

5 menschlicher Begegnung. Sie sind geprägt von der Auslegung und Vermittlung biblischer Geschichten, die für die eigene Lebensgeschichte wichtig und hilfreich erscheinen, und von persönlich bedeutsamen Erfahrungen, die auf ein „ganz Anderes" verweisen. Neben Erziehung und Sozialisation spielt vor allem auch die persönliche innere Aufgeschlossenheit eine wichtige Rolle. So bezeu-

10 gen es schon die biblischen Schriften: Gotteserfahrung ist im Wortsinn Lebenserfahrung. Zur menschlichen „Grundausstattung" gehört aber auch das Erkenntnisinteresse der Vernunft, das Erkenntnisvermögen des Verstandes. Eine rationale Rechtfertigung des Glaubens ist notwendig für die Vergewisserung über den eigenen Glauben, für die Verständigung mit anderen über den

15 Glauben und nicht zuletzt unerlässlich in der Begegnung mit fremden Glaubensüberzeugungen und Religionen. Recht verstanden relativieren rationale Wege zu Gott gerade nicht die Rede von der Unverfügbarkeit Gottes, weil sie die „Grenzen des Verstandes" nachdrücklich markieren. Sie machen aber auch sehr deutlich, dass das Erkenntnisstreben ganz und gar zum Menschsein dazu-

20 gehört und dem Glauben nicht entgegensteht.

Die katholische Kirche hat dies im 2. Vatikanischen Konzil ausdrücklich festgehalten (aus *Dei verbum 6*):

„Durch seine Offenbarung wollte Gott sich selbst und die ewigen Entscheidungen seines Willens über das Heil der Menschen kundtun und mitteilen, ‚um

25 Anteil zu geben am göttlichen Reichtum, der die Fassungskraft des menschlichen Geistes schlechthin übersteigt'. Die Heilige Synode bekennt, ‚dass Gott, aller Dinge Ursprung und Ziel, mit dem natürlichen Licht der menschlichen Vernunft aus den geschaffenen Dingen sicher erkannt werden kann' (Röm 1,20); doch lehrt sie, seiner Offenbarung sei es zuzuschreiben, ‚dass, was im

30 Bereich des Göttlichen der menschlichen Vernunft an sich nicht unzugänglich ist, auch in der gegenwärtigen Lage des Menschengeschlechtes von allen leicht, mit sicherer Gewissheit und ohne Beimischung von Irrtum erkannt werden kann'."

124

Anselm von Canterbury (1033–1109)

So denn Herr, der du die Glaubenseinsicht schenkst, verleihe mir, dass ich, soweit du es nützlich weißt, einsehe, dass du bist, wie wir glauben, und das bist, was wir glauben. Und zwar glauben wir, dass du Herr etwas bist, über dem nichts Größeres gedacht werden kann. […] Und sicherlich kann „das, über dem nichts Größeres gedacht werden kann", nicht im Verstande allein sein, denn wenn es wenigstens im Verstande allein ist, kann gedacht werden, dass es auch in Wirklichkeit existiere – was größer ist. Wenn also „das, über dem Größeres nicht gedacht werden kann", im Verstande allein ist, so ist eben „das, über dem Größeres nichts gedacht werden", über dem Größeres gedacht werden kann. Das aber kann gewiss nicht sein. Es existiert also ohne Zweifel „etwas, über dem Größeres nicht gedacht werden kann", sowohl im Verstande als auch in der Wirklichkeit […] Also Herr, du bist nicht nur das, worüber nichts Größeres gedacht werden kann, sondern du bist größer als alles, was überhaupt gedacht werden kann.

Thomas von Aquin (1225–1274)

Wir finden in dieser sinnenfälligen Welt eine Ordnung der wirkenden Ursachen vor. Aber es findet sich nicht und ist auch nicht möglich, dass etwas die wirkende Ursache seiner selbst sei, weil es dann früher als es selbst wäre, was unmöglich ist. Es ist aber nicht möglich, dass man in der Reihe der wirkenden Ursachen ins Unendliche fortschreite, weil bei allen geordneten wirkenden Ursachen das Erste die Ursache des Mittleren und das Mittlere die Ursache des Letzten ist, möge das Mittlere aus mehreren oder nur einem bestehen. Wird aber die Ursache aufgehoben, dann wird auch die Wirkung aufgehoben. Folglich wird es, wenn es bei den wirkenden Ursachen kein Erstes gibt, auch kein Letzteres und Mittleres geben. Wenn man aber bei den wirkenden Ursachen ins Unendliche fortschreitet, dann wird es keine erste wirkende Ursache und so weder eine letzte Wirkung noch mittlere wirkende Ursachen geben, was offenbar falsch ist. Mithin ist es notwendig, eine erste wirkende Ursache anzunehmen, die alle Gott nennen.

phischem Wege, also mit den Mitteln der natürlichen Vernunft nachweisen lasse, *dass* Gott ist, allerdings – in Abgrenzung zu Anselm – nicht, *wie* er ist. Dazu bedarf es nach Thomas immer der Erleuchtung durch den Glauben und der Vergewisserung durch die Offenbarung, also eines theologischen Zugangs. Der zweite – rein philosophische – Weg des Thomas bietet einen Gottesbeweis, der vom Gedanken der Wirkursache ausgeht. Seine dort angestellten Überlegungen zum Kausalitätsprinzip basieren auf Beobachtungen von Gesetzmäßigkeiten in Welt und Wirklichkeit. Sie werden daher als kosmologischer Gottesbeweis angesehen. Aus der Beobachtung, dass jede Wirkung ihre hinreichende Ursache hat, folgert Thomas, dass Gott unverursachte Erstursache, „unbewegter Beweger" (Aristoteles) ist.

1 2 3 4
Sammeln Sie, in welchen Zusammenhängen, Fachgebieten und Alltagssituationen von „Beweis" und „Erkenntnis" die Rede ist. Was macht den „Beweis" aus? Was macht die „Erkenntnis" aus? Was unterscheidet sie?

1 **2** 3 4
Informieren Sie sich zu Leben und Umwelt von Anselm und Thomas und erläutern Sie deren Bedeutung für die hier vorgestellten Denkwege.

1 2 **3** 4
Was antwortet ein Theologe, eine Theologin der Gegenwart auf die Frage: „Warum glauben Sie an Gott?" Sammeln Sie Argumente in diesem Kapitel.

1 2 3 **4**
Gestalten Sie eine Collage, die „Rationalität" und „Erfahrung" in der Frage nach Gott zusammenbringt.

Gott im Gehirn?

Die Herausforderungen der Neurowissenschaften

1 2 3 4

Recherchieren Sie im Internet den aktuellen Stand der Dinge im Bereich neurowissenschaftlicher Forschungen.

1 **2** 3 4

Beschreiben Sie, inwiefern neurowissenschaftliche Thesen etwas zum Verständnis von menschlicher Religiosität beitragen können.

1 2 **3** 4

Einige Neurowissenschaftler stellen aufgrund ihrer Forschungsergebnisse nicht nur die Existenz Gottes infrage, sondern auch die Existenz des freien Willens. Diskutieren Sie, inwiefern auch diese Frage für die christliche Rede von Gott bedeutsam ist!

1 2 3 **4**

Betätigen Sie sich als Streitschlichter zwischen dem Ehepaar. Stellen Sie das nachvollziehbare Anliegen beider Positionen dar und formulieren Sie, was ein wechselseitiges Verständnis zu berücksichtigen hat.

Eine aktuelle Debatte

1 Neurowissenschaftliche Forschungen haben im Zusammenhang mit der Entwicklung neuer bildgebender Verfahren in den vergangenen Jahren besondere Aufmerksamkeit erregt. Insbesondere die experimentellen Untersuchungen zur Lokalisierung religiöser Empfindungen in bestimmten Regionen des 5 menschlichen Gehirns von Michael Persinger und Andrew Newberg, aber auch die Thesen des Molekulargenetikers Dean Hamer, der den Sinn für das Transzendente an spezifischen Änderungen eines bestimmten menschlichen Gens festmacht, haben besondere Beachtung gefunden. Die sogenannte Neurotheologie kommt dabei zu uneinheitlichen Beurteilungen bezüglich der 10 Wirklichkeit Gottes. Während eine Richtung „Gott" als bloßes Konstrukt in der Folge genetischer, biochemischer und elektrophysiologischer Prozesse ansieht […], verweist eine andere Richtung darauf, dass die „Gehirnmaschinerie" zugleich eine „Transzendenzmaschinerie" sei, ein „Empfangsorgan" für eine geistig-religiöse Welt, die es auch als eigenständige Welt geben müsse, da an-15 sonsten das Vorhandensein des „Empfangsorgans" überflüssig sei […].
Unbestritten ist, dass in der Regel allen seelischen und geistigen Vorgängen neurophysiologische Vorgänge entsprechen. Umstritten ist, wie diese Erkenntnis zu deuten ist. Erkenntnistheoretisch müssen wir ohne Zweifel davon ausgehen, dass auch eine der sinnlichen Welt transzendente Wirklichkeit, sofern 20 eine solche sich in religiösen Erlebnissen kundtut, nur in, an und mittels der empirisch fassbaren neurophysiologischen Vorgänge in Erscheinung treten kann. Von dieser erkenntnistheoretischen Frage ist aber die ontologische Frage, die Seinsfrage zu unterscheiden, ob dem, was dem Menschen in den die normale Wirklichkeit transzendierenden Erlebnissen und Erscheinungen wi-25 derfährt, eine Wirklichkeit außerhalb ihrer selbst entspricht oder ob das bloß durch veränderte hirnphysiologische Vorgänge hervorgebrachte Fantasien, pathologische Erlebnisse sind, denen keine Wirklichkeit außerhalb des Bewusstseins entspricht. Diese ontologische Frage kann auf der Ebene naturwissenschaftlicher Methodik und Erkenntnisse nicht geklärt werden. […]

Nach Ulrich Eibach

Ein fiktives Gespräch

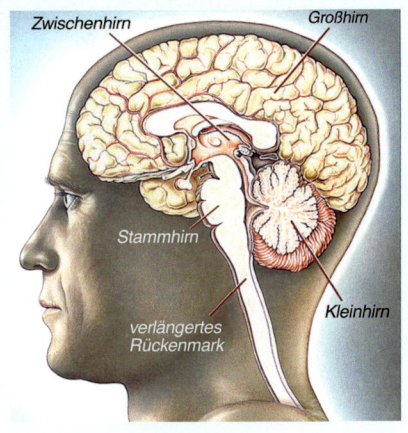

1 Ein junger erfolgreicher Molekularbiologe forscht auf dem Gebiet der Neurophysiologie und der Hormonforschung. Als er spätabends nach Hause kommt, gerade noch rechtzeitig, um seinem zweijährigen Sohn vor dem Einschlafen einen Kuss geben zu können, fragt ihn seine Frau, ob er mit seinen Forschun-
5 gen vorangekommen sei. Er sagt: „Wir sind nahe daran zu verstehen, wie die Liebe entsteht." Seine Frau fragt zurück: „Wie meinst du das?" Er antwortet: „Wir können die Prozesse, die dabei ablaufen, biochemisch und elektrophysiologisch jetzt fast ganz aufklären." Sie: „Und, was bedeutet das?" Er: „Naja, wir wissen jetzt, wie Liebe sich biochemisch zusammensetzt, wie die Hormone zu-
10 sammenspielen müssen und wie sie sich physiologisch und biochemisch darstellt. Wenigstens so ungefähr." Sie: „Ach, ihr wisst jetzt, woraus die Liebe sich zusammensetzt, und vielleicht auch, was sie ist?" Er: „Ja, wenn auch noch nicht in allen Einzelheiten. Sie ist ein bestimmtes Zusammenspiel von optischen und sonstigen Sinneswahrnehmungen, von elektrophysiologischen Reizen
15 und von dadurch ausgelösten physiologischen Reaktionen im Gehirn und von Ausschüttungen von Hormonen, die im Gehirn Gefühle erzeugen und die wir jetzt durch neue Verfahren abbilden können." „Ach", sagt die Frau, „das ist ja schön zu wissen, dann braucht man ja nur eine derartige Hormonkonzentration zu erzeugen und schon stellt sich die Liebe ein! Dann bin ich ja überflüssig
20 und auch unser Andreas." […] Er: „Was redest du denn für einen Unsinn?! So habe ich das doch nicht gemeint!" Sie: „Ja, du hast aber doch gesagt, du wüsstest, was Liebe ist. Eine bestimmte Zusammensetzung von elektrischen Reizen, Hormonen usw. Oder hast du das nicht so gemeint?" Er: „Naja, so ist das ja auch nicht ganz. Deshalb bist du und Andreas ja noch nicht überflüssig." Sie: „Aber,
25 was ist denn wichtiger für die Liebe und ihre Entstehung, ich und Andreas oder die Hormone? Wir sind doch keine Hormone, die man biochemisch beschreiben kann und die man dann auch in Form von Tabletten einnehmen kann. Wir sind doch Menschen. Und deine Beziehung zu uns, besteht die aus Hormonen?" Er: „Gut, ich will zugeben, diese naturwissenschaftliche Sicht ist etwas
30 einseitig. Auf jeden Fall meine ich nicht, dass ihr überflüssig seid. Ich liebe euch doch!" Sie: „Also meinst du doch auch, dass die Liebe etwas anderes ist als Sinnesreize, elektrische Potenziale, Hormone usw. Oder meinst du wirklich, dass du weißt, was Liebe ist, wenn du die Hormone und die Hirnfunktionen beschrieben hast?"

Ulrich Eibach

Abstrakt begriffliches Denken und von Gefühlen geprägte Vorstellungen, die Menschen existenziell betreffen, spiegeln sich in unterschiedlichen Regionen des Gehirns wider. So kann es sein, dass besondere Formen religiöser Praxis, wie z.B. intensives meditatives Gebet oder auch schon mit Gefühlen verbundene religiöse Begriffe wie „Gott", in bestimmten Hirnregionen besondere neurophysiologische Aktivitäten hervorrufen. Für den Bereich der Gefühle sind vor allem die entwicklungsgeschichtlich älteren und tiefer liegenden, nicht zur Großhirnrinde gehörenden Regionen des Gehirns prägend. Das sind der Hypothalamus, das mit ihm zusammenhängende „limbische System", der Hippocampus und vor allem der als Schaltstelle und Filter für im Gehirn ankommende Reize fungierende und die Gefühle stark prägende Mandelkern (die *Amygdala*). In der Großhirnrinde spiegeln sich religiöse Vorstellungen und Empfindungen besonders im Temporal-, Stirn- und Scheitellappen wider.

Das braucht kein Mensch?

Gottesbestreitung, Skepsis, Indifferenz heute

Definitionen

Der Begriff *Atheismus* geht auf das griechische ἄθεος (átheos) zurück und bedeutet „ohne Gott", „gottlos". Zwei Dimensionen sind zu unterscheiden: Ein theoretischer bzw. systematischer Atheismus leugnet die Existenz aller Gottheiten und bestreitet einen religiösen Wahrheitsanspruch insgesamt und grundsätzlich. Als praktischer Atheismus werden Formen der Gottabwesenheit in den persönlichen, sozialen und gesellschaftlichen Verhaltensweisen und kulturellen Ausdrucksformen bezeichnet.

Der Begriff *Agnostizismus* geht auf das griechische ἀγνοεῖν (agnoein) zurück und bedeutet „nicht wissen", „unbekannt", „unerkennbar". Bezeichnet wird damit eine Position, die die Möglichkeit sicherer Erkenntnis hinsichtlich der Gottesfrage – ob von Theisten oder von Atheisten – bestreitet. Diese Position kann sich als antifundamentalistisch im Dienst von Humanität, Toleranz und Wissenschaftsfortschritt verstehen. Der Agnostizismus hält – außer in seiner doktrinären Form – nicht schon die metaphysischen Fragen für sinnlos oder überflüssig, beharrt aber auf der Nichtentscheidbarkeit von Wahrheitsfragen.

Notwendige Konfrontationen

Aktuelle atheistische Begründungen und Positionen schließen an die ältere Religionskritik → S. 28f. und → S. 30f. an und beziehen neuerdings Fragestellungen der Neurowissenschaften → S.126f. mit ein. Im Wesentlichen lassen sich drei Argumentationsmuster unterscheiden:

1. Die *naturalistische* Kritik versteht Religion als Projektion, als bloße Hirnfunktion, als evolutionsbiologischen Vorteil, der aber in einer fortgeschrittenen Gesellschaft ausgedient hat.
2. Die *funktionalistische* Kritik bezieht sich einerseits auf die destruktiven Wirkungen von Religion, auf das mit der Durchsetzung von Geltung und Anerkennung einhergehende Gewaltpotenzial, auf die individuellen Schädigungen durch eine repressive religiöse Erziehung, andererseits auf die Erfüllung regressiver Bedürfnisse durch Religion.
3. Die *sprachanalytische* Kritik bezieht sich auf die grundsätzliche Verortung des Wortes „Gott" in Texten und damit auf dessen semantische Fraglichkeit, aber auch auf die Inkohärenz der wechselnden und einander widersprechenden Vorstellungen, Begriffe und Attribute in religiösen Darlegungen.

Aus theologischer Sicht ist eine Auseinandersetzung mit atheistischen Positionen unerlässlich. Sie dient nicht nur der Abwehr und Korrektur von Unterstellungen und Missverständnissen, sondern auch der Selbstvergewisserung und Selbstkritik. So versteht das 2. Vatikanische Konzil den Atheismus als „Zeichen der Zeit":

„[…] Der Atheismus entsteht außerdem nicht selten aus dem heftigen Protest gegen das Übel in der Welt oder aus der unberechtigten Übertragung des Begriffs des Absoluten auf gewisse menschliche Werte, sodass diese an Stelle Gottes treten. Auch die heutige Zivilisation kann oft, zwar nicht von ihrem Wesen her, aber durch ihre einseitige Zuwendung zu den irdischen Wirklichkeiten, den Zugang zu Gott erschweren. Gewiss sind die, die in Ungehorsam gegen den Spruch ihres Gewissens absichtlich Gott von ihrem Herzen fernzuhalten und religiöse Fragen zu vermeiden suchen, nicht ohne Schuld; aber auch die Gläubigen selbst tragen daran eine gewisse Verantwortung. Denn der Atheismus, allseitig betrachtet, ist nicht eine ursprüngliche und eigenständige Erscheinung; er entsteht vielmehr aus verschiedenen Ursachen, zu denen auch die kritische Reaktion gegen die Religionen, und zwar in einigen Ländern vor allem gegen die christliche Religion, zählt. Deshalb können an dieser Entstehung des Atheismus die Gläubigen einen erheblichen Anteil haben, insofern man sagen muss, dass sie durch Vernachlässigung der Glaubenserziehung, durch missverständliche Darstellung der Lehre oder auch durch die Mängel ihres religiösen, sittlichen und gesellschaftlichen Lebens das wahre Antlitz Gottes und der Religion eher verhüllen als offenbaren [...]". *Gaudium et spes 19*

Die Religion hat die Menschen überzeugt, dass im Himmel ein unsichtbarer Mann wohnt, der alles sieht, was man tut – jeden Tag, jede Minute. Dieser unsichtbare Mann hat eine Liste von zehn Dingen, die man nicht tun soll. Wenn man aber doch eins dieser zehn Dinge tut, dann hat er einen besonderen Ort mit Feuer und Rauch und Flammen und Folter und Angst. Dorthin schickt er einen, damit man für immer dort lebt und leidet und brennt und erstickt und schreit und weint, bis an das Ende der Zeiten [...] Aber er liebt dich! *George Carlin (Comedian)*

Als Konsequenz dieser Anschläge (von Islamisten am 11. September 2001 auf das World Trade Center und im Juli 2005 in der Londoner U-Bahn) stehe ich der Religion, allen Religionen, noch feindseliger gegenüber als bereits zuvor. Im Gegensatz zur Wissenschaft und zum einzigartigen Projekt der Rationalität, die sich immer wieder selbst korrigiert, beruhen Religionen auf heiligen Texten, die für alle Zukunft festgeschrieben sind, und wir müssen uns mit ihnen auseinandersetzen, weil sie Behauptungen über die Welt aufstellen, für die es nicht die geringsten Beweise gibt. [...] Wir sollten anfangen, unsere Rationalität und unsere Wissenschaften als die wunderbaren Errungenschaften menschlicher Genialität zu feiern und der Arroganz derer zu misstrauen, die nicht nur behaupten, dass es einen Gott gebe, sondern uns auch noch sagen, was er denkt. *Ian McEwan (Schriftsteller)*

Möglicherweise werden wir eines Tages überzeugende Beweise dafür finden, dass die Fähigkeit zu religiösem Denken unseren Vorfahren einen Vorteil verschafft hat. In der Zwischenzeit stützen die Daten eine bescheidenere Schlussfolgerung: Religiöses Denken scheint zu unserer kognitiven Standardausstattung zu gehören. Religiöse Konzepte und Praktiken sprechen unsere kognitiven Ressourcen an, genau wie Musik, Malerei, Kochen, Politik oder Mode. Religion bietet etwas, was Psychologen einen Superstimulus nennen würden. [...] Wir sollten nicht der Versuchung erliegen, den einen Ursprung von religiösem Glauben lokalisieren zu wollen. Es gibt im menschlichen Gehirn keine Domäne für Religion. Verschiedene kognitive Systeme verarbeiten Repräsentationen von übernatürlichen Wesen, rituellem Verhalten oder Gruppenzugehörigkeit, so wie verschiedene Teile des visuellen Systems Farbe, Form und Kontrast verarbeiten. *Pascal Boyer (Religionsphilosoph)*

1 2 3 4

Ordnen Sie die Texte von Carlin, McEwan und Boyer den unterschiedlichen Kritikbereichen zu.

1 **2** 3 4

Ersetzen Sie das Fragezeichen der Überschrift durch andere Interpunktionszeichen und beziehen Sie begründet Stellung zu der sich dann ergebenden Aussage.

1 2 **3** 4

Bereiten Sie eine Talkshow vor, „briefen" Sie eine Theologin, einen Theologen mit Argumenten gegen die vorgebrachten Argumente. Nutzen Sie dazu auch die Hinweise auf → S. 102f., → S. 110ff. und → S. 124f.

1 2 3 **4**

2009 fand die Deutschlandtour der „Atheist Bus Campaign" statt. Erläutern Sie, inwiefern die Kirche und die Gläubigen (gemäß Gaudium et spes 19) „eine gewisse Verantwortung" für diese Position tragen können.

Vernetzung
› Berücksichtigen Sie am Thema die Texte → S. 28f.

Will er nicht oder kann er nicht?

Die Frage nach Gott angesichts des Leids

Zum Lazarus

Lass die heiligen Parabolen,
Lass die frommen Hypothesen –
Suche die verdammten Fragen
Ohne Umschweif uns zu lösen.

Warum schleppt sich blutend, elend,
Unter Kreuzlast der Gerechte,
Während glücklich als ein Sieger
Trabt auf hohem Ross der Schlechte?

Woran liegt die Schuld? Ist etwa
Unser Herr nicht ganz allmächtig?
Oder treibt er selbst den Unfug?
Ach, das wäre niederträchtig.

Also fragen wir beständig,
Bis man uns mit einer Handvoll
Erde endlich stopft die Mäuler –
Aber ist das eine Antwort?

Heinrich Heine

„Verdammte Fragen"

Es gibt in der deutschen Literatur kaum ein Zeugnis, das so dicht, so treffend, so schonungslos die furchtbarste aller Fragen, die schwierigste des Gottesglaubens überhaupt stellt, wie es Heinrich Heine in diesen ganzen 16 Zeilen tut. Der Dichter wusste, wovon er sprach; er lag selber Jahre gelähmt in der „Matratzengruft" seines Krankenlagers. Warum gibt es so unendlich viel Leid und Leiden auf dieser Erde, wenn doch Gott die Liebe sein soll? Warum müssen Kinder schuldlos sterben? Warum werden Menschen gefoltert und gequält – und das auch durch die Christinnen und Christen, trotz der christlichen Botschaft, bis in diese Jahre hinein? Warum sind gute Leute gefesselt ans Krankenbett und laufen Schurken fröhlich durch die Lande? Gibt es auf diese „verdammten Fragen" eine Antwort?

Wolfgang Beinert

Das Theodizeeproblem

1 Schon bei Augustinus (354–430) findet sich ein gebündelter Versuch der Rechtfertigung Gottes angesichts des Leidens in der Welt.

Der ordnungstheoretische Ansatz versteht das Übel als funktionales Element
einer umfassenden, gesetzmäßigen und angemessenen Ordnung: Schmerzen
5 sind ein Signal, durch Entbehrungen wird man gestärkt, etwas muss sterben,
damit anderes leben kann etc. Das Übel geschieht nicht *aufgrund* dieser Ordnung, ist also *nicht* von Gott *gewollt*, aber in die höhere Ordnung Gottes eingeschlossen, die den begrenzten Verstand der Menschen übersteigt und deshalb
nicht immer einsichtig erscheint.

10 Der privationstheoretische Ansatz versteht das Übel als bloßen Mangel (lat.
privatio) an Gutem. Diese Sicht entlastet Gott als Schöpfer. Die Schöpfung und
das Geschaffene sind nicht „an sich" – substanziell – böse oder schlecht, aber
das Geschaffene hat eben nur Anteil an der Seinsfülle Gottes und ist selbst
nicht vollkommen, woraus sich ein Mangel an Gutem ergeben kann, der als
15 Leid erfahren wird. Verbunden mit diesem Ansatz ist die Vorstellung, dass es
Aufgabe der Menschen als Geschöpfe ist, durch ein gottgefälliges Leben diesen Abstand zur Seinsfülle zu überwinden.

Der (erb-)sündentheoretische Ansatz versteht das Übel als Straf-Folge von
Adams Sündenfall. Erst durch die Ursünde kommen Tod und Leid in die Welt.
20 Hintergrund dieser Sicht ist die (richtige) Beobachtung, dass Übel und Leiden
zum großen Teil von Menschen direkt oder indirekt verursacht werden. Dies
wird nun in die Vergangenheit zurückverfolgt bis zum „Ausgangspunkt". Gott
wird dabei vollständig entlastet: Der Mensch allein ist verantwortlich, auch
und gerade für Leiden und Grausamkeiten in der außermenschlichen Natur
25 „jenseits von Eden".

Alle drei Ansätze sind in gewisser Weise „stimmige" theoretische Rechtferti-
gungen Gottes, sind aber auch ganz grundsätzlich problematisch, da sie immer
wieder zur Rechtfertigung und Verharmlosung bestehender Leidens- und Un-
rechtsverhältnisse benutzt wurden und darüber hinaus die Frage nach dem
30 Zueinander von Allmacht, Allwissenheit und Allgüte Gottes nicht wider-
spruchsfrei zu klären vermögen.

1 2 3
Ordnen Sie die folgenden Aussagen
den entsprechenden Argumentatio-
nen zu:
„Das Leuchten der Farben zeigt sich
nur denen, die auch den Schatten
kennen."
„Wer weiß, wofür es gut ist?"
„Am Ende war's Erlösung."
„Sie war zur falschen Zeit am
falschen Ort."
„Das ist eine Prüfung, aus der du
stärker herausgehen wirst."

1 **2** 3
Nehmen Sie einen begründeten
Standpunkt zu den vorgestellten
Ansätzen ein.

1 2 **3**
Die Theodizeeproblematik wird im
20. Jahrhundert vor allem mit der
Schoah – mit der massenhaften und
systematischen Ermordung von Jüdinnen und Juden in der Zeit des
Nationalsozialismus – verbunden.
Recherchieren Sie den Begriff der
Schoah und arbeiten Sie heraus,
inwiefern hier aus jüdischer und
christlicher Perspektive die Theodizeefrage zu stellen ist.

Die Spannung von Freiheit und Begrenztheit

Theologische Antwortversuche

Augustinus (354–430)

Übel als Teil der kosmischen Ordnung:

„Jedes einzelne geschaffene Ding ist gut; die geschaffenen Dinge zusammen aber sind sehr gut, weil sich aus all den guten Einzeldingen die wunderbare Schöpfung der Gesamtwelt zusammensetzt. In den einzelnen Teilen hält man das für übel, was mit anderen Teilen nicht übereinstimmt; doch dafür stimmt es mit anderen zusammen, ist insofern gut und auch in sich selbst gut."

Thomas von Aquin (1225–1274)

Die Zulassung des Übels:

„Das Übel eines natürlichen Mangels und das Übel der Strafe will Er, weil Er ein Gut will, mit dem ein solches Übel verbunden ist; so will Er die Strafe, weil Er die Gerechtigkeit will; so will Er, dass einiges von Natur aus zugrunde gehe, weil Er die Ordnung der Natur erhalten will. Daher will Gott weder, dass Übel geschehen, noch dass sie nicht geschehen, sondern er will zulassen, dass sie geschehen. Und das ist etwas Gutes."

Die Welt als bestmögliche aller Welten

1 Das war die neue Situation zu Beginn des 18. Jahrhunderts: Die Existenz eines guten und gerechten Gottes ist nicht mehr die durch Schrift und Tradition garantierte Voraussetzung allen Denkens, sondern muss sich im Prozess der Denkanstrengung des menschlichen Subjekts neu bewahrheiten. Theodizee

5 ist nicht länger Nachdenken über die Spuren und den Willen des freien und souveränen Gottes, sondern wird zur Denk-Aufgabe. Dabei wird vorausgesetzt, dass Offenbarung und Vernunft keine Gegensätze sind, sondern harmonisch miteinander versöhnt werden können. Der Philosoph Gottfried Wilhelm Leibniz geht daher davon aus: Bei dieser Welt handelt es sich um ein *geordnetes, aus*

10 *einem Prinzip zu erklärendes vernünftiges Ganzes*. Er hält diese Schöpfung Gottes für die bestmögliche aller Welten, die Gott überhaupt hätte schaffen können. Für Leibniz folgt diese Konsequenz schon aus dem Gottesbegriff selbst. Wenn Gott vollkommen ist, dann muss auch die Welt, die er geschaffen hat, die beste *(optimum)* unter allen möglichen Welten gewesen sein. Denn wäre diese

15 Welt nicht die beste von allen je möglichen Welten, dann hätte Gott die beste Welt entweder nicht erkennen oder nicht erschaffen können oder nicht erschaffen wollen. Das Erste widerspräche seiner Allweisheit, das Zweite seiner Allmacht, das Dritte seiner Allgüte. In der Thematisierung des Theodizeeproblems will Leibniz aber darüber hinaus den Nachweis erbringen, dass die wirk-

20 liche Welt durchweg, auch in dem, was menschliche Erfahrung als Übel empfindet, den Erfordernissen vernünftiger Begründung genügt, dass sie also *die beste aller denkbaren Welten* ist. Leibniz bestreitet nicht die grundsätzliche Möglichkeit, dass Gott auch eine Welt ohne Sünde und Leid hätte schaffen können. Leibniz bestreitet aber, dass diese Welt dann „besser" wäre!

25 Wenn aber die bestehende Welt die beste aller denkbaren Welten ist, welche Rolle spielt dann das Übel?

1. Mit der Existenz der Welt ist das *metaphysische Übel* oder die Endlichkeit und Beschränktheit jeglichen Geschöpfes gegeben.

2. Mit der Existenz der Materie, der Leiblichkeit, ist notwendig das *physische*

30 *Übel*, die Erfahrung von Naturkatastrophen und der Schmerz gegeben.

3. Mit der Selbstbestimmung, Freiheit und Moralität der Geschöpfe ist das *moralische Übel* oder das Böse verbunden.

Nach Walter Gross / Karl-Josef Kuschel

Erdbeben von Lissabon, 1755

1 2 3
Schreiben Sie Leibniz einen Brief, in dem Sie auf die hier vorgestellte Darstellung reagieren. (Philosophen des 18. Jhs. lieben die schriftliche Auseinandersetzung in Briefen!)

1 2 3
Gelegentlich wird die Theodizeefrage mit dem Teufel „gelöst". Argumentieren Sie mithilfe von Augustinus und Thomas von Aquin gegen diese „Lösung".

1 2 3
Die menschliche Willensfreiheit ist Ausdruck der Liebe Gottes. Beziehen Sie Stellung zu diesem Argument.

Bleibende Anfragen

Der „optimistische" Entwurf von Leibniz, der mit der Berufung auf das Vernunftgesetz die Theodizeefrage in sich stimmig und für das Denken der Aufklärung annehmbar analysiert, wird schon gut vierzig Jahre später durch das schwere Erdbeben in Lissabon mit 30.000 Toten erschüttert. Will man dennoch die Rechtfertigung des Glaubens vor der Vernunft nicht aufgeben, so ist also zu bedenken:

› Das Leid der anderen darf nicht durch pädagogische, funktionale etc. Interpretationen gerechtfertigt werden.

› Die aufbegehrende Klage an Gott, gerade auch als Schrei nach Rettung der anderen ist nicht unvernünftig, sondern sie ist und bleibt fundamentaler Ausdruck einer personalen Gottesbeziehung.

› Die Denkversuche zur Lösung der Theodizeefrage dürfen nicht zu einer Beruhigung und Beschwichtigung führen, sondern sind getragen von „eschatologischer Unruhe" (Johann Baptist Metz). Die von Gott zugesagte Zukunft aller Menschen auch über den Tod hinaus, die Verheißung der Zukunft gerade auch der Leidenden, ja der Vernichteten stiftet an zu einer „praktischen Theodizee".

Die Selbstbeschränkung Gottes bezüglich seines Eingreifens kann als Ermöglichung von Freiheit und Verantwortung der Menschen in der Welt verstanden werden. Sie ist aber nicht zu verstehen als passiver Rückzug und Nicht-Handeln Gottes, vielmehr betont die Gegenwartstheologie nachdrücklich die (biblisch bezeugte) Solidarität und das Mitleiden Gottes mit den Leidenden.

Nelly Sachs, 1891–1970   Paul Celan, 1920–1970

Projektidee
› Die Theodizeefrage ist auch Thema der Literatur. Informieren Sie sich über die Werke von Nelly Sachs und Paul Celan und gestalten Sie eine Lesung mit ihren Gedichten und anderen Texten zur Theodizeefrage.

Just do it

„Praxis" als einzig mögliche Antwort

Das Offenhalten der Theodizeefrage

Wenn Gott existiert: woher und warum dann das Übel?

So lautet die grundsätzliche Frage einer Theodizee, die sich dann weiter ausdifferenziert als Frage nach der Güte der Schöpfung:

Wenn Gott das Huhn erschuf, hat er dann auch den Hühnerhabicht erschaffen? Wenn Gott das Kind erschuf, hat er dann auch dessen Hirntumor erdacht?

und als Frage nach dem Menschen:

Wie sind wir so geworden, wie wir sind? Wie kommt es, dass der Mensch zu all dem fähig ist, wozu er fähig ist?

und schließlich gipfelt die Theodizeefrage in der Frage, ob der Glaube an einen Gott, dessen Güte und Macht so wenig konkret spürbar sind, nicht ein Luxus der Privilegierten und Davongekommenen ist: Wo war Gott in Auschwitz?

1 Es […] geht […] gerade nicht um eine die Fragen vorschnell zum Verstummen bringende *Antwort*, sondern vielmehr um das *Offenhalten der Frage*. An die Stelle der Suche nach einer Antwort tritt die Suche nach den *Haltungen*, die die Größe und Komplexität der Frage zulassen, aufnehmen und dieses Offenhal-
5 ten praktizieren.

Das Rechtfertigungsgeschehen einer praktisch-authentischen Theodizee bezieht sich weder primär auf das Wesen Gottes noch auf das Wesen des Menschen; die praktisch-authentische Theodizee erbringt nicht in erster Linie den Nachweis der Güte Gottes oder des Menschen. […] Die Frage nach der wesen-
10 haften Güte Gottes oder des Menschen mündet [stattdessen] in einen Versuch der praktischen Realisierung dieser Güte. Nicht primär Wesensfragen, sondern Beziehungsfragen werden so zum Inhalt des Bekenntnisses: Es bekennt sich zu einem Gott, der sich zum Menschen bekennt, und bringt einen Menschen hervor, dessen Bekenntnis zu Gott sein Menschsein verändert.
15 […] Für die praktisch-authentische Theodizee verlagert sich das Offenhalten der Frage aus dem spekulativen in den praktischen Bereich. Die Frage wird durch Handeln nicht beantwortet, häufig sogar als Frage verschärft; dennoch bleibt diese Praxis hier und jetzt die einzig menschliche und sinnvolle Form einer Antwort, sodass die Praxis der Theodizee als Verkörperung der Frage und
20 genauso als einzig mögliche Form der Antwort erscheint.

Regina Ammicht Quinn

Schreckensbilanzen

Völkermord in Ruanda 1994: In annähernd 100 Tagen töten Angehörige der Hutu-Mehrheit 800.000 Angehörige der Tutsi-Minderheit.

Bei einem Erdbeben im Indischen Ozean entsteht Weihnachten 2004 ein Tsunami, in dessen Folge 230.000 Menschen sterben, über 110.000 Menschen werden verletzt, über 1,7 Millionen Menschen an den Küsten des Indischen Ozeans werden obdachlos.

Nach einem Erdbeben und dem damit verbundenen Tsunami kommt es 2011 zu Kernschmelzen im japanischen Atomkraftwerk Fukushima und damit verbunden zur unkontrollierten Freisetzung von Radioaktivität.

Immer wieder sind Millionen Menschen in Nordkorea, vor allem Kinder, von Hunger bedroht. Die Verteilung von Nahrungsmitteln durch internationale Hilfsorganisationen wird durch das nordkoreanische Regime stark erschwert.

Und heute?

Sinn stiften im Leben – Trost stiften in der Trauer

1 „Ihr Kind ist unheilbar krank, wir können nichts mehr für Ihr Kind tun!" Dieser Satz bringt die Familien aus den Fugen. Jedes Jahr erkranken über 4.000 Kinder in Deutschland unheilbar. Für die Familien bricht alles zusammen, nichts ist mehr, wie es war. Die Pflege und Versorgung des unheilbar kranken Kindes
5 steht im Vordergrund und damit rückt zwangsläufig alles andere in den Hintergrund. Der Weg von der Diagnose bis zum Tod des Kindes zieht sich oft über Monate, manchmal über Jahre hin und verlangt von Eltern und Geschwistern das Äußerste. Damit die Familien auf dem schweren Weg nicht alleine sind, wurde im September 1998 das erste Kinderhospiz in Deutschland eröffnet: das
10 Kinderhospiz Balthasar. Es ist ein Ort zum Leben und Lachen, Sterben und Trauern. „Schwerkranke Kinder brauchen nicht wesentlich mehr, sondern mehr Wesentliches." (Rüdiger Barth, Leiter Kinder- und Jugendhospiz Balthasar) Die Arbeit wird finanziert durch die Kinder- und Jugendhospizstiftung Balthasar, die für die Ewigkeit errichtet ist. Das bedeutet: Solange es Familien
15 mit unheilbar kranken Kindern und Jugendlichen gibt, die Begleitung brauchen, ist das Kinder- und Jugendhospiz Balthasar für sie da.

1 2 3
Sammeln Sie aktuelle Beispiele und diskutieren Sie an diesen jeweils die Verantwortung der Menschen für das Leid in der Welt.

1 **2** 3
Entwerfen Sie ein mögliches „Glaubens-Bekenntnis", das auf die Fragen nach „Hühnerhabicht", „Hirntumor" und „Auschwitz", nach „Flutkatastrophe", „Völkermord", „Hungersnot" im Sinne des Textes von Ammicht Quinn eingeht.

1 2 **3**
Informieren Sie sich über die Hospizbewegung. Setzen Sie sich mit der Frage auseinander, inwiefern die Kinderhospizarbeit das „Offenhalten der Theodizeefrage" erfordert.

Die Pfeile des Allmächtigen
stecken in mir,
Mein Geist hat ihr Gift
getrunken,
Gottes Schrecken stellen sich
gegen mich.

Ijob 6, 4

Der Klage Gestalt geben

1   Die mexikanische Künstlerin Frida Kahlo (1907–1954) ist unter den Künstlern und Künstlerinnen Lateinamerikas die vielleicht bekannteste. Ihre Malerei ist zunächst vom europäischen Surrealismus geprägt, bezieht aber auch künstlerische Elemente aus der Kultur der Maya und Azteken mit ein. Die politisch
5   und sozial engagierte Künstlerin prägt auch das öffentliche Leben Mexikos. Mit dem politisch-revolutionären Maler Diego Rivera verband sie eine leidenschaftliche und schwierige Ehebeziehung. Ihr künstlerisches Werk ist mit ihrer Lebensgeschichte eng verknüpft: Als kleines Mädchen erkrankt sie zunächst an Kinderlähmung, die dauerhaft ihr rechtes Bein schwächt, und 1925 durch-
10 bohrt eine Eisenstange ihr Becken. An den Folgen hat sie ihr Leben lang zu tragen. Sie leidet dauerhaft unter Schmerzen und muss sich immer wieder qualvollen medizinischen Behandlungen unterziehen. In ihren Bildern macht sie Leben und Leiden zum Thema. In zahlreichen Selbstbildnissen zeigt sie sich als körperlich, aber auch seelisch Leidende. Eine kunsthistorische Biogra-
15 fie bezeichnet sie als „Malerin der Schmerzen – Rebellin gegen das Unabänderliche". Die Anfangszeile eines Volksliedes aus Veracruz, die auch den Titel eines ihrer Gemälde bildet, wird ihr zu „Kampfruf" und „Lebensmotto" zugleich: „Baum der Hoffnung, bleibe stark!"

Frida Kahlo, Ich bin ein armes Wild, 1946

Das Leid der anderen – nicht verschweigen, nicht vergessen

1 In der Nähe von Srebrenica, einer kleinen Stadt im Osten Bosnien-Herzegowi-
nas, starben in den Tagen vom 11. bis zum 15. Juli 1995 etwa 8.000 Männer und
Jungen. Seit 1992 kämpften muslimische Bosniaken und Serben in der Region
gegeneinander. 1993 erklärte die UN Srebrenica zur Schutzzone. Die größten-
5 teils bosniakischen Einwohner mussten ihre Waffen an Blauhelm-Soldaten ab-
geben. Im Juli 1995 geschah das Unfassbare: Die Serben, unter Kommando von
Ratko Mladic, marschierten in die UN-Schutzzone ein und richteten unter den
wehrlosen bosniakischen Männern ein Blutbad an. Reihenweise wurden die
Männer niedergemetzelt. Anschließend stiefelten die serbischen Soldaten über
10 die am Boden übereinanderliegenden Körper, wer sich noch regte, bekam eine
Kugel in den Kopf. „Sie haben den Schädel meines Vaters gefunden, sie hatten
ihm direkt in den Kopf geschossen. Offenbar hat er noch einige Minuten länger
gelebt als die anderen. Das tut mir immer noch leid für ihn." Der Frau versagt
die Stimme. Die langen Listen der Vermissten, welche die Frauen angelegt hat-
15 ten, sind die Basis für die Suche nach den Toten. Zunächst versuchte man, sie
anhand von Kleidungsresten und persönlichen Gegenständen zu identifizieren. Doch kaum ein Skelett ist vollständig. Aus den Massengräbern werden
Berge einzelner Knochen und nur spärliche Reste von Habseligkeiten gebor-
gen. Bei der Identifizierung der Toten hilft die „International Commission on
20 Missing Persons" (ICMP), eine Organisation, die 1996 auf Initiative von Bill
Clinton etabliert wurde. Seit 2005 werden systematisch DNA-Tests eingesetzt,
in einer weltweit einmaligen Großaktion werden die Angehörigen erfasst. Manche Frauen haben bei dem Massaker alle männlichen Verwandten verloren,
ihre Männer, Söhne, Väter, Brüder. Das Andenken der Toten, aber auch die For-
25 derung nach Anerkennung und Gerechtigkeit sind zu ihrem Lebensinhalt geworden. Vor allem für die Witwen gibt es keinen Neuanfang, ihr Leben ist mit
ihren Männern untergegangen. Ihre Toten zu begraben bedeutet für die Frauen
den letzten Dienst, den sie ihnen erweisen können.   *Tatjana Brode*

1 2 3
Interpretieren Sie das Selbstbildnis
mithilfe der Methode zur Bild-
erschließung. Diskutieren Sie die
Reichweite der Jagdmetapher im Ijob-
buch mit Blick auf das persönliche
Leid eines Menschen.

1 2 3
Ändern Sie das „bleibe" des Lebens-
mottos der Frida Kahlo in „sei" und
„werde". Was bedeutet diese Ände-
rung für die Perspektive auf das Leid
und den Umgang mit dem Leid?

1 2 3
Informieren Sie sich über den Krieg
im ehemaligen Jugoslawien. Setzen
Sie das Projekt der Identifizierung
der Toten in Beziehung zu einer
„praktisch-authentischen Theodizee"
(→ S. 134f.).

Vernetzung
› Beziehen Sie die Klage Ijobs
  → S. 106f. und die Klage im Gebet
  → S. 96f. auf die hier vorgestellten
  lebensweltlichen Zugänge.

Projektidee
› Gestalten Sie mit Blick auf diese
  und andere Leiderfahrungen eine
  Collage zum Thema „Das Gottesbild
  als Gegen-Bild gegen das Übel".

Am Rand ist die Mitte

Gerechtigkeit als Zentrum der Gottesrede

[33]Euch aber muss es zuerst um sein Reich und um seine Gerechtigkeit gehen; dann wird euch alles andere dazugegeben.

Mt 6,33

Freude und Hoffnung, Trauer und Angst der Menschen von heute, besonders der Armen und Bedrängten aller Art, sind auch Freude und Hoffnung, Trauer und Angst der Jünger Christi. Und es gibt nichts wahrhaft Menschliches, das nicht in ihren Herzen Widerhall fände.

2. Vatikanisches Konzil

Die Verheißungen des Reiches Gottes, das durch Jesus unter uns unwiderruflich angebrochen und in der Gemeinschaft der Kirche wirksam ist, führen uns mitten in unsere Lebenswelt hinein – mit ihren je eigenen Zukunftsplänen und Utopien. An ihnen brechen und verdeutlichen sich diese Verheißungen, auch in unserer Zeit der Wissenschaft und Technik, der großen sozialen und politischen Wandlungen.

Würzburger Synode

Stellt euch die Frage: Habt ihr in Deutschland keine Unterdrückten? Ihr müsst anfangen, denen bei der Befreiung beizustehen, die bei euch in Deutschland unterdrückt sind. Wenn ihr die Befreiung bei euch erfahrt, dann könnt ihr uns damit die beste Solidarität erweisen.

Kardinal Lorscheider, Brasilien

Ständig auf der Seite der Verlierer

1 Philipp lebt mit seiner Mutter in einer kleinen Wohnung in Köln-Buchforst. Seinen Vater hat er kaum erlebt, der war ständig unterwegs, eigentlich nie da. Als Philipps Vater starb, vor gut elf Jahren, war der Junge neun. Seitdem lebt er mit seiner schwer kranken Mutter allein. Sie hat starke Sehprobleme und ist
5 seit vielen Jahren arbeitsunfähig. Die beiden leben von Arbeitslosengeld II. Die Familie ist verschuldet. Wie viel Glauben an sich kann ein junger Mensch wohl haben, wenn er sein Leben in Schicksalsschlägen, Versagen und Haltlosigkeit erlebt? In der 8. Klasse beendete Philipp die Schule. Ohne Abschluss. Er war oft unkonzentriert, in Gedanken. Vermutlich bei den Sorgen zu Hause. Irgend-
10 wann verlor er den Anschluss, vor allem in Mathe. Kam nicht mehr mit, auch die Nachhilfestunden halfen nicht mehr. Die Mutter hatte sie sich vom Mund abgespart. Philipp gab auf. Warum auch weitermachen? Das Leben hatte ihn sowieso zu den Verlierern sortiert. Philipp bezeichnet sich selbst als arm. Schon in der Schule war er von vielen Freizeitaktivitäten ausgeschlossen. Er
15 musste zu Hause bleiben, wenn die anderen ins Schwimmbad, zum Sportverein, auf Klassenfahrt gingen. Er musste sagen, dass er sich dies oder jenes nicht leisten kann. Er musste Notlügen erfinden. Bittere Wahrheiten sagen müssen macht einsam. Philipp war oft allein. Sein einziger Luxus ist ein Computer, den er vor allem dafür nutzt, selbst Musik zu machen. Er ist Techno-Fan und stellt
20 seine Musik ins Internet. Wer weiß, vielleicht hört's ja mal jemand.

Vielleicht doch noch den Hauptschulabschluss schaffen

Im Moment tut Philipp nichts. Er verbringt seine Tage unterwegs oder mit der Musik. Mithilfe der Allgemeinen Sozialberatung der Caritas in Köln-Kalk, die
25 bereits Philipps Mutter betreut, ist es gelungen, den Jungen für verschiedene Maßnahmen und Praktika der Arbeitsagentur zu motivieren. Philipp war Praktikant im Lager eines Baumarktes und im Kolpinghaus. In diesem Sommer hat er sich bei der „tas" beworben, einem Weiterbildungskolleg in Köln-Mülheim. Hier können jugendliche Schulabbrecher ihren Abschluss nachho-
30 len. Das Kolleg ist staatlich anerkannt. Wenn alles gut geht, macht Philipp ab Herbst die Hauptschule zu Ende. Und später, wer weiß, gar den Realschulabschluss. Vielleicht weiß Philipp bis dahin, was er werden will. Oder besser: was er werden kann. Bislang scheiterte jede Idee an seinen Allergien. Schlosser,

Schreiner, Lagerarbeiter – nichts davon kommt für den schüchternen jungen
35 Mann infrage. Er ist stark allergisch auf Staub und Pollen und dazu noch hoch-
gradig empfindlich gegen Sonne und helles Licht. Bis jetzt hat Philipp keine
Idee, wo es mit ihm hingehen soll. Am liebsten wäre ihm irgendwas mit Musik.
Große Träume hat Philipp keine. Wenn er überraschend Geld bekäme, würde
40 er gern mal nach Holland in einen CenterParc fahren. Wenn er noch mehr Geld
bekäme, würde er anständige Möbel kaufen für die gemeinsame Wohnung.
Dass es bei Ikea richtig gute geben soll, hat er gehört. Das meiste Geld aber
würde er seiner kranken Mutter geben. „Damit sie sich mal ein bisschen freut.“

Text aus der Ausstellung „achten statt ächten“
der Caritasstiftung im Erzbistum Köln

Der 3. Armuts- und Reichtumsbericht der Bundesregierung zeigt erneut, dass es
eine wachsende Spaltung der Gesellschaft in Deutschland gibt. So leben elf Prozent der Bevölkerung dauerhaft an der Armutsgrenze. „Diese Zahl weist auf einen
massiven Handlungsbedarf in Politik und Gesellschaft hin“, macht Caritas-Präsi-
dent Peter Neher deutlich. Besonders dramatisch stellt sich die Situation für die
Altersgruppe der 25- bis 35-Jährigen dar. Hier sind 17 Prozent dauerhaft ohne
einen beruflichen Bildungsabschluss und haben damit eine schlechte Perspektive auf dem Arbeitsmarkt. In den letzten zehn Jahren ist dieser Anteil um vier
Prozentpunkte gewachsen. „Diese Gruppe der gering Qualifizierten hat kaum
mehr eine Chance, sich aus einem Leben in Armut zu befreien“, mahnt Neher.

Stellungnahme der Caritas aus dem Jahr 2008

1 2 3 4 5
Am Rand ist die Mitte?! Stehen die
„Verlierer“ im Mittelpunkt? Sammeln
Sie Argumente für und gegen die
Behauptung der Überschrift. Beziehen Sie dabei auch aktuelle Fragen
zum Umgang mit Armut und Reichtum, Chancengleichheit und Diskriminierung ein, die gerade die Nachrichten bestimmen. Führen Sie ein
Streitgespräch zwischen Politikerin-
nen, Sozialarbeitern, Unternehmens-
vorständen, Kirchenvertreterinnen
und Gewerkschaften durch.

1 **2** 3 4 5
Informieren Sie sich über die Kriterien für „Armut“ in den Armuts- und
Reichtumsberichten der Bundesregierung und der Wohlfahrtsverbände.

1 2 **3** 4 5
Nennen Sie die Armutsrisiken, denen
Philipp in seinem Leben ausgesetzt
ist.

1 2 3 **4** 5
Sie werden von Ihrer Gemeinde aufgefordert, ein Glaubenswort im Gottesdienst zum Caritassonntag, der
jeweils im September stattfindet, zu
halten. Entwerfen Sie mithilfe der
Texte der gegenüberliegenden Seite
einen kurzen Glaubensimpuls.

1 2 3 4 **5**
Wer spricht zu wem? Antworten Sie
jeweils in der Rolle des Anglers und
des Fisches auf die Frage!

Vernetzung
› Berücksichtigen Sie zum Thema
Gerechtigkeit → S. 84f. und → S. 222f.

Wer oder was ist Gott für mich?

Zugänge zur Gott-Rede heute

1 2 3 4
Gestalten Sie in Text und Bild, was Ihnen an der Gott-Rede wichtig ist und was Sie von dem, was Ihnen wichtig ist, anderen vorstellen oder mit anderen diskutieren möchten.

1 **2** 3 4
Erläutern Sie, welche Vorstellungen von Gott Petra, Jonathan, Christian und Thorsten haben. Sammeln Sie auch Belege aus Kultur und Gesellschaft (in Zeitschriften, Fernsehsendungen, Werbung etc.), die diese „Weltanschauungen" belegen.

1 2 **3** 4
Suchen Sie in den vorangegangenen Kapiteln nach biblischen und theologischen „Antworten" auf die Statements der Jugendlichen.

1 2 3 **4**
Von Meret Oppenheim ist überliefert, dass Gott nicht „ihr Ding" war. Interpretieren Sie das Bild dementsprechend als „Menschenbild" und erläutern Sie, ob und wie auch Gottesvorstellungen daran anschließen können.

Aktuelle Auskünfte

Petra: Gott ist eine Idee von Menschen. Ich glaube nur an einen, und das bin ich selbst.

Jonathan: Ich denk, es gibt sicherlich unerklärliche Phänomene, die auch damit was zu tun haben, also mit irgend so einer, ich weiß nicht, Energie oder so, also nicht irgendwie ein Gott, aber … Ich denke, es gibt halt schon irgendwas. Und wie es mich jetzt persönlich berührt? Eigentlich gar nicht!

Christian: Ob ich an Gott glaube, kann ich nicht sagen, weil ich mir über so 'was keine Gedanken mach'.

Der Mensch ist Gott! Etwas Göttliches kann es schon geben! Gott ist kein Thema! Solche und ähnliche Antworten darf man erwarten, wenn man Jugendliche nach ihrer Einstellung zu Gott befragt. Das Ergebnis ist eine bunte Mixtur unterschiedlichster Einstellungen, und der Tenor in Kirche und Gesellschaft, nach welchem der Glaube an Gott zunehmend zur Spezialsache einer bestimmten Bevölkerungsgruppe wird, ist unüberhörbar. Die Hälfte der Deutschen, vielleicht sogar schon mehr, scheint ohne Gott auszukommen. Andererseits ist Religion und damit die Gottesfrage auf dem Buchmarkt, im Film, in der Kunst und in der Musik eher mit zunehmender als mit abnehmender Intensität präsent. […] Im Blick auf das empirische Feld ist festzuhalten, dass Jugendliche keine autarken Einzelwesen sind. Sie sind Mitglieder der westlichen Gesellschaft und sie werden in Vorstellungen hineinsozialisiert, die in dieser kulturellen Wirklichkeit vorfindbar sind.

Frage: Gibt es Gott?

Thorsten: Das ist schwierig. Ich glaub jetzt nicht direkt, dass es einen Gott gibt, sondern ich glaub' einfach, dass es 'ne Kraft gibt, die einfach uns Menschen zusammenhält, und das ist einfach der Glauben an sich. Und wenn so etwas passiert, also da muss ich sagen, da hab ich keine Ahnung, wo das herkommt, und ich kann mir nichts darunter vorstellen. Das ist einfach nur 'ne Sache, die wir wahrscheinlich auch nie im Leben 'rausfinden werden, und dann muss man einfach glauben an irgendetwas, und jeder hat dann so seine Vorstellungen, aber ich kann mir da wirklich nichts Näheres darunter vorstellen.

Frage: Der Glaube an dich, an deine Familie und Freunde und der Glaube an Gott: Gibt es da einen Unterschied?

Thorsten: Ja, denk ich schon. Ich sag mir, das sind die Leute, die um dich rumstehen, oder auch ich selbst, da bin ich mir jetzt hundertprozentig sicher, da würde ich sagen, ich weiß, dass es sie gibt, und ich glaub' voll und ganz an diese Leute und an mich. Die Sache jetzt ,Glauben an Gott' ist dann wieder irgendwo eine andere Sache. Also, eine Sache, da glaubt man dran, wenn man sie sieht, und man glaubt daran und hofft täglich, dass es wirklich immer so bleibt. Und es gibt eine andere Sache, die kann man nicht genau beschreiben, man weiß nicht genau, was es jetzt ist, aber irgendwo glaubt man doch daran. Aber das ist schon näher beieinander, das ist schon sehr eng beieinander, weil Gott ja für manche Menschen eine Art Vater-Person ist.

Aus einer Studie von Hans-Georg Ziebertz / Boris Kalbheim / Ulrich Riegel

Die surrealistische Künstlerin Meret Oppenheim (1913–1985) bedient sich in ihrem Bild einfachster Bildmittel, um die Betrachterinnen und Betrachter visuell „gefangen zu nehmen". Sie bietet eine Identifikationsfigur, um ins Bild „hineinzukommen". In der Kunstgeschichte spielt diese wichtige Rolle oft eine Rückenfigur. Oppenheim reduziert die Identifikationsfigur hier aber geradezu aufs Äußerste, indem sie nur eine winzige Silhouette, fast schon ein Piktogramm anbietet. Aber der alte Trick aus Spätmittelalter und Renaissance funktioniert umso besser: Wir empfinden uns hineingestellt in dieses Bild: Das bin ich.

Meret Oppenheim, La condition humaine (Da stehen wir), 1973

Ein Kurs über Gott?

Sie sind am Ende des Kapitels angelangt. Was haben Sie erlernt? Was ist überhaupt „lernen"? Und was hat das mit Gott zu tun?

Eine chassidische Geschichte

Als Levi Jizchak von seiner ersten Fahrt zu Rabbi Schmelke von Nikolsburg, die er gegen den Willen seines Schwiegervaters unternommen hatte, zu diesem heimkehrte, herrschte der ihn an:

„Nun, was hast du schon bei ihm erlernt?"

„Ich habe erlernt", antwortete Levi Jizchak, „dass es einen Schöpfer der Welt gibt."

Der Alte rief seinen Diener herbei und fragte den:

„Ist es dir bekannt, dass es einen Schöpfer der Welt gibt?"

„Ja", sagte der Diener.

„Freilich", rief Levi Jizchak, „alle sagen es, aber erlernen sie es auch?"

Martin Buber

An SICHT en Jesu

Zwischen Entertainment und Gebet

Zugänge zu Jesus

AnSICHTen Jesu: Das Ziel dieses Kapitels ist die Beschäftigung mit Jesus Christus. Der Titel ist mehrdeutig gewählt: Es ist wichtig, die zentrale Person des christlichen Glaubens kennenzulernen, sich mit den AnSICHTen Jesu, aber auch mit den AnSICHTen über Jesus auseinanderzusetzen. Eine Fülle von Material muss gesichtet und daraus ausgewählt werden. Mehrere Wege werden dazu eröffnet. Menschen nähern sich, wie auf der als Eingangsbild gewählten Christusbildübermalung (1984) von Arnulf Rainer deutlich wird, Jesus Christus auf vielfache, mehr oder weniger offensichtliche Art und Weise. Popsongs, Romane oder Filme tun dies ebenso wie Gebete oder spirituelle Zugänge. Im Hintergrund steht die Frage, wer dieser Mensch aus Nazaret wirklich war. Diese historische Frage ist untrennbar verbunden mit der Frage nach dem Christus des Glaubens. Tod und Auferstehung sowie der sich entwickelnde Glaube an ihn als Sohn Gottes müssen betrachtet werden. Ebenso wichtig sind grundlegende Aspekte seines Lebens und seiner Botschaft. Was macht diesen Menschen so einzigartig, dass er das Leben so vieler Menschen in Geschichte und Gegenwart maßgeblich beeinflusst hat und weiterhin beeinflusst? Dabei wird nicht vergessen, dass auch andere Religionen sich ein Bild von ihm machen und AnSICHTen von Jesus haben.

Robbie Williams (geb. 1974), ein erfolgreicher britischer Musiker und Entertainer, äußert sich in einem Interview, nachdem sein Song „Bodies" veröffentlicht war, zu Jesus: „Am nächsten Tag schrieb ich die Textzeile ‚Jesus didn't die for you, what are you on?' und hatte dabei George W. Bush im Kopf. Ich bin katholisch erzogen und es hat mich damals irritiert, dass Bush behauptete, er würde im Namen meines Jesus in den Irak ziehen. Wie konnte dieser Kerl eine Hotline zu Jesus haben und ich nicht? Mein Jesus würde jedenfalls nicht sagen: Zieh in den Krieg."

Frage: „Wenn Sie singen ‚Jesus didn't die for you', ist das sehr provokant […], aber auch blasphemisch. Immerhin ist Jesus für Sie und mich gestorben, nicht nur für George Bush?"

Antwort: „Ja, es ist blasphemisch, aber glücklicherweise leben wir in einer Welt, in der man so etwas sagen darf. Das bedeutet allerdings nicht, ich würde nicht daran glauben, dass Jesus für unsere Sünden und für mich gestorben ist!"

David Beckham (geb. 1975) ist ein britischer Fußballspieler, gehörte gemäß dem Nachrichtenmagazin TIME 2004 zu den 100 weltweit einflussreichsten Persönlichkeiten und war wiederholt Weltfußballer des Jahres. Im Jahr 2010 ließ er sich auf seine rechte Lende die Abbildung eines sitzenden, gebückten Jesus stechen.

Ein Online-Namensverzeichnis erklärt zum Jungennamen Jesus:

Jesus (männlicher Vorname)

Jesus war lange Zeit in Deutschland als Vorname unzulässig. Das Frankfurter Oberlandesgericht hatte 1998 in einem entsprechenden Verfahren jedoch keine Einwände. Die Richter sahen keine Gefahr, dass diese Namensgebung religiöse Gefühle der christlichen Kirchenmitglieder verletzen könnte. Seitdem dürfen auch in Deutschland Kinder Jesus genannt werden. Trotzdem ist der Vorname Jesus nicht sehr verbreitet. In Spanien oder in Süd- und Mittelamerika geht man unbefangener damit um. Sollten Sie einen Jesus treffen, so spricht dieser mit großer Wahrscheinlichkeit spanisch oder portugiesisch.

Geliebter, suche mich in dir!

1 Die Liebe hat in meinem Wesen
   dich abgebildet treu und klar:
   Kein Maler lässt so wunderbar,
   Geliebter, deine Züge lesen.
5 Hat doch die Liebe dich erkoren
   als meines Herzens schönste Zier.
   Bist du verirrt, bist du verloren:
   Geliebter, suche dich in mir!
   In meines Herzens Tiefe
10 trag' ich dein Porträt, so echt gemalt;
   Sähst du, wie es vor Leben strahlt,
   verstummte jede bange Frage.
   Und wenn dein Sehnen mich nicht findet,
   dann such nicht dort und such nicht hier:
15 Gedenk, was dich im Tiefsten bindet:
   Geliebter, suche mich in dir!
   Du bist mein Haus und meine Bleibe,
   bist meine Heimat für und für:
   Ich klopfe stets an deine Tür,
20 dass dich kein Trachten von mir treibe.
   Und meinst du, ich sei fern von hier,
   dann ruf mich, und du wirst erfassen,
   dass ich dich keinen Schritt verlassen
   Geliebter, suche mich in dir!

Teresa von Avila

---

1 2 3 4

Erstellen Sie eine Mind-Map zu Ihrem Vorwissen über Jesus. Diese Mind-Map sollte mindestens die Bereiche *Zeit und Umwelt Jesu; Jesus und das Judentum; die Lehre Jesu; Tod und Auferstehung; Jesus in der Verkündigung der Kirche; Jesus in Medien der Gegenwartskultur* umfassen.

1 **2** 3 4

Befragen Sie sich in einem Partnerinterview und später weitere Ihrer Mitschülerinnen und Mitschüler sowie Lehrpersonen zu ihren Ansichten über Jesus. **Vergleichen** Sie die Ergebnisse Ihrer Befragung mit den auf der Doppelseite zu findenden Ansichten und Haltungen zu Jesus.

1 2 **3** 4

Erläutern Sie, inwieweit der Text „Geliebter, suche mich in dir!" zur Thematik dieser Doppelseite passt. Informieren Sie sich dazu auch über die Person Teresa von Avila.

1 2 3 **4**

Entwerfen Sie ein eigenes Medium (z.B. Gebet, Gedicht, Zeitschriftencover), das ein hier nicht zu findendes Jesusbild darstellt. Tauschen Sie Ihre Medien aus und **bewerten** Sie diese. Die Arbeitsergebnisse können Sie in Ihr Lerntagebuch übernehmen.

Vernetzung

> Auf S. 194ff. finden Sie Material zu den Themen *„Jesus in der Literatur"* und *„Jesus im Film"*. Auch diese können Ihren Zugang zu Jesus unterstützen.
> Verschaffen Sie sich einen Überblick über das Kapitel „AnSICHTen Jesu". Planen Sie in Ihrem Kurs, welche Schwerpunkte Sie setzen möchten.

Auf Spurensuche

Jesus in außerchristlichen Quellen

Bis in die Gegenwart wird gefragt, ob es Jesus, diesen Menschen aus Nazaret, von dessen Leben die Evangelien berichten und der so prägend für das Leben unzähliger Menschen war und ist, wirklich gegeben habe. Oft wird diese Frage nach der historischen Existenz Jesu als theologisch eher unwichtig abgetan. Vor allem aber skeptische Menschen wird dieses Vorgehen nicht überzeugen.

Es ist daher notwendig zu sehen, welche Möglichkeiten es gibt, die historische Existenz Jesu nachzuweisen. Eine unerlässliche Hilfe bieten dabei Schriften, die nicht christlich geprägt oder beeinflusst sind. Es ist also sinnvoll, sich mit außerchristlichen Quellen, z.B. eines römischen Historikers wie Cornelius Tacitus, eines römischen Statthalters wie Plinius oder mit jüdischen Texten wie dem Talmud, zu beschäftigen. Die folgenden Texte bieten dazu Möglichkeiten.

Cornelius Tacitus (55–120), ein römischer Historiker, erklärt die Herkunft des Namens „Christen" in seinen „Annalen".

Plinius, der Jüngere (61/62–ca. 113), ein römischer Adeliger und Statthalter von Bithynien in Kleinasien unter Kaiser Trajan, musste sich mit den christlichen Gemeinden in seiner Provinz auseinandersetzen. Er erkundigte sich brieflich, ob sein Vorgehen vom Kaiser gebilligt wird.

Dieser Name stammt von Christus, den der Prokurator Pontius Pilatus […] zum Tod verurteilt hatte. Dieser abscheuliche Aberglaube, der eine Weile verdrängt worden war, verbreitete sich von Neuem nicht nur in Judäa, wo das Übel begonnen hatte, sondern auch in Rom, wo alles, was es auf der Welt Schreckliches und Schändliches gibt, zusammenströmt und zahlreiche Anhänger findet. *Annalen 15,44*

1 Man legte mir ein anonymes Schreiben *(libellus sine auctore)* vor, das die Namen zahlreicher Personen enthielt. Doch diese leugneten zum Teil, überhaupt jemals Christen gewesen zu sein, riefen nach der Formel, die ich ihnen vorsprach, die Götter an, opferten deiner Büste, die ich zu diesem Zwecke mit den
5 Bildnissen der Götter hatte herbeibringen lassen, mit Wein und Weihrauch und lästerten außerdem Christus: alles Dinge, zu denen sich, wie es heißt, wahre Christen nicht zwingen lassen; diese glaubte ich freilassen zu können.

Andere, die von dem Angeber mitgenannt waren, gestanden anfangs zu, Christen zu sein, leugneten es jedoch dann wieder und behaupteten, sie seien es al-
10 lerdings gewesen, aber wieder abgefallen, und zwar einige vor drei, andere vor noch mehr und manche sogar vor zwanzig Jahren. Alle diese haben ebenfalls deine Büste und die Bildnisse der Götter angebetet und Christus gelästert.

Dabei versicherten sie jedoch, ihre Hauptschuld oder vielmehr ihr Hauptfehltritt habe darin bestanden, dass sie immer an einem bestimmten Tage vor Son-
15 nenaufgang zusammengekommen seien, auf Christus wie auf einen Gott *(Christo quasi deo)* abwechselnd ein Lied gesungen und sich durch einen feierlichen Eid *(sacramento)* nicht etwa zu einem Verbrechen verpflichtet hätten, sondern dazu, dass sie keinen Diebstahl, keinen Raub, keinen Ehebruch begehen, kein Wort brechen und kein anvertrautes Gut un-
20 terschlagen wollten. Danach seien sie auseinandergegangen und hätten sich wiederum versammelt, um eine – jedoch gewöhnliche und unschuldige – Speise zusammen zu genießen. Aber auch das hätten sie nach meinem Edikt unterlassen, worin ich, deinen Befehlen
25 entsprechend, alle geschlossenen Vereinigungen verboten hatte. *96. Brief an Trajan*

Dagegen wird ja gelehrt: „Am Vorabend des Pesahfestes hängte man Jesus." 40 Tage vorher hatte der Herold ausgerufen: „Er wird zur Steinigung hinausgeführt, weil er Zauberei getrieben und Israel verführt und abtrünnig gemacht hat. Wer etwas zu seiner Verteidigung zu sagen hat, der komme und sage es." Da aber nichts zu seiner Verteidigung vorgebracht wurde, hängte man ihn am Vorabend des Pesahfestes. Ula (ein Rabbi, Ende des 3. Jh. n.Chr.) erwiderte: „Glaubst du denn, dass man für ihn überhaupt eine Verteidigung zu suchen brauchte? Er war ja ein Verführer, und der Allbarmherzige sagt: Du sollst seiner nicht schonen noch seine Schuld verheimlichen." Vielmehr war es bei Jesus anders, da er der Regierung nahestand.

Talmud: Traktat Sanhedrin 43a

Alles nur erfunden? Die Evangelien als Wirklichkeitserfahrung

1 Ist das alles nur erfunden? […] Die Antwort ist eindeutig: nein! Erzählen heißt, eine neue Wirklichkeit zu schaffen. Die neutestamentlichen Evangelien erzählen die reale Geschichte des Jesus von Nazaret auf vielfältige und unterschiedlichste Weise und spiegeln damit die jeweils individuellen Wahrnehmungen
5 und Wirklichkeitserfahrungen der einzelnen Gemeinden wider. Ohne auf die Rückbindung an die historischen Fakten des Lebens Jesu verzichten zu müssen und zu wollen, ist die identitätsstiftende Kraft der Evangelien für die neutestamentlichen Erzählgemeinschaften von großer Bedeutung. Sie wollen mit ihrer Darstellung nicht einfach den Abstand zum Jesus-Ereignis überwinden,
10 sondern sie wollen dieses Ereignis theologisch verarbeiten und durchdringen – und zwar jeweils in Korrelation mit den zeit- und religionsgeschichtlichen Bedingungen ihrer Gemeinden. Schon auf der Ebene der innertextlichen Wirklichkeit durchbrechen die Evangelien durch ihre Erzählstrukturen die Norm. Die eingesetzten Figuren sind eigentlich für die antiken Vorgaben des
15 Erzählens ungewöhnlich: So gibt sich der Held oft unkonventionell, Nebenfiguren bekommen teilweise großen Einfluss und erhalten häufig zumindest Anteile der Heldenrolle, soziale Schranken werden überwunden, für antike Augen und Ohren wird Undenkbares denkbar und möglich.
Die Evangelien vergegenwärtigen Vergangenes und formatieren es gleichzei-
20 tig neu. Das Erzählen dieser Geschichten ist nach all dem Gesagten also keineswegs nur ein harmloser und unterhaltsamer Vorgang. Ganz im Gegenteil: Die Erzählung biblischer Geschichten konstituiert aus sich heraus Sinn – gegen Gleichgültigkeit, Chaos und Eindimensionalität. Durch das Erzählen der Jesus-Geschichten entsteht ein kollektives Gedächtnis – eine grenzen- und ge-
25 nerationenüberschreitende Erzählgemeinschaft. Wenn wir Heutigen solche Geschichten erzählen, treten wir in eben diese ununterbrochene Erzähltradition ein.

Andreas Leinhäupl

Der *Talmud* (2.–6. Jh.) enthält rabbinische Kommentare und Ergänzungen zur Tora. In diesem Sammelwerk finden sich z.T. schwer verständliche und interpretierbare Hinweise, die auf den Prozess und die Kreuzigung Jesu Bezug nehmen.

1 2 3
Erarbeiten Sie eine Übersicht zu Informationen (Verfasser, Entstehungszeit, Haltung zu Jesus, Fakten über Jesus, Zuverlässigkeit), die Sie in den Quellen erhalten.

1 **2** 3
Fassen Sie die Angaben in einem kurzen Artikel über Jesus für ein Geschichtsbuch zusammen. Den Artikel können Sie in Ihr Lerntagebuch übernehmen.

1 2 **3**
Stellen Sie dar, z.B. in Form eines Placemat, wie wichtig historisch gesichertes Wissen über Jesus für den christlichen Glauben ist. Bedenken Sie dabei, was Sie im Kapitel „Religion" (→ S. 16ff.) über den Glauben gelernt haben.

Vernetzung
› Bedenken Sie zum Charakter religiöser Sprache auch die Texte auf → S. 22f.

Auferweckung oder Auferstehung?

Im Kontext der Ereignisse nach Jesu Tod verwenden die ntl. Schriften verschiedene Begriffe. Auferweckung betont dabei das Wirken Gottes. Er hat Jesus von den Toten in ein neues, anderes Leben gerufen. Auferstehung stellt die Aktivität Jesu in den Vordergrund. Er ist von den Toten ins Leben zurückgekehrt. Paulus benutzt in *1 Thess 1,10; 4,14* beide Begriffe bedeutungsgleich, was vermuten lässt, dass er sie in der Tradition als synonym vorgefunden und so übernommen hat. Weitere bedeutungsähnliche Ausdrücke sind:

› lebendig machen *(1 Petr 3,18)*
› erhöhen *(Phil 2,9)*
› heraufführen von den Toten *(Röm 10,7)*
› in seine Herrlichkeit gelangen *(Lk 24,26)*
› verherrlicht *(Joh 7,39)*
› zum Vater hinübergehen *(Joh 13)*

1 2 3 4 5 6

Skizzieren Sie die Ereignisse um Jesu Tod und erarbeiten Sie mithilfe eines synoptischen Vergleichs, wie der Tod Jesu von den einzelnen Evangelisten dargestellt wird *(Mk 15,16–47 parr.; Joh 19,16b–42).*

Die Auferstehung Jesu ist das zentrale Ereignis des christlichen Glaubens. Ohne die Erfahrung der Auferstehung wäre Jesu Botschaft vielleicht nicht bis heute überliefert worden. Die Auferstehung warf ein neues Licht auf die Worte und Taten Jesu und aus dieser Perspektive wurde vieles neu bzw. anders gesehen und beurteilt. Dass der Glaube an die Auferstehung schon für die Anhänger Jesu sowie für die ersten Christen oft nicht einfach war, zeigen die folgenden Bibeltexte.

Frauen als Auserwählte für die Botschaft von der Auferstehung

[1]Als der Sabbat vorüber war, kauften Maria aus Magdala, Maria, die Mutter des Jakobus, und Salome wohlriechende Öle, um damit zum Grab zu gehen und Jesus zu salben. [2]Am ersten Tag der Woche kamen sie in aller Frühe zum Grab, als eben die Sonne aufging. [3]Sie sagten zueinander: Wer könnte uns den Stein vom Eingang des Grabes wegwälzen? [4]Doch als sie hinblickten, sahen sie, dass der Stein schon weggewälzt war; er war sehr groß. [5]Sie gingen in das Grab hinein und sahen auf der rechten Seite einen jungen Mann sitzen, der mit einem weißen Gewand bekleidet war; da erschraken sie sehr. [6]Er aber sagte zu ihnen: Erschreckt nicht! Ihr sucht Jesus von Nazaret, den Gekreuzigten. Er ist auferstanden; er ist nicht hier. Seht, da ist die Stelle, wo man ihn hingelegt hatte. [7]Nun aber geht und sagt seinen Jüngern, vor allem Petrus: Er geht euch voraus nach Galiläa; dort werdet ihr ihn sehen, wie er es euch gesagt hat. [8]Da verließen sie das Grab und flohen; denn Schrecken und Entsetzen hatte sie gepackt. Und sie sagten niemand etwas davon; denn sie fürchteten sich. [9]Als Jesus am frühen Morgen des ersten Wochentages auferstanden war, erschien er zuerst Maria aus Magdala, aus der er sieben Dämonen ausgetrieben hatte. [10]Sie ging und berichtete es denen, die mit ihm zusammen gewesen waren und die nun klagten und weinten. [11]Als sie hörten, er lebe und sei von ihr gesehen worden, glaubten sie es nicht. *Mk 16,1–11 par.*

Auferstehung/Auferweckung ist nach ntl. Verständnis nicht die Wiederbelebung eines toten Körpers oder die Rückkehr des Auferweckten in sein altes Leben. Diese Bezeichnungen bedeuten vielmehr die Aufnahme in den Bereich Gottes und somit die Teilnahme und Teilhabe am neuen, endgültigen und vor allem unzerstörbaren Leben in der Herrlichkeit Gottes. Die beiden Begriffe bezeichnen also nicht ein empirisch überprüfbares Ereignis, sondern sind bildlich zu verstehen, um ein unvorstellbares Geschehen zu beschreiben. Aus diesem Grund fehlt in der Bibel jegliche Schilderung der Auferstehung, sodass sie sich dabei radikal von den Mythen der antiken Welt sowie der jüdischen und christlichen Apokalyptik unterscheidet.

Jesus und Thomas

[24]Thomas, genannt Didymus (Zwilling), einer der Zwölf, war nicht bei ihnen, als Jesus kam. [25]Die anderen Jünger sagten zu ihm: Wir haben den Herrn gesehen. Er entgegnete ihnen: Wenn ich nicht die Male der Nägel an seinen Händen sehe und wenn ich meinen Finger nicht in die Male der Nägel und meine Hand nicht in seine Seite lege, glaube ich nicht. [26]Acht Tage darauf waren seine Jünger wieder versammelt, und Thomas war dabei. Die Türen waren verschlossen. Da kam Jesus, trat in ihre Mitte und sagte: Friede sei mit euch! [27]Dann sagte er zu Thomas: Streck deinen Finger aus – hier sind meine Hände! Streck deine Hand aus und leg sie in meine Seite, und sei nicht ungläubig, sondern gläubig! [28]Thomas antwortete ihm: Mein Herr und mein Gott! [29]Jesus sagte zu ihm: Weil du mich gesehen hast, glaubst du. Selig sind, die nicht sehen und doch glauben.   *Joh 20,24–29*

Die Begegnung mit dem Auferstandenen auf dem Weg nach Emmaus

[28]So erreichten sie das Dorf, zu dem sie unterwegs waren. Jesus tat, als wolle er weitergehen, [29]aber sie drängten ihn und sagten: Bleib doch bei uns; denn es wird bald Abend, der Tag hat sich schon geneigt. Da ging er mit hinein, um bei ihnen zu bleiben. [30]Und als er mit ihnen bei Tisch war, nahm er das Brot, sprach den Lobpreis, brach das Brot und gab es ihnen. [31]Da gingen ihnen die Augen auf, und sie erkannten ihn; dann sahen sie ihn nicht mehr. [32]Und sie sagten zueinander: Brannte uns nicht das Herz in der Brust, als er unterwegs mit uns redete und uns den Sinn der Schrift erschloss?   *Lk 24,28–32*

Leszek M. Zegalski, Punk, o.J.

1 **2** 3 4 5 6
Setzen Sie das Bild von Leszek M. Zegalski mit dem dazugehörigen biblischen Text *(Lk 24,28–32)* in Beziehung. **Beurteilen** Sie anschließend, ob der jeweilige Inhalt Ihrer Meinung nach angemessen dargestellt wird.

1 2 **3** 4 5 6
Vergleichen Sie die Auferstehungserzählungen auf dieser Doppelseite.

1 2 3 **4** 5 6
Mk 16,9–20 (also auch die hier abgedruckten Verse 9–11) ist nicht in allen Handschriften des Markus-Evangeliums zu finden. **Formulieren** Sie die Bedeutung dieser Verse für die Auferstehungserzählung.

1 2 3 4 **5** 6
Nicht nur in Bildern, sondern auch in Film und Literatur wird Jesu Auferstehung thematisiert. **Beurteilen** Sie mithilfe der Doppelseite bzw. → S. 194ff. Ihnen bekannte Beispiele heutiger Auseinandersetzungen mit der Auferstehung Jesu.

1 2 3 4 5 **6**
Nehmen Sie **Stellung** dazu, welche der Materialien (Texte, Bild) auf dieser Doppelseite Sie als hilfreich für Ihren eigenen Glauben an die Auferstehung erachten und welche Impulse sich daraus für Ihr eigenes Leben für Sie ergeben.

Findet den Dieb!

Janet Brooks-Gerloff, Das leere Grab, 1986

Die Auferstehung Jesu ist nicht nur für seine Anhänger, Männer wie Frauen, ein irritierendes und herausragendes Ereignis gewesen. Bis heute versuchen Menschen, sie zu deuten.

Eric-Emmanuel Schmitt bemüht sich in seinem Roman „Das Evangelium nach Pilatus", die Passionsgeschichte und vor allem die Ereignisse nach der Auferstehung aus einer besonderen Perspektive – der des Pilatus – darzustellen. Diese andere, fiktionale Perspektive ermöglicht einen neuen Blick auf die Auferstehung und die Versuche, sie zu verstehen.

Von Pilatus an seinen lieben Titus

Die Leiche ist weg!

Ich hatte gerade meinen gestrigen Brief an Dich zusammengerollt, da stürzt der Zenturion Burrus herein und macht mir eine erschreckende Meldung: „Die Leiche ist weg!"

Ich habe sofort begriffen, dass er diesen Magier aus Nazaret meint, und ahne schon die Verwicklungen, die auf mich zukommen werden, wenn wir die Leiche nicht bald finden. [...]

Ich schnappte mir eine Eskorte und ritt im Galopp zum Friedhof nahe dem Palast, wo vielleicht noch ein Fünkchen Wahrheit in der Luft lag.

Ein Dutzend Juden, Männer und Frauen, standen um das Grab herum und verdrückten sich bei unserer Ankunft in die blühenden Büsche. Wir fanden nur noch zwei Wachen vor einem gähnenden Loch.

An ihren Uniformen sah ich, dass sie zur Garde des Hohepriesters Kaiphas gehörten, der unerbittlich für die Hinrichtung Jeschuas gekämpft hatte.

„Was machen die da?", fragte ich Burrus.

Mein Zenturion erklärte mir, dass der Hohepriester das Grab schon seit dem Vortag bewachen ließ, weil er befürchtete, dass die Leiche gestohlen und zum Gegenstand der Verehrung werden könnte.

„Also, was habt ihr gesehen?", wandte ich mich an die Wachen, zwei Dickschädel mit groben Zügen, die aussahen wie der Rohentwurf eines talentlosen Töpfers. Sie antworteten nicht. Sie hielten die Augen geschlossen, ihre Lippen zitterten, aber sie blieben stumm und verkrochen sich verbohrt und mit hängenden Schultern in ihr Schweigen. [...]

„Ich habe sie ausgepeitscht, Pilatus", sagte Burrus, „aber sie behaupten, sie hätten in der Nacht nichts gesehen."

„Unmöglich!"

Ich ging näher zu dem Grab. So etwas hast du bestimmt noch nie gesehen, in Palästina begräbt man die Toten nämlich nicht in der Erde, sondern schlägt ein Loch in den Felsen und richtet dort eine Grotte ein. Dann verschließt man die Höhle mit einem riesigen runden Stein, der als Pforte dient.

Diesen Mühlstein hatte jemand zur Seite gerollt und mit einem Keil blockiert, sodass der Eingang offen stand. [...] Ich konnte diese Geschichte von der verschwundenen Leiche einfach nicht glauben. Wenn so viele vereinte Kräfte nötig waren, um die Tür aufzustemmen, wie hätte dann Jeschua ganz allein, nachts ...? Nein, unvorstellbar.

Ohne zu zögern, betrat ich das Grab, irgendetwas trieb mich hinein, das Ganze vollzog sich fast von allein. Ich wunderte mich über mich selbst. Was wollte ich bei den Toten?

Hinter einem kurzen Vorraum erweiterte sich die Grotte zu einer Kammer, wo drei Bänke direkt in den Felsen gehauen waren. Sie waren leer. Auf einer lag die Hinterlassenschaft des Magiers: Bandagen, Salben und vor allem das Schweißtuch aus gutem Stoff, da und dort bräunliche Flecken von seinen Wunden, ordentlich zusammengefaltet am Rand des Lagers.

Das war unfassbar! Mehr noch als das Verschwinden der Leiche sprach dieses sorgfältig zusammengelegte Stück Stoff jedem gesunden Menschenverstand hohn. Wer würde eine Leiche auswickeln, den Stoff von den verkrusteten Stellen reißen und dann auch noch die Anstrengung unternehmen, ein rechteckiges Päckchen daraus zu machen. Wer konnte so pedantisch sein: Oder war der Magier so ordentlich, dass er nach dem Aufwachen einfach das tat, was er immer machte?

Ich hielt das Schweißtuch in der Hand und knetete es in meinen Fingern, als ob ich hoffte, die Lösung aus ihm herausquetschen zu können. In meinem Kopf ging es drunter und drüber. Ich war wie benommen. Ich setzte mich auf das Lager, um mich an seine Stelle zu denken, tot, unendliche Stunden im Dunkeln eingekerkert, ohne Licht außer einem winzigen Sonnenfleck in der Ecke, wo die Steine nicht richtig schlossen, in dieser Welt ohne Geräusche und ohne Grün.

Ich stellte mir vor, ich wäre Jeschua, der lange Jeschua mit dem hageren Leib, der nach seinen Qualen am Kreuz hier ruhte.

Mir war, als ob geschmolzenes Blei sich auf meine Lunge senkte, ich fühlte eine Last auf Brust und Schultern, die mich fast erdrückte. Ich hätte mich gerne hingelegt. Alle Kraft war von mir gewichen. Eine Schlaffheit zwischen Lust und Schwindel ergriff mich und ließ meinen Willen wanken.

Da sah ich in einer Ecke einen riesigen Haufen Pflanzen, Myrrhe und Aloe, die man hier hingelegt hatte, um die Luft zu reinigen, und auf einmal begriff ich alles. […] Eine perfekte Inszenierung: Auch eine gewitzte Öffentlichkeit musste dem Magier daraufhin übernatürliche Kräfte zusprechen.

Zurück in der Festung fasste ich zwei naheliegende Entschlüsse: Wir mussten die Diebe fangen und die Leiche Jeschuas finden. Meine Sekretäre wunderten sich. „Es ist nicht unsere Aufgabe, Präfekt, uns um geschändete jüdische Gräber zu kümmern. Diese Angelegenheit ist Sache des Hohepriesters. Sie unterliegt nicht unserer Rechtsprechung." „Ich bin für die Aufrechterhaltung der Sicherheit zuständig."

„Sicherheit für die Lebenden, Pilatus, nicht Sicherheit für die Leichen. Noch weniger jüdische Leichen. Und vor allem nicht für die Leiche eines jüdischen Gauners."

„Jeschua hat sich nichts zuschulden kommen lassen."

„Ihr habt ihn aber trotzdem gekreuzigt."

Ich haute mit der Hand auf den Tisch. „Gehorcht einfach, das genügt. Wenn wir das Volk in dem Glauben lassen, dass der Magier ohne Hilfe den Stein von seinem Grab gerollt hat und ins Leben zurückgekehrt ist, haben wir binnen kürzester Zeit das größte vorstellbare Chaos in diesem verdammten Land, wo selbst der Wein und die Zitronen Fieberanfälle bekommen! Die Veranstalter dieses Spektakels könnten eine Glaubensbewegung ins Leben rufen, die so stark ist, dass das ganze Volk Israels bald nur noch Jeschuas Namen im Munde führt, ihn uns ins Gesicht spuckt, weil es uns die Schuld an seinem Tod gibt, und nichts sehnlicher wünscht, als uns kurzerhand aus dem Land zu jagen, wenn das Ganze nicht noch weiter geht und das gegenwärtige Gleichgewicht der Kräfte in seinen Grundfesten erschüttert. Sollte unseren Grabräubern ihr Gaunerstück gelingen, werden sie das Volk gegen die Pharisäer aufhetzen, die den Magier hassen, gegen die Sadduzäer, die ihm den Prozess gemacht haben, und sogar gegen die Zeloten, weil Barabbas, der einer von ihren Männern war, an Jeschuas Stelle freigelassen wurde. Mit einem Wort, wenn wir die Spaßvögel, die uns die ganze Zeit an der Nase herumführen, nicht heute finden, steht morgen ganz Israel in Flammen, und wir können uns ein Schiff nach Rom nehmen, falls sie uns nicht massakrieren, bevor wir den Hafen von Caesarea erreichen. Habe ich mich deutlich genug ausgedrückt?"

Eric-Emmanuel Schmitt

Aus dem Tod zu neuem Leben

Eine theologische Stellungnahme zur Auferstehung

1 2 3 4 5

Vergleichen Sie die beiden Auferstehungsdarstellungen auf dieser Doppelseite miteinander. Achten Sie dabei besonders darauf, wie Christus dargestellt wird, und formulieren Sie eine mögliche Aussageabsicht des jeweiligen Bildes.

1 **2** 3 4 5

Erarbeiten Sie, worum es nach Benedikt XVI. bei der Auferstehung Jesu geht.

1 2 **3** 4 5

Nehmen Sie Stellung zu der Frage, ob die zentralen Aussagen des Textes von Benedikt XVI. im Bild von Grünewald wiederzufinden sind. Begründen Sie Ihre Aussage.

Matthias Grünewald, Auferstehung Christi, ca. 1512–1516

Worum es bei der Auferstehung Jesu geht

1 Nur wenn Jesus auferstanden ist, ist wirklich Neues geschehen, das die Welt und die Situation des Menschen verändert. Dann wird er der Maßstab, auf den wir uns verlassen können. Denn dann hat Gott sich wirklich gezeigt. […]
Die neutestamentlichen Zeugnisse lassen keinen Zweifel daran, dass mit der
5 „Auferstehung des Menschensohns" etwas ganz anderes sich ereignet hatte. Jesu Auferstehung war der Ausbruch in eine ganz neue Art des Lebens, in ein Leben, das nicht mehr dem Gesetz des Stirb und Werde unterworfen ist, sondern jenseits davon steht – ein Leben, das eine neue Dimension des Menschseins eröffnet hat. […] Dies wiederum setzt voraus, dass die Auferstehung für
10 die Jünger so real war wie das Kreuz. Es setzt voraus, dass sie einfach von der Wirklichkeit überwältigt wurden; dass sie nach allem anfänglichen Zögern und Verwundern sich der Realität nicht mehr widersetzen konnten: Er ist es wirklich. Er lebt, und er hat zu uns gesprochen, sich uns zu berühren gegeben, auch wenn er nicht mehr der Welt des normalerweise Berührbaren zugehört. Das
15 Paradox war unbeschreibbar: dass er ganz anders war, keine wiederbelebte Leiche, sondern ein von Gott her neu und für immer Lebender. […]
Was können wir aufgrund all dieser biblischen Nachrichten nun wirklich über das eigentümliche Wesen der Auferstehung Christi sagen?
Sie ist ein Ereignis in der Geschichte, das doch den Raum der Geschichte
20 sprengt und über sie hinausreicht. Vielleicht dürfen wir uns einer analogen Sprache bedienen, die in vieler Hinsicht unangemessen bleibt, aber doch einen Zugang zum Verstehen öffnen kann: Wir könnten […] die Auferstehung als so etwas wie einen radikalen „Mutationssprung" ansehen, in dem sich eine neue Dimension des Lebens, des Menschseins auftut. Ja, die Materie selbst
25 wird in eine neue Wirklichkeitsweise umgebrochen. Der Mensch Jesus gehört nun gerade auch mit seinem Leib ganz und gar der Sphäre des Göttlichen und Ewigen zu. […]
Auch wenn der Mensch von seinem Wesen her zur Unsterblichkeit geschaffen ist, so ist erst jetzt der Ort da, in dem seine unsterbliche Seele den „Raum", die
30 „Leiblichkeit" findet, in der Unsterblichkeit Sinn erhält als Mitsein mit Gott und der ganzen versöhnten Menschheit. […]
Wesentlich ist, dass mit der Auferstehung Jesu nicht irgendein einzelner Toter irgendwann einmal revitalisiert wurde, sondern dass in der Auferstehung ein

Anastasis-Fresko, Chora-Kirche in Istanbul, ca. 1320

ontologischer, das Sein als solches berührender Sprung geschah, dass eine Di-
35 mension eröffnet wurde, die uns alle angeht und die für uns alle einen neuen
Raum des Lebens, des Mitseins mit Gott geschaffen hat.

Von da aus ist auch die Frage nach der Auferstehung als einem historischen
Ereignis anzugehen. […]

Auferstehung tut den neuen Raum auf, der die Geschichte über sich selbst hin-
40 aus öffnet und das Endgültige schafft. In diesem Sinn gilt, dass Auferstehung
nicht ein gleichartiges historisches Ereignis ist wie die Geburt oder die Kreuzigung Jesu. Sie ist etwas Neues, ein neuer Typ von Ereignis. […] Die Auferstehung Jesu führt über die Geschichte hinaus, aber sie hat eine Fußspur in der
Geschichte hinterlassen. Deshalb kann sie von Zeugen als Ereignis einer ganz
45 neuen Qualität bezeugt werden. […] Die Frage betrifft freilich nicht nur die Auferstehung, sondern die ganze Weise der Offenbarung Gottes in der Welt. […]

Und doch – ist nicht gerade dies die göttliche Art? Nicht überwältigen mit äußerer Macht, sondern Freiheit geben, Liebe schenken und erwecken. Und ist
das scheinbar so Kleine, wenn wir es gut bedenken, nicht das wahrhaft Große?
50 Geht nicht von Jesus eine durch die Jahrhunderte wachsende Lichtspur aus,
die von keinem bloßen Menschen kommen konnte und in der wirklich das
Licht Gottes in die Welt hereinleuchtet? Hätte die Predigt der Apostel Glauben
finden und eine weltweite Gemeinschaft aufbauen können, wenn nicht die
Kraft der Wahrheit in ihr gewirkt hätte?
55 Wenn wir den Zeugen wachen Herzens zuhören und uns den Zeichen öffnen,
mit denen der Herr sie und sich selbst immer neu beglaubigt, dann wissen wir
es: Er ist wahrhaft auferstanden. Er ist der Lebende. Ihm vertrauen wir uns an
und wissen, dass wir auf dem rechten Weg sind.   *Benedikt XVI.*

1 2 3 **4** 5
Tauschen Sie sich darüber aus, welche Bedeutung *1 Kor 15,12–14* dem
Glauben an die Auferstehung Jesu
Christi für die christliche Botschaft
beimisst. Erörtern Sie davon ausgehend, ob dieser biblische Text für
den Argumentationsgang von
Benedikt XVI. hilfreich sein könnte.

[12]Wenn aber verkündigt wird, dass
Christus von den Toten auferweckt
worden ist, wie können dann einige
von euch sagen: Eine Auferstehung
der Toten gibt es nicht? [13]Wenn es
keine Auferstehung der Toten gibt, ist
auch Christus nicht auferweckt worden. [14]Ist aber Christus nicht auferweckt worden, dann ist unsere Verkündigung leer und euer Glaube
sinnlos.   *1 Kor 15,12–14*

1 2 3 4 **5**
Walter Kardinal Kasper bezeichnete
in seinem Buch „Jesus der Christus"
die Evangelientexte über die Auferstehung Jesu als „Erfahrung im Glauben". Interpretieren Sie diese Aussage.

Vernetzung
› In enger Verknüpfung mit der
Frage der Auferstehung stehen
Fragen nach dem Himmel und dem
ewigen Leben. Setzen Sie sich in
diesem Zusammenhang mit dem
Text „Eine Fortsetzung des irdischen Lebens findet nicht statt"
(→ S. 240 f.) auseinander und erarbeiten Sie Zusammenhänge mit
dem hier abgedruckten Text.

Physisch oder personal?

Wie die Auferstehung verstanden werden kann

Die Auferstehung Jesu ist für das menschliche Denken schwer zu verstehen. Wie kann ein toter Körper wieder in das Leben zurückkehren? Das ist eine vielfach gestellte Frage. Aber geht es überhaupt darum? Ist die Auferstehung Jesu vielleicht anders zu verstehen? Geht es darum, dass die Idee Jesu weiterlebt in den Menschen? Oder darum, wie Paulus sagt: „Ist aber Christus nicht auferweckt worden, dann ist unsere Verkündigung leer und euer Glaube sinnlos" (1 Kor 15,14)?

1 2 3 4 5
Erstellen Sie zunächst für sich allein in Form eines Brainstorming ein Assoziationsnetz für die folgenden Begriffe „Mensch – Person – Körper – Leib – Seele – auferstehen – auferwecken – Leben – ewig – jetzt". Tauschen Sie sich in einem zweiten Schritt in Kleingruppen über Ihre Assoziationen aus. (Diese Assoziationen werden beim Verständnis der Texte dieser Doppelseite helfen.)

1 **2** 3 4 5
Analysieren Sie, welche Absicht Jörg Länger mit seiner Darstellung der Auferstehung verfolgt.

Physikalisches Leib-Verständnis

Oft identifiziert man einfach „Leib" und „Körper". Dann wäre die Auferweckung des Leibes die Rekonstruktion des Körpers, der beim Tod zu zerfallen begann. In [Bereichen der Theologie des 19. und 20. Jhs.] ging man mehr oder weniger von diesem Denkansatz aus. Dabei kam man zu Fragen, die uns heute teilweise kurios erscheinen: ob alle Körperteile im Einzelnen wiederhergestellt würden, z.B. auch die Haare, die Fingernägel, die Verdauungsorgane; was aus den menschlichen Leibern würde, die größtenteils oder vollständig in andere Substanzen übergegangen sind; in welchem Leib der auferstehen solle, der – im Falle eines extremen Kannibalismus – sein Leben lang ausschließlich mit Menschenfleisch ernährt worden sei, dessen ganze Leibessubstanz also anderen Menschen gehöre, usf. In solche und ähnliche Denkschwierigkeiten gerät man, wenn man „Leib" als eine physikalische Größe begreift. Vor allem aber gerät der Glaube an leibhaftige Auferstehung in Gefahr, mehr ein Gedankenspiel zu werden, als die Artikulation einer existenziell bedeutsamen Hoffnung zu sein. *Franz-Josef Nocke*

Jörg Länger, Resurrectio, 2003

Personales Leib-Verständnis

1 Im Gegensatz dazu geht man in der heutigen Theologie vorwiegend von einem personalen Leib-Verständnis aus: Zum Menschsein gehört wesentlich die Kommunikation mit anderen, und der Mensch ist wesentlich ein geschichtliches Wesen. Beides zusammen macht seine Leibhaftigkeit aus. Der Leib des

5 Menschen ist Realsymbol seiner Fähigkeit, mit anderen zu kommunizieren und Geschichte in sich zu sammeln.

Diese etwas abstrakt klingende Aussage sei kurz veranschaulicht. Sprechen, Hören, Anschauen, Die-Hand-Geben, Umarmen, sogar Schreiben und Lesen, alles Sich-Mitteilen und Den-anderen-Wahrnehmen, alle Kommunikation ge-

10 schieht leibhaftig. Und die Narben und Schwielen, die Falten im Gesicht eines älteren Menschen können die Geschichte eines erlittenen und gestalteten Lebens erzählen. „Des Menschen Gesicht enthält in Kurzschrift seine ganze Biografie", sagt Theodor Bovet in einer Meditation über die Falten im Antlitz seiner Frau. Nicht immer ist die Lebensgeschichte so deutlich „ablesbar"; aber diese

15 kleinen Hinweise können vielleicht schon den Zusammenhang von Leiblichkeit und Geschichtlichkeit des Menschen andeuten.

Auferweckung des Leibes bedeutet dann, dass der ganze Mensch mit seiner ganzen Lebensgeschichte, mit all seinen Beziehungen zu den anderen, eine Zukunft hat.

20 Ein Bild für diese Glaubensüberzeugung findet man in einer johanneischen Ostergeschichte. In *Joh 20,19ff.* wird erzählt, wie der Auferstandene sich den Jüngern zeigt: „Nach diesen Worten zeigte er ihnen seine Hände und seine Seite. Da freuten sich die Jünger, dass sie den Herrn sahen." Die Jünger sehen die Wundmale, die bleibenden Spuren seines Leidens; sie sehen die Geschichte

25 seines Lebens, das wesentlich ein Leben für sie war. Diese Geschichte ist nicht vergessen, abgelegt wie das Gewand des Schauspielers nach der Vorstellung, sie ist, um im Bild des Evangelisten zu bleiben, seinem Leib eingeschrieben, und dieser Leib gehört bleibend zum Auferstandenen.

Was für den auferstandenen Jesus gilt, „den Ersten der Entschlafenen" *(1 Kor*

30 *15,20)*, das kann für alle gelten, die nach ihm kommen. Leibhaftige Auferstehung bedeutet, dass nicht nur (wenn es so etwas überhaupt gäbe) das nackte Ich des Menschen durch den Tod hindurch gerettet wird, wobei alle irdische Geschichte endgültig zurückgelassen und alle Beziehungen zu anderen Menschen bedeutungslos würden; leibhaftige Auferstehung bedeutet, dass die Le-

35 bensgeschichte und alle in dieser Geschichte gewordenen Beziehungen mit in die Vollendung eingehen und dem auferweckten Menschen endgültig gehören.

Franz-Josef Nocke

Realsymbol ist ein von Karl Rahner (1904–1984) geprägter Begriff. Realsymbol meint hier, dass eine Wirklichkeit durch eine andere Wirklichkeit gegenwärtig gemacht wird, ohne zu dieser zu werden (Symbol).

1 2 **3** 4 5
Stellen Sie dar, wie Franz-Josef Nocke die Rede von der leibhaftigen Auferstehung (allgemein) in seinem Text erklärt.

1 2 3 **4** 5
Erklären Sie mithilfe des Materials auf dieser Seite die leibhaftige Auferstehung Jesu so, dass sie auch für Menschen verständlich ist, die Franz-Josef Nockes Texte nicht gelesen haben.

1 2 3 4 **5**
Diskutieren Sie, wie Franz-Josef Nockes Erklärungen zur leibhaftigen Auferstehung für ein Verständnis der Auferstehung aller Glaubenden hilfreich sein kann.

Projektidee
› Seit jeher wird die Auferstehung Jesu in Osterliedern besungen und in Ostergebeten thematisiert. Finden Sie Ostergebete sowie traditionelle oder Neue Geistliche Osterlieder. Setzen Sie sich mit deren Aussagen zur Auferstehung auseinander und bewerten Sie diese. Präsentieren Sie die Ergebnisse dieses Projektes in Ihrem Kurs.

Der „Klassiker"

Die historisch-kritische Exegese

Die historisch-kritische Exegese ist das Kennzeichen wissenschaftlicher Schriftauslegung in der Neuzeit. Diese Methode setzt sich aus vielen Einzelschritten zusammen. Einige Elemente sind sehr alt. Schon in der Antike wurden sie von griechischen Kommentatoren der klassischen Literatur verwendet. Später, in patristischer Zeit, wendeten auch Autoren wie Origenes, Hieronymus und Augustinus sie an. Allerdings waren die Methoden damals noch wenig ausgearbeitet. Einfluss auf die Entwicklung zu ihrer heutigen Form nahmen u.a. die humanistischen Gelehrten mit ihrem *recursus ad fontes* („Rückkehr zu den Quellen"), d.h. dem direkten Zugang zur Antike als maßgebliche Norm für alle Lebensbereiche. Aber auch das Schriftprinzip der Reformation *(sola scriptura)* trug zu dieser Entwicklung bei. Dabei vollzog sich die Entwicklung vorwiegend in der protestantischen Theologie, auch wenn es in der Anfangszeit einzelne Beiträge von katholischer Seite gab. Sowohl Altes Testament als auch Neues Testament stehen im Fokus des Interesses. Die Blütezeit der historisch-kritischen Methode beginnt im 19. Jahrhundert. Bis heute bildet die historisch-kritische Exegese die Grundlage der Bibelauslegung.

Historisch-kritische Interpretation biblischer Texte

Textkritik	Entstehungsgeschichte des Textes			
Versuch, die ursprüngliche Lesart eines Textes zu sichern	Versuch, die Vorgeschichte eines Textes zu rekonstruieren			
	a) Literarkritik Beobachtung von Unstimmigkeiten im Text		**b) Überlieferungskritik** Versuch, das vorschriftliche Stadium des Textes zu klären	**c) Quellen- und Redaktionskritik** Versuch, verschiedene Phasen der Verschriftlichung zu unterscheiden und zu klären
	1) Kontextkritik Beobachtungen zur Abgrenzung des Textes	**2) Kohärenzkritik** Beobachtungen zur inneren Geschlossenheit und Stimmigkeit des Textes		
Methoden: Untersuchung auf: › beste Bezeugung; › kürzeste Lesart; › schwierigste Lesart; › Zusammenhang.	*Methoden:* Untersuchung auf: › Bezug zu vorausgehendem bzw. folgendem Text › Bezugnahme auf bereits Dargestelltes › Voraussetzung des Textes für spätere Texte	*Methoden:* Untersuchung auf: › inhaltliche Unstimmigkeiten › stilistische Unstimmigkeiten › Brüche in der Textstruktur › Wechsel in der Wortwahl › Änderung der Namen …	*Methoden:* Untersuchung auf: › Differenz zwischen „berichteter Zeit" und „Berichtszeit" …	*Methoden:* › Untersuchung der Vorlagen › Erfassung der Arbeit der Textproduzenten …
				Anwendung auf: › Einzeltexte › Komposition größerer Texteinheiten

Diese Beobachtungen aus vielen Texten ergeben das Profil einer größeren Einheit (Quellenschrift, Evangelium …)

Formales und inhaltliches Vorgaben-Repertoire des Textes

Versuch, die ursprüngliche Lesart eines Textes zu sichern

a) Form- und Gattungskritik
Versuch, formale Merkmale eines Einzeltextes zu bestimmen und ihn dadurch einer literarischen Gattung zuzuweisen

b) Traditionskritik
Versuch, inhaltliche Vorprägungen des Textes zu identifizieren

Methoden:
Formkritik:
› Erstellung einer Gliederung
› Bestimmung des Formrepertoires
› Untersuchung der Sprachebene
Gattungskritik:
› Bestimmung der Merkmale (Inhalt, Form, Intention, Sitz im Leben)
› Zuweisung zur Gattung

Methoden:
Bestimmung von vorgeprägten
› Bildern
› Themen
› Vorstellungen
› Motiven
› Schemata

Bestimmung des historischen Orts

Versuch, einen Text in eine bestimmte historische Situation einzuordnen

Methoden:
› Verknüpfung mit historischen Ereignissen
› Identifizierung von gesellschaftlichen bzw. kulturellen Verhältnissen
› Beziehung zu anderen, bereits datierten Texten
› Einordnung in die Geschichte einer Gattung bzw. einer Vorstellung

Klärung von Einzelaspekten

Versuch, durch die Klärung weiterer Einzelaspekte das Verständnis des Textes zu vertiefen

a) Begriffe
Methoden:
› philologische und inhaltliche Erschließung von wichtigen Begriffen

b) Sachfragen
Methoden:
› Klärung von Sachproblemen (Personen, Orten, Handlungen, Namen …)

Deutende Zusammenfassung der Ergebnisse der Exegese („Historische Sinnbestimmung")

Versuch, die bisherigen Arbeitsergebnisse theologisch zu interpretieren
a) Bestimmung der grundlegenden inhaltlichen Aussagen
b) Bestimmung der Intention des Textes

---

1 2 3 4
Wiederholen Sie die einzelnen Schritte, wie das Neue Testament entstanden ist. Ein genauer Blick auf die sogenannte Zwei-Quellen-Theorie wird dabei hilfreich sein.

1 **2** 3 4
Skizzieren Sie mithilfe des Schaubildes, wie die historisch-kritische Exegese arbeitet. Nennen Sie dazu die jeweilige Methode, die Arbeitsweise der Methode und das Ziel, das die Anwendung dieser Methode verfolgt.

1 2 **3** 4
Die Exegese hat die Aufgabe, „zu einem tieferen Verständnis des Gotteswortes zu führen […], dessen theologischen Gehalt zu erfassen und seine Botschaft für den heutigen Menschen zum Sprechen zu bringen" (Heinrich Zimmermann). Prüfen Sie diese Aussage aufgrund Ihres bisher erworbenen Wissens zur historisch-kritischen Exegese.

1 2 3 **4**
Das 2. Vatikanische Konzil sagt: „In den Heiligen Schriften zusammen mit der heiligen Überlieferung sah die Kirche und sieht sie die höchste Richtschnur ihres Glaubens […]" *(Dei verbum 21)*. Nehmen Sie in Form eines Placemat kritisch Stellung zu der Frage, ob die historisch-kritische Exegese der Bibel als „Richtschnur des Glaubens" gerecht wird.

Nicht nur hören, sondern auch tun

Bibliodrama als Zugang zu biblischen Texten

Der Begriff *Bibliodrama* setzt sich zusammen aus griech. βίβλίον (Buch, Schriftstück) und δράμά (Handlung) und ist eine Art „biblisches Rollenspiel". Seit Mitte der 1960er-Jahre entstand das Bedürfnis nach einer Seelsorge, die die historische Distanz zu biblischen Texten und die mangelnde Berücksichtigung der altersspezifischen Interessen der Glaubenden überwindet. In interdisziplinärer Kooperation von Religionspädagogik, Psychologie und Soziologie wurde der interaktionale Umgang mit biblischen Texten entwickelt. Dazu wurden u.a. Anstöße aus Gruppendynamik, Gestalttherapie und Spiel- und Theaterpädagogik übernommen. Das Bibliodrama etablierte sich als Zugangsform zu biblischen Texten seit dem Ende des 20. Jhs. zunehmend. Es gibt Variationen, je nach Stellenwert, der dem Text eingeräumt wird. *Das* Bibliodrama gibt es nicht.

Die historisch-kritische Exegese als „Klassiker" hilft, viele Fragen zu biblischen Texten zu beantworten. Andere Fragen bleiben aber offen. Daher wurden im Laufe der Zeit weitere Formen der Exegese und Zugänge zur Bibel entwickelt. Einer dieser Zugänge ist das Bibliodrama. Im Bibliodrama tritt der bzw. die Teilnehmende mit den eigenen Sinnen und der eigenen Lebenswirklichkeit (Lebenssituation, Denken, Fühlen, (Nicht-)Glauben sowie Erfahrungen und Handeln) in wechselseitigen Kontakt mit den Glaubenserfahrungen, die in biblischen Texten niedergeschrieben sind. Auch so kann die Bedeutung der biblischen Erzählung für ihn in seiner Zeit und Umwelt sichtbar, verständlich und existenziell bedeutsam werden. Während das Verfahren der historisch-kritischen Exegese diachron (→ S. 160) ausgerichtet ist, wird beim bibliodramatischen Zugang durch Spiel, Vorstellungskraft und Reflexion eine möglichst umfassende und ganzheitliche Auslegung angestrebt. Mit dem Text wird dabei synchron (→ S. 160) in seiner Endfassung gearbeitet. Für den Zugang im Bibliodrama ist ein aufeinander aufbauendes Vorgehen unerlässlich.

Fünf Phasen im Bibliodrama

Nach Fallner (1994) gibt es bei der Exegese im Bibliodrama fünf Phasen.

1. Einlassung und Sensibilisierung: Voraussetzung ist, dass die Teilnehmenden sich aufeinander einlassen, einander zuhören und miteinander arbeiten. Daher ist es zu Beginn wichtig, eine Atmosphäre zu schaffen, in der alle nicht nur

5 physisch, sondern auch psychisch *ankommen* können. Durch verschiedene kreative Formen oder Körper- und Selbstwahrnehmungsübungen, z.B. Atemtechniken und (Körper-)Wahrnehmungsübungen, zu *Beginn* kann der bzw. die Einzelne zunächst nicht nur sich selbst und in einem zweiten Schritt den Raum und die einzelnen Mitglieder der Gruppe bewusst wahrnehmen, sondern es ist

10 auch ein ganzheitlicher Einstieg gewährleistet. Daran schließt sich *die Einstimmung* auf den ersten Kontakt mit dem biblischen Text an. Elementare Begriffe werden durch geeignete Körper- und Bewegungsübungen bewusst wahrgenommen, erlebt, verarbeitet, aber auch nachvollzogen und verstanden. So wird zugleich eine *Sensibilisierung* für den Text angestrebt.

15 2. Berührung und Konfrontation: Die Teilnehmenden treten zum ersten Mal in Kontakt mit dem gesamten Text, indem der Text entweder sofort als Ganzes verbal zur Sprache gebracht wird oder zunächst nur als Paraphrase, in Ausschnitten oder sogar noch gar nicht und erst Schritt für Schritt in seinem text-

lichen, historischen und kulturellen Umfeld. Wesentlich ist, dass der „Lebens-
20 Kontext" der Teilnehmenden und die konkreten Textinhalte miteinander in
Kontakt treten. So soll der Text durch die Gruppe, in der Gruppe und für die
Gruppe lebendig werden. Zugleich werden den Teilnehmenden wichtige
Schwerpunkte für die Auseinandersetzung deutlich.

3. Identifikation und „Aus-einander-Setzung": Zur Vorbereitung des eigentli-
25 chen Spiels werden die Teilnehmenden nun eingeladen, sich einer bestimmten
Rolle (Person: Jesus, Kranker, Abraham ...; Gruppe: Frauen, Volksmenge, Pharisäer ...; Gegenstand: Ring, Mantel, Trage ...) oder Situation (Jesus heilt) zuzuordnen. Sie suchen ihren „Ort" im Text. Durch die Zuordnung bilden sich
Kleingruppen, die sich über Rolle oder Situation austauschen. Sie bemühen
30 sich, sich in die Rolle einzufühlen, sich Handlungen bewusst zu machen und
diese nachzuvollziehen. Schritt für Schritt beginnen sie, sich mit der Rolle zu
identifizieren, Gedanken und Gefühle ihres Handelns zuzuordnen und zu begründen, Handlungsalternativen zu entwickeln und deren Konsequenzen an-
zuzeigen. Auf diese Weise wird der Bezug zur eigenen Person und Situation
35 deutlich. Durch sich anschließende Methoden wie Standbild, Stuhltheater und
Rollenspiel wird das Gefühlte „lebendig". Wichtig ist ein nachfolgendes, aus-
wertendes und möglicherweise reflektierendes Gespräch über das Dargestellte, in dem die Teilnehmenden sich ihrer eigenen (Glaubens-)Erfahrungen
bewusst werden und sich diese besser aneignen bzw. sich damit auseinander-
40 setzen.

4. Differenzierung und Aktualisierung: Nach diesen Phasen der Wechselwir-
kung zwischen Text und Umsetzung im Bibliodrama ist eine Phase der Differenzierung der biblischen und psychosozialen Szenen und deren Abgrenzung
voneinander nötig. Zur Differenzierung kann theologisches und exegetisches
45 Fachwissen eingebracht werden, um Fragen nach dem historischen und kulturellen Kontext, dem Textzusammenhang, Aussagen über Beziehungen zwischen Menschen und Gott / Jesus / Menschen zu beantworten und zu erhellen.
Diese Differenzierungen sind Voraussetzung für die *Aktualisierung* des Textes
in persönlicher, sozialer und gesellschaftlicher Hinsicht. Die Herstellung eines
50 Bezugs zur heutigen Zeit und zur aktuellen Lebenssituation vermeidet, den
Text nur szenisch darzustellen.

5. Zusammenfassung, Ritual und Abschied: Da die Erfahrungen oft sehr intensiv und berührend sind, ist wie beim Ankommen zum Abschluss eine angemessene Entlassung zu vollziehen. Durch einen Fragebogen oder ein abschlie-
55 ßendes, zusammenfassendes Gespräch im Plenum können letzte Fragen zu
persönlichen Erfahrungen geklärt und Ausblicke auf die nächste Zeit gemacht
werden. Auch ein abschließendes Ritual ist angebracht.

Christof Kracht

1 2 3
Geben Sie die einzelnen Schritte der
bibliodramatischen Exegese wieder.

1 2 3
Erklären Sie, was der Cartoon über
den Umgang mit biblischen Texten
mithilfe des Bibliodramas aussagt.

1 2 3
Vergleichen Sie bibliodramatische
und historisch-kritische Exegese in
ihrer Nützlichkeit für das Verständnis
der Bibel (mit besonderem Fokus auf
die Anwendbarkeit in der Schule).

Projektidee
› Ihre Lehrperson kennt weitere
Formen der Exegese. Arbeiten Sie
in Gruppen verschiedene Beispiele
dieser Formen der Bibelauslegung
so auf, dass der gesamte Kurs sie
verstehen und sich einprägen kann.
Einen Ausgangspunkt können die
kurzen Ausführungen auf → S. 160f.
bieten.

Nur nicht den Überblick verlieren

Vielfältige Formen der Exegese der Bibel

Für den Umgang mit bibl. Texten gilt es, zunächst eine Entscheidung zu treffen: Soll *synchron* oder *diachron* gearbeitet werden? Die *Synchronie* arbeitet mit dem Text nicht auf Basis seines geschichtlichen Werdens, sondern legt als Ausgangspunkt für den Prozess des heutigen Lesens und Verstehens die vorliegende Endgestalt des Textes zugrunde. Die *Diachronie* berücksichtigt bei ihren Untersuchungen den Wachstumsprozess und die Entstehungsbedingungen eines Textes und fragt z.B. nach den historischen Gründen für das Entstehen eines Textes oder nach Hintergründen aus dem jeweiligen Kulturbereich, die den Prozess der Entstehung beeinflussten.

1 2 3 4 5 6

Skizzieren und vergleichen Sie die hier kurz dargestellten Formen des Umgangs mit biblischen Texten in ihrer Arbeitsweise.

1 **2** 3 4 5 6

Erläutern Sie die Wichtigkeit der Auslegungsformen für die Interpretation der Bibel. Erarbeiten Sie dazu Vorzüge bzw. Nachteile.

Neben der historisch-kritischen und der bibliodramatischen Auslegung (→ S. 156ff.) gibt es eine Anzahl anderer Formen der Auslegung, die sich je unterschiedlicher Methoden bedienen. Für eine Übersicht muss daher eine Auswahl getroffen werden.

Tiefenpsychologische Auslegung:

Ausgehend von Erkenntnissen der Tiefenpsychologie, vor allem die Grundsätze und Methoden C. G. Jungs aufnehmend, zielt diese Auslegung darauf, den heutigen Menschen und den biblischen Text miteinander „ins Gespräch" zu bringen. Basierend auf der Annahme, dass sich in der frühen Menschheitsgeschichte gemachte, positive Erfahrungen mit ganzheitlichem, integriertem Leben in einem „kollektiven Unterbewussten" sammelten, die sich in sog. „Archetypen" (symbolischen Bildern, Mythen, biblischen Texten) formieren, werden die Texte als Spiegel für Vorgänge innerhalb der Psyche interpretiert. Archetypen werden erschlossen und als Hilfe zur Orientierung und Heilung zu einem gelingenden, erfüllten Leben genutzt.

Feministische Auslegung:

Ausgangspunkt ist hier die Erfahrung der Unterdrückung von Frauen. Es wird aufgezeigt, wie Texte missbraucht wurden, um Frauen in einer von Männern beherrschten Gesellschaft zu diskriminieren und zu unterdrücken. Auch wird das Ziel verfolgt, patriarchale Überlagerungen in der biblischen Tradition freizulegen und Texte, davon befreit, neu auszulegen. Nicht zuletzt werden biblische Frauengestalten als Identifikationsfiguren neu entdeckt und rehabilitiert.

Die Bibel als Ganzes und Einheit? – Kanonische Auslegung:

Entscheidend für das Verständnis einer Texteinheit ist bei der kanonischen Auslegung die Einbettung des Textes in den Gesamttext, also die Berücksichtigung, dass die Texteinheit Teil eines gesamten Kanons (also der ganzen Bibel, daher „kanonisch") ist, in dessen Horizont sie gelesen und interpretiert werden muss. Dieser Kanon ist Bezugseinheit und -größe für das Verstehen des einzelnen Textabschnitts. Die Gesamtbibel wird also bewusst als die Glaubensurkunde einer Glaubensgemeinschaft angesehen und somit als theologisch qualifiziertes Dokument in die Analyse der einzelnen Texteinheit einbezogen. Wie genau der Begriff „Kanon" zu umschreiben ist und die Frage, wie damit umzugehen ist, dass bei der Bibel der Kanonprozess erst nach der Entstehung der verschiedenen Schriften begann, sind zwei Problemfelder, die diese Auslegung mit sich bringt.

Wortwörtlich? – Fundamentalistischer Umgang mit der Heiligen Schrift:

1 Neben den kirchlich wie wissenschaftlich akzeptierten Formen der Auslegung (→ S. 156ff.) gibt es auch das wortwörtliche Verständnis der biblischen Texte. In der zweiten Hälfte des 20. Jahrhunderts fand das, was der Amerikanische Bibelkongress 1895 als „fundamentalistische" Auslegung bezeichnete, in reli-
5 giösen Gruppen und Sekten, aber auch unter Katholiken eine steigende Anzahl von Anhängern. Bei dieser Verwendung bzw. Auslegung der Bibel handelt es sich um eine „wortwörtliche Interpretation", d.h. eine unmittelbare buchstäbliche Auslegung, die Aspekte wie geschichtliches Wachstum und Entwicklung bei der Interpretation ausschließt. Mit Recht besteht der Fundamentalis-
10 mus zwar auf göttlicher Inspiration der Bibel, auf Irrtumslosigkeit des Wortes Gottes und auf der Wahrheit des biblischen Textes; dennoch steht hier eine Ideologie im Hintergrund, die jegliches kritisches Fragen und Forschen ablehnt, ein absolutes Einverständnis mit starren doktrinären Haltungen fordert und als einzige Quelle der Lehre mit Blick auf das christliche Leben und Heil
15 die Bibel fordert.
„Fundamentalistisch" ist als Begriff, aufgrund einer Abhängigkeit von (zeitgebundenen) Bezugspunkten, relativ zu sehen. So war z.B. vieles, was heute vielfach als fundamentalistisch gilt, lange Zeit geltender Standard in der katholischen Exegese. Zudem ist das Grundproblem einer fundamentalistischen
20 Auslegung, dass der geschichtliche Charakter biblischer Offenbarung unberücksichtigt bleibt.

1 2 **3** 4 5 6

Konkretisieren Sie die tiefenpsychologische Auslegung anhand der Auslegung zur Sturmstillung in *Mk 4,35–41* (→ S. 171).

1 2 3 **4** 5 6

Erläutern Sie, welche Aussage die Grafik auf → S. 160 über die Auslegung der Bibel macht und inwieweit Sie sich mit dieser Aussage identifizieren können.

1 2 3 4 **5** 6

Benennen Sie thesenartig, was fundamentalistischen Umgang mit der Bibel ausmacht und wie ihm entgegengetreten werden kann.

1 2 3 4 5 **6**

Nehmen Sie kritisch Stellung zum Zitat der Päpstlichen Bibelkommission über den fundamentalistischen Umgang mit der Hl. Schrift:

Der fundamentalistische Zugang ist gefährlich, denn er zieht Personen an, die auf ihre Lebensprobleme biblische Antworten suchen. Er kann sie täuschen, indem er ihnen fromme, aber illusorische Interpretationen anbietet, statt ihnen zu sagen, dass die Bibel nicht unbedingt sofortige, direkte Antworten auf jedes dieser Probleme bereithält. Ohne es zu sagen, lädt der Fundamentalismus doch zu einer Form der Selbstaufgabe des Denkens ein.

Päpstliche Bibelkommission

Erst Jude, dann Christ?

Die Wurzeln Jesu im Judentum

Jesus wird bisweilen als „erster Christ" bezeichnet. Aber war er das wirklich? Die Frage „Erst Jude, dann Christ?" steht auf S. 162ff. im Zentrum. Es werden viele Materialien angeboten, die Ihnen dabei helfen, eine Antwort zu finden. Bedenken Sie dabei auch, wie wichtig diese Frage für das Miteinander von Menschen unterschiedlichen Glaubens, insbesondere für den jüdisch-christlichen Dialog ist.

1 2 3 4

Stellen Sie anhand des Textes von Daniel Kosch **dar**, auf welche Weise sich die Wiederentdeckung des Judeseins Jesu vollzog.

1 **2** 3 4

Beurteilen Sie die Bedeutung der Wiederentdeckung des Judeseins Jesu für den jüdisch-christlichen Dialog. Beziehen Sie sich dabei auch auf Informationen aus „Religionen im Dialog" (→ S. 34f.).

1 2 **3** 4

Arbeiten Sie **heraus**, woran in den Kindheitserzählungen *Lk 2,21–24.39* und *Lk 2,41–50* deutlich wird, dass Jesus in der Tradition des Judentums aufwuchs. Recherchieren Sie, welche Bedeutung diese Traditionen im Judentum haben bzw. hatten.

1 2 3 **4**

Finden Sie in den Evangelien weitere Belege dafür, dass Jesus ein Jude war.

Die Wiederentdeckung des Judeseins Jesu

1 Forschungsgeschichtlich waren es insbesondere zwei eng miteinander verknüpfte Entwicklungen, die eine neue Sicht auf das Judesein Jesu ermöglicht haben.
Die Vorstellung vom Judentum zur Zeit Jesu als „Spätzeit", in der die befreienden und prophetischen Traditionen verloren gegangen und der ursprüngliche Glaube
5 Israels zu einer gesetzesfixierten, kasuistischen und ängstlichen Religiosität erstarrt sei, wurde abgelöst durch eine Sicht des „Frühjudentums", das von vielfältigen und lebendigen Bewegungen und Strömungen geprägt war, in dem es sehr unterschiedliche Formen der Auseinandersetzungen mit der hellenistischen Kultur, heftige Konflikte um das Verhältnis zur römischen Besatzungsmacht und dem-
10 zufolge auch viele Diskussionen darüber gab, wie der Glaube der Väter und Mütter in der eigenen Gegenwart aktualisiert und gelebt werden soll. Vor diesem Hintergrund erscheint Jesus nicht als „Gegenüber" zum Judentum, sondern als eine von zahlreichen Gestalten, die in lebendiger und zum Teil konfliktgeladener Auseinandersetzung mit anderen Traditionen, Gruppierungen und Gestalten steht. Diese
15 Diskussionen finden ihren Niederschlag im Neuen Testament nicht nur in den Streitgesprächen mit Pharisäer(inne)n, Sadduzäer(inne)n und anderen Kreisen außerhalb der Jesusbewegung und der werdenden Kirche, sondern prägen auch diese selbst […].
Die zweite wichtige Entwicklung betrifft die Methode der historischen Jesusfor-
20 schung, die während einiger Zeit einseitig vom sog. „Differenz-" oder „Unähnlichkeitskriterium" geprägt war: Als „echt jesuanisch" hatte zunächst das zu gelten, was ihn sowohl von seiner jüdischen Umwelt als auch von der frühen Kirche unterscheidet. Mithilfe dieses Kriteriums wurde das Bild von einem „einzigartigen" Jesus entworfen, während die Frage, wie Jesus glauben lernte, was ihn geprägt hatte und
25 wo Anknüpfungspunkte bestanden, in den Hintergrund traten. Dieses „Unähnlichkeitsprinzip" […] wurde abgelöst durch das Kriterium der „Kontextplausibilität". Ohne damit die Individualität und das Unkonventionelle Jesu und seiner Botschaft zu bestreiten, geht dieses Kriterium davon aus, dass jene Überlieferungen auf ihn zurückgehen, die in den Kontext der gesellschaftlichen, wirtschaftlichen, politi-
30 schen und religiösen Verhältnisse in Galiläa bzw. Palästina zu seiner Zeit eingebettet werden können, während jene Stoffe, die bereits eine nachösterliche Glaubenssituation, Anfänge der Trennung zwischen Kirche und Judentum oder gesellschaftliche Verhältnisse in anderen Teilen der hellenistisch-römischen Welt voraussetzen, später entstanden sind.

Daniel Kosch

Jesus, ein Kind des Volkes Israel: Biblische Grundlegung

Die Beschneidung

²¹Als acht Tage vorüber waren und das Kind beschnitten werden sollte, gab man ihm den Namen Jesus, den der Engel genannt hatte, noch ehe das Kind im Schoß seiner Mutter empfangen wurde. ²²Dann kam für sie der Tag der vom Gesetz des Mose vorgeschriebenen Reinigung. Sie brachten das Kind nach Jerusalem hinauf, um es dem Herrn zu weihen, ²³gemäß dem Gesetz des Herrn, in dem es heißt: Jede männliche Erstgeburt soll dem Herrn geweiht sein. ²⁴Auch wollten sie ihr Opfer darbringen, wie es das Gesetz des Herrn vorschreibt: ein Paar Turteltauben oder zwei junge Tauben. ³⁹Als seine Eltern alles getan hatten, was das Gesetz des Herrn vorschreibt, kehrten sie nach Galiläa in ihre Stadt Nazaret zurück.

Lk 2,21–24.39

Der zwölfjährige Jesus im Tempel

⁴¹Die Eltern Jesu gingen jedes Jahr zum Paschafest nach Jerusalem. ⁴²Als er zwölf Jahre alt geworden war, zogen sie wieder hinauf, wie es dem Festbrauch entsprach. ⁴³Nachdem die Festtage zu Ende waren, machten sie sich auf den Heimweg. Der junge Jesus aber blieb in Jerusalem, ohne dass seine Eltern es merkten. ⁴⁴Sie meinten, er sei irgendwo in der Pilgergruppe, und reisten eine Tagesstrecke weit; dann suchten sie ihn bei den Verwandten und Bekannten. ⁴⁵Als sie ihn nicht fanden, kehrten sie nach Jerusalem zurück und suchten ihn dort. ⁴⁶Nach drei Tagen fanden sie ihn im Tempel; er saß mitten unter den Lehrern, hörte ihnen zu und stellte Fragen. ⁴⁷Alle, die ihn hörten, waren erstaunt über sein Verständnis und über seine Antworten. ⁴⁸Als seine Eltern ihn sahen, waren sie sehr betroffen, und seine Mutter sagte zu ihm: Kind, wie konntest du uns das antun? Dein Vater und ich haben dich voll Angst gesucht. ⁴⁹Da sagte er zu ihnen: Warum habt ihr mich gesucht? Wusstet ihr nicht, dass ich in dem sein muss, was meinem Vater gehört? ⁵⁰Doch sie verstanden nicht, was er damit sagen wollte.

Lk 2,41–50

Rembrandt van Rijn, Ein Christus nach dem Leben, 1648

Angeregt durch den näheren Kontakt mit den Juden in seiner Nachbarschaft malte Rembrandt die Darstellung Jesu in diesem berühmten Bild nach dem Vorbild eines jüdischen Modells.

Vernetzung
> Mehr Informationen über Jesus und wie er im Verlauf der Geschichte im Judentum gesehen wurde, finden Sie im Kapitel „Jesus im Judentum" (→ S. 188f.).
> Beziehen Sie zum Verständnis der jüdischen Wurzeln der Kirche die → S. 202f. ein.

Projektidee
> Zur Zeit Jesu gab es im Judentum viele Gruppen, unter denen es z.T. heftige Spannungen gab. Erarbeiten Sie kurze Informationstexte zu den folgenden Gruppen: Pharisäer, Sadduzäer, Zeloten, Essener. Was war charakteristisch für die jeweilige Gruppe? In welchem Verhältnis standen sie zu Jesus?

Max Liebermann, Der zwölfjährige Jesus im Tempel, 1879

Weisung und Protest

Jesus als jüdischer Lehrer und Prophet

1 2 3 4 5

Lesen Sie folgende atl. Texte und verknüpfen Sie sie mit der Vorstellung, dass Jesus als der Messias bezeichnet wird: *Jes 9,1–6; Jes 52,13–53,12; Jes 58,6–9; Jes 61,1–11; Dan 7,13–14*. Überlegen Sie, warum Jesus schon zur Entstehungszeit der ntl. Schriften mit den atl. Messiasverheißungstexten in Verbindung gebracht wurde.

1 **2** 3 4 5

Stellen Sie am Beispiel von *Mk 2,27–28 par.* dar, was Bultmann meint, wenn er sagt, dass Jesu Verkündigung „Protest gegen die jüdische Gesetzlichkeit" ist.

²⁷Da erschraken alle und einer fragte den andern: Was hat das zu bedeuten? Hier wird mit Vollmacht eine ganz neue Lehre verkündet. Sogar die unreinen Geister gehorchen seinem Befehl. ²⁸Und sein Ruf verbreitete sich rasch im ganzen Gebiet von Galiläa. *Mk 1,27–28*

Jesus – Prophet und Messias Israels

1 Sosehr er [Jesus] als Jude in seinem Volk wirkte, nahm er doch innerhalb dieses Volkes eine besondere Stellung ein. Sein Auftreten trägt auch prophetische Züge. Jesus nahm die Kritik der Propheten des Alten Testaments am eigenen Volk und an einer zu engen Auslegung der Tora auf und führte sie in seinem
5 Lehren und Handeln weiter. Indem er Vergebung der Sünden zusprach, kündigte er zugleich das Kommen des Gottesreiches an. Er sammelte einen Kreis von 12 Schülern um sich und berief Menschen in seine Nachfolge. […] Damit nahm er eine Autorität wahr, die seine Anhänger mit dem Bekenntnis beantworteten, er sei der Messias, der lang ersehnte Retter Israels. […]
10 Jesu […] Weg der Niedrigkeit war bestimmt von der Liebe zu Gott und der Liebe zu den Menschen. Noch am Kreuz betete er für seine Henker und Mitverurteilten. Er starb mit jüdischen Gebeten (z.B. Psalm 22) auf den Lippen. Die Auferstehung Jesu […] brachte seine Anhänger zu dem Glauben, dass sein Tod ein von Gott gewolltes Geschehen war, das für Israel und durch Israel für die Welt gelten
15 soll. Die jüdischen Anhänger Jesu verstanden von nun an das Leiden und Sterben Jesu als stellvertretendes Tun, das jedem in ihrem Volk gilt, der „im Spiegel der Tora" seine wahre Lage vor dem heiligen Gott erkennt.
An diesen durch das Auferstehungsgeschehen entstandenen Erfahrungen entzündete sich der Glaube an Jesus als Christus inmitten des jüdischen Volkes.
20 kes. Daher wurde dem Namen „Jesus" der Ehrenname „Christus" (gleichbedeutend Messias) hinzugefügt. […] *Arnulf H. Baumann*

Jesus und das jüdische Gesetz

In den Rahmen der jüdischen Religion gehört auch die Verkündigung Jesu. Jesus war kein „Christ", sondern ein Jude, und seine Predigt bewegt sich im Anschauungskreis und in der Begriffswelt des Judentums, auch wo sie im Gegensatz zur traditionellen jüdischen Religion steht. Sie ist in der Tat ein großer Protest gegen die jüdische Gesetzlichkeit; in ihr erneuert sich unter veränderten Bedingungen der Protest der alten Propheten gegen die offizielle israelitische Religion. Wie die Propheten Gottes Forderung von Recht und Gerechtigkeit der Kultusfrömmigkeit gegenüberstellen, so fordert Jesus den echten radikalen Gehorsam anstelle der rituellen Frömmigkeit und des juristischen Verständnisses des Gottesverhältnisses. *Rudolf Bultmann*

Nathan Brutsky, Talit, 2006–2008

1 2 **3** 4 5

Erarbeiten Sie, welche Aspekte des Lebens Jesu darauf hinweisen, dass er ein Lehrer Israels war. Die Methode einer Mind-Map ist hier hilfreich. Berücksichtigen Sie in diesem Zusammenhang *Lk 4,16–22*.

1 2 3 **4** 5

Setzen Sie das Bild von N. Brutsky in Beziehung zu dem bereits erworbenen Wissen zu Jesus als einem Juden und Lehrer Israels. Beurteilen Sie davon ausgehend, ob der Titel „Werkzeuge für das Gebet", der in einem Kalender für dieses Bild gewählt wurde, angemessen ist.

1 2 3 4 **5**

In welchen Bereichen würde Jesus heute besonders die Befolgung des Willens Gottes einfordern? Begründen Sie Ihre Meinung.

Vernetzung
› Konkretisieren Sie die Bedeutung der Auferstehung Jesu anhand der → S. 148f.
› Unter der Überschrift „Deutungen Jesu durch Hoheitstitel" (→ S. 184f.) finden Sie weitere Informationen zu den sog. Hoheitstiteln für Jesus.

Jesus – ein Lehrer Israels

Als Erwachsener ist Jesus in den Synagogen und sonst in der Öffentlichkeit als Lehrer aufgetreten und wurde dementsprechend als *Rabbi* angeredet. […] Wir können uns Jesus vorstellen wie einen Juden seiner Zeit: mit Schaufäden an den vier Ecken seines Obergewandes, beim täglichen Gebet mit Gebetsriemen (hebr. *Tefillin*). Zu den großen Wallfahrtsfesten – Passafest, Wochenfest, Laubhüttenfest – zog er nach biblischer Vorschrift wiederholt nach Jerusalem hinauf. Er feierte mit seinen Jüngern das Passamahl und hielt die Speisegebote. Einen geheilten Aussätzigen forderte er auf, das für diesen Fall vorgeschriebene Opfer darzubringen und sich den Priestern zur Überprüfung der Heilung vorzustellen. Er verstand seine Sendung in erster Linie als Auftrag an das jüdische Volk, ohne Samaritaner und Heiden grundsätzlich davon auszuschließen. […]

Durch seine Predigten und Krankenheilungen machte Jesus die Liebe Gottes sichtbar, die sich im Erbarmen für den Menschen offenbaren will, und er verband damit den Zuspruch der Vergebung. *Arnulf H. Baumann*

Das Reich Gottes ist angebrochen

Lehre in Gleichnissen, Wundern und Reden

Ein wesentlicher Aspekt der Verkündigung Jesu ist die Botschaft vom angebrochenen Reich Gottes. Diese Botschaft hat Jesus in vielfältiger Weise vermittelt: durch Gleichnisse, Wunder und Reden. Die → S. 166ff. bieten Möglichkeiten der Auseinandersetzung mit der Botschaft sowie damit, wie diese Vermittlung geschehen ist.

Basileia tou theou (βαςιλεία του θεου)

Basileia ist ein Begriff der Verkündigung Jesu, vorgegeben aus der atl. Prophetie und der frühjüdischen Theologie, der durch Wirken (und Leiden) Jesu neu gefasst wurde: die eschatologische (Königs-)Herrschaft, seltener das (König-)Reich Gottes. Der Begriff begegnet am häufigsten in den synoptischen Evangelien, wo er den zentralen Inhalt der Botschaft Jesu zum Ausdruck bringt. Im übrigen Neuen Testament spielt er nur eine untergeordnete Rolle.

1 2 3 4 5

Verfassen Sie einen Text oder ein Schaubild, um „Reich Gottes" zu erklären.

1 **2** 3 4 5

Erklären Sie im Rahmen der Reich-Gottes-Lehre die Begriffe „Heilsuniversalismus", „schon-jetzt, aber noch-nicht", „eschatologischer Vorbehalt/eschatologische Ermutigung".

Die Botschaft Jesu vom anbrechenden Reich Gottes

Der Begriff *Basileia* ist doppeldeutig: Geografisch bezeichnet er das „Reich", qualitativ eine bestimmte Art der Herrschaftsausübung. […] Der Ausdruck ist selbst eine Metapher, die eine weltlich-politische Größe auf den transzendenten Bereich projiziert. […] Die Metapher vergleicht Gott mit einem Herrscher, der zum Heil der Gläubigen seinen Einflussbereich ausdehnt, gewissermaßen seine „Spielregeln" für die Menschen geltend macht oder umgekehrt die Gläubigen an seiner Herrschaft beteiligt. Auf einen Nenner gebracht, meint „Basileia" als theologisch qualifizierte Metapher die Durchsetzung des Heilswillens Gottes.

Kurt Erlemann

Für Jesus war entscheidend, dass das Ankommen des Gottesreiches sich in seinen Taten und Worten ereignete, dass in seiner Praxis sich die Nähe der Gottesherrschaft abbildete und ankündigte. Darum verstand er sein Wort nicht einfach als feststellendes, analysierendes, definierendes Reden, sondern als zusprechendes Wort. Jesus verkündigte nicht, dass es ein Reich Gottes gibt, sondern er ließ die Herrschaft Gottes im Jetzt zur Erfahrung werden. Eben dieser Auffassung entspricht die Form der Gleichnisrede in besonderer Weise. Denn mit den Gleichnissen geschieht […] kommunikative Erkenntnis, Einbeziehung des Hörers in die im Wort ankommende, anklingende neue Wirklichkeit.

Eckart Reinmuth

Jesus von Nazaret verkündigt die Herrschaft Gottes als ein bald hereinbrechendes Ereignis, das sich in seinem Wirken punktuell schon vollzieht. […] Damit übernimmt er aus seiner jüdischen Lebenswelt die Hoffnung auf eine baldige Veränderung der Umstände. […] Auf der anderen Seite sieht Jesus in seinem eigenen Handeln die Herrschaft Gottes als Ereignis bereits eingetreten. […] Jesus predigte also über die Herrschaft Gottes in einem Nebeneinander von Gegenwarts- und Zukunftsaussagen. Hierin steht Jesus in einer Kontinuität mit den Hoffnungen und Erwartungen anderer jüdischer Glaubenszeugnisse. Über das bisher Bekannte hinaus greift aber, wie Jesus das an seine Person gebundene Kommen des Reiches Gottes inhaltlich interpretiert: Er versteht den Anbruch des Gottesreiches als uneingeschränkte und grenzenlose Liebe Gottes zu den Verachteten, den Armen und Kranken, den Randsiedlern, Frauen und Sündern. Das ist das große Thema der Predigt Jesu in Sprüchen, Gleichnissen und Wundertaten.

Roman Heiligenthal

166

„Dein Reich komme!" – Eine jüdische Vorstellung neu interpretiert

Im Zentrum der Verkündigung und des Wirkens Jesu steht ein Begriff, der anknüpft an die eschatologischen Vorstellungen und Erwartungen im zeitgenössischen Judentum: das „Reich" oder die „Herrschaft" Gottes *(basileia tou theou)*. Daher konnte Jesus diesen Begriff als bekannt und inhaltlich definiert voraussetzen. Die jüdische Vorstellung vom Reich Gottes zielte zunächst auf die immerwährende bzw. gegenwärtige (in der Regel als universal vorgestellte) Herrschaft Gottes. Erwartet wurde eine von Gott neu in Gang gesetzte Geschichte, deren Heil durch Gott selbst garantiert wird. Vor diesem Hintergrund müssen die Aussagen Jesu in den synoptischen Evangelien gesehen werden, in denen drei Aspekte zu erkennen sind:

1. Das Reich Gottes kommt, d.h. die Welt befindet sich nicht in einem Entwicklungsprozess, der auf einen idealen Endzustand der Menschheit zuläuft, sondern es bricht von „jenseits" in die Welt ein. Dabei steht es unmittelbar bevor. Jesus kündigt das Reich aber so an, dass die augenblickliche Entscheidung seiner Hörer in Erwartung des Heils provoziert wird. Das Reich *kommt*, aber der Mensch kann und soll darum *bitten*.

2. Mit Blick auf den Termin der Ankunft des Reiches sind die Aussagen der Evangelien widersprüchlich: Einerseits bricht das Reich ohne Vorankündigung an *(Lk 17,20f.)*, andererseits kann man schon jetzt Zeichen des Reiches erkennen und muss auf sie achten *(Lk 12,54–56; Mt 16,1–4)*.

3. Nach *Mk 1,15* ist das Reich „nahe", nach *Lk 11,20* (vgl. *Mt 12,28*) ist es in Jesu Wirken bereits „zu euch gekommen". Wie nun sind diese beiden Aussagen miteinander zu vereinbaren? Ein Blick auf das gesamte Textmaterial zeigt: Jesu Botschaft vom Reich Gottes stützt sich auf drei Säulen: seine Gleichnisse, Wunder und Reden.

   › In *Gleichnissen* wie z.B. dem Gleichnis vom barmherzigen Vater oder vom Sämann zeigt Jesus, wie das Reich zu den Menschen kommt, nämlich unscheinbar wachsend, geschenkt, nicht von Menschen gemacht.

   › Die *Wunder und Machttaten* Jesu, z.B. Sündenvergebung, Krankenheilungen, Totenerweckung, zeigen ihn als Bevollmächtigten Gottes, der Schuld, Krankheit und sogar den Tod überwindet und so den Anbruch des Reiches verkörpert.

   › Nicht zuletzt in den Jesus zugeschriebenen Reden, vor allem der sog. *Bergpredigt (Mt 5,1–7,29; → S. 172f.)*, zeigt sich, dass Jesus in Vollmacht die neue Gerechtigkeit lehrt. Diese Gerechtigkeit kann als „Grundgesetz" des Reiches Gottes bezeichnet werden, in dessen Zentrum das Liebesgebot steht.

In Jesu Person, Wort und Handeln ist das Reich Gottes angebrochen, aber es ist noch nicht vollendet. In ihm und seinem Wirken zeigt sich sozusagen die Zukunft des Reiches Gottes bereits in der Gegenwart.

1 2 **3** 4 5

Belegen Sie die Bedeutsamkeit der Botschaft vom Reich Gottes für die Menschen heute. Beziehen Sie sich dabei auch auf das Zitat von Alfred Delp:

Dass der Mensch in Gottes Gnade sei und die Welt in Gottes Ordnung: das ist das Reich Gottes. Die Überwindung der menschlichen Not durch Gottes Fülle, die Sprengung der menschlichen Grenzen durch Gottes Kraft, die Bändigung der menschlichen Wildheit durch Gottes Zucht: das alles ist Reich Gottes. Es geschieht in Menschen und von und unter den Menschen. Es ist eine stille Gnade und drängt doch zu Wort und Tat.   *Alfred Delp*

1 2 3 **4** 5

Erstellen Sie auf Basis Ihres Vorwissens zur Lehre Jesu in Gleichnissen, Wundern und Reden als Übersicht eine Mind-Map. Ergänzen Sie diese Übersicht bei der Bearbeitung der folgenden Seiten. Die Mind-Map können Sie in Ihr Lerntagebuch übernehmen.

1 2 3 4 **5**

Nehmen Sie vor dem Hintergrund Ihrer Kenntnisse vom Reich-Gottes-Begriff **Stellung** zu der Aussage „Dein Reich komme!", die Christen im Vaterunser aussprechen.

Vernetzung
› Eine Hilfe, Eschatologie zu verstehen, bieten → S. 248f.

Die Weltliteratur eines Erzählkünstlers?!

Ich-bin-Worte und Gleichnisse

Eine Parabel – was ist das überhaupt?

Lange Zeit wurde in der Exegese zwischen verschiedenen Kategorien von Gleichnissen unterschieden. In der neueren Forschung plädiert Ruben Zimmermann dafür, diese Texte ungeachtet ihrer Verschiedenheit in sprachlicher Gestaltung in der Gattung „Parabel" zu bündeln:
Eine Parabel ist ein kurzer narrativer, fiktionaler Text, der in der erzählten Welt auf die bekannte Realität bezogen ist, aber durch implizite oder explizite Transfersignale zu erkennen gibt, dass die Bedeutung des Erzählten vom Wortlaut des Textes zu unterscheiden ist. In seiner Appellstruktur fordert er einen Leser bzw. eine Leserin auf, einen metaphorischen Bedeutungstransfer zu vollziehen, der durch Ko- und Kontextinformationen gelenkt wird.   *Ruben Zimmermann*

1 2 3 4 5 6 7 8 9
Setzen Sie die Fotografien und zugeordneten Textstellen aus dem Johannes-Evangelium in Beziehung. Diskutieren Sie, warum Sie die Fotografien (nicht) als sinnvolle Ergänzung zu den Worten Jesu erachten.

1 **2** 3 4 5 6 7 8 9
Finden Sie im Johannes-Evangelium weitere „Ich-bin-Worte" und gestalten Sie diese so, dass die Aussage durch die Darstellung veranschaulicht wird. Die Arbeitsergebnisse können Sie in Ihr Lerntagebuch übernehmen.

Wenn von der Bildhaftigkeit der Lehre Jesu gesprochen wird, fallen zwei Sprachformen ins Auge, die mit Jesus verknüpft werden: die „Ich-bin-Worte" aus dem Johannes-Evangelium und die vielen Gleichnisse in den synoptischen Evangelien.

„Ich bin das Licht der Welt. Wer mir nachfolgt, wird nicht in der Finsternis umhergehen, sondern wird das Licht des Lebens haben."   *Joh 8,12*

„Ich bin der Weg und die Wahrheit und das Leben; niemand kommt zum Vater außer durch mich."   *Joh 14,6*

Von der falschen Selbstsicherheit des reichen Mannes

[16]Und er erzählte ihnen folgendes Beispiel: Auf den Feldern eines reichen Mannes stand eine gute Ernte.[17]Da überlegte er hin und her: Was soll ich tun? Ich weiß nicht, wo ich meine Ernte unterbringen soll.[18]Schließlich sagte er: So will ich es machen: Ich werde meine Scheunen abreißen und größere bauen; dort werde ich mein ganzes Getreide und meine Vorräte unterbringen.[19]Dann kann ich zu mir selber sagen: Nun hast du einen großen Vorrat, der für viele Jahre reicht. Ruh dich aus, iss und trink und freu dich des Lebens! [20]Da sprach Gott zu ihm: Du Narr! Noch in dieser Nacht wird man dein Leben von dir zurückfordern. Wem wird dann all das gehören, was du angehäuft hast? [21]So geht es jedem, der nur für sich selbst Schätze sammelt, aber vor Gott nicht reich ist.   *Lk 12,16–21*

Warum redest Du zu ihnen in Parabeln? *(Mt 13,10)*: Was eine Parabel ausmacht

Wie keine andere Gattung sind die Parabeln Jesu (d.h. Gleichnisse Jesu, wie sie meist bezeichnet werden) in die Weltliteratur und Kunst eingegangen. Sie werden rezipiert, verarbeitet, gemalt. Jesus wird dabei als Dichter oder Erzählkünstler betrachtet. Dies geschieht mit Recht so, denn er betrachtete die Parabeln als zentrales Mittel für die Vermittlung seiner Botschaft (vgl. *Mk 4,34*). Dabei ist in der heutigen Bibelwissenschaft weitgehend anerkannt, dass die Parabeln in ihrem Kern auf Jesus selbst und nicht auf die Kreativität der Evangelisten zurückgehen.

Der Vorteil der Rede in Parabeln

Die Parabeln Jesu sind erfundene Geschichten. In ihrem erzählenden Charakter verbergen sich viele Vorteile bezüglich der mit ihnen verbundenen Intention. Jede Geschichte stößt bei der Zuhörerschaft im Allgemeinen auf weniger Abwehr als belehrende Texte (z.B. lehramtliche Texte, Katechismus). Das ist unter anderem in der Lust am Geschichtenhören begründet. Aber die Vorteile der Rede in Parabeln gehen darüber hinaus. Sie bietet auch einen Raum für freies Ausprobieren von Gedanken oder das Durchspielen neuer Lebensmöglichkeiten. In der Parabel öffnen sich Möglichkeiten, neue Perspektiven für das eigene Leben zu finden. Das ist auch darauf zurückzuführen, dass oft Einsicht in ein bestimmtes Problem gegeben wird, zu dem man unterschiedlicher Meinung sein kann. So wird durch die Parabel eine Reaktion der Zuhörerinnen und Zuhörer eingefordert.

Ein Angebot an die Menschen heute

Jesus hat die Parabeln zwar für die Menschen in seiner Zeit erzählt, aber sie sind auch ein Angebot an die Menschen heute. Durch die Parabeln sollen die Menschen bei aller Deutungsoffenheit der Erzählung Möglichkeiten erhalten, Sachverhalte neu zu sehen, Lebenssituationen anders wahrzunehmen und zu beurteilen, Lebensmöglichkeiten unvoreingenommen zu entdecken. Auch wenn (Um-)Denken oft schwerfällt, bieten die Parabeln dazu einige Ansätze, dieses zu (er-)lernen.

Parabeln sprechen von Gott

Wie gelingt es Jesus, in den Parabeln von Gott zu sprechen? Es fällt auf, dass die Texte einfach, nicht hochkompliziert sind. Eine Vorbildung oder intensives Nachdenken sind für ein Verständnis nicht notwendig. Inhalt sind interessante Ereignisse oder Ausschnitte aus dem alltäglichen Leben der Menschen, aus der „normalen" Welt, in der sich Gottes Wirken zeigt oder zeigen soll. Das zeigt sich auch in der verwendeten Alltagssprache. Im Alltäglichen kommt Gottes Wirklichkeit, das Reich Gottes zum Vorschein. Oft geschieht dies auf überraschende Weise. Das liegt daran, dass die Inhalte und Vorgänge der Parabeln über die üblichen menschlichen Denkgewohnheiten hinausgehen. Jesus erzählt in den Parabeln von seiner eigenen Gotteserfahrung, seinem Vertrauen auf Gott, und er will den Menschen so neue Möglichkeiten eröffnen. Dabei ist auch zu beachten, dass die Parabeln bewirken können, wovon sie erzählen: Wenn der Zuhörer oder die Zuhörerin sich von der Parabel berühren und verändern lässt, dann wird das Reich Gottes schon jetzt Gegenwart.

1 2 **3** 4 5 6 7 8 9
Prüfen Sie, inwieweit die „Ich-bin-Worte" für Menschen heute noch verständlich sind.

1 2 3 **4** 5 6 7 8 9
Formulieren Sie spontan, welche Aussage das Gleichnis „Von der falschen Selbstsicherheit des reichen Mannes" macht.

1 2 3 4 **5** 6 7 8 9
Erarbeiten Sie Merkmale, Inhalt und Absicht von Parabeln anhand des Textes „Warum redest du zu ihnen in Parabeln?". **Untersuchen** Sie dann auf Basis Ihrer Erkenntnisse das Gleichnis „Von der falschen Selbstsicherheit des reichen Mannes" genauer.

1 2 3 4 5 **6** 7 8 9
Verfassen Sie selbst eine Parabel. Lassen Sie den Text von einzelnen Ihrer Mitschülerinnen und Mitschüler auf die Merkmale einer Parabel hin untersuchen. Ihre Parabel können Sie in Ihr Lerntagebuch übernehmen.

1 2 3 4 5 6 **7** 8 9
Erläutern Sie Zimmermanns Parabelbegriff. **Wenden** Sie diesen anschließend auf das Gleichnis vom gottlosen Richter und der Witwe *(Lk 18,2–5)* an und **interpretieren** Sie es im Kontext der Reich-Gottes-Verkündigung Jesu.

1 2 3 4 5 6 7 **8** 9
Wählen Sie ein Gleichnis aus und **prüfen** Sie, warum es gerade in der heutigen Zeit für die Verkündigung des Reiches Gottes zentral sein kann.

1 2 3 4 5 6 7 8 **9**
Vergleichen Sie das Gleichnis von den zehn Jungfrauen *(Mt 25,1–13)* und das Gleichnis vom verlorenen Sohn *(Lk 15,11–32)* mit Blick auf die Aussagen über das Reich Gottes.

Blinde sehen und Lahme gehen

Die Wunder Jesu

1 2 3 4 5 6

Erarbeiten Sie mithilfe der Textstellen *Mk 1,23–28; Mk 7,31–37; Mt 8,5–13; Lk 5,1–11; Mk 4,35–41* und *Mk 6,45–52* Charakteristika der verschiedenen Wunder und erstellen Sie eine Kategorisierung von Wundern.

1 **2** 3 4 5 6

Erarbeiten Sie, wie Peter Knauer den Begriff „Wunder" nach traditionellem Verständnis charakterisiert.

1 2 **3** 4 5 6

Wenden Sie Peter Knauers Charakterisierung auf das Heilungswunder aus *Mk 10,46–52* an.

1 2 3 **4** 5 6

Formulieren Sie eine Definition des Begriffs „Wunder" auf der Basis der Deutungen von Bernd Kollmann.

1 2 3 4 **5** 6

Benennen Sie, welche existenziellen Erfahrungen die frühen Christen in den Wundererzählungen veranschaulicht haben. Wie würden Sie heute existenzielle Erfahrungen in einer Erzählung verdichten? Schreiben Sie diese in Ihr Lerntagebuch.

1 2 3 4 5 **6**

Vergleichen Sie die beiden bildlichen Darstellungen der Sturmstillung auf dieser Doppelseite.

Der traditionelle Wunderbegriff

1 Die erste „Forderung" an ein Wunder ist, dass es ein „sinnenhaftes Geschehen" sei. Es darf sich also nicht nur in unserer Vorstellung abspielen, sondern es muss sich um einen Vorgang in der unseren Sinnen zugänglichen Wirklichkeit handeln. Es muss etwas sein, das man wirklich sehen oder hören oder berüh-

5 ren kann. Das allein ist noch keine große Kunst. […] Die zweite „Forderung" lautet: Ein Wunder muss „außerhalb des natürlichen Laufes der Dinge" liegen. Was ist damit gemeint? Eine Durchbrechung von Naturgesetzen? Zum Beispiel eine Aufhebung der Schwerkraft? Wohl kaum. In der Theologie bedeutet das Wort „Natur" einfach alle geschaffene Wirklichkeit. „Außerhalb des natür-

10 lichen Laufes der Dinge" liegt ein Geschehen dann, wenn man es durch reguläre oder irreguläre Weltereignisse weder begründen noch widerlegen kann. Mit der Vernunft kann man nur so viel erkennen, dass man einem solchen Geschehen jedenfalls außerhalb des Glaubens nicht gerecht wird. […]
Die beiden bisher genannten Eigenschaften des Wunders sind im Voraus zum

15 Glauben jedermann zugänglich.

Doch zuerst soll noch die dritte Forderung erklärt werden. Ein Wunder muss in besonderer Weise „von Gott gewirkt" sein. Damit kann nicht die ohnehin bereits restlose Abhängigkeit überhaupt alles Wirklichen von Gott gemeint sein. Diese Abhängigkeit lässt gar keine Steigerung mehr zu, weil sie restlos ist. Da-

20 rüber hinaus von Gott gewirkt sein kann etwas nur so, dass Gott selber darin gegenwärtig ist und sich selber mitteilt und schenkt. In einem Wunder muss immer Gottes Selbstmitteilung geschehen. Dass diese dritte „Forderung" erfüllt ist, kann man nicht mehr von außerhalb des Glaubens erkennen, sondern nur im Glauben selbst.

Peter Knauer

Martin Kassühlke,
Die Sturmstillung, 2010

Jesus, der Wundertäter: Naturwunder als Beispiel für die Deutung von Wundererzählungen

1 Die heute dominierende […] Deutung betrachtet die Wundererzählungen nicht als Tatsachenberichte, sondern als Glaubenszeugnisse, die auf ihre christologische Zielsetzung hin befragt werden wollen. […] Die Naturwunder sind legendarische Glaubenszeugnisse der frühen Christenheit, die unter Rückgriff auf
5 alttestamentarische wie hellenistische Wundertradition das Bekenntnis zum gekreuzigten Herrn entfalten. Sie wollen die göttliche Macht des erhöhten Christus veranschaulichen und zeichnen sie in das Bild des irdischen Jesus ein, indem dieser eine über alles Menschliche hinausgehende Befähigung gewinnt. […] Dies schließt geschichtliche Haftpunkte nicht aus, zumal Überlieferungen
10 selten aus dem Nichts geschaffen werden. […] In den Rettungswundern der Evangelien geht es um die Befreiung aus akuten Notlagen, insbesondere um die Bewahrung vor feindlichen Naturgewalten. Diese stellte der antike Mensch sich als von Engeln oder Dämonen gesteigerte Mächte vor. Aus diesem Grund trägt die wunderbare Sturmstillung *Mk 4,35–41* Züge einer Dämonenvertrei-
15 bung, indem Wind und Wellen als personifizierte Gewalten mit Drohwort, Schweigebefehl und Bindezwang bedacht werden. Die Erzählung ist bereits bei Markus nicht nur christologisch, sondern unterschwellig auch ekklesiologisch akzentuiert. Sie antwortet auf die Frage nach dem Wesen Christi, indem sie von der Furcht erregenden Epiphanie des Gottessohnes als Herr über die
20 Naturgewalten berichtet, nimmt dabei aber auch die Existenznot der Glaubenden in der Situation äußerster Bedrängnis und Anfechtung in den Blick. Matthäus hat die Erzählung konsequent zu einer Nachfolgegeschichte ausgebaut, bei der es nur noch vordergründig um die wunderbare Rettung aus Seenot geht *(Mt 8,23–27)*. Die Sturmstillung bringt als Geschichte gegen die Angst
25 die Gewissheit zum Ausdruck, dass der auf seinen Herrn Vertrauende in den Stürmen des Lebens nicht untergehen wird. […] Stand Jesus im Glauben der Gemeinde erst einmal im Ruf, ein bedeutsamer Wundertäter zu sein, lag es nahe, ihm auch Macht über die Naturgewalten zuzuschreiben.

Bernd Kollmann

Hitda-Codex, Sturmstillung, um 1020

Kaum eine Erzählung bereitet den Menschen heute so große Probleme wie neutestamentliche Wundergeschichten, vor allem dann, wenn sie von spektakulären Eingriffen Jesu in das Naturgeschehen berichten. Wunderglaube wirkt auf viele Menschen befremdlich und gilt als nicht mehr zeitgemäß. Bernd Kollmann erläutert, wie Wundererzählungen entstanden sind, und bietet gemäß gegenwärtiger Forschung eine Deutungsmöglichkeit.

Vernetzung
› Bedenken Sie zur Wirksamkeit Gottes in der Welt die Aspekte, die auf folgenden Doppelseiten entfaltet werden: → S. 96f. (Gebet und Schweigen), → S. 112f. (Zuwendung Gottes), → S. 134f. (Praxis).

Programm, Leitlinie oder Überforderung?

Die Bergpredigt

1 2 3 4 5

Verschaffen Sie sich einen Überblick über den Aufbau der Bergpredigt und stellen Sie diesen in einem Schaubild dar.

1 2 3 4 5

Das Vaterunser *(Mt 6,5–15)* ist ein Text, den Sie sehr gut kennen. Aber seine Aussagen gehen tiefer, als der bzw. die Betende oft wahrnimmt. Nehmen Sie sich Zeit für eine Übung: Sammeln Sie Assoziationen zu Begriffen des Vaterunsers (z.B. Vater, Brot, Schuld, Vergebung, das Böse). Stellen Sie nun auf Basis Ihrer Assoziationen Aussagen zusammen, die das Vaterunser zum Reich Gottes macht.

1 2 3 4 5

Lesen Sie auf Basis des Textes „Jesus und die Tradition Israels" die Antithesen *(Mt 5,21–48)*. Erklären Sie, welches Ziel Jesus mit den Antithesen in *Mt 5,21–26.33–47* verfolgt und auf welche Weise die Reich-Gottes-Botschaft in Erscheinung tritt. Versuchen Sie, das Ergebnis als Standbild darzustellen.

1 2 3 4 5

Prüfen Sie, inwieweit die Bergpredigt für die Lebensgestaltung heute hilfreich sein kann. Setzen Sie sich dazu zunächst mit den Zitaten von Bismarck, Weber und Weizsäcker (→ S. 173) auseinander.

Ein zentraler Text in der Reich-Gottes-Verkündigung Jesu ist die Bergpredigt (Mt 5,1–7,29). Sie ist wie kaum ein anderer Text des Neuen Testaments ebenso umstritten wie geliebt.

Die Bergpredigt ist in ihrer vorliegenden Gestalt eine *Komposition des Evangelisten Matthäus.* […] Dabei darf man feststellen, dass, aufs Ganze gesehen, die eigene Stimme Jesu relativ deutlich zu hören ist:

Ausleger betrachten fast ein Drittel der Mt-Komposition als Originalaussagen

5 Jesu. Dazu gehören ein Anteil von je drei (evtl. vier) der acht Seligpreisungen und der sechs Antithesen, das Salz- und Lichtwort und das Vaterunser. Diese Originalworte Jesu waren in einer Redenquelle zusammengestellt, die man mit Q bezeichnet hat. Q lag offensichtlich Mt und Lk in schriftlicher Form vor, wobei es sich vermutlich um unterschiedliche Versionen handelte. Bei Q geht es

10 um ein sorgfältig erstelltes Kompositionsgefüge, das wegen seiner Singularität gattungsmäßig nicht zu bestimmen ist. Da die Redenquelle aber neben der Passionsgeschichte das zweite wesentliche Bauelement des Evangeliums wurde, legt sich die Bezeichnung „Halbevangelium" nahe.

Die Bergpredigt ist eine Zusammenstellung von Jesusworten, die thematisch

15 gegliedert wurde und so die Gestalt einer Rede gewonnen hat. Der Grundstock der Texte entstammt Q. Dieser wurde um Material aus dem Sondergut des Mt ergänzt. In der lukanischen Feldrede *(Lk 6,20–49)* liegt eine Parallele vor, die weniger *Stoff* enthält, aber in der Anordnung der Stoffe gleich ist. Der Vergleich zeigt, dass Q wohl schon eine Komposition enthielt, zu der vier Seligpreisungen,

20 das Gebot der Feindesliebe und die Warnung vor dem Richten gehörten. […]

Zum Rahmen der Rede Jesu ist darauf hinzuweisen, dass sich Jesus auf einen Berg begibt. Manche Ausleger möchten das als eine Anspielung auf die Gesetzgebung am Sinai verstanden wissen. Aber das ist nicht sicher. Gleichwohl verbindet der Berg auf spezifische Weise Öffentlichkeit und Absonderung. Jesus

25 lehrt nicht im Verborgenen. Aber man muss zu ihm kommen. Zwei Adressaten werden genannt: einmal die Jünger, zum anderen die Volksmenge, die Jesus gefolgt ist. Die Eingrenzung der Bergpredigt auf die Jünger als die Vollkommenen ist so nicht haltbar, weil am Ende *Mt 7,28* eindeutig an das Volk adressiert wird. Das matthäische Evangelium vom Reich Gottes ist ein ethisches Evange-

30 lium und zielt auf die konkrete Lebenspraxis. *Gottfried Adam*

Jesus und die Tradition Israels: Die Antithesen

1 Noch wichtiger für unsere Fragestellung ist aber auch, dass *Mt 5,17–20* vor den sog. „Antithesen" steht. Die in *Mt 5,17–20* ausgedrückte Stellung zur Tradition ist also nicht einfach ein Nachtrag, eine Fußnote oder ein Appendix zu dem ab *5,21* Ausgedrückten, sie ist Grundlage und Verständnisschlüssel des Folgen-

5 den. Bereits *5,17* macht unmissverständlich klar, dass Jesu Forderungen auf keinen Fall dahingehend missverstanden werden wollen, dass sie die Tora, die ja als Weisung Gottes den Willen Gottes zum Ausdruck bringen möchte, und die Propheten, die in Israels Tradition ja als Ausleger der Tora verstanden werden, aufheben oder abändern wollen. Jesus geht es vielmehr um die Frage, wie die

10 Tora in einer Weise erfüllt werden kann, dass dem Willen Gottes, der sich selbst in den kleinsten Geboten ausdrückt, entsprochen werden kann. Und auch ein zweiter Punkt wird deutlich: Die Tatsache, dass die Herrschaft Gottes nahe ist, er auf den Menschen zugeht, verlangt vom Menschen, dass er alles daransetzt, mit größter Ernsthaftigkeit dem in der Tora ausgedrückten und in den Prophe-

15 ten ausgelegten Willen Gottes gerecht zu werden. […]
Die nun folgenden Abschnitte wollen nun nicht ein neuer Gesetzeskodex sein, sondern Beispiele, in denen zum Ausdruck kommt, was die geforderte Umkehr, die Ausrichtung am Willen Gottes bedeuten kann. Ausgangspunkt jeder Forde-rung Jesu ist eine Aussage der Tora, meist in Zusammenhang mit einer Inter-

20 pretation derselben. Jesu Forderungen bedeuten in keinem Falle, dass die Aus-sagen der Tora nun ungültig würden, sie suchen vielmehr zu verstehen, inwiefern die Tora hier zutiefst den Willen Gottes zum Ausdruck bringt. […]
Mt 5,27–30 will natürlich nicht das Verbot des Ehebruchs *(Ex 20,14; Dtn 5,18)* außer Kraft setzen, dem Text liegt auch keine prinzipielle Lust- oder gar Leib-

25 feindlichkeit zugrunde. Ihm geht es stattdessen darum, die Ehe anderer zu achten – ein Verstoß dagegen aber zeigt sich nicht erst im Ehebruch, sondern bereits zuvor. Natürlich ist hier aus patriarchalischer Perspektive formuliert – aber auch Frauen können sich angesprochen fühlen. *Mt 5,31–32* ist vor dem Hintergrund von *Dtn 24,1–4* formuliert, wo der Fall der Scheidung geregelt

30 wird – Jesus aber will es gar nicht so weit kommen lassen. Das Ziel muss sein, die bereits bestehende Ehe zu erhalten. Damit aber steht Jesus in guter jüdi-scher Tradition (vgl. z.B. *Mal 2,13–16*). *Tobias Nicklas*

Mit der Bergpredigt kann man keine Politik machen.
Otto von Bismarck, 1815–1898

Mit der Bergpredigt […] ist nicht zu spaßen. Von ihr gilt, was man von der Kausalität in der Wissenschaft gesagt hat: sie ist kein Fiaker, den man belie-big halten lassen kann, um nach Be-finden ein- und auszusteigen. Son-dern: ganz oder gar nicht, das gerade ist ihr Sinn, wenn etwas anderes als Trivialitäten herauskommen soll.
Max Weber, 1864–1920

Die großen Konflikte der Zeit wären lösbar, wenn wir Menschen die Kraft fänden, persönlich und politisch ge-mäß der Bergpredigt zu handeln. Ihren absoluten sittlichen Forderun-gen zu entsprechen, wäre vielleicht die einzige ausreichende Antwort, um Frieden und Gerechtigkeit zu erlan-gen. Doch wir Menschen scheitern immer wieder an diesen Forderungen.
Richard v. Weizsäcker, 1993

1 2 3 4 **5**
Formulieren Sie nach der Auseinan-dersetzung mit den hier angebotenen Materialien für sich selbst eine Ant-wort darauf, ob die Bergpredigt für Sie ein Programm, Leitlinie oder Überforderung ist.

Vernetzung
› Um mehr über Jesus als Lehrer und seine Beziehung zur Tradition Isra-els zu erfahren, setzen Sie sich mit → S. 164f. auseinander.

Worte zwischen Himmel und Erde

Der Tod Jesu

1 2 3 4 5 6 7 8

Ordnen Sie die Sieben Worte Jesu mithilfe einer Bibel in den Erzählkontext der Evangelien ein und erläutern Sie, welche Funktion ihnen im jeweiligen Kontext zukommt.

1 **2** 3 4 5 6 7 8

Erarbeiten Sie die Akzente, die die Evangelisten mit den berichteten Aussagen Jesu setzen.

1 2 **3** 4 5 6 7 8

Die Sieben Worte Jesu werden besonders in der Fastenzeit meditiert. Begründen Sie die Aktualität und Bedeutung der Worte für den christlichen Glauben heute.

Hinweis zu Mt 27,47: „Die Reaktion einiger Umstehender beruht auf der missverständlichen Meinung, Jesus habe nach Elija gerufen. Der Prophet Elija galt bei den Juden als wirksamster Nothelfer, auch in Todesgefahr. Man wird aber zusätzlich die messianische Bedeutung des Propheten einzukalkulieren haben, der auch Vorläufer des Messias war. Das Ausbleiben des Elija bestätigt den Umstehenden [...], dass der messianische Anspruch Jesu falsch ist."

Joachim Gnilka

Die Sieben Worte Jesu am Kreuz

[33]Sie kamen zur Schädelhöhe; dort kreuzigten sie ihn und die Verbrecher, den einen rechts von ihm, den andern links. [34]Jesus aber betete: „Vater, vergib ihnen, denn sie wissen nicht, was sie tun."

Lk 23,33f.

[41]Einer der Verbrecher, die neben ihm hingen, sagte: „Uns geschieht recht, wir erhalten den Lohn für unsere Taten; dieser aber hat nichts Unrechtes getan." [42]Dann sagte er: „Jesus, denk an mich, wenn du in dein Reich kommst." [43]Jesus antwortete ihm: „Amen, ich sage dir, heute noch wirst du mit mir im Paradies sein."

Lk 23,41–43

[25]Bei dem Kreuz Jesu standen seine Mutter und die Schwester seiner Mutter, Maria, die Frau des Klopas, und Maria von Magdala. [26]Als Jesus seine Mutter sah und bei ihr den Jünger, den er liebte, sagte er zu seiner Mutter: „Frau, siehe, dein Sohn!" [27]Dann sagte er zu dem Jünger: „Siehe, deine Mutter!" Und von jener Stunde an nahm sie der Jünger zu sich.

Joh 19,25–27

[46]Um die neunte Stunde rief Jesus laut: „Eli, Eli, lema sabachtani?", das heißt: „Mein Gott, mein Gott, warum hast du mich verlassen?" [47]Einige von denen, die dabeistanden und es hörten, sagten: „Er ruft nach Elija." *Mt 27,46–47 par.*

[28]Danach, als Jesus wusste, dass nun alles vollbracht war, sagte er, damit sich die Schrift erfüllte: „Mich dürstet." [29]Ein Gefäß mit Essig stand da. Sie steckten einen Schwamm mit Essig auf einen Ysopzweig und hielten ihn an seinen Mund.

Joh 19,28f.

[30a]Als Jesus von dem Essig genommen hatte, sprach er: „Es ist vollbracht!"

Joh 19,30a

[44]Es war etwa um die sechste Stunde, als eine Finsternis über das ganze Land hereinbrach. Sie dauerte bis zur neunten Stunde. [45]Die Sonne verdunkelte sich. Der Vorhang im Tempel riss mitten entzwei [46]und Jesus rief laut: „Vater, in deine Hände lege ich meinen Geist." Nach diesen Worten hauchte er den Geist aus.

Lk 23,44–46

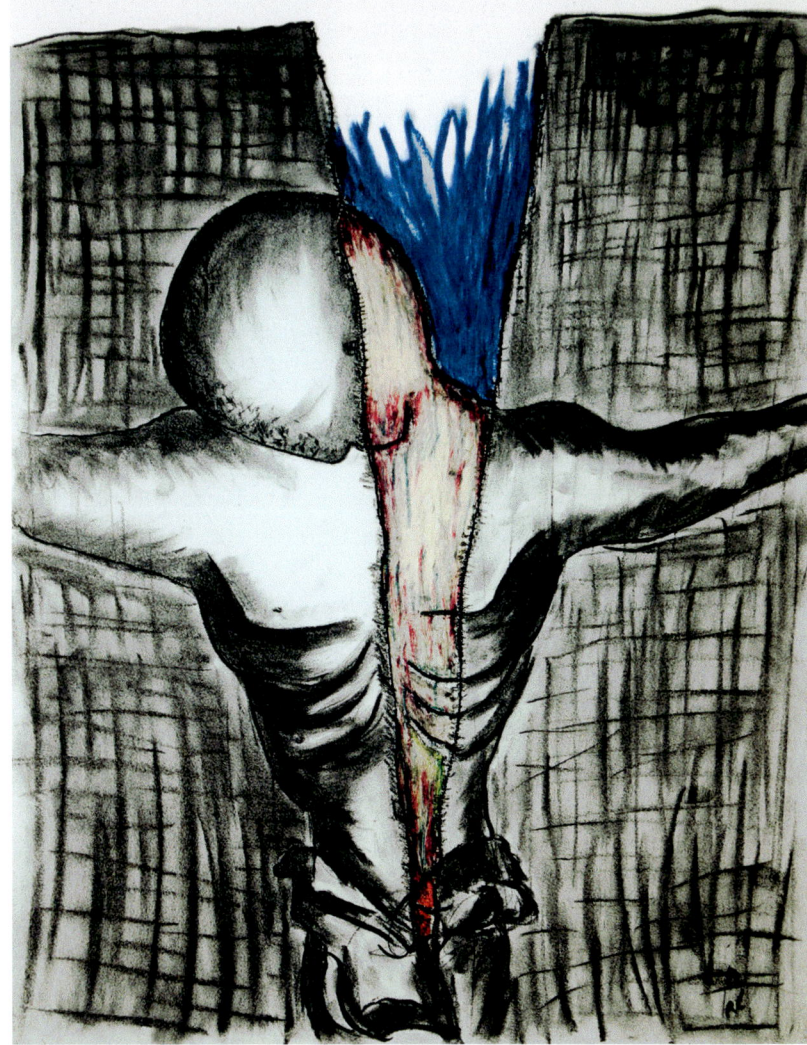

Ralf Commer, Skizze ohne Titel, 1996

Das sogenannte „Faktum"

Dass Jesus am Kreuze starb, ist eine Tatsache. Es gibt zwar auch in diesem Punkt Spinner und Spekulanten, die behaupten, Jesus habe zwar am Kreuz gehangen, aber er sei nicht am Kreuz gestorben. Er sei nur scheintot oder zu Tode erschöpft gewesen, sei bald wieder zu Kräften gekommen und dann nach Indien gegangen. Gut, das sagen Geschäftemacher, die gemerkt haben, dass es hier ein Publikumsinteresse gibt, mit dem sich Geld verdienen lässt. Mit ihnen brauchen wir uns in diesem Zusammenhang nicht zu beschäftigen. Wir setzen mit allen seriösen Historikern voraus, dass Jesus tatsächlich am Kreuz gestorben ist. Aber was ist damit gesagt, wenn man weiß: Jesus von Nazaret starb am Kreuz? Was heißt das?

Gerhard Lohfink

1 2 3 **4** 5 6 7 8

Betrachten Sie das Bild „Skizze ohne Titel" genau! Was wird dargestellt? Achten Sie dabei besonders auf die verschiedenen Ebenen des Vorder- und Hintergrundes.

1 2 3 4 **5** 6 7 8

Setzen Sie sich in Kleingruppen unter Berücksichtigung von *Lk 23,44–46* mit der Frage auseinander, warum der Maler das von ihm gewählte Thema in dieser Weise darstellt. Achten Sie dabei besonders auf die farbliche Gestaltung.

1 2 3 4 5 **6** 7 8

Interpretieren Sie die Darstellung unter Berücksichtigung Ihres bisher erworbenen Wissens zum Tode Jesu.

1 2 3 4 5 6 **7** 8

Beantworten Sie die Frage am Ende des Textes „Das sogenannte ‚Faktum'".

1 2 3 4 5 6 7 **8**

Juden sind von Christen als Gottesmörder beschuldigt und z.T. blutig verfolgt worden. In *Nostra aetate 4* (1965) setzte das 2. Vatikanische Konzil ein Zeichen, um antijudaistischen Tendenzen ein Ende zu setzen (→ S. 36f.). Stellen Sie dar, wie das geschieht.

Vernetzung
> Das Material auf → S. 148ff. sowie → S. 176f. bietet Ihnen weiterführende Gedanken zur Bedeutung des Kreuzestodes Jesu, mit speziellem Blick auf die Verknüpfung von Tod und Auferstehung Jesu.

Warum eigentlich der Tod am Kreuz?

Eine zentrale Frage

Menschen fragen oft nur indirekt nach Erlösung, nämlich dann, wenn sie sich Fragen stellen wie: Wie kann ich mein Leben sinnvoll gestalten und ein erfülltes Leben führen? Wie kann ich meine Selbstzentrierung und -verliebtheit überwinden? Wie kann die Menschheit in der heutigen Welt überleben?

1 2 3 4 5 6
Skizzieren Sie das dargestellte Verständnis von „Erlösung". Achten Sie dabei besonders darauf, wie die einzelnen Modelle miteinander verknüpft sind.

1 **2** 3 4 5 6
Untersuchen Sie, welche Rolle der Tod Jesu am Kreuz und seine Auferstehung für die Frage der Erlösung spielen. Nehmen Sie dabei Bezug zur „Skizze ohne Titel" (→ S. 175).

1 2 **3** 4 5 6
Prüfen Sie, welche weiteren bedeutsamen Aspekte es für die Frage der Erlösung gibt. Bedenken Sie dabei, dass das Kreuz ursprünglich ein Folterinstrument war.

1 2 3 **4** 5 6
Ordnen Sie den Cartoon begründet einem der geschichtlichen Modelle von Erlösung zu. Diskutieren Sie, welche weiteren Möglichkeiten der Interpretation dieses Cartoons es gibt.

Was bedeutet „Erlösung durch Jesus Christus"?

Die christliche Soteriologie (Lehre vom Heil bzw. der Erlösung) geht davon aus, dass der Mensch nicht so ist, wie er sein sollte. In diesem Zusammenhang stellt sich die Frage, wie diese Situation geändert werden kann. Der Glaube an Jesus Christus sowie daran, dass er die Menschen erlöst hat, spielt dabei eine zentrale Rolle. In der ntl. und theologischen Tradition begegnen verschiedene Modelle, die Erlösung des Menschen durch Jesus Christus zu erklären.

Erlösung durch Menschwerdung

Der Gedanke der Erlösung durch Inkarnation (= Menschwerdung) begegnet besonders, aber nicht ausschließlich im Evangelium nach Johannes. Er besagt, dass der Mensch erlöst ist, weil der Sohn bzw. der präexistente, ewige Logos (→ S. 112, 178) Mensch geworden ist und das von Sünde und Tod geprägte menschliche Leben angenommen hat. Erlösung geschieht durch Überwindung von Sünde und Tod. Der Mensch wird auf diese Weise aus der Gottesferne und damit aus der Todesverfallenheit zur Gemeinschaft mit Gott, zum (ewigen) Leben geführt. In der Nachahmung Jesu Christi gewinnt der Mensch letztlich Anteil am göttlichen Leben (vgl. *Gaudium et spes 22*). Demnach bildet die Annahme der menschlichen Natur durch Jesus Christus die Grundlage für die Erlösung.

DIE ERLÖSUNG

Erlösung durch Kreuzestod und Auferstehung

In diesem Modell werden das Kreuz und die Auferstehung Jesu Christi ins Zentrum gerückt. Erlösung wird hier verstanden als Satisfaktion (= Genugtuung) für die Sünde der Menschen. Da die Sünde der Menschen die Schöpfungsordnung stört und die Menschen zu ewiger Verdammnis führt, braucht es Genugtuung. Diese Genugtuung zur Wiederherstellung der Schöpfungsordnung kann nur Gott selbst leisten. Genugtuung *für die Menschen* muss aber durch *einen Menschen* geschehen. Hier kommt Jesus Christus ins Spiel. Er wird Mensch und gibt als solcher freiwillig und aus Liebe sein Leben „als Gabe und Opfer, das Gott gefällt" *(Eph 5,2)*. So wird er zum Erlöser.

Auch wenn hier eine Konzentration auf das Kreuz zu erkennen ist, darf die Auferstehung nicht vernachlässigt werden. Jesus Christus ist von Anfang an der eschatologische Gesandte Gottes. Gott ist in seinem Leben und Sterben präsent, aber besonders auch in der Auferstehung. In ihr tritt noch einmal auf besondere Weise die Verheißung des Lebens, das keinen Tod mehr kennt, hervor. Die Menschen sind von Sünde und Tod befreit.

Erlösung durch den Lebensweg Jesu

Nicht einfach nur die Existenz Jesu Christi ist für die Erlösung bedeutsam, sondern sein ganzer Lebensweg (vgl. *Apg 10,37–43*). Durch seine Lebenspraxis, seine Verkündigung und sein Handeln, aber auch weil Gott in und mit ihm war, eröffnet er den Menschen den zu gehenden Weg, wird er zum Wegführer und fordert Nachahmung. So sind die Menschen „erlöst von der Macht des Bösen […] zur Weggemeinschaft mit Christus" (Franz-Josef Nocke). Jesus Christus hat den Weg gezeigt und vorgelebt. Er ist der Lehrer der Menschlichkeit.

Und heute?

Heute werden diese drei Modelle weitestgehend zusammengefasst. Leben, Tod und Auferstehung Jesu werden als ein Ereignis- und Sinnzusammenhang gedeutet. Erst in allen drei Aspekten gemeinsam zeigt sich der volle Umfang der Liebe Gottes zu den Menschen. „Ohne Jesu Verkündigung wäre Gott nicht als schon gegenwärtige und bedingungslos zuvorkommende Liebe, ohne seine erwiesene Bereitschaft zum Tod nicht der Ernst und die unwiderrufliche Entschiedenheit dieser Liebe und ohne seine Auferweckung nicht ihre verlässliche Treue und todüberwindende Macht und auch nicht Gott selbst als ihr wahrer Ursprung offenbar geworden. In dieser Einheit ihrer Momente ist Jesu Geschichte die Selbstoffenbarung Gottes zum Heile der Menschen" (Thomas Pröpper). Diese Liebe besitzt rettende und erlösende Kraft, auch wenn eine universale Durchsetzung der Liebe noch aussteht.

1 2 3 4 **5** 6
Diskutieren Sie ausgehend von *Eph 5,2* Ihr Verständnis der Bedeutung des Kreuzestodes Jesu als „Gabe" und als „Opfer". Beziehen Sie in Ihre Diskussionen die Erkenntnisse zum Thema „Erlösung" ein.

1 2 3 4 5 **6**
Setzen Sie sich auf Basis der auf dieser Seite erworbenen Erkenntnisse damit auseinander, was es heißt, wenn *Gal 1,4* von Jesus Christus als dem spricht, „der sich für unsere Sünden hingegeben hat, um uns aus der gegenwärtigen bösen Welt zu befreien".

Hymnen des Glaubens und für den Glauben

Erste Glaubensbekenntnisse

Logos

Zuerst geprägt wurde die Idee des Logos durch den Philosophen Heraklit von Ephesus. Die sichtbare Welt ist für ihn ein symbolisches System, das die Wirklichkeit verbirgt und enthüllt. Die Wirklichkeit ist die göttliche Seele der Welt, die sich manifestiert im Kreislauf des Kosmos mit all seinen Veränderungen. In der Gnosis ist der Logos ein göttliches Wesen, das trennend zwischen höchster Gottheit und Welt steht. Als Gesandter soll er die Lichtseelen aus der Verhaftung an die materielle, finstere Welt befreien und so erlösen. Trotz aller Ähnlichkeiten liegt im Johannes-Evangelium ein anderes Verständnis vor: Der präexistente (vgl. → S. 112) johanneische Logos erlöst die durch ihn geschaffene Welt und steht damit in Verbindung zu *Gen 1,1*. In der Einheitsübersetzung wird der griech. Begriff mit „Wort" übersetzt.

Nach Jerusalemer Bibel-Lexikon

1 2 3 4 5 6 7 8

Sammeln Sie in einem Brainstorming Assoziationen mit den Begriffen „Licht", „Finsternis", „Wort", „Fleisch", „Eigentum", „Kind".

1 **2** 3 4 5 6 7 8

Erarbeiten Sie den Aufbau von *Joh 1,1–5.9–18*.

1 2 **3** 4 5 6 7 8

Vergleichen Sie *Joh 1,1–18* mit *Kol 1,15–23* und *Eph 2,13–18*.

Früh in der Geschichte des Christentums begannen die Glaubenden, ihre Erfahrungen mit Jesus in Erzählungen zu fassen, auch, um diese besser zu verstehen. Ebenfalls wurden in dieser Zeit die ersten formelhaften Deutungsansätze des Glaubens versucht. Eine weitere Entwicklung war, dass aus dem historischen Jesus der Christus des Glaubens wurde. Dies schlug sich in den ersten Glaubensbekenntnissen nieder. Joh 1,1–18 ist ein Hymnus (wie Phil 2,5–11) und verkündet in feierlicher, dichterischer Sprache die Bedeutung des Wortes (Logos) Gottes für die Welt und die Glaubenden. Die Verse Joh 1,6–8 unterbrechen in ihrem prosaähnlichen Stil den Rhythmus des Hymnus und sind u.a. aus diesem Grund hier nicht abgedruckt.

Der Prolog

[1]Im Anfang war das Wort, und das Wort war bei Gott, und das Wort war Gott. [2]Im Anfang war es bei Gott. [3]Alles ist durch das Wort geworden, und ohne das Wort wurde nichts, was geworden ist. [4]In ihm war das Leben, und das Leben war das Licht der Menschen. [5]Und das Licht leuchtet in der Finsternis, und die Finsternis hat es nicht erfasst.[...] [9]Das wahre Licht, das jeden Menschen erleuchtet, kam in die Welt. [10]Er war in der Welt, und die Welt ist durch ihn geworden, aber die Welt erkannte ihn nicht. [11]Er kam in sein Eigentum, aber die Seinen nahmen ihn nicht auf. [12]Allen aber, die ihn aufnahmen, gab er Macht, Kinder Gottes zu werden, allen, die an seinen Namen glauben, [13]die nicht aus dem Blut, nicht aus dem Willen des Fleisches, nicht aus dem Willen des Mannes, sondern aus Gott geboren sind. [14]Und das Wort ist Fleisch geworden und hat unter uns gewohnt, und wir haben seine Herrlichkeit gesehen, die Herrlichkeit des einzigen Sohnes vom Vater, voll Gnade und Wahrheit. [15]Johannes legte Zeugnis für ihn ab und rief: Dieser war es, über den ich gesagt habe: Er, der nach mir kommt, ist mir voraus, weil er vor mir war. [16]Aus seiner Fülle haben wir alle empfangen, Gnade über Gnade. [17]Denn das Gesetz wurde durch Mose gegeben, die Gnade und die Wahrheit kamen durch Jesus Christus. [18]Niemand hat Gott je gesehen. Der Einzige, der Gott ist und am Herzen des Vaters ruht, er hat Kunde gebracht.

Joh 1,1–5.9–18

Ein Lehrgedicht als Ausdruck des Glaubens?
Der Philipper-Hymnus

1 Ob Paulus das Lehrgedicht in einer hellenistisch-judenchristlichen Gemeinde,
z.B. im syrischen Antiochia, kennengelernt oder selbst verfasst hat, ist umstritten. Die überwiegende Mehrheit der Ausleger nimmt an, dass dieses Stück in
einer Gemeinde beheimatet ist, in der Judenchristen hellenistischer Prägung
5 mit hellenistischen Heidenchristen zusammenlebten. […] Wenngleich Paulus
das Lehrgedicht vermutlich nicht verfasst hat, so hat er doch mit der Übernahme und Weitervermittlung auch das darin enthaltene Christusbild als für
ihn und die von ihm gegründeten Gemeinden verbindlich anerkannt. Er wird
es bei den Philippern bei früherer Gelegenheit überliefert haben. Jetzt ruft er
10 es ihnen ins Gedächtnis und appelliert an sie, seiner eingedenk zu sein. […]
Da viele Einzelmotive des von Paulus aufgenommenen frühchristlichen, lob-
preisenden Lehrgedichts für Griechen und Römer nichts Fremdes waren,
konnten sie es leicht verstehen. Das charakteristisch Christliche und für au-
ßenstehende Zeitgenossen gleich welcher Volks- und Religionszugehörigkeit
15 Befremdliche war, dass die Gottgleichheit und unermessliche Hoheit über den
aus römischer Sicht als angeblicher Aufrührer rechtmäßig mit dem Sklaven-
und Rebellentod am Kreuz bestraften Juden Jesus von Nazaret ausgesagt
wurde.
Wilfried Eckey

Frans Hals, Johannes der Evangelist,
ca. 1625

Der Philipper-Hymnus
[5]Seid untereinander so gesinnt, wie es
dem Leben in Christus Jesus entspricht: [6]Er war Gott gleich, hielt aber
nicht daran fest, wie Gott zu sein,
[7]sondern er entäußerte sich und
wurde wie ein Sklave und den Menschen gleich. Sein Leben war das
eines Menschen; [8]er erniedrigte sich
und war gehorsam bis zum Tod, bis
zum Tod am Kreuz. [9]Darum hat ihn
Gott über alle erhöht und ihm den
Namen verliehen, der größer ist als
alle Namen, [10]damit alle im Himmel,
auf der Erde und unter der Erde ihre
Knie beugen vor dem Namen Jesu
[11]und jeder Mund bekennt: „Jesus
Christus ist der Herr" – zur Ehre
Gottes, des Vaters.   *Phil 2,5–11*

1 2 3 **4** 5 6 7 8
Finden Sie heraus, was ein Hymnus
ist, und weisen Sie nach, warum *Joh
1,1–5.9–18* und *Phil 2,5–11* als solche
bezeichnet werden.

1 2 3 4 **5** 6 7 8
Betrachten Sie das Bild von Johannes
dem Evangelisten. Erörtern Sie unter
Bezugnahme auf die Form von
Joh 1,1–18, ob die Darstellung passt.

1 2 3 4 5 **6** 7 8
Erklären Sie die Wörter „Mensch-
Gott", „Knechtsgestalt", „himmlisch-
irdisch-überirdisch", „Erhöhung",
„Name" unter Bezugnahme auf
Phil 2,5–11.

1 2 3 4 5 6 **7** 8
Analysieren Sie die inhaltliche und
formale Struktur des „Lehrgedichtes"
Phil 2,5–11.

1 2 3 4 5 6 7 **8**
Nehmen Sie Stellung zu der Frage, ob
Joh 1,1–5.9–18 und *Phil 2,5–11* heute
als christliche Glaubensbekenntnisse
dienen können.

Die Wahrheit wird im Streit geboren

Christusglaube in der Antike

Der Streit über christologische und trinitarische Dogmen vollzog sich auf verschiedenen Ebenen, z.B. bei Konzilien, in Lehrtexten, auch in der Kunst. Zwar geschah dies oft auf unerfreuliche Art, aber die Lehrstreitigkeiten führten auch zu einer Reihe von Ergebnissen, die für den Glauben hilfreich waren. Im Jahre 325 fand im kleinasiatischen Nikaia das erste allgemeine Konzil der Kirche statt, auf dem ein verbindliches Glaubensbekenntnis erarbeitet wurde. Wenn man seinen Wortlaut untersucht, stellt man fest, dass der Text sowohl die Wesensgleichheit von Vater und Sohn als auch ihre personale Unterschiedenheit betont. Die Frage, die am Anfang des Streites stand, wie nämlich Monotheismus und Gottheit Jesu vereinbar seien, wird in dem Glaubensbekenntnis nicht beantwortet. Die Auseinandersetzungen wurden fortgesetzt, und das Konzil von Chalkedon versuchte, darauf Antworten zu geben.

1 2 3 4

Stellen Sie Vermutungen darüber an, warum es eine Entwicklung in den Christusdarstellungen in der Kunst gab. Benennen Sie, welche Veränderungen im Verständnis von Jesus Christus sich daraus ergeben.

In der Kunst gab es einige Entwicklungen. Ab dem 3. Jahrhundert bediente man sich des Bildes des Guten Hirten für Jesus. Dabei wurde auf das Motiv des Schafträgers zurückgegriffen, das in der Antike als Allegorie für Menschenfreundlichkeit galt.
Im 4. Jahrhundert tauchen Darstellungen von Jesus als Lehrer auf. Auffällig ist dabei die Nähe zu Philosophendarstellungen.

Christus als der Gute Hirte, Priscilla-Katakombe, Rom, Ende 3. Jh.

Jesus im Kreise seiner Jünger, Domitilla-Katakombe, Rom, 3. Jh.

Das Glaubensbekenntnis des Konzils von Chalkedon

Die christologischen Probleme, die zum Konzil von Nikaia führten, waren nach Beendigung des Konzils noch nicht gelöst. In der Zeit nach dem Konzil konzentrierte sich das theologische Nachdenken vor allem auf die Lehre von der Trinität und die Frage nach der Verbindung von Gottheit und Menschheit in Christus. Diese Frage hatte zu einer verbissenen Auseinandersetzung zwischen den beiden Patriarchaten Alexandrien (Monophysitismus) und Antiochien (Nestorianismus) geführt. Auf die sich aus dieser Auseinandersetzung ergebenden Fragen wollte das Konzil von Chalkedon (451) eine Antwort geben.

In der Nachfolge der heiligen Väter also lehren wir alle übereinstimmend,
   unseren Herrn Jesus Christus als ein und denselben Sohn zu bekennen:
   derselbe ist vollkommen in der Gottheit
und derselbe ist vollkommen in der Menschheit;
derselbe ist wahrhaft Gott und wahrhaft Mensch
aus vernunftbegabter Seele und Leib;
derselbe ist der Gottheit nach dem Vater wesensgleich
und der Menschheit nach uns wesensgleich,
in allem uns gleich außer der Sünde;
derselbe wurde einerseits der Gottheit nach
vor den Zeiten aus dem Vater gezeugt,
andererseits der Menschheit nach in den letzten Tagen unsertwegen
und um unseres Heiles willen aus Maria, der Jungfrau und
   Gottesgebärerin, geboren,
ein und derselbe ist Christus, der einziggeborene Sohn und Herr,
der in zwei Naturen
unvermischt, unveränderlich, ungetrennt und unteilbar erkannt wird,
wobei nirgends wegen der Einung der Unterschied der Naturen aufgehoben ist,
vielmehr die Eigentümlichkeit jeder der beiden Naturen gewahrt bleibt
und sich in einer Person und einer Hypostase vereinigt;
der einziggeborene Sohn, Gott, das Wort, der Herr Jesus Christus,
ist nicht in zwei Personen geteilt oder getrennt,
sondern ist ein und derselbe, wie es früher die Propheten über ihn
und Jesus Christus selbst es uns gelehrt
und das Bekenntnis der Väter es uns überliefert hat.

Da dies also von uns in jeglicher Hinsicht mit aller Sorgfalt und Gewissenhaftigkeit festgesetzt wurde, beschloss das heilige und ökumenische Konzil, dass keiner einen anderen Glauben vortrage, niederschreiben, verfassen oder anders denken und lehren darf.
Bekenntnis von Chalkedon, 451

1 2 3 4
Formulieren Sie Fragen an das Glaubensbekenntnis: Welche Stellen bereiten Ihnen Verständnisschwierigkeiten, welche Stellen verstehen Sie problemlos? Tauschen Sie sich dann in Kleingruppen in einem stummen Schreibgespräch über Ihre Fragen aus und versuchen Sie gemeinsam, Antworten zu finden.

1 2 **3** 4
Zeigen Sie auf, warum und wie die Entscheidung des Konzils von Chalkedon einen langen christologischen Streit beenden konnte. Recherchieren Sie dazu zunächst die Bedeutung von „Monophysitismus" und „Nestorianismus".

1 2 3 **4**
Vergleichen Sie den Text des Glaubensbekenntnisses von Chalkedon mit dem heutigen Apostolischen Glaubensbekenntnis. Prüfen Sie, welcher Text zum Ausdruck des Glaubens Ihrer Meinung nach geeigneter ist.

Vernetzung
› Für eine Auseinandersetzung mit historischen und aktuellen Diskussionen zu den genannten christologischen und trinitarischen Fragen bietet das Kapitel *Gottes Verständnis* (→ S. 112f.; 118ff.) hilfreiche Impulse.

Projektidee
› Bereiten Sie mithilfe des Internets und verschiedener Lexika Kurzvorträge über folgende Lehren vor, die sich im 4./5. Jh. entwickelten und das Denken vieler beeinflussten: *Adoptianismus, Doketismus, Modalismus, Subordinatianismus, Arianismus, Monophysitismus, Nestorianismus.*

1 2 3 4

Beschreiben und interpretieren Sie die Christusdarstellungen auf dieser Doppelseite mit Blick auf ihre Bedeutung für die Betrachtenden zur Zeit der Entstehung und heute.

1 **2** 3 4

Neben den Pestkreuzen entstanden im Mittelalter viele weitere Kreuzesdarstellungen, z.B. das Gerokreuz im Kölner Dom oder das Imervard-Kreuz im Braunschweiger Dom. Finden Sie Informationen zu diesen beiden Kreuzen und arbeiten Sie ihre Bedeutung für damals und heute heraus. Vielleicht stoßen Sie bei Ihrer Recherche auf weitere solcher Kreuze, über die Sie berichten können.

1 2 **3** 4

Analysieren Sie, welche Grundhaltung in Kempens „Mystische Vereinigung" zum Ausdruck kommt. Vergleichen Sie anschließend diese Grundhaltung mit dem Verständnis, das in den auf dieser Doppelseite zu findenden Darstellungen Jesu aus der gleichen Zeit zum Ausdruck kommt.

1 2 3 **4**

Erörtern Sie, ob die Christusdarstellungen oder die Erbauungsliteratur des Mittelalters auch für Menschen heute noch interessant sein können.

Im Mittelalter, vor allem in der Gotik (13.–14. Jh.), wird verstärkt die Frage der Menschlichkeit Jesu in der bildenden Kunst aufgegriffen. Seine Niedrigkeit, Gebrochenheit und Erbärmlichkeit stehen oft im Zentrum der Darstellungen. Der leidende und von Schmerzen entstellte Christus diente vielen Menschen als Trost, da sie sich mit diesem Christus in ihren eigenen Leidenserfahrungen verbunden fühlten und so eine Identifikation erleichtert wurde. Diese Darstellung zeigte sich z.B. in den sog. Pestkreuzen, die zum Gedenken an die Opfer der großen mittelalterlichen Pestepidemien geschaffen wurden.

Pestkreuz, St.-Paulus-Dom, Münster, spätes 14. Jh.

Es gab in der Spiritualität Bemühungen, sich mit Jesus Christus zu beschäftigen, z.B. im „Leben Jesu Christi", einem der meistgelesenen Erbauungsbücher des Spätmittelalters, verfasst von Ludolf von Sachsen (um 1300–1378). Dieses Buch beeinflusste z.B. die Exerzitien von Ignatius von Loyola. Auch *De imitatione Christi* (dt. „Nachfolge Christi"; um 1418) von Thomas von Kempen (ca. 1380–1471) war ein weit verbreitetes und oft gelesenes geistliches Buch.

Mystische Vereinigung

O du mein liebster Bräutigam, Jesus Christus, du heiligster Freund unsterblicher Seelen, du Gebieter und Beherrscher aller Geschöpfe! Wer gibt mir die Flügel der wahren Freiheit, dass ich auffliege zu dir, dass ich Ruhe und Seligkeit in dir finde? O wann wird es mir gegeben werden, von allem, was mich bindet und hemmt, frei zu sein und zu schauen und zu erfahren, wie süß es sei, dich, meinen Gott, zu genießen? Wann werde ich mein ganzes Wesen in dir allein sammeln und in Liebe zu dir meiner selbst vergessen und nichts als dich, dich empfinden und genießen können, dich genießen auf eine Weise, die die wenigsten kennen und die alle gewöhnlichen Weisen und Empfindungen übersteigt?

De imitatione Christi, III, 21,3

Thomas von Kempen, 1460

Vernetzung
› Beziehen Sie als weitere, zeitlich später einzuordnende Form des spirituellen Zugangs zu Jesus Christus die geistlichen Übungen des Ignatius von Loyola ein (→ S. 187).
› Beziehen Sie zum Verständnis der Mystik → S. 122f. ein.

Projektidee
› Untersuchen Sie, welche sozialen, gesellschaftlichen und politischen Entwicklungen der Geschichte für die Veränderungen im Christusbild von der Antike zum Mittelalter verantwortlich sein könnten.

Auch Darstellungen Jesu als Beau Dieu (franz. für „schöner Gott") waren üblich. Dies ist die Bezeichnung für einen in der französischen Frühgotik idealisiert gestalteten Christustypus, der meist in Verbindung mit Kirchenportalen (Weltgerichtsportale) zu finden ist. Die rechte Hand der Statue ist zum Segnungsgestus erhoben, in der Linken hält er das Buch des Lebens.

Beau Dieu, Amiens, ca. 13./14. Jh.

183

Der Name ist Programm

Deutungen Jesu durch Hoheitstitel

Viele Hoheitstitel werden im Neuen Testament für Jesus, z.T. in Anlehnung an das Alte Testament, verwendet, z.B.

› *Sohn Gottes (Mk 1,1; Mk 15,39; vgl. Ex 4,22; Hos 11,1; Gal 3,26; Joh 1,14; Joh 3,16.18)*
› *Menschensohn (Ez; Ps 8,5; Ijob 25,6; Dan 7,13f.; Lk 9,58; Mk 9,31; 10,33; 14,41; Lk 12,8–10)*
› *Knecht (Apg 3,26; Phil 2,7)*
› *Prophet (Lk 7,16; Joh 6,14; Apg 3,22f.)*
› *Rabbi (Mt 26,25)*
› *Sohn Davids (Mk 10,47f.; Mt 21,15)*
› *König Israels (Mt 21,5; Lk 19,38)*
› *Immanuel (Mt 1,23)*

1 2 3 4 5 6

Sammeln Sie in Form eines Brainstormings Assoziationen zu den Begriffen, die als Hoheitstitel verwendet werden. Erläutern Sie davon ausgehend, was Sie mit den genannten Hoheitstiteln verbinden.

1 **2** 3 4 5 6

Erarbeiten Sie anhand der gegebenen Textstellen die Bedeutung einzelner für Sie und Ihr Leben relevanter Hoheitstitel.

1 2 **3** 4 5 6

Fassen Sie die Kernaussagen der Ausführungen zu den Namen und Titeln Jesu zusammen. Berücksichtigen Sie dabei besonders die Aussagen zu den genannten Hoheitstiteln. Erläutern Sie davon ausgehend, inwiefern die Bezeichnungen für Jesus Programm sind.

Nach Phil 2,9 ist Jesus der, dessen Name „größer ist als alle Namen". Im Neuen Testament werden ihm viele Namen gegeben, um sich seiner Bedeutung zu nähern, z.B. Jesus, Immanuel, Christus, Kyrios/Herr.

Namen mit Gottesbezug und mit Bedeutung für die Menschen

1 Viele der Namen für Jesus implizieren einen direkten Gottesbezug. Dies wird bereits deutlich am Namen Jesus, der Maria bei der Verkündigung des Kindes genannt wird (vgl. *Mt 1,21; Lk 1,31*). Jesus ist der nach griechischem Muster geformte Name von Jehoschua. Es bedeutet „Jahwe hilft" oder „Jahwe ist Ret-
5 tung". In Rückgriff auf *Jes 7,14* ergänzt der Evangelist Matthäus: „… und man wird ihm den Namen Immanuel geben, das heißt übersetzt: Gott ist mit uns" *(Mt 1,23)*. Immanuel weist direkt auf den Jahwenamen *(Ex 3,14)* hin. Diese beiden Namen spielen direkt auf das rettende Handeln Gottes in Jesus an. Denn bedenkt man, dass ein Name im jüdischen Verständnis auch eine Aussage über
10 den Charakter und die Bestimmung des Trägers macht, wird also allein schon in den Namen eine großartige Aussage über Jesus gemacht. Nomen est omen. „Für wen halten mich die Menschen?" *(Mk 8,27)*, fragt Jesus eines Tages und erhält verschiedene Antworten von seinen Jüngern: für Elija, einen anderen Propheten, für den Messias *(Mk 8,28f.)*. Das Neue Testament findet eine Viel-
15 zahl weiterer Titel: Helfer, Retter, Hirte, Rabbi, Meister, Sohn Davids, Sohn Gottes, Menschensohn. Alle diese Kurztitel oder Formeln beinhalten keine Spekulation über das Wesen Jesu, sondern sie vermitteln in ihrer Bedeutung das rettende Heilshandeln Gottes in und durch Jesus.

Hirte, Retter und Christus

1 Einer der bekanntesten Titel ist *Christos*, die griechische Übersetzung des aramäischen meschiha (Messias). Es heißt „Gesalbter". Hier wird also eine Handlung bei der Inthronisierung eines Königs für die Namensgebung verwendet. Auch das Zepter, das im Alten Orient die Form eines Hirtenstabes hatte, wird
5 als weiteres Element der Königs-Investitur *(Gen 49,10; Num 24,17; Ps 110,2)* aufgegriffen. Der häufig für Jesus verwendete Titel des (guten) Hirten war im Alten Orient für den Herrscher ebenfalls bekannt. Auch Augustus ließ sich als guter Hirte, der ein Schaf auf der Schulter trägt, darstellen. Dieses Motiv wird in späteren Christusdarstellungen in veränderter Form auf Jesus übertragen.

Jan und Hubert van Eyck, Die Anbetung des Lamm Gottes (Altarretabel), 1432

10 Die Titel „der gute Hirte" und der „Gesalbte" leiten sich also aus Inthronisati-
onselementen altorientalischer Herrscher ab.

Die jüdische Messiasvorstellung versteht den Messias auch als triumphieren-
den Sieger, als Stifter des Friedens und als Herrscher über den Weltenkreis
15 (z.B. *Sach 9,9–17*). Auf diese Vorstellung, ebenso wie auf die prophetischen
Texte, die die Erfahrung von Verlust, Niederlage und Ohnmacht im Exil thematisieren, greift das Neue Testament in seiner Bezeichnung Jesu als Messias
zurück. Vor allem das Kommen des Messias als idealer König, der eine eschatologische, heilvolle Wende vollzieht, wird wieder aufgegriffen: Armen wider-
20 fährt Gerechtigkeit, Taube hören, Blinde sehen, Verlorene werden getröstet
(*Jes 9,1ff.; 11; 29,18ff.; 42,7; 61*). In Jesus ist dieser ideale König gekommen.

In den Namen und Titeln, die das Neue Testament für Jesus verwendet, ist sein
ganzes (Heils-)Programm enthalten. Vom Glauben an die Auferstehung ge-
25 prägt, wollen die Evangelien nicht über Jesus berichten, sondern von Jesus
dem Christus erzählen.

Nach Monika Fander

1 2 3 **4** 5 6

Das Bild „Die Anbetung des Lamm
Gottes" ist ein Altarretabel (von lat.
retro tabula altaris „Tafel hinter dem
Altar", also eine Art Altaraufsatz) in
der Genter St. Bavo-Kathedrale.
Untersuchen Sie das Bild unter Be-
rücksichtigung von *Offb 7,9* und der
Tatsache, dass es ein Altarretabel ist.

1 2 3 4 **5** 6

Beurteilen Sie auf Basis der hier zu
findenden Informationen, welcher
Hoheitstitel für die Menschen heute
verständlich und für ihren Glauben
prägend sein kann.

1 2 3 4 5 **6**

Formulieren Sie selbst Hoheitstitel
für Jesus, die in der heutigen Gesellschaft bedeutsam sein können. Die
Arbeitsergebnisse können Sie in Ihr
Lerntagebuch übernehmen.

Mit Augen, Ohren, Zunge und Herz

Spirituelles Leben aus der Christusbeziehung

1 2 3 4 5 6 7 8

Benennen Sie Formen von Spiritualität, die Sie kennen. Skizzieren Sie, was daran „spirituell" ist.

1 **2** 3 4 5 6 7 8

Sichten Sie das Material zur Spiritualität auf diesen Seiten. Beschreiben Sie die einzelnen Formen und erläutern Sie, warum es (nicht) gut ist, dass es viele Formen von Spiritualität gibt.

1 2 **3** 4 5 6 7 8

Diskutieren Sie in Form eines Placemat, warum der Alltag „der Ort der Spiritualität des Menschen" (Thomas Dienberg) ist und sein muss.

1 2 3 **4** 5 6 7 8

Informieren Sie sich mithilfe des Internets und → S. 224f. über Taizé und finden Sie Gründe, warum diese Form der Spiritualität für Menschen (nicht) ansprechend ist. Beziehen Sie sich dabei auch auf das Gebet und das Bild auf dieser Seite.

1 2 3 4 **5** 6 7 8

Setzen Sie das Zitat von Richard Körner in Beziehung zu den einzelnen Formen der Spiritualität.

Spiritualität (von lat. „spiritus – Geist, Hauch") bedeutet im religiösen Bereich eine auf geistliches Leben ausgerichtete Haltung. Es geht um ein Leben, das mental über die endliche Erfahrungswelt hinausgeht, z.B. unter Bezug auf Gott. Dieses Leben realisiert sich mit und in Erfahrungen. Erfahrungen veranlassen einen Menschen dazu, sich und sein Leben mit dem Evangelium zu konfrontieren und sich vom Evangelium umformen zu lassen. Es ist ein Leben in der Nachfolge, im Aufbruch und im Unterwegs-Sein. Dabei gibt es verschiedene Formen von Spiritualität (Meditation, Betrachtung, Gebet, Gesang), die allein oder in Gruppen praktiziert werden.

Religion und damit Spiritualität darf sich nicht jenseits des Alltags bewegen, will sie den Weg und die Biografie des Menschen ernst nehmen. Der Ort der Spiritualität des Menschen ist der Alltag. *Thomas Dienberg*

O Jesu, all mein Leben bist Du, ohne Dich nur Tod. Meine Nahrung bist Du, ohne Dich nur Not. Meine Freude bist Du, ohne Dich nur Leid. Meine Ruhe bist Du, ohne Dich nur Streit, o Jesu!
O Jesu, all mein Glaube bist Du, Ursprung allen Lichts. Meine Hoffnung bist Du, Heiland des Gerichts. Meine Liebe bist Du, Trost und Seligkeit. All mein Leben bist Du, Gott der Herrlichkeit, o Jesu! *Gotteslob, Nr. 472*

Jesus Christus, von Anfang an warst du in Gott. Seit Beginn der Menschheit warst du lebendiges Wort. Du bist gekommen und hast uns das schlichte Vertrauen des Glaubens nahegebracht. Es kommt der Tag, an dem wir sagen können: Ich gehöre Christus, ich bin aus Christus. *Gebet zu Weihnachten, Taizé*

Abendgebet in Taizé

186

Öffne deine Augen, neige dein Ohr, löse deine Zunge und erschließe dein Herz: Die Geistlichen Übungen des Ignatius von Loyola

1 „Wir sollten die Gegenwart unseres Herrn in allen Dingen suchen, im Sprechen, im Gehen, Sehen, Schmecken, Hören, Denken, überhaupt in allem, was wir tun." Dieses Ignatius von Loyola zugeschriebene Zitat zeigt, als wie wichtig er seine persönliche Christusbeziehung für sein Leben erachtet. Christus ist für Ignatius nicht
5 nur Herr und Gott, sondern auch Freund. Darum sollte sich jeder Mensch darum bemühen, Christus nicht nur mit dem Kopf kennenzulernen. Im Glauben soll Christus immer mehr auch „von innen her" erkannt werden. Dies geschieht in vier Schritten in Form von geistlichen Übungen, die alle christozentrisch ausgerichtet sind. Die vier Schritte lassen sich dabei auf vier Wochen verteilen.
10 Die *erste Woche* ist der Betrachtung der Sünde gewidmet. Der Mensch besinnt sich auf die Liebe und Barmherzigkeit Gottes, die sich im Leiden und Kreuzestod Jesu zeigten und den Menschen aus Sünde und Tod befreiten. Im Mittelpunkt dieser Woche steht daher die Reinigung und Umkehr. Die Woche endet klassischerweise mit einer Beichte. Die *zweite Woche* stellt die Betrachtung des Lebens Christi ins
15 Zentrum. Durch eine intensive Auseinandersetzung mit der Hl. Schrift, vor allem durch Meditation, begegnet der Mensch dem biblischen Christus. So soll er zu sich selbst finden. Damit dies geschehen kann, ist mitunter eine Korrektur des Christusbildes anhand der Bibel notwendig. Am Ende dieser Woche sollten nach reiflicher Überlegung Entscheidungen, die anstehen, getroffen werden. Die *dritte Woche* be-
20 trachtet das Leiden und Sterben Christi. Thema wird dabei auch das eigene Leiden, die Krise, die Erfahrung der dunklen Nacht. Die zuvor erworbenen „Erleuchtungen" durch die Meditation der Hl. Schrift müssen sich bewähren. Der Mensch wird herausgefordert und an seine eigenen Grenzen geführt. Das eigene Leiden und die eigene Erfahrung der Gottverlassenheit werden wieder in Bezug zum Weg der Er-
25 lösung durch Christi Leid und Tod gesetzt. Die *vierte Woche* bildet mit der Betrachtung der Auferstehung und Himmelfahrt Jesu den Abschluss. Dem Menschen wird vor Augen geführt, woraus er Gelassenheit und Frieden, d.h. Trost, schöpfen kann. Hier findet quasi eine Vereinigung mit dem auferstandenen Christus statt.
Um seine Beziehung zu Christus zu vertiefen, ist es nach Ignatius notwendig, die
30 Hl. Schrift immer wieder zu betrachten und zu meditieren. Geschieht dies, kann Christus beim Menschen ankommen. Denn: „So spricht Er: Ich stehe vor der Tür und klopfe an. Wer meine Stimme hört und die Tür öffnet, bei dem werde ich eintreten." *(Offb 3,20)*

Um ein geistliches Leben zu beginnen, braucht man nur ein wenig Neugier: Was ist das für einer, dieser Mann, der von sich sagt, dass er Gottes Sohn ist, und in dem Menschen aller Generationen ihren Lebensinhalt gefunden haben? Geistlich lebt, wer sich mit Jesus Christus einlässt und – wie Edith Stein sagt – das Studium der „Kreuzeswissenschaft" beginnt.

Reinhard Körner

Ignatius von Loyola ist Gründer des Ordens der Jesuiten. 1521 durch mystische Erlebnisse bekehrt, wurde er 1537 zum Priester geweiht. Der größere Dienst für Gott und der Nutzen für die Seelen werden zu den Grundinhalten seiner Spiritualität. Diese Ausrichtung ist u.a. der Grund, dass bis heute sein Konzept für viele Formen der geistlichen Begleitung prägend ist.

1 2 3 4 5 **6** 7 8
Skizzieren Sie die Grundidee und die einzelnen Schritte der geistlichen Übungen des Ignatius.

1 2 3 4 5 6 **7** 8
Setzen Sie sich mit der Frage auseinander, ob die geistlichen Übungen als Form der Spiritualität für Sie persönlich geeignet wären.

1 2 3 4 5 6 7 **8**
Interpretieren Sie das Ignatius zugeschriebene Gebet „Seele Christi" (Gotteslob, Nr. 6, Abschnitt 7) auf Basis seiner geistlichen Übungen.

Vernetzung
› Die Bedeutung Christi für die Spiritualität können Sie auf der Basis der Informationen auf → S. 148ff. und → S. 162ff. besser einschätzen.

Projektidee
› Überlegen Sie, ob Sie als Kurs eine Ausdrucksform der Spiritualität ausprobieren möchten. Das kann z.B. die Vorbereitung und Durchführung einer liturgischen Feier (Spätschicht, Gottesdienst) oder ein gemeinsamer Besinnungstag sein.

Grund der Spaltung, Band der Einigung?

Jesus im Judentum

Der Stifter des Christentums [...] befestigte [...] mit aller Kraft die Tora Mosis, denn keiner unserer Weisen hat mit größerem Nachdruck die ewige Verbindlichkeit der Gotteslehre betont und bestätigt; andererseits erwies er den Heiden eine große Wohltat [...], indem er die Abgötterei abschaffte, sie vom Götzendienst befreite und sie zu den sieben Noachidischen Geboten verpflichtete. [...] Er versuchte in der Tat, sie zu vervollkommnen mittels einer Morallehre, die noch viel schwerer ist als die Tora Mosis.

Rabbi Jakob Emden, 1697–1776

Unter allem Guten und Großen, das die Menschheit hervorgebracht hat, ist nichts annähernd so universal in seinem Anspruch und Einfluss wie Jesus. Er ist die anziehendste Gestalt der Weltgeschichte geworden. In seiner Person vereint er das Beste und Tiefste Israels – des ewigen Volkes, dessen Sohn er war. [...] Der Jude kann nicht umhin, stolz darauf zu sein, was Jesus für die Welt bedeutet. Noch kann er sich der Hoffnung entschlagen, dass Jesus zum Band der Einigung zwischen Jude und Christ werde, nachdem Missverständnisse entfernt sind und seine Lehre besser verstanden wird.

Rabbi H.G. Enelow, 1877–1934

Als Jude ist Jesus eine Person, mit der sich immer wieder Autorinnen und Autoren des jüdischen Glaubens beschäftigen. Die Frage, ob sie Jesus aufgrund seiner jüdischen Herkunft besser verstehen können, muss offenbleiben. Wichtig ist es zu betrachten, wie Jesus in der jüdischen Forschung rezipiert und welche Bedeutung ihm im jüdischen Glauben beigemessen wird. Folgende Informationen und Zitate helfen dabei.

Josef Imbach äußert sich wie folgt zu Bemerkungen über Jesus im Talmud. Dass er als christlicher Autor betont, dass hier keine „antichristliche jüdische Grundeinstellung" vorliegt, ist besonders zu beachten.

1 Gerade 15 von rund 15.000 Seiten widmen die talmudischen Schriften der Person Jesu. Mit anderen Worten, Israels berühmtester Sohn wird bloß am Rand erwähnt. [...] Der polemische Ton dieser wenigen Talmudstellen darf nicht überschätzt werden. In erster Linie ging es nämlich nicht darum, das Christen-

5 tum zu diskreditieren. Vielmehr sollten die nach der konstantinischen Wende im vierten Jahrhundert weithin rechtlos gewordenen Juden gegenüber dem übermächtigen Druck der Kirche unempfindlich gemacht werden. Anders ausgedrückt, nicht eine antichristliche jüdische Grundeinstellung, sondern der Wille zur Selbstbehauptung führte dazu, dass apologetisch und polemisch ein-

10 gefärbte Jesuslegenden in den Talmud Eingang fanden.

Diese Legenden wurden, wahrscheinlich seit dem 10. Jahrhundert, zu den *Toledot Jeschu* (Die Generationen Jesu) erweitert. [...] Altes Sagengut, die Lust am Satirischen und die Volksfantasie sind in den *Toledot Jeschu* ebenso gegenwärtig wie das ohnmächtige Aufbegehren und die hilflose Wut eines verfolgten

15 und erniedrigten Volkes.

Bedeutende Vertreter des Judentums haben sich in der Folge von den „Toledot Jeschu" ausdrücklich distanziert.

Josef Imbach

Marc Chagall, Weiße Kreuzigung, 1938

Die schwierigsten unerledigten Fragen zwischen Judentum und Christentum betreffen die Gottheit Jesu, die Inkarnation und die Trinität – drei Stichworte, die zwar nicht gleichbedeutend sind, aber doch sämtlich unterstellen, Jesus sei nicht bloß ein menschliches Wesen, sondern zugleich Gott gewesen. Gegenüber diesem Anspruch werden alle anderen christlichen Behauptungen, wie die, dass Jesus der Messias sei, bestenfalls zweitrangig. […] Einfach ausgedrückt spreche ich von dem Axiom, dass Gott das jüdische Volk als ganzes erwählt hat und dass auch, obwohl er aus seinem Volk Propheten, Könige, Retter und Priester berufen hat […], sie alle ihre Bedeutung nur insofern hatten, als sie aus Israel kamen und nach Israel zurückkehrten als Glieder der Nation, die Gott erwählt hatte und der er geschworen hatte, sie nicht zu verwerfen. Wenn wir die Hebräische Bibel ernst nehmen, kann es keinen Einzelnen geben, so bedeutend und prominent er auch sein mag, dessen Gottesbeziehung einseitig ist, sodass dabei das Volk Israel nicht der entscheidende Zweck wäre, dem diese Beziehung dient.

Michael Wyschogrod

Dass die Christenheit ihn als Gott und Erlöser angesehen hat und ansieht, ist mir immer als eine Tatsache von höchstem Ernst erschienen, die ich um seinet- und meinetwillen zu begreifen suchen muss.   *Martin Buber*

Der Glaube Jesu einigt uns, aber der Glaube an Jesus trennt uns.
Schalom Ben-Chorin

1 2 3 4
Erarbeiten Sie anhand des gegebenen Materials einen Überblick, wie sich das Jesusbild im Judentum im Laufe der Jahrhunderte entwickelt und verändert hat. Beachten Sie dabei, dass auf Basis des Materials keine generelle Aussage gemacht werden kann, da hier einzelne Personen zur Sprache kommen.

1 **2** 3 4
Befragen Sie die Texte daraufhin, welches Problem der jeweilige Verfasser mit Blick auf die Stellung Jesu im Christentum hat.

1 2 **3** 4
Erarbeiten Sie auf Basis Ihrer bisherigen Arbeitsergebnisse, wie Jesus Grund der Spaltung und doch ein Band der Einigung sein kann. Das Zitat von Schalom Ben-Chorin kann dabei helfen.

1 2 3 **4**
Entwerfen Sie Perspektiven, wie trotz des unterschiedlichen Verständnisses von Jesus ein jüdisch-christlicher Dialog weiter vorangetrieben werden kann.

Vernetzung
› Beziehen Sie die Informationen von → S. 162ff. (Jesus als Jude) ein. Bedenken Sie auch die Texte zum interreligiösen Dialog → S. 34ff.

Ein unerledigtes Problem

Die sogenannte Karfreitagsfürbitte für die Juden ist eine der Großen Fürbitten in der Karfreitagsliturgie nach dem römischen Ritus. Sie entstand bereits im 6. Jahrhundert und nannte die Juden seit 750 „treulos", ihren Glauben „jüdische Treulosigkeit" und mündete in der Bitte, den „Schleier von ihren Herzen" zu nehmen, damit sie Jesus Christus erkennen und der „Verblendung ihres Volkes" und der „Finsternis" entrissen werden. Im Laufe der Geschichte war sie wiederholt Anlass für Übergriffe auf Juden. Nach der Schoah wurde vermehrt Kritik an der Formulierung dieser Fürbitte laut, sodass sie Schritt für Schritt bis zu der heute gültigen Normalfassung von 1970 verändert wurde. Seit 1984 gibt es eine lateinische Ausnahmefassung, die 2008 von Papst Benedikt XVI. für die Verwendung im außerordentlichen Ritus (d.h. der Form aus der Zeit vor der Reform der Messliturgie, die 1970 nach dem 2. Vatikanischen Konzil erfolgte) neu formuliert wurde. Diese Form rief Proteste und Störungen im katholisch-jüdischen Dialog hervor. Die abgedruckten Texte sowie die Reaktion verschiedener jüdischer und christlicher Theologen können dabei helfen, sich z.B. in Form einer Podiumsdiskussion ein Urteil über die Fürbitte zu bilden.

Henry G. Brandt (geb. 1927) ist ein deutscher Rabbiner, der sich engagiert für den jüdisch-christlichen Dialog einsetzt.
Auch wenn man nicht die Absicht hegt, daraus einen Auftrag, Juden zu missionieren, abzuleiten, wird sie [die Karfreitagsfürbitte] trotzdem weitgehend so verstanden werden; und wenn nicht, eine Geringerschätzung des jüdischen Selbstverständnisses enthalten die Worte allemal! Sonst bräuchten die Juden keine besondere „Erleuchtung"! […] Im schlimmsten Fall ist solch eine Haltung arrogant, überheblich, gefährlich und einladend zur Gewalt und Ausgrenzung. Wenn man schon um „Erleuchtung" beten will, darf man sich selbst aus dieser Bitte nicht ausschließen, denn Erleuchtung tut uns allen not. Da sitzen wir – Juden und Christen – in einem Boot.	*Rabbiner Henry G. Brandt*

Walter Homolka (geb. 1964) ist ein deutscher liberaler Rabbiner und arbeitet in der Rabbinerkonferenz des Zentralrats der Juden in Deutschland und im Gesprächskreis „Juden und Christen" beim Zentralkomitee der deutschen Katholiken mit.
Als höhnisch müssen Juden es empfinden, wenn ausgerechnet im Umfeld von Karfreitag und Ostern die Katholische Kirche wieder für die Erleuchtung der Juden bittet, damit wir Jesus als Heiland erkennen. […] Unsere Furcht ist, dass die Erkenntnisse auf der Grundlage des 2. Vatikanischen Konzils in den Hintergrund rücken könnten. Unsere Hoffnung ist, dass die *ecclesia triumphans* des alten Ritus keine geistige Wiederbelebung findet. Die Beziehungen zwischen Katholischer Kirche und der jüdischen Gemeinschaft stehen durch den unfreundlichen Akt der Neufassung der Karfreitagsfürbitte schlagartig vor einer Zerreißprobe, wie schon seit Jahrzehnten nicht mehr. Es obliegt der weiteren theologischen Diskussion, im jüdischen Nein zu Jesus Christus den Ausdruck jüdischer Treue zur eigenen Berufung und eine Voraussetzung für das Werden der Kirche zu bedenken. Das mühsam Erreichte im jüdisch-katholischen Verhältnis ist noch nicht gesichert und wir bemerken beinahe jeden Tag, dass es gefährdet ist.	*Rabbiner Walter Homolka*

Erich Zenger (1939–2010) war katholischer Theologe, atl. Bibelwissenschaftler und hat sich besonders um den jüdisch-christlichen Dialog verdient gemacht.

Juden sehen meines Erachtens zu Recht in dieser Gebetseinleitung eine Abwertung ihrer Religion, die doch mit dem Christentum in einer einzigartigen Beziehung steht. Gewiss: Für das Christentum ist Jesus Christus der Retter aller Menschen. Dieses christliche Grundbekenntnis wollen Juden keinem Christen ausreden. Aber Juden protestieren zu Recht, wenn Christen, die die einzigartige Beziehung von Judentum und Christentum betonen, Juden wegen ihres Nein zu Jesus immer noch als „verblendet" und das Judentum als gegenüber dem Christentum minderwertig bezeichnen. *Erich Zenger*

Verlautbarung des Vatikanischen Staatssekretariats zur neuen Karfreitagsfürbitte vom 4. April 2008

Der Heilige Stuhl möchte versichern, dass die neue Formulierung des Gebets, die einige Aussagen des Missale von 1962 modifiziert, nichts an dem Respekt der Katholischen Kirche gegenüber den Juden zu ändern beabsichtigt, der sich auf der Grundlage des 2. Vatikanischen Konzils entwickelt hat, speziell der Erklärung „Nostra aetate". Papst Benedikt XVI. hat am 15. September 2005 in einer Audienz für die Oberrabbiner Israels sogar festgestellt, dass dieses Dokument „sich als Meilenstein auf dem Weg zur Versöhnung von Christen mit dem jüdischen Volk erwiesen habe". Dass das Gebet im Missale von 1970 im vollen Gebrauch bleibt und die ordentliche Form katholischen Betens ist, zeigt, dass die Position von „Nostra aetate" nach wie vor Gültigkeit hat.

Im Kontext anderer Konzilsaussagen – über die Heilige Schrift (Dei verbum, 14) und über die Kirche (Lumen gentium 16) – legt „Nostra aetate" die grundlegenden Prinzipien dar, die bis heute die Bande der Wertschätzung, des Dialogs, der Liebe, Solidarität und Zusammenarbeit aufrechterhalten haben. Gerade im Blick auf das Mysterium der Kirche ruft „Nostra aetate" das einzigartige Band in Erinnerung, das das Volk des Neuen Testaments mit dem Stamm Abrahams geistig verbindet, weist jede geringschätzige oder diskriminierende Gesinnung gegen Juden zurück und distanziert sich klar von jeder Form des Antisemitismus.

Der Heilige Stuhl hofft, dass diese Erläuterungen dazu beitragen, jedes Missverständnis zu klären. Er bekräftigt das unerschütterliche Verlangen, dass gegenseitiges Verständnis und wachsende Hochachtung zwischen Juden und Christen greifbare Fortschritte machen und sich weiterentwickeln werden.

Für die Juden

Lasst uns auch beten für die Juden, zu denen Gott, unser Herr, zuerst gesprochen hat: Er bewahre sie in der Treue zu seinem Bund und in der Liebe zu seinem Namen, damit sie das Ziel erreichen, zu dem sein Ratschluss sie führen will. […] Allmächtiger, ewiger Gott, du hast Abraham und seinen Kindern deine Verheißung gegeben. Erhöre das Gebet deiner Kirche für das Volk, das du als erstes zu deinem Eigentum erwählt hast: Gib, dass es zur Fülle der Erlösung gelangt. Darum bitten wir durch Christus, unseren Herrn.

Ordentlicher Ritus, Fassung des Missale Romanum vom 26. März 1970

Für die Juden

Lasst uns beten auch für die Juden. Dass unser Gott und Herr ihre Herzen erleuchte, damit sie Jesus Christus erkennen, den Heiland aller Menschen. […] Allmächtiger ewiger Gott, der du willst, dass alle Menschen gerettet werden und zur Erkenntnis der Wahrheit gelangen [vgl. 1 Tim 2,4], gewähre gnädig, dass beim Eintritt der Fülle aller Völker in deine Kirche ganz Israel gerettet wird [vgl. Röm 11, 25f.]. Darum bitten wir durch Christus, unseren Herrn.

Neufassung der Fürbitte für den „älteren Usus" durch Benedikt XVI. vom 6. Februar 2008

Der Sohn Maryams und Vorläufer Muhammads

Jesus im Islam

1 2

Benennen Sie Evangelientexte, die mit den hier zitierten Aussagen aus dem Koran in Verbindung stehen. **Vergleichen** Sie die Aussagen des Korans über Jesus mit den entsprechenden biblischen Aussagen.

1 2

Diskutieren Sie, warum es zwischen Christentum und Islam (sowie dem Judentum) Auseinandersetzungen über die Bedeutung Jesu gibt. Bilden Sie Kleingruppen zur Vorbereitung. Aus jeder Kleingruppe entsenden Sie dann einen oder mehrere Vertreter und Vertreterinnen, die ihre Argumente in einer Debatte austauschen.

Jesus im Koran: Ein Puzzle von Aussagen

Der Koran, das heilige Buch des Islam, wurde nach islamischem Selbstverständnis Muhammad Wort für Wort von Gott durch den Engel Gabriel in Mekka und Medina als eine Art Abschrift des unerschaffenen, ewigen Wortes Allahs geoffenbart. Da er somit eine direkte Offenbarung Gottes ist, hat jedes Wort des Korans unbedingte und letzte Gültigkeit.

Eine christliche Lektüre des Korans, vor allem mit Blick auf Jesus, birgt einige Probleme: Erstens wird im Koran die Geschichte Jesu nur angedeutet. Die biblischen Glaubenszeugnisse beabsichtigen zwar keine Biografie Jesu, sind aber ausführlicher in ihrer Darstellung. Zweitens kommt erschwerend hinzu, dass Jesus an vielen verschiedenen Stellen im Koran erwähnt wird. So sind die einzelnen Textstellen wie ein Puzzle, das erst zusammengelegt werden muss, um ein einigermaßen klares Bild zu erhalten. Drittens sind viele der Erzählungen über Jesus den christlichen Leserinnen und Lesern bekannt. Dieses Wissen birgt Gefahren, da im Koran oft von ganz anderen Voraussetzungen ausgegangen wird als in der Bibel. So kann es schnell zu Missverständnissen und Fehlinterpretationen kommen.

Der Vorläufer Muhammads

Im Islam wird Jesus „nur" als ein wenn auch großer Prophet unter anderen (Sure 2,136) angesehen, der Muhammad, das „Siegel der Propheten" ankündigt. Damit ist Jesus zwar als ehrenwert anzusehen, aber er ist nicht der Sohn Gottes und Erlöser der Menschheit. Beides ist mit dem strengen Monotheismus des Islam nicht vereinbar:
[6]Und als Jesus, der Sohn Marias, sagte: „O Kinder Israels, ich bin der Gesandte Gottes an euch, um zu bestätigen, was von der Tora vor mir vorhanden war, und einen Gesandten zu verkünden, der nach mir kommt: sein Name ist Ahmad."

Sure 61,6

Die Geburt des Kindes

[19]Er sagte: „Ich bin der Bote deines Herrn, um dir einen lauteren Knaben zu schenken." [20]Sie sagte: „Wie soll ich einen Knaben bekommen? Es hat mich doch kein Mensch berührt, und ich bin keine Hure." [21]Er sagte: „So wird es sein. Dein Herr spricht: Das ist Mir ein Leichtes. Wir wollen ihn zu einem Zeichen für die Menschen und zu einer Barmherzigkeit von Uns machen. Und es ist eine beschlossene Sache."

²²So empfing sie ihn. Und sie zog sich mit ihm zu einem entlegenen Ort zurück.
³⁰Er [Jesus] sagte: „Ich bin der Diener Gottes. Er ließ mir das Buch zukommen und machte mich zu einem Propheten."

Sure 19,19–22.30

Mit wunderbarer Vollmacht ausgestattet

Nicht nur, dass Jesus laut Koran schon im Mutterleib sprechen konnte (Sure 19,30), er kann auch mit der Vollmacht Allahs Wunder wirken:

¹¹²Als die Jünger sagten: „O Jesus, Sohn Marias, kann dein Herr uns einen Tisch vom Himmel herabsenden?" Er sagte: „Fürchtet Gott, so ihr gläubig seid." ¹¹³Sie sagten: „Wir wollen davon essen, sodass unsere Herzen Ruhe finden und dass wir wissen, dass du uns die Wahrheit gesagt hast, und dass wir zu denen gehören, die darüber Zeugnis geben." ¹¹⁴Jesus, der Sohn Marias, sagte: „O Gott, unser Herr, sende auf uns einen Tisch vom Himmel herab, dass er für uns, für den ersten von uns und den letzten von uns, ein Fest sei, und ein Zeichen von Dir. Und versorge uns. Du bist der beste Versorger."

Sure 5,112–114

Kreuzigung

¹⁵⁷Und weil sie sagten: „Wir haben Christus Jesus, den Sohn Marias, den Gesandten Gottes, getötet." – Sie haben ihn aber nicht getötet, und sie haben ihn nicht gekreuzigt, sondern es erschien ihnen eine ihm ähnliche Gestalt. Diejenigen, die über ihn uneins sind, sind im Zweifel über ihn. Sie haben kein Wissen über ihn, außer dass sie Vermutungen folgen. Und sie haben ihn nicht mit Gewissheit getötet, ¹⁵⁸sondern Gott hat ihn zu sich erhoben. Gott ist mächtig und weise.

Sure 4,157–158

Monotheistische Gotteslehre: Gesandter, nicht Sohn Gottes

Jesus ist nicht Sohn Gottes, sondern sein „Gesandter", auch wenn er von Gott gezeugt wurde. Er kann auch nicht Sohn Gottes sein, da Allah einzig ist. Damit vertritt der Islam ein strikt monotheistisches Gottesbild:

¹⁷¹O ihr Leute des Buches, übertreibt nicht in eurer Religion und sagt über Gott nur die Wahrheit. Christus Jesus, der Sohn Marias, ist doch nur der Gesandte Gottes und Sein Wort, das Er zu Maria hinüberbrachte, und ein Geist von Ihm. So glaubt an Gott und Seine Gesandten. Und sagt nicht: Drei. Hört auf, das ist besser für euch. Gott ist doch ein einziger Gott. Preis sei Ihm, und erhaben ist Er darüber, dass Er ein Kind habe. Er hat, was in den Himmeln und was auf der Erde ist. Und Gott genügt als Sachwalter.
¹⁷²Christus wird es sicher nicht aus Widerwillen ablehnen, Diener Gottes zu sein.

Sure 4,171–172

Maryam und Isa (Jesus), Altpersische Miniatur

Der Koran über die Kreuzigung

Sure 4,157–158 ist im Original so vieldeutig, dass muslimische Theologen mehrere Auslegungen erwogen haben:

1. Niemand wurde gekreuzigt: Dann würde der Vers bedeuten, dass zwar geplant war, Jesus zu kreuzigen, aber „es erschien ihnen nur so, als ob" eine Kreuzigung Jesu stattgefunden hätte.
2. Jesus wurde zwar gekreuzigt, aber auf Gottes Ratschluss hin, nicht aufgrund jüdischer Pläne.
3. Ein anderer wurde an Jesu Stelle gekreuzigt: Dann würde man auslegen: „Er, Jesus, erschien ihnen so, als ob er gekreuzigt wurde", was bedeutete, dass ein anderer entweder unabsichtlich mit Jesus verwechselt wurde oder dass Gott einen anderen Menschen (z.B. Petrus, Simon von Kyrene, einen Wächter Jesu) in Jesus verwandelte, der dann an seiner Stelle gekreuzigt wurde. Diese Substitutionstheorie überwiegt in der heutigen Koran-Auslegung.

Zwischen Fiktion und Realität

Jesus in der Literatur

Das Interesse an Jesus von Nazaret ist ungebrochen. Mag die Kritik an Religion und Kirche in Vergangenheit und Gegenwart noch so hohe Wellen schlagen, so geht doch von der Gestalt des Zimmermanns aus Nazaret eine bis heute anhaltende Anziehungskraft aus. Dabei wird selbst in ganz eigenwilligen, gleichsam „gegen den Strich" der biblischen Botschaft gebürsteten Darstellungen Jesu in Literatur und Filmkunst ein anhaltender Respekt und eine tiefe Sympathie mit dieser Person erkennbar, deren Name für das Christentum insgesamt steht. […]

Was passiert, wenn über Zeit und Geschichte hinweg Jesus von Nazaret in das Leben eines Menschen eintritt? Die Frage so gestellt, hieße, mit einer Gesamtdarstellung christlicher Frömmigkeitsgeschichte zu antworten. Denn was ist – in einem umfassenden Sinne verstanden – das Christentum und seine Botschaft anderes als ein immer wieder sich zu Wort meldender Jesus des Glaubens?

Bischof Joachim Wanke

Gesichter Jesu in der Literatur

1 Wie lässt sich Jesus literarisch so vergegenwärtigen, dass dabei „mehr" aufscheint als das, was sichtbar gemacht werden kann? Dass auf der Ebene des Natürlichen etwas aufblitzt, was zum „Übernatürlichen" gehört; dass also im Vordergrund des Dargestellten ein „transzendenter" Hintergrund erfahrbar wird? Schon für die

5 neutestamentlichen Schriftsteller, die Evangelisten, war ja die Erkenntnis grundlegend, dass der Christus Jesus je „anders" und je „mehr" ist, als Menschen sagen und begreifen können. War er im Grunde nicht „mehr als Jona (und alle Propheten)" *(Mt 12,41; Lk 11,32)*, „mehr als Salomo (und alle Weisheitslehrer)" *(Mt 12,42; Lk 11,31)?* […]

10 Niemand im Raum der Weltliteratur verkörpert ja wie Jesus die Dialektik von Macht und Ohnmacht, Scheitern und Sieg. Kommt es doch nur in seiner Geschichte zu jener einzigartigen Verbindung von Liebesbotschaft, Hinrichtung und Aufrichtung, von Güte, Ausrottung und unausrottbarer Hoffnung. Und doch ist der Jesus der Literaten keine Gestalt, die man schulterklopfend vereinnahmen, mit der man

15 Arm in Arm durchs Leben ziehen könnte, die man „schon verstanden" hätte, von der man genau wüsste, wie sie einzuordnen wäre. Das Heilige, das Göttliche an dieser Figur, lässt sich nur durch das Sinnbild beschwören, nicht durch Täuschung: Diese Einsicht wird noch verschärft durch die moderne Bibelforschung, die die Evangelien als historische Quellen einer Darstellung des Lebens Jesu, gar der in-

20 neren Entwicklung seiner Persönlichkeit infrage stellte.

1906 legte Albert Schweitzer seine berühmt gewordene „Geschichte der Leben-Jesu-Forschung" vor und erschütterte dadurch nicht zuletzt die Erzählstrategie des modernen Jesus-Romans, in dem in Abgrenzung zum überlieferten Christusbild der Mann aus Nazaret als konkreter Mensch seiner Zeit im Spannungsfeld

25 persönlicher und gesellschaftlicher Konflikte dargestellt wird. […]

Alle diese fiktionalen Jesusbiografien leben denn auch von dem Glauben, dass der ursprüngliche „Jesus der Geschichte" mithilfe von Historienmalerei und Psychologie greifbar und verstehbar sei. Doch genau diese Grundannahme wurde durch Albert Schweitzers „Geschichte der Leben-Jesu-Forschung" zutiefst erschüttert:

30 seither kann niemand mehr so tun, als wüsste er, wie es bei Jesus damals zugegangen sei. Auch Schriftsteller können nicht mehr beanspruchen, den wirklichen Jesus zu kennen und ihn mithilfe der Literatur neu zu verlebendigen. Wer über Jesus schreibt, muss sich der bleibenden Unbegreiflichkeit, Rätselhaftigkeit und Entzogenheit dieser Figur bewusst sein. […]

Christoph Gellner

Der Roman „Die Bibel nach Biff" schildert das Leben Josuas, auch bekannt als Jesus H. Christus, aus der Sicht seines Freundes Biff:

1 Ihr glaubt, ihr wisst, wie die Geschichte endet, aber das stimmt nicht. Vertraut mir, ich war dabei. Ich weiß Bescheid.

Als ich dem Mann, der die Welt retten würde, zum ersten Mal begegnete, saß er am großen Brunnen in Nazaret, und eine Eidechse hing aus seinem Mund. Nur

5 Schwanz und Hinterbeine waren noch zu sehen, Kopf und Vorderbeine steckten halb in seinem Rachen. Er war sechs, wie ich, und sein Bart noch nicht ganz ausgebildet, sodass er den Bildern, die ihr von ihm kennt, nicht eben ähnlich sah. Seine Augen waren wie dunkler Honig, und sie lächelten unter einer Mähne blauschwarzer Locken hervor, von denen sein Gesicht umrahmt war.

10 Ein Licht – älter als Moses – sprach aus diesen Augen.

„Unrein! Unrein!", rief ich und deutete auf den Jungen, damit meine Mutter wusste, dass ich das Gesetz kannte, doch weder sie noch die anderen Mütter, die ihre Krüge am Brunnen füllten, beachteten mich.

Der Junge nahm das Tier aus dem Mund und gab es seinem jüngeren Bruder,

15 der neben ihm im Sand saß. Der Kleine spielte eine Weile mit der Echse, ärgerte sie, bis sie ihren kleinen Kopf reckte, als wollte sie beißen, dann hob er einen Stein auf und schlug dem Tier den Schädel ein. Ungläubig stieß er das tote Ding im Sand herum, und als er sicher war, dass es sich nicht mehr vom Fleck rühren würde, hob er es auf und gab es seinem älteren Bruder zurück.

20 Ab in den Mund mit der Echse, und bevor ich ihn noch verpetzen konnte, war sie schon wieder draußen, lebhaft zappelnd und bereit, erneut zu beißen. Wieder reichte er sie seinem kleinen Bruder, der das Tier mit dem Stein zermalmte und damit die Prozedur erneut begann oder beendete.

Dreimal noch sah ich, wie die Echse starb, dann sagte ich: „Das will ich auch

25 können."

Der Erlöser nahm die Echse aus dem Mund und sagte: „Was davon?"

Übrigens hieß er Josua. Jesus ist die griechische Übersetzung des hebräischen Jeschua, gleichbedeutend mit Josua. Christus ist kein Nachname. Es ist das griechische Wort für Messias, ein hebräisches Wort, das „gesalbt" bedeutet. Ich

30 habe keine Ahnung, wofür das „H" in Jesus H. Christus steht. Auch danach hätte ich ihn damals fragen sollen.

Ich? Ich bin Levi, den man Biff nennt. Ohne zweiten Vornamen.

Josua war mein bester Freund. *Die Bibel nach Biff*

In Jesu Geschichte kommt es zu einer einzigartigen Verbindung von Utopie, Untergang und neuer Utopie; von Liebesbotschaft, Hinrichtung und Aufrichtung; von Hoffnung, Ausrottung und unausrottbarer Hoffnung. Diese Trias macht die spezifische Grundstruktur des Jesusdramas aus. *Karl-Josef Kuschel*

Wie aber lassen sie sich charakterisieren, diese Jesusromane, als Kunst oder als Kitsch, als ernsthafte literarische, vielleicht sogar religiöse Herausforderung, oder als billige Anbiederung an ein Massenpublikum? *Georg Langenhorst*

1 2 3
Arbeiten Sie die Schwierigkeiten **heraus**, die Christoph Gellner mit Blick auf die Jesusromane sieht, und **erklären** Sie, worin diese Schwierigkeiten begründet sind.

1 **2** 3
Entwickeln Sie mithilfe der auf dieser Doppelseite gegebenen Sachtexte und Zitate Kriterien zur Beurteilung von Jesusromanen. Wenden Sie diese Kriterien auf den Auszug aus „Die Bibel nach Biff" an.

1 2 **3**
Beurteilen Sie mit Bezug auf den Auszug aus „Die Bibel nach Biff", welche Chancen und Gefahren ein solcher Umgang mit der Bibel mit sich bringt. Dazu eignet sich die Methode des *Advocatus diaboli*.

Vernetzung
› Einen weiteren Romanauszug finden Sie auf der Doppelseite „Findet den Dieb!" (→ S. 150f.).

Projektidee
› Kennen Sie einen Jesusroman? Präsentieren Sie ihn in Ihrem Kurs.

Hast du Jesus schon gefunden?

Jesus im Film

1 2 3

Formulieren Sie in eigenen Worten Martin Ostermanns drei Regeln zur Bewertung der Verkündigung in einem Film.

1 **2** 3

Beurteilen Sie einen Ihnen bekannten Film, der – direkt oder indirekt – auf Jesus, sein Leben und seine Bedeutung für die Menschen zurückgreift, anhand von Martin Ostermanns Kriterien und präsentieren Sie Ihr Ergebnis im Kurs.

1 2 **3**

Nehmen Sie unter Bezugnahme auf die Aussagen von Thomas Langkau Stellung zu der Frage, ob die Thematisierung nur eines Aspekts des Lebens Jesu im Film sinnvoll ist.

Religiöse Motive, biblische Erzählungen, vor allem das Leben Jesu sind beliebte Themen nicht nur in der Literatur, sondern auch im Film. Dabei wird mehr oder weniger frei mit dem zugrunde gelegten Material umgegangen. Daher ist es notwendig, Kriterien für die Beschäftigung mit solchen Filmen zu kennen und anwenden zu können.

Verkündigung von der Leinwand?

1 Genau das wünscht man sich von guter Verkündigung: den Geist bzw. den Kern der Botschaft zu erfassen, zu vermitteln und dabei zu begeistern und im Denken nachzuwirken, ohne zu langweilen. Vielleicht ist es eine Stärke [des] Films und des Kinos, dass sie ohne Absicht und auch weitgehend ohne Ziel verkündigen. Die Ge-
5 fahr, Antworten zu geben auf Fragen, die gar nicht gestellt wurden, ist dabei als eher gering einzuschätzen. […] Es bleibt also zu fragen, was gute Verkündigung von der Leinwand auszeichnet. Was oder wer wird dabei überhaupt verkündigt?
Regel Nr. 1: Inhalt und Verpackung sind nicht ein und dasselbe.
Das Medium Film verlangt Offenheit mitzubringen […]. Es spielt letztlich kaum
10 eine Rolle, ob im Film oder im Titel Gott, Jesus oder andere explizit christliche Vokabeln genannt werden. Oftmals ist gerade die „Verpackung", also das, was mir als Geschichte an der Oberfläche entgegentritt, wenig religiös bzw. christlich gestimmt. Der „Inhalt" ist aber nicht nur die Geschichte selbst, sondern auch ihre Erzähl- und Deutungsebenen, und diese sind in der Regel plural angelegt. […] Im
15 Film erzählte Geschichten verlangen für eine Deutung ebenfalls einen größeren Kontext und die Wahrnehmung mehrerer Ebenen. Ein Film ist dann exzellent, wenn er auf allen Ebenen sehr gut „funktioniert": als Unterhaltung, als gute Geschichte, als existenzielle Parabel. […] Es gilt also, einen Modus des Umgangs mit Filmen zu entwerfen, der sowohl dem Film als auch dem Ziel der Verkündigung
20 gerecht wird.
Regel Nr. 2: Rezipieren, Analysieren, Interpretieren – niemals Funktionalisieren.
Rezipientinnen und Rezipienten, als Empfängerinnen und Empfänger einer Nachricht oder Information, nehmen etwas wahr bzw. auf. Dies geschieht im Film stärker als bei anderen Medien – mit Intellekt und Gefühl durch den Seh- und
25 Hörsinn. Ich sehe Bilder und setze diese in meinem Kopf in einen Zusammenhang, sodass eine Geschichte entsteht oder doch zumindest ein Fluss des Erzählens. Ich höre Geräusche, Musik und Sprache, dies unterstützt (oder manipuliert) das gedankliche Zusammensetzen. Die eigentliche Geschichte entsteht also durch die

Verarbeitungsleistung der Rezipientinnen und Rezipienten. Die Analyse des
30 Wahrgenommenen muss demnach genau bei dieser Verarbeitungsleistung zuerst
ansetzen:

> Auf einer ersten, emotionalen Ebene frage ich mich, wie ich mich
während des Sehens gefühlt habe (ängstlich, angespannt, glücklich,
traurig, gelassen, zufrieden usw.) und ob mir der Film insgesamt gefällt.

35 > In einem zweiten Schritt suche ich dann nach Gründen für diese zunächst noch oberflächliche Wahrnehmung (Welche Ängste wurden
ausgelöst? Was empfand ich als glücklich machend? Wieso war ich
abgestoßen oder angezogen?).

> Dies führt zum dritten Schritt der Analyse: Welche Geschichte wurde wie
40 (Gliederung) erzählt? Mit welchen Mitteln wurde das dargestellt? Gab es
bestimmte Kunstgriffe (Farbgestaltung, Spezialeffekte, Schnittfolge,
Musikeinsatz, Bildsprache)?

Nun erst bin ich nach der Ordnung meiner Wahrnehmung in der Lage, erste Inter-
pretationsversuche zu wagen. Alle Schritte lassen sich natürlich auch in der
45 Gruppe durchführen. Gerade unterschiedliche Wahrnehmungen können zu einer
differenzierteren Analyse und Interpretation führen.

Die leitende Frage der Interpretation lautet nicht, was mir der Regisseur sagen
wollte (dazu müsste ich ihn/sie fragen, wozu in der Regel keine Möglichkeit besteht), sondern welche Aussage die Geschichte selbst transportiert. Dazu ist es
50 wichtig, nach Ebenen zu differenzieren. Dass ein Film auf einer ersten Ebene un-
terhalten und den Zuschauer zufrieden entlassen will, spricht nicht dagegen, dass
auf einer zweiten Ebene Aussagen über menschlich-existenzielle Verhaltensweisen oder über religiöse Zusammenhänge gemacht werden. […]

Regel Nr. 3: Verkündigung steht für einen kirchlichen Grundvollzug außerordentlich
55 *komplexer Verfassung.*

[…] Die Komplexität rührt daher, dass sich Verkündigung in einem Prozess ereignet. Sie ist sowohl Botschaft als auch Empfang, Sie ist sowohl Form als auch Inhalt.
Ähnlich wie in der Filmrezeption erreicht Verkündigung erst durch die Verarbeitung im Empfangenden ihr Ziel. Die Botschaft ist die Verarbeitung des Aufgenom-
60 menen, nicht einfach nur das Verkündete selbst. […]

Filme ersetzen also keinesfalls das Evangelium, sondern sind oft Gleichnisse, die
nach einem Kontext verlangen und dem Menschen der Gegenwart so eine Identifikation ermöglichen. Es steht außerfrage, dass es ebenfalls nötig ist, die Geister zu
unterscheiden, „damit wir das erkennen, was uns von Gott geschenkt worden ist"
65 *(1 Kor 2,12)*. Dies verlangt Offenheit und die Bereitschaft, sich auf andere und anderes einzulassen, um immer wieder neu sich der Frage zu stellen: „Hast du Jesus
schon gefunden?" Vielleicht findet er ja auch uns. *Martin Ostermann*

Mel Gibson wurde vielfach vorgeworfen, dass er [in „Die Passion Christi"]
die Botschaft Jesu auf drastische
Weise verkürzt, indem er sich nur auf
dessen Leiden – die Passion – be-
schränkt. Reduziert ein Film über die
Geburt Jesu nicht ebenfalls die darüber hinausgehende Botschaft? […]
Filme, die bestimmte Ereignisse und
Themen im Leben Jesu aufgreifen
und diese zu einer eigenen Handlung
ausbauen, vermindern dadurch nicht
die Botschaft Jesu, sondern zeigen
nur einen Teil davon. Es wird immer
Zuschauer geben, die über die im
Film vermittelten Bilder hinaus nicht
wissen, wer dieser Jesus ist. Sie werden möglicherweise dazu angeregt,
die Evangelien aufzuschlagen und
sich entsprechend zu informieren.
Der Bibelkundige weiß, dass der ge-
kreuzigte Jesus oder das Kind im Stall
nicht das ganze Leben Jesu ausmachen – und […] kann den Film unter
diesem Blickwinkel anschauen.

Thomas Langkau

Wollen Sie sich be-treffen lassen?

Jesus von Nazaret ist zentral für den christlichen Glauben. Mit ihm kann man sich auf vielfache Weise auseinandersetzen. Sein Leben und seine Botschaft sind beeindruckend, sein Stellenwert für die Weltreligionen vielschichtig, seine Rezeption religionsgeschichtlich und kunsthistorisch interessant. So kann es jeder sehen. Ganz andere Bedeutung bekommt all das aber, wenn Menschen sich auf Jesus einlassen, sich von ihm, seinen Taten und seinem Wort be-treffen lassen. Eine solche Betroffenheit kann auf verschiedene Weise beschrieben werden.

Die Geschichte vom Salzmännchen erzählt:

Ein Salzmännchen hatte eine weite Wanderschaft durch trockene Gegenden hinter sich und kam an das Meer, das es noch nie gesehen hatte. Es blieb am Ufer stehen und sah die fremdartige, bewegte Oberfläche. Auf die Frage, was denn das sei, erhielt es zur Antwort: „Ich bin das Meer." Das Salzmännchen aber fragte weiter: „Was ist das, das Meer?" Und das Meer antwortete ihm: „Das bin ich!" Da meinte das Salzmännchen: „Ich kann das nicht begreifen, obwohl ich es gern begreifen möchte. Ich weiß nur nicht, wie."
Da antwortete das Meer: „Berühre mich, dann wirst du mich begreifen!" Das Salzmännchen bewegte einen Fuß abwärts und berührte das Meer. Und dabei hatte es den seltsamen Eindruck, das fremde Wesen würde erkennbar. Das Männchen zog seinen Fuß wieder zurück und sah, dass die Zehen verschwunden waren. „Was hast du gemacht?", rief es entsetzt. Da antwortete das Meer: „Du hast etwas hergeben müssen, um mich begreifen zu können." Und nach und nach löste sich das Salzmännchen immer mehr im Wasser auf. Zugleich hatte es den Eindruck, das Meer immer besser zu begreifen.   *Antikes Gleichnis*

Das 2. Vatikanische Konzil lehrt:

In besonderer Weise möge die jüngere Generation diesen Anruf [den Ruf Christi] als an sich gerichtet betrachten und ihn mit Freude und Hochherzigkeit aufnehmen; denn der Herr selbst lädt durch diese Heilige Synode alle Laien noch einmal ein, sich von Tag zu Tag inniger mit ihm zu verbinden und sich in seiner heilbringenden Sendung zusammenzuschließen; dabei seien sie auf das, was sein ist, wie auf ihr Eigenes bedacht *(Phil 2,5).*   *Apostolicam actuositatem 33*

Das Evangelium nach Johannes berichtet, dass Jesus sagt:

[1]Euer Herz lasse sich nicht verwirren. Glaubt an Gott, und glaubt an mich! [2]Im Haus meines Vaters gibt es viele Wohnungen. Wenn es nicht so wäre, hätte ich euch dann gesagt: Ich gehe, um einen Platz für euch vorzubereiten? [3]Wenn ich gegangen bin und einen Platz für euch vorbereitet habe, komme ich wieder und werde euch zu mir holen, damit auch ihr seid, wo ich bin. [4]Und wohin ich gehe – den Weg dorthin kennt ihr. [5]Thomas sagte zu ihm: Herr, wir wissen nicht, wohin du gehst. Wie sollen wir dann den Weg kennen? [6]Jesus sagte zu ihm: Ich bin der Weg und die Wahrheit und das Leben; niemand kommt zum Vater außer durch mich.   *Joh 14,1–6*

Kirchen Wege

Einheit und Vielfalt

Facetten des kirchlichen Lebens

Das Titelbild dieses Kapitels zeigt eine Architekturskulptur des deutschen Künstlers Timm Ulrichs (geb. 1940) aus dem Jahre 2006. Sie heißt „Versunkenes Dorf". Es ist ein 1:1-Duplikat der Dorfkirche von Fröttmaning. Das Dorf bei München (heute steht in der Nähe die „Allianz-Arena") musste in den 1950er-Jahren einer Mülldeponie weichen und ist inzwischen verschüttet. Nur die kleine Heilig-Kreuz-Kirche aus dem Mittelalter wurde gerettet. Das Kunstwerk hält die Frage nach den Kosten des „Fortschritts" wach. Es lässt aber auch nach der Rolle und der Zukunft der Kirche fragen. Geht sie unter, wie vieles andere aus der Vergangenheit? Führen noch Wege zu ihr oder nur an ihr vorbei? Kann sie noch auf eine bessere Welt verweisen, die mehr ist als ein Wohlstands-Müllberg?

Auch dieses Kapitel fragt nach der Kirche – die nicht nur ein Gebäude (oder eine Institution) ist. Wie hat sie bisher versucht, sich an Jesus Christus als dem Zentrum all ihrer Aktivitäten auszurichten? Wo ist es ihr gelungen, den Impuls des Evangeliums lebendig zu halten, wo hat sie versagt? Wie kann es ihr heute und in Zukunft gelingen, an einer Welt mitzubauen, wie Gott sie will, unter neuen globalen und gesellschaftlichen Bedingungen, in einer vielfältigen Welt, mit Menschen, die sich nicht mehr als Herdentiere, sondern als verantwortliche Gestalter ihres eigenen Lebens und einer besseren Welt verstehen wollen?

Was alles zur katholischen Kirche dazugehört:

> der Wille, Jesus Christus nachzufolgen
> das Bekenntnis zum Glauben an Gott den Vater, Jesus Christus, den Heiligen Geist
> die Kirchensteuer
> die Feier der Sakramente (Taufe, Eucharistie, Firmung …)
> der Zölibat
> die kirchlichen Hilfswerke (Adveniat, Misereor, Missio …)
> die Sternsinger
> der Papst, die Kardinäle, die Bischöfe …
> kirchliche Schulen, Krankenhäuser, Altersheime …
> die Orden und die geistlichen Gemeinschaften (Franziskaner, Dominikaner, Jesuiten …)
> die wissenschaftliche Theologie
> Kirchengebäude (Kathedralen, Dome, Kapellen …)
> der Priestermangel
> Konzilsbeschlüsse, Dogmen, päpstliche Lehrschreiben …
> Männer, Frauen, Jugendliche und Kinder
> Orgelmusik
> Priester und Laien
> Bibelkreise
> Weltjugendtage
> Skandale
> Pfarrfeste
> Wallfahrten
> das „Wort zum Sonntag"
> Vereine und Verbände (kfd, Kolping, BDKJ …)
> Religionsunterricht
> Jugendmessen
> Kirchenrecht
> Kirchenlieder
> Heiligsprechungen
> Stellungnahmen der Bischöfe
> Mutter Teresa, Erzbischof Romero …

und und und …

Kontinuität und Wandel in der Kirche

„Drängelgänge" bei der Heilig-Rock-Wallfahrt, Trier 1933

„Schlange" bei der Heilig-Rock-Wallfahrt, Trier 1996

1 2 3 4 5

Welche der „Facetten des kirchlichen Lebens" können Sie spontan mit Kirche in Verbindung bringen, welche nicht? Beachten Sie auch das Titelbild → S. 199.

1 **2** 3 4 5

Ergänzen Sie die „Facetten" durch Elemente, die Sie in Pfarrbriefen, in der (Kirchen-)Presse, im Internet usw. finden. Gestalten Sie ein Plakat aus den Elementen.

1 2 **3** 4 5

Finden Sie beispielhaft heraus, welche Elemente in den evangelischen Kirchen nicht auftauchen könnten und welche anderen es dort gibt.

1 2 3 **4** 5

„Gottes Ehre ist der lebendige Mensch" (Bischof Irenäus von Lyon, gest. 202). Ordnen Sie die „Facetten" danach, welche für Sie am meisten Ausdruck menschlicher Lebendigkeit sind. Was fehlt Ihnen unter diesem Gesichtspunkt in der Kirche?

1 2 3 4 **5**

Erklären Sie das Romano Guardini-Zitat unten und setzen Sie sich mit der Prognose des Autors auseinander. Berücksichtigen Sie dazu auch das Material auf → S. 224f.

Ein religiöser Vorgang von unabsehbarer Tragweite hat eingesetzt: Die Kirche erwacht in den Seelen.
Romano Guardini

Der Zauber des Anfangs und die Anforderungen des Alltags
Die erste Zeit der Kirche

Brote und Fische: ein altes Symbol der christlichen Gemeinschaft

1 2 3 4 5 6

Erarbeiten Sie den Sachtext auf dieser Doppelseite in Gruppen (entsprechend den vier Abschnitten).

1 **2** 3 4 5 6

Stellen Sie die geschichtlichen Etappen aus dem Text in einem Sequenzdiagramm dar.

1 2 **3** 4 5 6

Setzen Sie sich mit der Frage auseinander, welche Impulse für die Kirche sich aus der idealisierenden Darstellung in *Apg 2,43–47; 4,32–37* ergeben können.

1 2 3 **4** 5 6

Ordnen Sie Aussagen aus dem Text den beiden Polen „Sammlung/Einheit" – „Vielfalt/ Auseinanderstreben" zu.

1 2 3 4 **5** 6

Führen Sie eine Debatte zwischen einer „Einheitspartei" und einer „Vielfaltspartei": Warum ist die jeweilige Position für die Kirche so wichtig?

Die Jesus-Leute

1 Jesus hatte bewusst Menschen um sich gesammelt, die sich als seine „Jüngerinnen und Jünger" (= Schüler) verstanden. Die Anhänger Jesu waren fasziniert von seiner Weise des Gottesglaubens und von seinem Lebensstil. Dass er wie ein Verbrecher am Kreuz sterben musste, hatte sie tief erschüttert und verun-
5 sichert, aber nach einiger Zeit brach eine neue Begeisterung und Dynamik auf, die sie dazu bewegte, sich zu diesem Gekreuzigten zu bekennen und seinem Weg zu folgen.

Es gab an verschiedenen Orten verschiedene Gruppen von solchen Jesus-Anhängern. Gemeinsam hatten sie einige Merkmale, die überwiegend bis heute
10 Kennzeichen des Christentums sind: die Bindung an Jesus Christus, die Erwartung eines baldigen und endgültigen Eingreifens Gottes in die Welt („Ende der Welt"), den Aufnahmeritus der Taufe (die zunächst zur jüdischen Beschneidung hinzukam) und ein Mahl als Gemeinschafts- und Gedächtnisfeier. Bei all dem verstanden sie sich ganz selbstverständlich als Jüdinnen und Juden, sie
15 hielten sich an die Tora und versammelten sich zum Gebet im Tempel.

Erste Spannungen und Ausbreitung

Es gibt Texte im Neuen Testament, die diese erste Zeit in ein rosiges Licht tauchen (vgl. *Apg 2,43–47; 4,32–37*). Aber frühzeitig zeigten sich auch Spannungen
20 und Streit. Die einheimischen jüdischen Jesus-Leute sprachen Aramäisch und hielten die Tora streng ein (sie werden in der Apostelgeschichte „Hebräer" genannt); andere sprachen und dachten griechisch, weil sie im Ausland gelebt hatten (in der Diaspora). Sie legten die Tora eher liberal aus.
25 Diese „Hellenisten" gerieten in das Visier der hohen jüdischen Amtsträger; schließlich wurden sie als Ketzer aus Jerusalem vertrieben. So breitete sich die Jesus-Bewegung aus, zunächst nach Antiochia in Syrien. Hier wurden die Jesus-Leute erstmals „Christen" bzw. „Christinnen" genannt. Die antiochenische Gemeinde öffnete sich gegenüber nichtjüdischen Menschen, den sog. „Hei-
30 den".

Damit begann die Ausbreitung des Jesus-Glaubens von Palästina in das Römischen Reich hinein und schließlich in alle Welt. Diese „Internationalisierung" der Jesus-Bewegung ist vor allem mit dem Namen des Missionars Paulus verbunden. Sie war aber nicht eine harmonische Erfolgsgeschichte; denn sie be-

35 deutete auch die Loslösung vom Judentum (und damit die Entstehung einer
neuen Religion) bis hin zu einer eher feindlichen Abgrenzung zwischen Juden-
und Christentum.

Erste Strukturen

40 Ein wichtiges Geschehen aus der ersten Zeit der Kirche ist die Verschrift-
lichung der eigenen Glaubensgrundlagen. Man schafft eine neue Textsorte:
das „Evangelium", das die Geschichte vom Leben und Sterben Jesu festhält.
Die Grundschriften des Glaubens werden gesammelt und schließlich im
45 4. Jh. n. Chr. als Kanon zum Maßstab für die Gläubigen.
Es ist ein normaler Vorgang in Gruppen von Menschen, die über längere Zeit
gemeinsame Ziele verfolgen, dass sich eine Ordnung herausbildet: Man arbeitet
effektiver, indem man sich spezialisiert und die Aufgaben verteilt. Fähige Leute
übernehmen die Leitung und damit Verantwortung für die Gruppe. Die Ziele,
50 Grundsätze und Regeln der Gemeinschaft werden ebenso festgelegt wie Sank-
tionen für den Fall, dass sich jemand nicht an sie hält. Eine Institution entsteht.
Drängend wurde die Herausbildung von Organisationsformen, als das „Ende
der Welt" nicht so schnell kam wie von der Jesus-Bewegung erwartet. Geeignete Gemeindemitglieder wurden mit Leitungsaufgaben betraut und hießen
55 dann Presbyter („Älteste") oder Episkopen („Aufseher"). Von diesen Bezeichnungen kommen die Begriffe „Priester" und „Bischof" her. Daneben gab es
Diakoninnen und Diakone, die sich um die soziale Fürsorge und die Taufvor-
bereitung kümmerten.

Über- und Unterordnung

60 Typisch für eine Institution ist auch die Über- und Unterordnung von „Funkti-
onsträgern". In der Kirche folgte man dem Modell des römischen Beamten-
staates – mit klaren Zuständigkeiten und Entscheidungsbefugnissen. Diese
65 Ordnung wird schließlich Hierarchie genannt, „heilige Ordnung".
Mit der Herausbildung von Leitungsfunktionen setzte sich auch die Unterscheidung von Klerus (geweihte Amtsträger) und Laien („Volk") durch. Es entstand eine Art Zweiklassengesellschaft innerhalb der Kirche: Die Kleriker lenken und betreuen das Volk wie Hirten eine Herde; die Laien gehorchen und
70 sorgen für die finanzielle Absicherung der Amtsträger. Mit dem 2. Vatikanischen Konzil (1962–65) hat sich hier eine entscheidende Veränderung durchgesetzt. Das Konzil weist auf das „gemeinsame Priestertum aller Getauften"
(vgl. *1 Petr 2,9f; Offb 1,6*) hin: Die Laien „sind nicht mehr die von der Hierarchie
betreuten Objekte, sondern können in dem Bewusstsein leben: ‚Wir sind (auch)
75 Kirche'" (Herbert Vorgrimler).

Wie es zur Kirche kam …

1 2 3 4 5 **6**

Setzen Sie sich mit der Darstellung
der Entstehung der Kirche in dem
Cartoon auseinander.

Offene Entwürfe

Das Selbstverständnis der Kirche

1 2 3 4 5 6

Entfalten Sie die Metaphern aus dem Text von Zirker (Z. 5–9, 30–33): Schreiben Sie jeweils eine auf die Mitte eines leeren Blattes und schreiben Sie Ihre Assoziationen außenherum. Das geht auch als „stummes Schreibgespräch" in einer Gruppe.

1 **2** 3 4 5 6

Schlagen Sie den Begriff „Metapher" im Glossar nach und ergänzen Sie die dortige Erläuterung anhand des Textes von Hans Zirker.

1 2 **3** 4 5 6

„Die Metapher verweist auf gleichzeitig schlichten und unauslotbaren Gehalt" (Z. 37f.). Erläutern Sie diesen Satz an der Metapher aus *1 Kor 12*.

1 2 3 **4** 5 6

Ordnen Sie die Leib-Christi-Metapher den Elementen der Grafik → S. 205 (unten) zu.

1 2 3 4 **5** 6

Stellen Sie das Kirchenbild aus *1 Kor 12,12–20* in einer Skizze dar. In *Kol 1,18–20* hat ein frühchristlicher Autor im Gefolge des Paulus die Leibmetapher neu aufgegriffen. Stellen Sie auch diese Fassung in einer Skizze dar und beschreiben Sie, was sich verändert hat.

Das Selbstverständnis der Kirche in theologischen Metaphern

1 Wer danach Ausschau hält, wie sich die Kirche selbst versteht, wird vor allem auf Aussagen treffen, die bildhaften Charakter tragen. Sowohl in der primären biblischen Verkündigung wie in den ihr nachgeordneten theoretischen Reflexionen der Theologie wird offensichtlich den Metaphern mehr zugetraut als

5 den Definitionen. So greift die Kirche, wenn sie sich selbst darstellen und mitteilen will, bevorzugt zur Rede vom „Volk Gottes" und „Leib Christi", von der „Braut Christi" und der „Mutter der Gläubigen", vom „Schiff", das durch die Wogen der Zeiten fährt, vom „Haus Gottes" usw. […] Einen Kirchen„begriff" haben wir vor allem als Kirchen„bild". […]

10 Wer zum Bild als Ausdrucksmittel greift, nimmt Unschärfen in Kauf. Er verzichtet darauf, das, was er sagen will, eindeutig zu bestimmen, und lässt sich stattdessen auf eine Sprache ein, die sich der begrifflichen Fixierung immer wieder entziehen kann. Diese Mitteilungsform, und nicht erst die einzelne gewählte Metapher, ist damit selbst schon ein kommunikatives Zeichen, das man

15 auf seine Absicht und seinen Gehalt hin interpretieren kann. Wenn die Kirche die metaphorische Redeweise als die ihr eigentlich passende Sprachgestalt ausgibt, will sie sich damit als eine Realität vorstellen, die sich nicht dem selbstsicheren und abschließenden definitorischen Zugriff fügt. Die bildhaften Benennungen weichen einer eindeutigen Identifikation immer wieder aus. Sie

20 geben vor, zu sagen, was Kirche „ist", und schließen dennoch gleichzeitig die Negation „ist nicht" ein; denn Metaphern werden ja bewusst nicht in der eigentlichen Bedeutung des Wortes gebraucht, meinen also nicht das Übliche. Wenn die Kirche sich als „Volk Gottes" versteht, ordnet sie sich sprachlich den „Völkern" zu und hebt sich sogleich wieder entscheidend von ihnen ab. Falls

25 Metaphern nicht abgenützt und verbraucht sind, regen sie mehr dazu an, dass man ihnen eine brauchbare Bedeutung gebe, als dass sie diese selbst schon fixiert mitteilen würden. Wer eine Wirklichkeit über Metaphern begreifen und aussagen will, wählt einen Weg, dem wohl bestimmte Richtungen gewiesen sind, der aber zu keinem im Voraus bestimmten Ende findet.

30 Ein Weiteres kommt bei diesem Sprachgebrauch hinzu: Er schließt sich an alltagsweltliche Dinge und Verhältnisse an; man kennt all das, was zum Bild gewählt wird, und ist mit ihm vertraut; man weiß, wovon bei „Schiff", „Haus" usw. die Rede ist; die Sprache wirkt sinnenfällig und kann aufgrund dieser Bilder

eine besondere rhetorische Kraft gewinnen, etwas vorzustellen und dabei zu
35 überzeugen. Es erscheint gewissermaßen einfach, die angesprochene Sache zu
verstehen, auch wenn sie immer wieder das jeweils gewonnene Verständnis
übersteigt. Die Metapher verweist auf gleichzeitig schlichten und unauslotbaren Gehalt.

Eine Vielfalt von Metaphern

Die Metaphern, in denen die Kirche ihre Identität ausgesprochen sieht, lassen
sich nicht zu einem stimmigen Bild und einer homogenen Bedeutung zusam-
menfügen. Sie sind jeweils aus ganz unterschiedlicher Umgebung genommen.
So wird Kirche etwa einmal in Entsprechung zu geschichtlich-sozialer Welt
45 gesehen (als „Stadt" und „Volk Gottes"), ein andermal im Vergleich zu natur-
haft-organischer Realität (als „Leib" Christi, als „Weinstock"), dann wieder
nach personalen Beziehungen (als „Braut", „Mutter") und schließlich nach ins-
trumentalen Gegenständen (wie „Schiff"). Eine doppelsinnige Bedeutung hat
50 das Bildwort „Haus", das im griechischen Sprachgebrauch das Gebäude, aber
auch den Haushalt, die Familie bezeichnen kann. Aus dem hinzugefügten Ad-
jektiv *kyriaké* (= „dem Herrn gehörig") entstand unser Wort „Kirche", das also
in seiner Herkunft auch auf das Feld der Metaphern verweist. Besagt schon der
Gebrauch nur einer Metapher, dass die benannte Sache nicht definitorisch
55 festgelegt werden soll, so erst recht die Vielzahl äußerst disparater Bilder. […]
Was es heißt, wenn sich die Kirche in der einen oder anderen Weise vorstellt, ist
auch davon abhängig, welches Verständnis sich für die jeweiligen Hörer nahelegt, ob sie nach ihren Kenntnissen und Wertungen in den gebrauchten Bildern
überhaupt einen ernst zu nehmenden Anspruch vernehmen oder ob sie diese
60 Selbstdarstellung der Kirche etwa als abgegriffen und leer, als unangenehm tri-
umphalistisch, als fromm spekulativ oder in anderen Hinsichten als wenig
kommunikabel empfinden. Der Weg über die Metaphern wird jedenfalls nicht
einfach nur aufdecken, wie sich Kirche in ihrem normativ vorgestellten Wesen
begreift, sondern auch schon zu Urteilen darüber führen, inwieweit es ihr ge-
65 lingt, sich selbst ansprechend und plausibel darzustellen.   *Hans Zirker*

Die Leistung von
Metaphern für
eine Gemeinschaft

Abgrenzung   Stärkung   Forderung
von anderen   der Fähigkeiten   der internen
Gemeinschaften   des Einzelnen   Vielfalt

Wie im Alten Testament die Offenbarung des Reiches häufig in Vorbildern
geschieht, so erschließt sich auch uns
jetzt *das innerste Wesen der Kirche* in
verschiedenen Bildern, die vom Hir-
ten- und Bauernleben, vom Hausbau
oder auch von der Familie und der
Brautschaft genommen sind und
schon in den Büchern der Propheten
vorbereitet werden.

Lumen gentium 6

… auch eine Metapher

1 2 3 4 5 **6**

Entwerfen Sie selbst Metaphern (oder
Vergleiche), die für Sie ein stimmiges
Bild von Kirche sind; vergleichen Sie
diese innerhalb ihres Kurses mitein-
ander und auch mit den traditionellen
Metaphern von Kirche.

Vernetzung
› Beziehen Sie zu dem Gedanken,
dass Aussagen ihre Negation ein-
schließen können (→ Hans Zirker,
Z. 21ff.), die Ausführungen auf
→ S. 96f. und → S. 110f. (Gottesfrage,
negative Theologie) ein.
› Die Volk-Gottes-Metapher (→ Hans
Zirker, Z. 23f.) wird auf → S. 213
genauer dargestellt; zur metapho-
rischen Sprache beziehen Sie
→ S. 22f. ein.

Ihr seid das Salz – nicht die ganze Mahlzeit

Wozu die Kirche da ist

1 2 3 4 5

Sammeln Sie Ideen, wie die drei Grundaufgaben der Kirche heute noch besser und überzeugender umgesetzt werden könnten. Prüfen Sie diese Vorschläge darauf hin, ob durch sie Jesus „gegenwärtig" wird.

1 **2** 3 4 5

Interpretieren Sie die Metapher vom „Salz der Erde" (unten) vor dem Hintergrund der Informationen auf dieser Doppelseite:

Ihr seid das Salz der Erde. Wenn das Salz seinen Geschmack verliert, womit kann man es wieder salzig machen? Es taugt zu nichts mehr; es wird weggeworfen und von den Leuten zertreten. *Mt 5,13*

1 2 **3** 4 5

Erörtern Sie, wann Gemeinschaftserfahrungen gut sind und wann sie für Menschen eher hemmend sind.

1 2 3 **4** 5

Gestalten Sie ein Schaubild zu den Grundaufgaben der Kirche.

1 2 3 4 **5**

Untersuchen Sie, wie in den Grundvollzügen der Kirche die Gemeinschaft der Menschen mit Gott und untereinander sichtbar wird.

Die Kirche hat sich nicht um „alles" zu kümmern, sie hat genau bestimmte Grundaufgaben, gewissermaßen ihre „Vereinszwecke". Diese Grundaufgaben (man nennt sie auch „Grundvollzüge") lassen sich aus ihrer Herkunft ableiten. Die Kirche ist entstanden aus der Begegnung von Menschen mit Jesus Christus, und nur aus dieser Begegnung hat sie ihre Daseinsberechtigung. Die Erfahrung dieser Menschen ist: Jesus lebt, er konnte vom Tod nicht gehalten werden; Gott hat ihn auferweckt (→ S. 148ff.).

Die Kirche lebt aus seiner lebendigen Gegenwart. Sie tut das auf dreifache Weise (→ S. 207). Wenn sie versucht, auf diese Weise „Salz der Erde" zu sein, bildet sie ein Gegenmodell zu dem, was sonst in der Gesellschaft gilt und „in" ist.

Kirche als Gemeinschaft

Die meisten Jugendlichen – und nicht nur sie – haben ein starkes Bedürfnis nach Gemeinschaft. Neben Cliquen, Fanclubs, Internet-Community u.a. hat dabei die Familie immer noch einen hohen Stellenwert.

[31]Da kamen seine Mutter und seine Brüder; sie blieben vor dem Haus stehen und ließen ihn herausrufen. [32]Es saßen viele Leute um ihn herum, und man sagte zu ihm: Deine Mutter und deine Brüder stehen draußen und fragen nach dir. [33]Er erwiderte: Wer ist meine Mutter, und wer sind meine Brüder? [34]Und er blickte auf die Menschen, die im Kreis um ihn herumsaßen, und sagte: Das hier sind meine Mutter und meine Brüder. [35]Wer den Willen Gottes erfüllt, der ist für mich Bruder und Schwester und Mutter. *Mk 3,31–35*

Jesus schwebt eine neue Form von Gemeinschaft vor, die sich in einem Kreis von Jüngerinnen und Jüngern verwirklicht. Daraus entwickelt sich später die Kirche. Von ihrer Herkunft her hat sie den Charakter einer Kommunikations- und Lebensgemeinschaft – nicht weil die Menschen in ihr besonders gut und heilig wären, sondern als eine von Gott geschenkte Möglichkeit. Diesen Gemeinschafts-Charakter der Kirche bezeichnet man mit dem lateinischen Wort *communio* (das Wort steckt auch in „Kommunion").

1. Feiern

Ein menschliches Grundbedürfnis ist: Wir wollen genießen und feiern, was wir toll finden und was uns bewegt. Die Kirche pflegt Feier-Formen, die eine lange kostbare Geschichte und Tradition haben und etwas von der „Glut des Evangeliums" in unsere Zeit tragen. Sie können um neue Formen erweitert, aber nicht einfach abgeschafft werden, auch wenn sie junge Menschen heute nicht mehr ansprechen.

Die glaubenden Menschen erkennen an Jesus, wie Gott ist: nah bei den Menschen, voll Güte und Liebe, aber auch voll innerer Klarheit und Entschiedenheit, bereit zur äußersten Hingabe. Das möchten sie in ihren Feiern mit allen Sinnen aufnehmen – durch Sehen, Hören, Riechen, Fühlen und Schmecken.

Sie möchten sich durch seine Gegenwart beschenken lassen, weil sie daran glauben, dass Gott ihnen seine Lebenskraft, sich selbst mitteilt.

Ein Urmodell dafür ist Pfingsten *(Apg 2,1–42)* – die „Kraftübertragung" von Gott an die zum Gebet versammelte Gemeinde.

Gottesdienst *(Liturgia)*

2. Weitererzählen

Menschen können nicht leicht für sich behalten, was ihnen wichtig ist, was sie bewegt; sie wollen es weitergeben an andere.

Wenn die Kirche das auch tut, orientiert sie sich am Beispiel Jesu: Er ist umhergezogen, um möglichst viele Menschen mit seiner Botschaft von Gott und seiner nahe gekommenen Herrschaft anzustecken. Gott selbst zeigt sich in ihm als ein kommunikativer, mitteilsamer, nicht als ein verschwiegener Gott: Gott auf Kontaktsuche.

Am Pfingsttag beginnen alle versammelten Gläubigen voll Begeisterung öffentlich zu reden. Petrus hält eine zündende und mutige Rede an die Menschenmenge.

Verkündigung *(Martyria)*

3. Handeln

Wenn Menschen nur schöne Worte machen, dann überzeugt das nicht. Sie müssen ihren Worten auch Taten folgen lassen. Bloße Worte schaffen eine unrealistische Gedankenwelt, Fantasien, Hirngespinste. „Es gibt nichts Gutes, außer man tut es" (Erich Kästner).

Christen wollen sich dabei am Beispiel von Jesus orientieren, der den Menschen wohlgetan hat, Gemeinschaft mit ihnen gesucht hat, sie geheilt hat. Er hat nicht nur von Gottes Güte geredet, sondern danach gehandelt – konsequent bis in den Tod. Damit hat er einen Gott sichtbar gemacht, der wirksam werden will, der die Welt wirklich verändern und umgestalten will.

Nach der Darstellung der Apostelgeschichte haben die ersten Christus-Gläubigen den Impuls von Pfingsten umgesetzt, indem sie miteinander geteilt *(Apg 2, 43–47)* und die heilende Kraft von Jesus weitergegeben haben *(Apg 3,1–1)*.

Caritas *(Diakonia)*

Der Welt einen guten Geschmack geben

Kirche als Kulturträgerin

Die Kathedrale von Reims im gotischen Baustil wurde im 13. und 14. Jh. erbaut. Sie gehört zum Unesco-Weltkulturerbe.

Mit seinem „Kurzgefassten Bericht über die Zerstörung der Westindischen Länder" protestierte Las Casas gegen den Völkermord.

1 Mit der sog. „Konstantinischen Wende" (→ S. 210) hatte das Christentum seinen ursprünglichen Charakter einer jüdischen Sekte verloren. Im Laufe der nächsten tausend Jahre entwickelte sich ein enges Zusammenspiel von christlicher Religion und westlich-europäischer Kultur. Dafür gibt es den Begriff „Christli-

5 ches Abendland". Dieser Begriff ist heute umstritten, weil er etwa zur Abgrenzung gegenüber dem Islam verwendet werden kann und weil er den „globalen" Charakter des Evangeliums verdunkelt *(Mt 28,19: „Darum geht zu allen Völkern …")* und so tut, als sei das Christentum eine europäische Religion. Der Begriff verdeutlicht aber immerhin, dass das Christentum eine übernationale

10 kulturprägende Wirkung hatte und zum Teil noch hat. Diese Wirkung erstreckt(e) sich auf viele gesellschaftliche Bereiche:

> Neben den Verfassungen von Griechenland, Irland und Polen enthält auch das Grundgesetz der Bundesrepublik Deutschland in seiner Präambel einen Bezug auf Gott: „Im Bewusstsein seiner Verantwortung vor Gott und

15 den Menschen, […] hat sich das Deutsche Volk kraft seiner verfassungsgebenden Gewalt dieses Grundgesetz gegeben."

> Die in der Französischen Revolution proklamierten Rechtsprinzipien von „Freiheit, Gleichheit und Brüderlichkeit" sind urchristliche Ideale. Man kann sagen, dass in ihnen „das Evangelium nachklingt" (Jean Comby).

20 > Nach der These des Soziologen Max Weber hat die Arbeits- und Wirtschaftsethik des Calvinismus (auf Fleiß beruhender wirtschaftlicher Erfolg gilt als Zeichen für die Erwählung durch Gott) die Grundlagen für die industrielle Entwicklung in Europa und für den modernen Kapitalismus gelegt. Als Gegenpol zur Leistungsorientierung entwickelte sich aber aus der christlichen

25 Ethik auch ein Bewusstsein für die Würde der armen und schwachen Menschen und für die Sozialpflichtigkeit des Eigentums.

> In den meisten europäischen Städten und Dörfern finden sich im Zentrum eine oder mehrere Kirchen. Oft sind es die Wahrzeichen der Orte und touristische Anziehungspunkte.

30 > Durch Jahrhunderte hindurch haben christliche Orden die Kultur Europas geprägt. Die Zisterzienser beispielsweise errichteten ihre Klöster an abgelegenen Orten (in der „Wildnis") und waren damit Pioniere der landwirtschaftlichen Erschließung.

> Bis ins 13. Jahrhundert hinein hatte die Kirche das Bildungsmonopol. Es war eine wichtige Aufgabe, schon Kindern den Glauben bewusst zu machen, auf den sie getauft waren. Bischöflich organisierte Schulen waren die „Urzellen unseres gesamten westlichen Schulsystems" (Philippe Ariès). Noch heute besuchen in Deutschland täglich etwa 700.000 Kinder einen kirchlichen Kindergarten und etwa 370.000 eine kirchliche Schule.

> Die Sprache der christlichen Mystik hatte im Mittelalter, als es um den Übergang vom Latein zur Volkssprache ging, bei der Bildung von neuen deutschen Wörtern eine zentrale Rolle. Diese Kreativität wirkt sich bis heute aus, z.B. in Wörtern wie *begreifen, bilden, einleuchten, Eindruck, Einfluss, Vereinigung, Verwaltung* usw.

> Die vom biblischen Denken herrührende Achtung vor der Gottesebenbildlichkeit jedes Menschen hat das soziale Gewissen in der Welt geschult und immer wieder neu aufgerüttelt. Schon seit der Antike ist eine christliche organisierte Nächstenliebe entstanden mit Häusern für Waisen, Fremde, Kranke und Sterbende und mit einer materiellen Hilfe für die Armen. Hier liegen die Wurzeln des modernen Sozialsystems. In Deutschland arbeiten heute ca. 500.000 Menschen in den ca. 25.500 Einrichtungen der Caritas.

> Seit den Anfängen (Paulus) ist das Christentum an seiner Ausbreitung interessiert. Christliche Missionare haben unter zum Teil gewaltigen Strapazen ferne Länder bereist, fremde Menschen kennengelernt, sich mit ihrer Kultur auseinandergesetzt und ihnen bei der medizinischen Versorgung und in der Bildung geholfen. Das Christentum ist damit ein Vorreiter der Globalisierung geworden. Schon 1253 erreichte der belgische Franziskaner Wilhelm von Rubruk die Mongolei; 1540 wurde der spanische Dominikaner Bartolomé de Las Casas zum Anwalt der südamerikanischen Indios vor dem spanischen König; seit 1841 erforschte der schottische Missionar David Livingstone das Innere Afrikas …

> Viele großartige Werke der bildenden Kunst, der Musik und der Literatur sind entweder unmittelbar im Auftrag der Kirche entstanden oder von christlichem Leben und Gedankengut inspiriert. Heute gibt es beispielsweise in Deutschland ca. 18.000 kirchliche Chöre und Musikgruppen mit über 400.000 Laienmusikern oder 43 kirchliche Museen mit mehr als 1 Million Besuchern im Jahr.

Der evangelische Pastor Friedrich von Bodelschwingh baute ab 1872 die nach ihm benannten Einrichtungen in Bethel bei Bielefeld zur heute größten diakonischen Einrichtung Europas aus.

1 2
Suchen Sie Beispiele für „Kirche als Kulturträger" aus Ihrem Lebensumfeld.

1 2
Prüfen Sie, ob es auch Vorteile für den christlichen Glauben haben kann, wenn die Kirche nicht (mehr) prägend für eine Kultur ist.

Projektidee
> Vertiefen Sie in Arbeitsgruppen die einzelnen Punkte, die auf dieser Doppelseite zum Thema „Kirche als Trägerin von Kultur" genannt werden, und stellen Sie die Ergebnisse Ihren Mitschülern und Mitschülerinnen in Referaten oder in einer Ausstellung vor.

Vernetzung
> Zum Verständnis des christlichen Menschenbildes bedenken Sie die Aspekte von → S. 50f. und → S. 64f.

Bei euch aber soll es nicht so sein

Die Auseinandersetzung mit der Macht

Die obere Münze zeigt Kaiser Konstantin mit dem Christusmonogramm am Helm.
Die andere Münze das Christusmonogramm über dem Heerzeichen.

Das Lotharkreuz (ca. 1000 n.Chr.) verbindet ein Bild des römischen Kaisers Augustus mit dem Symbol der Hinrichtung des „Staatsfeindes" Jesus.

Macht hat zwei Seiten. Macht haben bedeutet, dass man durchsetzen und verwirklichen kann, was man als richtig erkannt hat. Macht bringt aber auch Versuchungen mit sich: Wer Macht hat, neigt dazu die Rechte anderer zurückzudrängen. In dieser Spannung steht auch die Kirche im Laufe ihrer Geschichte. Dazu vier Beispiele:

Von der verfolgten Kirche zur Reichskirche

Das Jahr 313 n.Chr. ist einer der großen Wendepunkte in der Geschichte der Kirche. Nach Zeiten der Diskriminierung und Verfolgung durch den römischen Staat wird das Christentum mit dem „Mailänder Toleranzedikt" des Kaisers Konstantin zunächst eine geduldete Religion. Konstantin baut dann im Interesse der Einheit des Römischen Reiches die Kirche nach und nach zur Reichskirche aus, ein Vorgang, den Kaiser Theodosius 391 mit der Erhebung des Christentums zur Staatsreligion vollendet.

Aus einer kritischen Minderheit wird eine staatstragende Religion mit einer effektiven Verwaltung. Die Kirche wird materiell und rechtlich begünstigt, monumentale Kirchengebäude vom Typ der Basilika werden gebaut, die Bischöfe als kirchliche Würdenträger erhalten den Rang kaiserlicher Hofbeamter, der Sonntag wird gesetzlicher Feier- und Ruhetag.

Der Kampf um die Vorherrschaft

Am 25.12.800 wird Karl der Große von Papst Leo III. zum Kaiser gekrönt. Das Kaisertum des Mittelalters findet in der Kirche zunächst eine ergebene Dienerin; die Bischöfe und Äbte übernehmen die Funktionen von Staatsbeamten: Sie erhalten Hoheitsrechte und Grundbesitz und werden schließlich zu Reichs- und Kirchenfürsten. Und doch wird die Auseinandersetzung um die Zuordnung von weltlicher und geistlicher (kirchlicher) Herrschaft das beherrschende Thema der Zeit. Die Führungskräfte der Kirche wehren sich gegen die Laieninvestitur und bauen die eigene Macht aus. Päpste erheben den Anspruch auf Weltherrschaft und geraten so in Konkurrenz zu Kaisern und Fürsten. Die Auseinandersetzung gipfelt im Investiturstreit zwischen Kaiser Heinrich IV. und Papst Gregor VII. mit dem berühmten „Gang nach Canossa" durch den Kaiser. Die Kirche bekräftigt ihren Führungsanspruch durch den Aufruf zu den Kreuzzügen. Die Machtentfaltung und Verweltlichung der kirchlichen Herrschaft wird schließlich zu einem Kritikpunkt der Reformatoren wie Martin Luther.

Feigheit vor dem Feind?

1 Der Nationalsozialismus hat von Deutschland aus eine der tiefsten Krisen der Weltgeschichte heraufbeschworen. Für die Kirche waren seine menschenverachtende Grundhaltung (etwa in der Rassenlehre) und seine Unvereinbarkeit mit dem christlichen Glauben (beispielsweise in der Ablehnung des Alten Tes-
5 taments und der christlichen Gesellschaftslehre) frühzeitig erkennbar und sie wurden auch ausgesprochen.
Mit der sog. „Machtergreifung" 1933 geht die klare Ablehnung verloren. Dabei spielen eine wichtige Rolle eine sehr positive Bewertung der staatlichen Obrig-
10 keit, wie sie von einem Zitat aus dem Römerbrief (s.u.) nahegelegt wird, eine Affinität maßgeblicher kirchlicher Kreise zu hierarchischen und autoritären Strukturen und eine Beschränkung auf die Verteidigung der eigenen Positionen (etwa im Reichskonkordat) statt eines entschiedenen Eintretens für die Schwa-
15 chen (in diesem Falle besonders für die Juden). Wenn Christen Widerstand geleistet haben, dann haben sie das vor allem „auf eigene Rechnung" getan, vom eigenen Gewissen getrieben und nicht von der Haltung und Praxis ihrer Kirche.

Widerstand gegen den Machtmissbrauch

1 In der frühen Kirche haben viele Christen ihren Widerstand gegen den Machtanspruch des römischen Staates in Glaubensdingen mit dem Leben bezahlt. Man nennt sie Märtyrer. Auch in unserer Zeit gibt es Menschen, die zu einem solchen Glaubenszeugnis fähig sind. Ein Beispiel ist Oscar Arnulfo Romero. Er
5 wurde 1974 zum Erzbischof von San Salvador ernannt. Die Situation in seinem Land war unter einer Militärdiktatur von Ausbeutung, Ungerechtigkeit und Unterdrückung geprägt. Es gab blutige Willküraktionen gegen Demonstranten und Repressionen gegen Priester. Romero stellte sich in Hirtenbriefen und Ra-
10 diopredigten zunehmend eindeutig gegen die von Großgrundbesitzern gestützte Diktatur und auf die Seite des unterdrückten Volkes. Am Tag vor seinem Tod sagte er in seiner letzten Predigt: „Kein Soldat ist verpflichtet, einem Befehl zu gehorchen, der gegen das Gesetz Gottes gerichtet ist." Am 24.3.1980
15 wurde er von einem Mitglied einer sog. „Todesschwadron" im Auftrag des Militärs am Altar ermordet, während er eine Messe in einer Krankenhauskapelle hielt. Seit 1997 läuft das Verfahren seiner Seligsprechung in Rom. Vom Volk in Lateinamerika wird Romero längst als Heiliger verehrt.

[1]Jeder leiste den Trägern der staatlichen Gewalt den schuldigen Gehorsam. Denn es gibt keine staatliche Gewalt, die nicht von Gott stammt; jede ist von Gott eingesetzt. [2]Wer sich daher der staatlichen Gewalt widersetzt, stellt sich gegen die Ordnung Gottes, und wer sich ihm entgegenstellt, wird dem Gericht verfallen.

Röm 13,1–2

Katholisches Jugendtreffen im Stadion Neukölln – „Ein Hoch für den Führer". Von der Ehrentribüne grüßen mit Deutschem Gruß (v.l.): Dr. Erich Klausener, Prälat Puschonski, Generalvikar Steinmann, Prälat Weber, Aufnahmedatum: 20.8.1933

„Gott wird dort geehrt, wo der Arme leben kann."
Das Wandbild in El Salvador zeigt Oscar A. Romero.

1 2
Konkretisieren Sie die auf dieser Doppelseite gegebenen Beispiele durch genauere historische Informationen; verwenden Sie dazu auch die Bilder dieser Seite und weiteres Bildmaterial. Stellen Sie sich die Ergebnisse gegenseitig in einem „Gruppenpuzzle" vor und diskutieren Sie sie.

1 2
Entwerfen Sie ein Lernplakat zum Verhältnis Kirche – Macht.

Fenster auf! Lasst Frischluft herein!

Neuorientierung im 2. Vatikanischen Konzil

Johannes XXIII. wurde 1958 als 77-Jähriger zum Papst gewählt. Er sorgte durch das Konzil für entscheidende Weichenstellungen der Kirche im 20. Jahrhundert. Viele Menschen beeindruckte er durch seine warmherzige und unkomplizierte Art und durch seinen Mut. Er starb während des Konzils im Jahre 1963.

1 2 3 4 5
Informieren Sie sich über die Folgen des Konzils, z.B. die Neugestaltung der Liturgie und des Kirchenraums, die Mitgestaltungsgremien in der Kirche, die Würzburger Synode 1971–1975, die Reaktion des französischen Bischofs Lefebvre …
(Dies sind geeignete Referatsthemen.)

1 Das bislang letzte Konzil in der katholischen Kirche war das 2. Vatikanische Konzil in Rom von 1962–1965. Es wurde überraschend von Papst Johannes XXIII. einberufen („Der Erste, der von meinem Vorschlag überrascht wurde, war ich selbst.").

5 Dieser Papst setzte sich ein für die Öffnung der Kirche gegenüber der modernen Welt, die von ihm „aggiornamento" (ital. „Verheutigung") genannt wurde. Als er einmal gefragt wurde, was er vom Konzil erwarte, ging er zum Fenster, öffnete es und sagte: „Vom Konzil erwarte ich einen frischen Luftzug." In seiner Eröffnungsrede heißt es: „In der täglichen Ausübung Unseres apostolischen

10 Hirtenamtes geschieht es oft, dass bisweilen Stimmen solcher Personen unser Ohr betrüben, die zwar von religiösem Eifer brennen, aber nicht genügend Sinn für die rechte Beurteilung der Dinge noch ein kluges Urteil walten lassen. Sie meinen nämlich, in den heutigen Verhältnissen der menschlichen Gesellschaft nur Untergang und Unheil zu erkennen. Sie reden unablässig davon, dass un-

15 sere Zeit im Vergleich zur Vergangenheit dauernd zum Schlechteren abgeglitten sei. […] Wir aber sind völlig anderer Meinung als diese Unglückspropheten, die immer das Unheil voraussagen, als ob die Welt vor dem Untergang stünde. In der gegenwärtigen Entwicklung der menschlichen Ereignisse, durch welche die Menschheit in eine neue Ordnung einzutreten scheint, muss man viel eher

20 einen verborgenen Plan der göttlichen Vorsehung anerkennen."

Am 2. Vatikanischen Konzil nahmen etwa 2.500 Bischöfe aus aller Welt teil. Sie fassten in 16 Erklärungen zusammen, wie Christen in der heutigen Zeit leben sollten. Die Beschlüsse umfassen drei Bereiche:

› das Selbstverständnis der Kirche
 (→ S. 204f.)
› das *innere* Leben der Kirche (Liturgie, Aufgaben der Bischöfe, Dienst der Priester, Ordensleute und Laien, christliche Erziehung …)
› die Beziehungen der Kirche nach *außen* (zur heutigen Welt allgemein, Verhältnis zu Nichtkatholiken und zu den anderen Religionen, Religionsfreiheit)

„Volk Gottes" als Leitmetapher

Die bleibende Erwählung Israels zum Eigentumsvolk Gottes ist das Zentrum der Gottesoffenbarung an Israel. […] Ohne polemische Absichten, ohne Israel sein Privileg der Erstberufung abzusprechen, bezeichnet 1 Petr 2,9f. die Christen als Volk Gottes und als Gottes Eigentumsvolk. […] Das 2. Vatikanische Konzil erachtete es als glücklichen Gedanken, die Gemeinsamkeit aller Glaubenden ungeachtet der hierarchischen Unterschiede durch den Begriff Volk Gottes zum Ausdruck zu bringen; so ist in „Lumen gentium" (dem Konzilsbeschluss über die Kirche) das Kap. II „Das Volk Gottes" den weiteren Kapiteln über die hierarchische Verfassung der Kirche und über Laien und Ordensleute vorangestellt. Im Begriff Volk Gottes fand man außer der grundlegenden Gemeinsamkeit aller Glaubenden auch den „Pilgercharakter" der Kirche ausgesprochen.

Herbert Vorgrimler

Die Erklärung über die Religionsfreiheit

Nach der Konzilserklärung „Dignitatis humanae" (DH) gründet die Gewissens- und Religionsfreiheit in der Würde der menschlichen Person, die „das Recht und die Pflicht (hat), ihrer Würde gemäß nach der Wahrheit zu suchen" (DH 2). Ausdrücklich hebt das Konzil hervor, dass dieses Recht im Wesen der Person und nicht in ihrer sittlichen Verfassung begründet ist; die Gewissens- und Religionsfreiheit bleibt auch bei denen erhalten, die der Pflicht, die Wahrheit zu suchen und an ihr festzuhalten, nicht nachkommen. Zudem wird betont, dass die Wahrheit in einer Weise gesucht werden muss, die der Würde der Person entspricht. Im Einzelnen nennt das Konzil die freie wissenschaftliche Forschung, die Hilfe des Lehramtes sowie den Dialog und den Gedankenaustausch in und außerhalb der Kirche. […] Hinter diesen Ausführungen steht der Grundsatz, dass die Wahrheit ihren Anspruch nicht anders als in der Kraft der Wahrheit selbst […] erhebt. […]

Die Konzilserklärung „Dignitatis humanae" versteht die […] Gewissens- und Religionsfreiheit als ein Recht, das unmittelbar der Würde entspringt, die jedem Menschen zukommt und die von der Kirche voraussetzungslos anerkannt wird, ohne dass sie dessen Weg der Wahrheitssuche in irgendeiner Weise vom Wahrheitsanspruch ihres Glaubens her zu bewerten versucht. Die Kirche hält aber daran fest, dass sie in ihrem Glauben die Wahrheit festhält, die Gott zum Heil der Menschen offenbart hat.

Nach Eberhard Schockenhoff

2 3 4 5
Ordnen Sie die Volk-Gottes-Metapher den Elementen der Grafik → S. 205 zu.

1 2 **3** 4 5
Setzen Sie das Zitat von Gotthold Ephraim Lessing in Beziehung zur Erklärung über die Religionsfreiheit:

Wenn Gott in seiner Rechten alle Wahrheit, und in seiner Linken den einzigen immer regen Trieb nach Wahrheit, obschon mit dem Zusatze, mich immer und ewig zu irren, verschlossen hielte und spräche zu mir: wähle! Ich fiele ihm mit Demut in seine Linke und sagte: Vater gib! Die reine Wahrheit ist ja doch nur für dich allein!

Gotthold Ephraim Lessing

1 2 3 **4** 5
Entwerfen Sie Perspektiven für die Weiterentwicklung der Kirche, die sich aus Impulsen des 2. Vatikanischen Konzils ergeben.

1 2 3 4 **5**
Formulieren Sie die in der Karikatur vertretene Position und beurteilen Sie, inwiefern sie zukunftsfähig ist.

Vernetzung
› Beziehen Sie zur Leitmetapher „Volk Gottes" → S. 204f., zur Konzilserklärung „Nostra aetate" → S. 36f. ein.
› Bedenken Sie zur Würde und Freiheit des Menschen (Erklärung über die Religionsfreiheit) die Texte auf → S. 220f.

Wir sind auch Kirche

Laien und Kleriker

1 2 3 4 5

Vergleichen Sie die Bedeutung des Begriffs „Laie" im umgangssprachlichen Gebrauch mit der Bedeutung des Begriffs in der Kirche.

1 **2** 3 4 5

Konkretisieren Sie die Bedeutung der „Volk-Gottes-Metapher" für das Communiomodell.

1 2 **3** 4 5

Entwerfen Sie grafische Darstellungen zum Hierarchiemodell und zum Communiomodell.

1 2 3 **4** 5

„Communio" – „Kommunion" – „Kommunikation": Begründen Sie den Zusammenhang der drei Begriffe.

1 2 3 4 **5**

Ergänzen Sie Argumente, die Ihnen selbst einfallen. Führen Sie auf der Basis aller Argumente in Ihrer Lerngruppe eine Debatte und erörtern Sie anschließend schriftlich das Thema „Pflichtzölibat für Kleriker".

Perspektivenwechsel: Vom Hierarchie- zum Communiomodell der Kirche

1 Auf dem 2. Vatikanischen Konzil (1962–1965) setzt eine grundlegend neue Sicht und Bewertung der Laien ein. Maßgeblich dafür war der Perspektivenwechsel im Selbstverständnis der katholischen Kirche, der auf diesem Konzil vollzogen worden ist. Dieser ist vor allem mithilfe des Bildbegriffes vom „Volk

5 Gottes" gelungen. […] [An diese Metapher anknüpfend wird] immer wieder hervorgehoben, dass nicht nur die Kleriker bzw. die Hierarchie von Papst, Bischöfen, Priestern und Diakonen die Sendung der Kirche erfüllen, sondern auch die Laien. Alle, Laien und Kleriker, sind gemäß ihrer je eigenen Stellung in der Kirche zur Ausübung der Sendung berufen, die Gott der Kirche zur Er-

10 füllung in der Welt anvertraut hat – so ist seit dem 2. Vatikanischen Konzil wiederholt in kirchlichen Dokumenten zu lesen.

Der vom 2. Vatikanischen Konzil vollzogene Perspektivenwechsel im Selbstverständnis der katholischen Kirche wird gerne schlagwortartig umschrieben als Wandel vom sog. Hierarchiemodell zum Communiomodell. Das Hierarchie-

15 modell steht für das Kirchenbild, wie es auf dem 1. Vatikanischen Konzil (1870) vertreten wurde, das Communiomodell dagegen als Versuch des 2. Vatikanischen Konzils, die Einseitigkeiten des Hierarchiemodells durch die Rückbesinnung auf die biblische und urkirchliche Tradition von der Kirche als Gemeinschaft und als Volk Gottes aufzubrechen und zu korrigieren. Was sind die

20 zentralen Gedanken dieser beiden Modelle?

Im sog. Hierarchiemodell des 1. Vatikanischen Konzils ist der Papst der absolute Bezugspunkt für die kirchliche Gemeinschaft, und ausschließlich die geweihten Amtsträger sind die einzig Handelnden, gleichsam die alleinigen Pro-

30 tagonisten in der Kirche, während die übrigen Gläubigen reine Zuschauer, gleichsam Statisten sind. Im Gegensatz dazu gibt es im neuen Kirchenbild, dem sog. Communiomodell des 2. Vatikanischen Konzils, keine Statisten mehr, sondern alle, die geweihten Amtsträger wie die Gläubigen, sind Protagonisten, die in einer lebendigen und wechselseitigen Beziehung zu- und miteinander

35 stehen, sodass die Entscheidungen des Papstes wie auch alle weiteren Entscheidungen der geweihten Amtsträger nicht im Alleingang, sondern in Rückbindung an die Gemeinschaft und ihre Tradition sowie im Bemühen um einen Konsens getroffen werden.

Sabine Demel

Zölibat – ehelos um Gottes willen

Der Zölibat – hier verstanden als verpflichtende Ehelosigkeit der katholischen Priester – ist in und außerhalb der Kirche umstritten. Folgende Pro- und Kontra-Argumente werden häufig vorgebracht:

pro

› Der Zölibat orientiert sich an Jesus, der selbst ehelos gelebt hat.

› Der Zölibat hat eine lange Tradition in der Kirche. Enthaltsamkeit wird schon im Neuen Testament empfohlen *(Mt 19,12; 1 Kor 7)*. Im Mittelalter wird er verpflichtend gemacht und bis in die Gegenwart hinein von der Kirche immer wieder bekräftigt. Er beruht also auf einer geschichtlichen Glaubensentscheidung der Kirche.

› Der Zölibat ist ein Zeichen dafür, dass Menschen sich ganz auf Gott ausrichten. Sexualität ist nicht das Höchste, sonst wird sie zum Götzen.

› Der Zölibat macht frei für die Herrschaft Gottes im menschlichen Leben. Wer zölibatär lebt, muss sich nicht dauernd um die Familie kümmern, auf die Verwandtschaft Rücksicht nehmen usw.

› Der Zölibat wird freiwillig und bewusst übernommen, in Kenntnis der damit verbundenen Verpflichtungen. Wer Priester wird, weiß, was auf ihn zukommt. Wo er in Schwierigkeiten gerät, muss er von der Kirche Hilfe bekommen.

kontra

› Die biblischen Quellen des Glaubens kennen keinen Zölibat, weder als Forderung Jesu noch als verpflichtende Lebensform. In *1 Tim 3,2* ist beispielsweise von verheirateten Bischöfen die Rede.

› Manche Priester sagen: „Ich bin nicht Priester geworden, um zölibatär zu leben, sondern ich lebe zölibatär, um Priester zu sein." Der Zölibat wird also auch von manchen, die ihn leben, eher in Kauf genommen als bejaht.

sensus fidelium – die Gläubigen und ihr „siebter Sinn"

Nach einer vom 2. Vatikanischen Konzil wieder aufgegriffenen kirchlichen Lehre ist der Heilige Geist Gottes in jedem Gläubigen wirksam und hilft zur Erkenntnis der Wahrheit und der richtigen Lebenspraxis. Die Gemeinschaft der Glaubenden kann nicht aus der Wahrheit und Liebe Gottes herausfallen. Diese Glaubensgewissheit erfordert die Kommunikation unter den Glaubenden, durch die ein Konsens erreicht wird. Als Kontrollinstanz fungiert das kirchliche Lehramt, das die Lehren des Glaubens abschließend verbindlich formulieren kann.

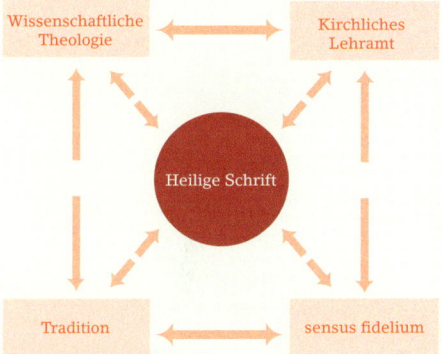

Das Zusammenspiel der Glaubensinstanzen

Vernetzung

› Bedenken Sie zur Bedeutung der „Volk-Gottes-Metapher" für die Kirche die Aussagen auf → S. 204f. und → S. 213f.

› Bedenken Sie zum Communiomodell der Kirche die Texte auf → S. 206.

› Das Verständnis der menschlichen Sexualität ist wichtig als Hintergrund für den Pflichtzölibat; berücksichtigen Sie dazu → S. 60f.

Die Heiligen

Heiligenverehrung ist ein wichtiges Element des Glaubenslebens in der Katholischen Kirche. Heilige sind Menschen, die sich von Gott ganz ergreifen lassen – auf ihre individuelle Weise und in ihrer besonderen geschichtlichen und persönlichen Situation. Die deutsche Lyrikerin Hilde Domin (1909–2006), eine Jüdin, setzt sich in ihrem Gedicht auf eigenwillige Weise mit dem Verhältnis der Heiligen zu den Menschen auseinander, die sie verehren.

Die Heiligen in den Kapellen
wollen begraben werden, ganz nackt,
in Särgen aus Kistenholz
und wo niemand sie findet:
in einem Weizenfeld
oder bei einem Apfelbaum
dem sie blühen helfen
als ein Krumen Erde.
Die reichen Gewänder, das Gold und die Perlen,
alle Geschenke der fordernden Geber,
lassen sie in den Sakristeien,
das Los, das verlieren wird, unter dem Sockel.
Sie wollen ihre Schädel und Finger einsammeln
und aus den Glaskästen nehmen
und sie von den Papierrosen ohne Herbst
und den gefassten Steinen
zu den welken Blumenblättern bringen
und zu den Kieseln am Fluss. [...]
Doch sie sind müde
auf den Podesten zu stehn
und uns anzuhören.
Sie sind wund vom Willen zu helfen,
wund, Rammbock vor dem Beter zu sein,
der erschrickt,
wenn das Gebet ihm gewährt wird,
weil Annehmen

so viel schwerer ist als Bitten
und weil jeder die Gabe nur sieht,
die auf dem erwarteten Teller gereicht wird.
Weil jeder doch immer von Neuem
in den eigenen Schatten tritt,
der ihn schmerzt.
Sie sehen den unsichtbaren Kreis
um den Ziehbrunnen,
in dem wir uns drehn
wie in einem Gefängnis.
Jeder will den Quell
in dem eigenen Grundstück,
keiner mag in den Wald gehn.
Der Bruder wird nie
das Feuer wie Abel richten
und doch immer gekränkt sein. [...]
Sie sind müde, aber sie bleiben,
der Kinder wegen.
Sie behalten den goldenen Reif auf dem Kopf,
den goldenen Reif,
der wichtiger ist als die Milch.
Denn wir essen Brot,
aber wir leben von Glanz.
Wenn die Lichter angehn
vor dem Gold,
zerlaufen die Herzen der Kinder
und beginnen zu leuchten
vor den Altären.
Und darum gehen sie nicht:
damit es eine Tür gibt,
eine schwere Tür
für Kinderhände,
hinter denen das Wunder
angefasst werden kann.

Hilde Domin

Ein Marienbild von heute

Das Marienbild von Andrea Viebach (geb. 1963) aus dem Jahr 2004 ist in der St.-Maximilian-Kolbe-Kirche in München-Südperlach zu sehen. Die Künstlerin hat für ihr Werk moderne technische Möglichkeiten genutzt. Am Computer wurden 13 Fotos von jungen Müttern mit ihren Kindern aus der Kirchengemeinde bearbeitet und übereinandergelegt. Die individuellen Züge der Frauen und Kinder verschmelzen zu einem neuen Bild. Dieses Bild wird als Dia in einer Kapelle im hinteren Teil der Kirche auf eine weiße Gipsstele projiziert. In diese Stele ist eine Mulde eingearbeitet, die dem Umriss des Bildes folgt.

„Der Glaube ist für mich nicht genau greifbar, deshalb habe ich versucht, ein Bild Marias zu finden, das nicht greifbar ist, aber das trotzdem vorhanden ist und getragen wird durch die vielen Leute hier in der Gemeinde, die es sichtbar machen" (Andrea Viebach).

Maria, die Mutter Jesu, ist eine Frau aus dem jüdischen Volk. Sie musste darum ringen, ihren Sohn zu verstehen, hat aber immer wieder Ja zu ihm gesagt, bis zu seinem Tod als Verbrecher am Kreuz. Das Johannes-Evangelium erzählt in einer symbolischen Szene, wie Maria die Mutter auch der Jesus-Jünger wird *(Joh 19,26–27)*. Mit ihrem Glauben ist sie ein Urbild der Kirche geworden. Die Kirche sieht in Maria, wie sie selbst gerne sein möchte.

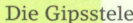

Andrea Viebach, Marienbild
(Diaprojektion, Gipsstele), 2004

Die Gipsstele

Das Marienbild in der Kapelle

Männersache?

Frauen (und Männer) in der Kirche

1 2 3

Ordnen Sie die auf dieser Doppelseite wiedergegebenen Positionen in das Schema → S. 215 ein!

1 **2** 3

Setzen Sie sich mit der Meinung von Markus Hofer auseinander! Was müsste sich in der Kirche ändern, damit sie für (junge) Männer interessanter würde?

1 2 **3**

Die Kirche wird in der Kunst oft als weibliche Figur vorgestellt (Bild → S. 219). Sie wird dann metaphorisch (vgl. → S. 204f.) als Braut des Bräutigams Jesus Christus verstanden. Entwerfen Sie ein fiktives Gespräch zwischen Christus und der Kirche, das dieses „Liebesverhältnis" ohne romantische Verklärung aufgreift.

Vernetzung

› Beziehen Sie zur ersten Zeit der Kirche → S. 202f. ein, zur Bedeutung des Pfingstereignisses die → S. 207, zur Rolle von Priestern (und Laien) → S. 214f.

Projektidee

› Erkunden Sie Kirchen in Ihrer Umgebung und stellen Sie fest, wie „Männlichkeit" und „Weiblichkeit" jeweils dargestellt werden. Sie können aus ihren Ergebnissen eine Ausstellung gestalten und der betreffenden Gemeinde anbieten.

Frauen in der frühen Kirche

1 Das allerfrüheste Christentum, wie es sich nach Tod und Auferstehung Jesu herausbildete, war zunächst eine Befreiungsbewegung für alle, und damit besonders für die Benachteiligten und Unterdrückten. Wie schon durch Jesus selbst wurde ein Unterschied zwischen Männern und Frauen nicht gemacht.

5 Auch bei der Ausgießung des Geistes wurden alle in gleicher Weise erfasst, es gab keine unterschiedliche Verteilung auf Männer oder Frauen. Während der Eingangsritus im jüdischen Kult die Beschneidung war, die nur an Männern vollzogen wurde, gab es als Eintritt in die christliche Gemeinschaft von Anfang an die Taufe ohne Unterschied für beide Geschlechter. Alle Getauften haben

10 grundsätzlich den gleichen Rang und die gleiche Würde und sind verantwortlich für die Zukunft des Glaubens. Auch die Frauen sind voll verantwortlich und nicht nur mitbeteiligt. „Die beeindruckende Liste von Frauen, die in urchristlichen Gemeinden Leitungsaufgaben wahrnahmen, spricht eine klare Sprache. In den Gemeinden ist versucht worden, die Revolution Gottes zu le-

15 ben", schreibt Luise Schottroff [...]. Paulus erwähnt in seinen (echten) Briefen nur drei große Gruppen von führenden Personen in der frühen Kirche, nämlich „Apostel, Propheten und Lehrer" (z.B. *1 Kor 12,28*). In allen drei Gruppen gibt es namentlich bekannte Frauen.
Helen Schüngel-Straumann

Die Lehre der Kirche heute

Heute können Frauen nicht zu einem Amt in der Kirche geweiht werden. Der *Codex Iuris Canonici* (CIC) von 1983, das aktuell gültige Gesetzbuch der katholischen Kirche, bestimmt: „Die heilige Weihe empfängt gültig nur ein getaufter Mann." Mit „heiliger Weihe" sind hier die drei Weiheformen Bischofsweihe, Priesterweihe und Diakonenweihe gemeint.

„Die Kirche hält daran fest, dass es aus prinzipiellen Gründen nicht zulässig ist, Frauen zur Priesterweihe zuzulassen. Zu diesen Gründen gehören: das in der Heiligen Schrift bezeugte Vorbild Christi, der nur Männer zu Aposteln wählte, die konstante Praxis der Kirche, die in der ausschließlichen Wahl von Männern Christus nachahmte, und ihr lebendiges Lehramt, das beharrlich daran festhält, dass der Ausschluss von Frauen vom Priesteramt in Übereinstimmung steht mit Gottes Plan für seine Kirche" (Papst Paul VI.).

Anfragen und Bedenken der theologischen Wissenschaft

Bedeutung des Zwölferkreises: Bei der Berufung der Zwölf geht es nicht um die Frage von Mann und Frau, sondern um eine Zeichenhandlung, die sich auf die zwölf Stämme des Volkes Israel bezieht. Die zwölf von Jesus ausgewählten Männer stehen für die neuen Stammväter des zu erneuernden Israel. Deshalb handelt es sich

› um genau zwölf Männer und nicht um irgendeine andere Zahl,
› um jüdische und nicht beispielsweise um samaritanische Männer und
› um Männer und nicht um Frauen.

Allerdings spielte diese Zeichenhandlung offensichtlich in der Kirche bald keine Rolle mehr. Denn zwei der drei Merkmale ließ man kurze Zeit später fallen: Die Zahl „Zwölf" wurde nicht wieder hergestellt, und es kommen auch Nichtjuden für den Aposteldienst hinzu. Deshalb stellt sich die Frage: Warum hält die Kirche ausgerechnet am dritten Merkmal, dem männlichen Geschlecht, so eisern fest?

Gleichsetzung die „Zwölf" = „Apostel" = „Priester": […]

› Nicht die Priester, sondern nur die Bischöfe gelten als Nachfolger der Apostel.
› Das Priesteramt ist wesentlich später entstanden als das Bischofsamt.

Überbetonung des Geschlechts Jesu Christi: Das Geschlecht Jesu sollte nicht überbetont werden. „Vor dieser Gefahr warnt die Theologiegeschichte. Entscheidend ist nicht das Mann-Werden Gottes in Jesus Christus, sondern sein Mensch-Werden. Diese Erkenntnis hatte sich schon in der frühen Kirche durchgesetzt."

Sabine Demel

Und die Männer?

Wo sind denn die Männer in der angeblichen Männerkirche? Der Blick in den Kirchenraum während eines Sonntagsgottesdienstes lässt jedenfalls sicher nicht an eine Männerkirche denken. Offensichtlich sind die Männer schon lange und noch vor den Frauen aus der Kirche verschwunden. Am ehesten findet man sie noch als Funktionäre, vor allem im Pfarrkirchenrat, wo es um Bauen und Geld geht, oder stumm in den hintersten Reihen der Kirchenbänke, in der kirchlichen Unterwelt sozusagen, in der sie sich im Rudel am wohlsten fühlen. […] Die katholische Kirche ist im Grunde eine von Frauen getragene und von ‚Männern in Frauenkleidern' geleitete Institution. […] ‚Die Kirche hat sich selbst auf ein Betreuungsinstitut für Kinder, Jugendliche und alte Menschen reduziert. Wir werden da nicht vermisst', meinte einmal ein kirchenferner Mann. Die Männer sind der blinde Fleck in der Kirche. Es scheint zu reichen, dass der Priester selbst ein Mann ist, und deshalb wird über Männer gar nicht weiter nachgedacht.

Markus Hofer

Ecclesia: Weibliches Sinnbild der Kirche, Fürstenportal des Bamberger Doms, erste Hälfte des 13. Jhs. In der mittelalterlichen Kunst ist die Kirche oft als schöne, königliche Frau dargestellt.

Toleranz: ein Lernprozess

Glaubens- und Religionsfreiheit

Toleranz (lat. = Duldung) bedeutet zunächst die Achtung vor der Andersartigkeit von Menschen, sodann die Anerkennung und Förderung rechtlicher Regelungen zum Schutz dieser Andersartigkeit und zur Sicherung einer friedlichen Koexistenz. Philosophisch hat Toleranz nichts mit Gleichgültigkeit gegenüber der Wahrheitsfrage zu tun. Religiöse Toleranz bedeutet, Andersgläubige auch dann zu akzeptieren, wenn man ihren Glauben für falsch hält und er den eigenen Wahrheitsansprüchen entgegensteht.   *Nach H. Vorgrimler*

1 2 3 4
Konkretisieren und entfalten Sie die historischen Informationen auf dieser Seite.

1 **2** 3 4
Gestalten Sie den Plan für einen Stadtteil, in dem die Gebäude der verschiedenen Religionen so gebaut und angeordnet sind, dass ihre Eigenständigkeit und ihr Aufeinanderbezogen-Sein sichtbar werden (→ Bilder S. 221).

1 2 **3** 4
Setzen Sie sich mit der Frage auseinander, wie Toleranz als persönliche Haltung im Alltag gelebt werden kann. Welche Herausforderungen treten dabei auf?

Ausgangspunkt: Wahrheitsanspruch

Insbesondere das Christentum und der Islam vertreten eine universale Wahrheit (→ S. 34f., S. 44), erheben also den Anspruch, über Gott und seinen Willen etwas für alle Menschen Gültiges zu sagen. Dem Hinduismus und dem Buddhismus liegt es näher, verschiedene Wege zum Heil zuzulassen. Allerdings zeigen Übergriffe gegen Christen in Indien und in einzelnen buddhistischen Ländern in den letzten Jahren, dass auch dort die religiöse Toleranz nicht selbstverständlich ist.

Zuspitzung: Religionskriege

Religion ist im Laufe der Geschichte immer wieder ein Motiv für gewalttätige Auseinandersetzungen bis hin zu Kriegen gewesen. Kreuzzüge und Ketzerverfolgungen sind Beispiele dafür. Einen Tiefpunkt stellten die Religionskriege im Europa der frühen Neuzeit dar. Der Dreißigjährige Krieg von 1618–1648 begann aus religiösen Motiven und verwüstete ganz Mitteleuropa. Fundamentalistische Islamisten verzerren noch bis heute die Lehre vom Djihad zu einer Begründung für Terroranschläge.

Neuanfang: Das Toleranzdenken seit der Aufklärung

Mit der Aufklärungsbewegung setzt sich ein neues Denken durch: Aufgeklärte Herrscher wie Friedrich II. von Preußen und Joseph II. von Österreich gewähren ihren Untertanen die freie Religionsausübung. In der Folge wird aus dem Gnadenakt eines Herrschers schließlich ein allgemeines Menschenrecht. Art. 4 des Grundgesetzes der Bundesrepublik Deutschland (1949) formuliert entsprechend: „1. Die Freiheit des Glaubens, des Gewissens und die Freiheit des religiösen und weltanschaulichen Bekenntnisses sind unverletzlich. 2. Die ungestörte Religionsausübung wird gewährleistet."

Katholische Kirche: Abwehr und Umdenken

Bis ins 20. Jahrhundert vertraten Päpste die Auffassung, die Wahrheit habe den Vorrang vor der Freiheit, und lehnten das Prinzip der Religionsfreiheit ab. Erst mit dem 2. Vatikanischen Konzil (→ S. 212f.) wurde Religionsfreiheit auch zu einer Forderung der Kirche.

Ein aktuelles Konfliktfeld: Moscheebau in unserer Gesellschaft

Seit die Muslime in Deutschland ihre religiösen Pflichten nicht nur in unauffälligen „Hinterhofmoscheen" erfüllen wollen, sondern dazu deutlich erkennbare, weithin sichtbare Moscheen bauen, kommt es immer wieder zu Konflikten in der Öffentlichkeit. Dabei spielen oftmals die Größe der Moschee und die Höhe der Minarette (→ S. 50) eine wichtige Rolle.

[Die Abwehr von öffentlich sichtbaren Moscheebauten gründet oft] in der Furcht, dass die vertraute Heimat sich massiv verändern und dadurch fremd werden könnte. Genährt wird diese Furcht aus den immer noch nicht gelösten Problemen des nachbarschaftlichen und gesellschaftlichen Zusammenlebens. Auch gibt es nicht wenige Menschen, die vor dem Hintergrund wachsender Furcht vor islamistisch motivierter Gewalt nahezu jedes Moscheebauprojekt zum Anlass nehmen für Kritik am Islam – und manches Mal auch für Hetze gegen Muslime.

Die Deutsche Bischofskonferenz erinnert deshalb an die Erklärung des 2. Vatikanischen Konzils über die Religionsfreiheit *„Dignitatis humanae"* (1965) und die darin formulierten Grundsätze über die Rechte der Religionen in Staat und Öffentlichkeit. Unzweifelhaft gehört zu dieser Sicht der Religionsfreiheit auch das Recht der Muslime auf den Bau würdiger Moscheen.

Die deutschen Bischöfe, Orientierungshilfe zum Moscheebau in Deutschland

Zusammensitzen, um sich auseinanderzusetzen

Wer nichts vom Moment des Erduldens in der Duldung von Meinungsverschiedenheiten weiß, vom Schmerz und der Sehnsucht nach der ausstehenden einen Welt der Wahrheit und Klarheit, der hat kein Recht darauf, den Toleranzbegriff für seine Gleichgültigkeit in Anspruch zu nehmen. Warum nicht neben jede Kirche eine Moschee? Diese mit Selbstzufriedenheit auftretende Meinung nimmt weder Kirche noch Moschee ernst. Sie zu äußern, ist nicht Ausdruck der Toleranz, sondern einer Haltung, der Kirche und Moschee gleich schnuppe sind. *Nach Gerhard Kaiser*

„Gläserne" Moschee in Penzberg

Modell der Moschee in Köln-Ehrenfeld

1, 2, 3, **4**
Welche der nachfolgenden „Grundpositionen" vertritt das 2. Vatikanische Konzil? Vergleichen Sie dazu → S. 213.

Grundpositionen zum Verhältnis des Christentums zu den anderen Religionen

Exklusivismus: Ausschließlich (= exklusiv) das Christentum hat die Wahrheit über Gott und bietet dem Menschen Zugang zum Heil.

Inklusivismus: Die anderen Religionen haben Anteil an der Wahrheit und können ihre Gläubigen zum Heil führen. Die volle Wahrheit erkennt nur der christliche Glaube, der die Teilwahrheiten der anderen Religionen einschlussweise (= inklusive) umfasst. Damit ist das Christentum doch den anderen Religionen prinzipiell überlegen.

Pluralistische Religionstheologie: Die Religionen sind grundsätzlich gleichberechtigte Wege zu Wahrheit und Heil, wenn sie auch in einzelnen Aspekten einander übertreffen können. Jeder Mensch soll der eigenen Religion treu sein, so wie er sich in der Partnerschaft an einen bestimmten Menschen bindete, ohne damit sagen zu wollen, dieser Mensch sei grundsätzlich besser als die anderen.

Vernetzung
› Zu dieser Seite lässt sich gut eine Vernetzungsübersicht grafisch gestalten.
› Verwenden Sie dazu außer dieser Doppelseite (mindestens) → S. 34ff., → S. 46, → S. 212f., → S. 50
› Ordnen Sie die thematischen Elemente mit stichwortartigen Erklärungen auf einem Plakat an, verbinden Sie sie mit grafischen Zeichen (Pfeile, Doppelpfeile, Linien, Kästen …) und erläuternden Stichworten.

Kirche für die Menschen

Einsatz für Frieden, Gerechtigkeit, Bewahrung der Schöpfung

(Nur) Gerechtigkeit schafft Frieden

Frieden ist nicht allein Abwesenheit von Krieg, und Strukturen der Ungerechtigkeit stellen eine permanente Bedrohung für die Sicherheit der Menschen dar. Der Prozess der Erhaltung und Konsolidierung des Friedens muss begleitet sein von dem beharrlichen Eintreten für größere Gerechtigkeit und konsequentere Respektierung der Menschenrechte. An die Stelle der klassischen Lehre vom gerechten Krieg, die Kriege verhindern sollte, muss heute die Konzeption des gerechten Friedens treten.   *Konrad Raiser*

1 2 3 4 5 6 7 8

Entwerfen Sie auf der Basis des Textes rechts konkrete Handlungsideen für kirchliche Einrichtungen und Gemeinden.

1 **2** 3 4 5 6 7 8

Gestalten Sie ein Schaubild zum Zusammenhang von Frieden, Gerechtigkeit und Bewahrung der Schöpfung.

1 2 **3** 4 5 6 7 8

Beziehen Sie Stellung zur Aussage der Karikatur und formulieren Sie konkrete Handlungsalternativen.

1 2 3 **4** 5 6 7 8

Informieren Sie sich, was das Wort „katholisch" bedeutet, und setzen Sie es in Beziehung zum Auftrag der Kirche.

Gerechtigkeit – ein Grundwort des Glaubens

1 In der neueren Zeit hat der Begriff der sozialen Gerechtigkeit als übergeordnetes Leitbild Eingang in die Sozialethik der Kirche gefunden. Er besagt: Angesichts real unterschiedlicher Ausgangsvoraussetzungen ist es ein Gebot der Gerechtigkeit, bestehende Diskriminierungen aufgrund von Ungleichheiten
5 abzubauen und allen Gliedern der Gesellschaft gleiche Chancen und gleichwertige Lebensbedingungen zu ermöglichen. […] Bei der Verwirklichung sozialer Gerechtigkeit kommt dem biblischen Ethos eine befreiende und stimulierende Funktion zu. Das biblische Ethos erschöpft sich nämlich nicht in der Forderung nach Gerechtigkeit. Das der menschlichen Person Zukommende
10 und Gebührende ist mehr als Gerechtigkeit, nämlich persönliche Zuwendung, Liebe und Barmherzigkeit. […] Der Horizont des Dienstes an Menschen in Not hat sich in den letzten Jahrhunderten fortschreitend erweitert. Nächstenliebe ist auch Fernstenliebe geworden. Das hat in kirchlichen Hilfswerken weltweiter Solidarität und entwicklungspolitischen Aktivitäten seinen Niederschlag ge-
15 funden. […] Die Kirche ist ihrem Wesen nach weltweit, grenzüberschreitend. Sie verfügt über besondere Möglichkeiten, den Blick der Menschen für die Eine Welt zu öffnen und das Bewusstsein der Verantwortung über das eigene Land und Volk hinaus zu schärfen. Die ökumenische Zusammenarbeit der Kirchen
20 aus der ganzen Welt und die intensiven Partnerschaften mit Gemeinden und Ortskirchen erweitern den Gesichtskreis über den eigenen Kulturraum hinaus. Solche Kontakte erinnern zugleich an die Not des Südens und die wechselseitigen weltwirtschaftlichen Abhängigkeiten. Die Beteiligung der Kirchen
25 am konziliaren Prozess für Gerechtigkeit, Frieden und Bewahrung der Schöpfung bedeutet eine umfassende Orientierung kirchlichen Handelns
30 an den drängenden Aufgaben gesellschaftlicher Veränderung. In ökumenischer Zusammenarbeit stellen sich die Kirchen den großen Überlebensfragen der Menschheit.

Nach „Für eine Zukunft in Solidarität und Gemeinschaft", 1997

Verantwortung für die Schöpfung

Der Klimawandel stellt gegenwärtig die wohl umfassendste Gefährdung der Lebensgrundlagen der heutigen und der kommenden Generationen sowie der außermenschlichen Natur dar und ist damit eine ernste Herausforderung für die Schöpfungsverantwortung. Immer deutlicher wird erkennbar, wie der Mensch mit globalen Auswirkungen in das Klimasystem eingreift und wie dies auf die biologischen, sozialen und räumlichen Existenzgrundlagen zurückwirkt. [...]

› Die Kirche versteht sich als Anwältin der ethischen Grundoptionen christlicher Schöpfungsverantwortung, die den Planeten Erde als zukunftsfähiges „Lebenshaus" für alle Geschöpfe bewahren will;

› sie vertritt ein Menschenbild, das auf der gleichen Würde aller Menschen als Kinder Gottes, unabhängig von Eigenschaften oder Fähigkeiten, basiert und für alle, auch die zukünftigen Generationen, menschenwürdige Lebensbedingungen einfordert;

› sie fordert die Haltung globaler Solidarität, wobei sie sich als Weltkirche selbst zum entschiedenen Engagement besonders für die Armen und Ausgeschlossenen verpflichtet weiß;

› sie zielt auf die Bereitschaft zum Umdenken und Handeln im Sinne der Erhaltung und menschen- wie umweltgerechten Gestaltung der Schöpfung, nicht nur aufseiten der Regierenden und Führungskräfte, sondern aller Menschen;

› sie steht für ein langfristiges Denken, das aus der Hoffnung auf die von Gott gewährte Zukunft – „das Reich Gottes und seine Gerechtigkeit" – die Kraft schöpft, den langen und schwierigen Weg zu intergenerationeller Gerechtigkeit beharrlich zu gehen;

› sie lebt aus einer Spiritualität, die sie befähigt, gemeinsam mit allen Menschen guten Willens neue Wege gelebter Schöpfungsverantwortung zu wagen und sich gegen alle Widerstände für den notwendigen Wandel mit friedlichen Mitteln einzusetzen.

Der Klimawandel, hg. von der Deutschen Bischofskonferenz, 2006

Herr,
unsere Erde ist nur ein kleines Gestirn im großen Weltall.
An uns liegt es, daraus einen Planeten zu machen, dessen Geschöpfe nicht von Kriegen gepeinigt werden, nicht von Hunger und Furcht gequält, nicht zerrissen in sinnlose Trennung nach Rasse, Hautfarbe oder Weltanschauung.
Gib uns den Mut und die Voraussicht,
schon heute mit diesem Werk zu beginnen,
damit unsere Kinder und Kindeskinder
einst mit Stolz den Namen Mensch tragen. Amen. *Gebet der Vereinten Nationen*

„Create a Climate for Justice"-Kampagne der CIDSE, der Allianz katholischer Entwicklungsorganisationen

1 2 3 4 **5** 6 7 8
Informieren Sie sich über die Arbeit kirchlicher Hilfswerke und Friedensbewegungen wie „pax christi".

1 2 3 4 5 **6** 7 8
Recherchieren Sie, wo es in Ihrer Umgebung Partnerschaften von Kirchengemeinden und Organisationen mit Partnern aus der Einen Welt gibt.

1 2 3 4 5 6 **7** 8
Informieren Sie sich über das „Projekt Weltethos".

1 2 3 4 5 6 7 **8**
Informieren Sie sich über die Lehre vom „gerechten Krieg".

Vernetzung
› Ein Beispiel für den Einsatz für Gerechtigkeit finden Sie auf → S. 210.
› Bedenken Sie zum christlichen Menschenbild das Material auf → S. 50f. und → S. 64f.
› Prinzipien ethischen Handelns sind Thema auf → S. 78

Anziehungspunkte

Modelle einer zukünftigen Kirche

Chiara Lubich

Ein Projekt der Fokolar-Bewegung ist die internationale Rockband „Gen Rosso"

Geistliche Gemeinschaften: den Auftrag der Kirche in die Hand nehmen

1 Durch die Geschichte der Kirche hindurch haben sich immer wieder Gemeinschaften von Christen gebildet, die den Glauben ganz ernst nehmen und den Auftrag der Kirche erfüllen wollen. Sie sind ein Ausdruck des Reichtums an Charismen, die nicht nur individuell, sondern gemeinschaftlich in Wirtschaft und Arbeitsleben, in Erziehung und Kultur, Politik und Medien sowie im sozialen Bereich wirksam werden wollen. Als Beispiel für eine solche Geistliche Gemeinschaft wird hier die *Fokolar-Bewegung* vorgestellt:

Anfang der 1940er-Jahre des 20. Jahrhunderts entdeckt Chiara Lubich (1920–2008) – eine junge Lehrerin aus Trient, die sich auf der Suche nach der Wahr-
10 heit an der Universität Venedig in Philosophie eingeschrieben hatte – Gott als einziges Ideal, das in der Atmosphäre von Hass und Gewalt im 2. Weltkrieg Bestand hat. Während der Bombenangriffe im Bunker liest sie mit ihren ersten Gefährtinnen das Evangelium: „Diese Worte" – so schreibt sie – „schienen von einem neuen Licht erhellt zu sein." Gott ist Liebe. Im Gebot der gegenseitigen
15 Liebe erkennen sie das Herzstück des Evangeliums. Aus der im Alltag gelebten Erfahrung mit dem Evangelium entsteht eine überwiegend gemeinschaftlich ausgerichtete Spiritualität, aus der die Fokolar-Bewegung hervorgeht. Sie setzt sich ein für eine immer tiefere Einheit in der katholischen Kirche, für den Dialog und das gemeinsame Zeugnis mit Angehörigen anderer Konfessionen und
20 für die Einheit in Gott mit Gläubigen anderer Religionen.

Heute gehören zur Fokolar-Bewegung ca. 120.000 Mitglieder in 81 Ländern in allen Erdteilen; zum weiteren Kreis gehören etwa 4,5 Millionen Personen, darunter viele aus anderen Kirchen, anderen Religionen und auch ohne religiöse Überzeugung.

Taizé: neue Horizonte öffnen

1 Ebenfalls in der Zeit des 2. Weltkriegs lässt sich der junge Roger Schutz (1915–2005), Student der evangelischen Theologie aus der Schweiz, in dem kleinen Ort Taizé in Burgund (Frankreich) nieder. Er versteckt dort Flüchtlinge vor den Nationalsozialisten, vor allem Juden. Mit sechs Gefährten gründet er 1949 die
5 ökumenische *Communauté de Taizé*. Die Bruderschaft verpflichtet sich zu einem gemeinsamen Leben in Ehelosigkeit, Gütergemeinschaft und Anerken-

Frère Roger von Taizé

nung einer Autorität. Heute gehören der Communauté etwa 100 Brüder an; ein Drittel von ihnen lebt mit den Armen in den Elendsvierteln der ganzen Welt; die anderen in Taizé. Der Ort hat sich zu einem geistlichen Zentrum und zu ei-
10 nem Anziehungspunkt für die Jugend aus ganz Europa entwickelt. Jedes Jahr kommen an die 200.000 Besucher aus unterschiedlichen Konfessionen in das kleine Dorf, um in der Gemeinschaft mit der Communauté und untereinander neue Impulse für ein Leben aus dem Glauben zu erfahren. Hinzu kommen die europäischen Jugendtreffen in verschiedenen Städten mit einigen Zehntau-
15 send Teilnehmern.

Ein wichtiger Grundsatz der Communauté ist die Offenheit für die Schätze des Glaubens, die in den anderen Konfessionen enthalten sind. Frère Roger, wie Roger Schutz als Prior von Taizé genannt wurde, war reformierter Christ. Der Communauté gehören aber auch Brüder aus anderen Konfessionen an. Es geht
20 um Respekt für die Unterschiedlichkeit der anderen, aber auch um Schritte aufeinander zu. Ein weiterer Schwerpunkt ist die Verbindung von Kontempla-tion (Sich-Versenken, Meditation) und Praxis, oder, wie es Frère Roger genannt hat, von „Kampf und Kontemplation", vor allem bei der praktischen Umset-zung der Bergpredigt. Ein Kernsatz lautet: „Lebe so viel vom Evangelium, wie
25 du davon verstanden hast, und sei es noch so wenig."

Kleine Christliche Gemeinschaften: eine neue Weise, Kirche zu sein

Seit dem 2. Vatikanischen Konzil (→ S. 212f.) entstanden zuerst in Lateinamerika, dann in Afrika und Asien sogenannte Basisgemeinden, und zwar oft in Regionen mit riesigen Gemeinden, aber wenigen Priestern. Daraus ist das Modell der KCG entwickelt worden, der Kleinen Christlichen Gemeinschaften. Das sind Gruppen von („Laien"-)Christinnen und Christen, die in einer Nachbarschaft miteinander leben, miteinander die Bibel lesen (oft nach der Methode des sog. Bibel-Teilens) und aus dem Geist des Evangeliums gemeinsam handeln. Die KCG haben vier Merkmale:

> eine KCG lebt aus dem Wort Gottes;
> sie ist offen für alle Menschen in der jeweiligen Nachbarschaft;
> sie stellt sich den konkreten Sorgen und Nöten der Menschen in ihrem Umfeld;
> sie ist mit der Kirche als ganzer verbunden (Anbindung an die Pfarrei, Vernetzung mit anderen Gruppen).

Auch in Deutschland werden die Pfarreien größer, die Priester weniger. Auch hier sind solche Gruppen entstanden, die ein Ausweg aus der drohenden Anonymität sein wollen.

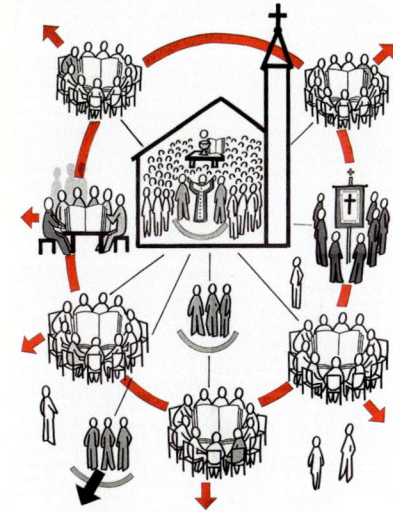

Modell einer Pfarrei mit KCG

1 2 3
Analysieren Sie die Jordan-Metapher in der Überschrift dieser Doppelseite. Berücksichtigen Sie dabei die Re-densart „über den Jordan gehen" und die Bedeutung des Flusses Jordan beim Übergang des Volkes Gottes ins verheißene Land (*Jos 3*).

1 2 3
Erklären Sie den Unterschied von Territorialpfarrei und Basisgemeinde anhand des Textes und der Grafik oben.

Vernetzung
> Bedenken Sie zu den Charismen in der Kirche → S. 205f., zur Berg-predigt → S. 172f.

Das Dorfkino

Der bekannte TV-Entertainer Hape Kerkeling ist im Jahr 2001 den Jakobsweg nach Santiago de Compostela gewandert. Auf dem Pilgerweg hat er viel über Gott, Welt und Kirche nachgedacht. Dabei hat er eine neue Metapher für die Kirche gefunden, die manches an der Kirche (nicht alles!) einsichtig machen kann. Kerkeling zeigt vor allem, dass man sich dem Thema Kirche auch humorvoll nähern kann …

Das Dorfkino

Viele meiner Freunde haben sich schon lange von der Kirche abgewendet. Sie wirkt auf sie unglaubwürdig, veraltet, vergilbt, festgefahren, unbeweglich, geradezu unmenschlich und somit haben die meisten sich auch von Gott abgewendet. Wenn sein Bodenpersonal so drauf ist, wie muss er selbst dann erst sein … wenn es ihn überhaupt gibt! Geh mir weg mit Gott, sagen leider die meisten. Ich sehe das anders.

Egal ob Gott eine Person, eine Wesenheit, ein Prinzip, eine Idee, ein Licht, ein Plan oder was auch immer ist, ich glaube, es gibt ihn.

Gott ist für mich so eine Art hervorragender Film wie „Gandhi", mehrfach preisgekrönt und großartig.

Und die Amtskirche ist lediglich das Dorfkino, in dem das Meisterwerk gezeigt wird. Die Projektionsfläche für Gott. Die Leinwand hängt leider schief, ist verknittert, vergilbt und hat Löcher. Die Lautsprecher knistern, manchmal fallen sie ganz aus oder man muss sich irgendwelche nervigen Durchsagen während der Vorführung anhören, wie etwa: „Der Fahrer mit dem amtlichen Kennzeichen Remscheid SG 345 soll bitte seinen Wagen umsetzen." Man sitzt auf unbequemen, quietschenden Holzsitzen und es wurde nicht mal sauber gemacht. Da sitzt einer vor einem und nimmt einem die Sicht, hier und da wird gequatscht und man bekommt ganze Handlungsstränge gar nicht mehr mit.

Kein Vergnügen wahrscheinlich, sich einen Kassenknüller wie „Gandhi" unter solchen Umständen ansehen zu müssen. Viele werden rausgehen und sagen: „Ein schlechter Film". Wer aber genau hinsieht, erahnt, dass es sich doch um ein einzigartiges Meisterwerk handelt. Die Vorführung ist mies, doch ändert sie nichts an der Größe des Films. Leinwand und Lautsprecher geben nur das wieder, wozu sie in der Lage sind. Das ist menschlich.

Gott ist der Film und die Kirche ist das Kino, in dem der Film läuft.

Hape Kerkeling

Habe ich (K)eine ZUKUNFT?

Einmal in die Zukunft schauen?

Visionen von Zukunft in der Gegenwart

Die Künstlerin Maaria Wirkkala hat 2003 auf verschiedenen Grazer Dächern vergoldete Holzleitern angebracht (→ S. 227). „Tirami su" *nennt sie ihre Installation, wörtlich übersetzt heißt das:* „Zieh mich hoch." *Aber wohin soll hier gezogen werden? Ins Nichts? In den Himmel? Auf die Dächer? Und wer soll hier wen ziehen? Wirkkala lädt die Betrachterinnen und Betrachter zu imaginären Ausflügen auf die Dächer ein, denn sie können sich nur vorstellen, was von dort oben zu sehen ist. Und doch führt schon dieser gedankliche Aufstieg auf die Dächer zu einer neuen Perspektive von Stadt und Landschaft. Wie wäre es wohl, dort oben zu stehen? Dieser imaginäre Blick kann die Wahrnehmung des Alltäglichen und Vertrauten verändern – auch wenn nicht genau klar ist, wohin die Leitern führen und was sie offenbaren.*

Vergleichbare Perspektivwechsel sollen Sie auch in diesem Kapitel vornehmen. Sie erhalten hier unterschiedliche Einblicke in Zukunftsvorstellungen und -visionen, auch wenn ungeklärt bleiben muss, wie die Zukunft genau wird. Dennoch sollen Sie in unterschiedlichen Zugängen dem Zusammenhang von Gegenwart und Zukunft nachgehen und Zukunftsvorstellungen erörtern, die für das Leben hier und jetzt tragfähig sind.

1 2 3 4

„Ist es erstrebenswert, in die Zukunft zu schauen?" Führen Sie eine Pro- und Kontra-Diskussion durch. Argumente können Sie u.a. dem Text „Ringen mit der Zukunft" entnehmen.

Ringen mit der Zukunft

1 Was wird aus mir? Was wird aus der Welt? Immer wieder versuchen Menschen, Aussagen über die Zukunft zu treffen: Es gibt wissenschaftliche Prognosen über die Entwicklung von Gesellschaft und Wirtschaft, es gibt Prophezeiungen von selbsternannten Propheten oder Zukunftsdeutern. Was die Zukunft je-
5 doch genau bringt, wissen wir nicht – und das ist auch gut so. Denn wüssten wir über die Zukunft Bescheid, dann würde dies unser Leben grundlegend ändern und die menschliche Freiheit wäre vermutlich zumindest arg eingeschränkt. Dennoch ist es sinnvoll, sich mit der Zukunft auseinanderzusetzen. Zum einen haben Menschen zu allen Zeiten Überlegungen über die Zukunft angestellt,
10 dies scheint ein zutiefst menschliches Verlangen zu sein. Zum anderen beeinflussen sich Zukunfts- und Gegenwartsentwürfe wechselseitig. In Zeiten von Bedrängnis und Ängsten erwarten die Menschen vielfach Katastrophen, wird das erlebte Unheil als Vorzeichen des drohenden Untergangs gedeutet. In Zeiten von Aufbruch und Wohlstand wird hingegen die Zukunft in bunten Farben
15 gemalt. Zukunftsvisionen sind somit immer auch Aussagen über die Gegenwart. Und damit sind diese Visionen nicht einfach belanglose Gedankenspiele, sondern Ausdruck dessen, wie Mensch und Welt sind bzw. sein sollen. Wenn ich von der Zukunft nichts erwarte, dann bin ich vermutlich auch in der Gegenwart nicht bereit, etwas hierfür zu geben …

Claudia Gärtner

WE DIDN'T MAKE PLANS OR TALK ABOUT THE FUTURE ANYMORE. THE FUTURE IS ONLY IMAGINARY, A DESTINATION YOU INVENT TO KEEP YOURSELF GOING, BUT A POINT COMES WHEN YOU REALIZE YOU WILL NEVER GET THERE.

Muntean/Rosenblum, Untitled (We didn't make plans or talk about the future anymore. The future is only imaginery. A destination you invent to keep yourself going. But a point comes where you realize you will never get there), 2005

¹Dann sah ich einen neuen Himmel und eine neue Erde; denn der erste Himmel und die erste Erde sind vergangen, auch das Meer ist nicht mehr. ²Ich sah die heilige Stadt, das neue Jerusalem, von Gott her aus dem Himmel herabkommen; sie war bereit wie eine Braut, die sich für ihren Mann geschmückt hat. ³Da hörte ich eine laute Stimme vom Thron her rufen: Seht, die Wohnung Gottes unter den Menschen! Er wird in ihrer Mitte wohnen, und sie werden sein Volk sein; und er, Gott, wird bei ihnen sein. ⁴Er wird alle Tränen von ihren Augen abwischen: Der Tod wird nicht mehr sein, keine Trauer, keine Klage, keine Mühsal. Denn was früher war, ist vergangen. ⁵Er, der auf dem Thron saß, sprach: Seht, ich mache alles neu. *Offb 21,1–5*

1 **2** 3 4
Erarbeiten Sie die Zukunftsvisionen, die in den Texten und Bildern auf dieser Doppelseite zum Ausdruck kommen, und vergleichen Sie diese. Sie können auch das Titelbild dieses Kapitels mit hinzuziehen.

1 2 **3** 4
Arbeiten Sie die Zukunftsvorstellungen der Jugendlichen auf dem Bild von Muntean/Rosenblum heraus. Achten Sie dabei auch auf Komposition und Körpersprache. Nehmen Sie persönlich Stellung zu dem Bild.

1 2 3 **4**
Entwerfen oder gestalten Sie Ihre eigene Zukunftsvision.

Ist der Tod unsere endgültige Zukunft?

Deutungen des Todes

1 2 3 4 5 6 7

Erarbeiten Sie den Zusammenhang von Tod und Hoffnung bei Vitezslav Gardavsky und diskutieren Sie diesen.

1 **2** 3 4 5 6 7

Erarbeiten Sie die Deutung des Todes im Alten Testament mithilfe des Textes von Angelika Berlejung.

1 2 **3** 4 5 6 7

Schlagen Sie die im Text von Angelika Berlejung genannten Bibelstellen nach und erläutern Sie diese mithilfe des Textes. Weitere aufschlussreiche Stellen finden Sie in *Ps 88* und *Koh 3,19–21*.

1 2 3 **4** 5 6 7

Schlagen Sie weitere biblische Stellen nach, in denen im Neuen Testament vom Tod gesprochen wird, z.B. *Eph 2,1–10; 1 Kor 15,20–22.* Deuten Sie diese Texte vor dem Hintergrund der Todesvorstellungen im Alten Testament und Neuen Testament und nehmen Sie persönlich Stellung zu den jeweiligen Aussagen.

1 2 3 4 **5** 6 7

Vergleichen Sie die unterschiedlichen Positionen in der Deutung des Todes, die in Texten und dem Bild dieser Doppelseite zum Ausdruck gebracht werden. Was vereint, was trennt sie?

Mein Tod und die Hoffnung

1 Wer an Gott glaubt und an eine unsterbliche Seele, der hat auch in seinem letzten Stündlein eine Hoffnung, er schiebt seinen Tod noch ein Weilchen hinaus. Ich habe diese Hoffnung nicht. Deshalb erscheinen mir alle meine Beziehungen in durchsichtiger Klarheit, nicht vernebelt durch mystische und trügeri-
5 sche Erwartungen von etwas, was nach dem letzten Versinken folgen wird. Jede meiner Beziehungen trägt das Zeichen des Todes. Jede hat für mich einen unwiederholbaren Wert, keine lässt sich gegen eine andere auswechseln. Jede Begegnung mit einem Menschen ist für mich, der ich selbst ein endliches Einzelwesen bin, ein Geschenk, denn sie kann meine letzte Begegnung sein. Und
10 auch ich bin für jeden ein Geschenk, sofern ich etwas zu schenken habe. […] Erst das Einzelwesen, das sich *in solcher Weise* der Gewissheit des Todes bewusst ist, wird gesellschaftlich unauswechselbar. Selbst ohne Hoffnung auf die Ewigkeit, dem Tod unterworfen, werde ich zur Hoffnung für andere, die mich überleben: Wenn unter mein Leben der Schlussstrich gezogen wird, dann ist
15 die Summe, die verbleibt, die unerlässliche Vorbedingung ihres Lebens. Gewiss, auch ihr Leben wird in der gleichen Hoffnungslosigkeit enden. Aber nur um diesen höchsten Preis, um den Preis der persönlichen Niederlage, wird die Hoffnung wachgehalten als eine Unabdingbarkeit des menschlichen Daseins überhaupt, als Hoffnung der menschlichen Gesellschaft auf die Zukunft.

Vitezslav Gardavsky

Todesvorstellungen im Alten Testament

1 Der Tod erscheint im Alten Testament als ein vertrauter Begleiter und akzeptierter Bestandteil des Lebens. Dabei spielte […] eine wichtige Rolle, zu welchem Zeitpunkt und auf welche Weise das irdische Dasein endete. Man unterschied zwischen dem guten und dem schlechten, dem ehrenhaften und ehrlosen, dem
5 rechtzeitigen und vorzeitigen Tod, und wünschte sich und den Seinen jeweils den würdigen Abschluss eines ehrenwerten und langen Lebens. […] Man ging davon aus, Gott würde dafür sorgen, dass dem Charakter und der Lebensführung eines Menschen im Idealfall die Todesart entspräche. […] Doch setzen sich vor allem weisheitliche Texte (z.B. *Ijob, Koh 8,12f.*) mit dem Problem auseinander,
10 dass diese Erwartung erfahrungsgemäß oft enttäuscht wird, da der plötzliche, schlechte Tod durchaus einen gottesfürchtigen und ethisch vorbildlichen Men-

schen treffen konnte […]. War ein Mensch zu Tode gekommen, so blieben nach alttestamentlicher wie vorderorientalischer Vorstellung der leblose Körper und ein ungreifbarer Totengeist, der sich von der Leiche lösen und unabhängig von

15 ihr bewegen konnte *(1 Sam 28)*. Die Leiche trug diesen „Geist" noch in sich, bis er sich auf die Reise ohne Wiederkehr, also in die Totenwelt begab. […] Nach der gelungenen und korrekten Bestattung, für die die nächsten Angehörigen Sorge tragen mussten, setzte der Verstorbene seine Existenz in der Unterwelt fort, wo er sich zu seinen Vorfahren versammelte. Dort war er nur noch ein Totengeist

20 und in dieser Daseinsform ein Schatten seiner selbst. Der Tod bewirkte also, dass der betroffene Mensch die Existenzform wechselte […]. Zugleich betrat er mit der Unterwelt einen neuen Existenzraum und einen neuen Existenzabschnitt (d.h. Wechsel von Raum und Zeit) und gehörte von nun an der Totengemeinschaft, dem „Volk der Unterwelt" *(Ez 26,20)* an. Er hatte sich also auch gesell-

25 schaftlich verändert. […] Die Auflösung all der Zusammenhänge, die das Leben ausmachen, war das Hauptkennzeichen des Todes.   *Angelika Berlejung*

Der leibliche Tod im Neuen Testament

Für Johannes und für Paulus ist der leibliche Tod nur eine Station auf dem Weg. Beide können davon sprechen, dass der Tote nur *schlafe (1 Thess 4,14; Joh 11,11).* […]

Wie ist der leibliche Tod vereinbar damit, dass der Christ doch schon Anteil hat am ewigen Leben? – Bei Johannes gibt Jesus die Antwort auf diese Frage, wenn er sagt: *Wer an mich glaubt, wird in Ewigkeit leben, auch wenn er stirbt (Joh 11,25).* Zwischen dem irdischen Tod und der Auferweckung ist der Mensch gestorben oder schläft.

In seinen frühen Briefen spricht Paulus vom Schlafen des toten Christen *im Herrn.* Anders und wieder ganz im Sinne der intensiven Gemeinschaft mit Jesus Christus fasst er in seinen späteren Briefen den Tod des Christen auf, vor allem wenn er an seinen eigenen Tod denkt. Er rechnet damit, dass der Glaubende unmittelbar nach dem Tod schon *beim Herrn* ist, und deutet (spätestens jetzt) die *Heiligen*, die beim erhöhten Herrn sein und bei Christi Wiederkunft mit ihm kommen werden, als die Christen.   *Klaus Berger*

1 2 3 4 5 **6** 7
Die Fotografie zeigt den Grabstein des Künstlers Kurt Schwitters auf einem Friedhof in Hannover. Erarbeiten Sie die Vorstellung vom Tod, die hierin zum Ausdruck kommt.

1 2 3 4 5 6 **7**
Verschriftlichen Sie Ihre eigene Deutung des Todes und tauschen Sie diese in Kleingruppen miteinander aus.

Vernetzung
› Vitezslav Gardavsky (1923–1978) lebte im heutigen Tschechien. Er verstand sich als Marxist, der intensiv den Dialog mit dem Christentum pflegte. Untersuchen Sie, inwiefern bei ihm die Religionskritik des Marxismus anklingt (→ S. 30f.).
› Vertiefen Sie die skeptischen Todesvorstellungen bei Ijob, indem Sie diese vor dem Hintergrund seiner Gotteserfahrung deuten (vgl. S. 106f.).
› Untersuchen Sie, inwiefern sich in den biblischen Texten die Vorstellungen von Tod und Auferstehung Jesu Christi niederschlagen (→ S. 148ff. und → S. 174ff.).

„Was aber geschieht, wenn Totenstille eintritt?"

Umgang mit Sterben und Tod

1 2 3 4 5 6 7 8 9
Informieren Sie sich, z.B. im Gotteslob, über den Ablauf einer Begräbnisfeier. Stellen Sie die einzelnen Elemente zusammen. Begründen Sie, welche Elemente Ihnen wichtig oder unpassend erscheinen und welche fehlen.

1 **2** 3 4 5 6 7 8 9
Vergleichen Sie die Texte und Lieder der Begräbnisfeier mit den Bibeltexten, auf die sie Bezug nehmen. Diskutieren Sie, inwiefern diese biblischen Texte auf einer Begräbnisfeier vorgetragen werden können.

1 2 **3** 4 5 6 7 8 9
Tragen Sie die Gedichte laut vor und sammeln Sie Ihre Eindrücke. Das Gedicht von Ingeborg Bachmann können Sie zu zweit vortragen (kursiv / nicht kursiv gedruckter Text).

1 2 3 **4** 5 6 7 8 9
Sammeln Sie weitere Gedichte und Lieder über Tod und Sterben und stellen Sie sich diese gegenseitig vor.

1 2 3 4 **5** 6 7 8 9
Analysieren Sie, wie in den Texten mit Sterben und Tod umgegangen wird, und arbeiten Sie das zugrunde liegende Menschenbild heraus.

1 2 3 4 5 **6** 7 8 9
Entwerfen Sie selbst ein Gedicht oder eine Geschichte zum Umgang mit Sterben und Tod. Sie können sich diese Gedichte untereinander vortragen.

Das folgende Lied kann während einer katholischen Begräbnisfeier gesungen werden. Es nimmt auf 1 Kor 15,43–56 Bezug.

1. Gesät wird in Schwachheit, auferweckt in Kraft. Dank sei Jesus Christus, der den Tod besiegt. Gesät wird Vergänglichkeit, auferweckt in Herrlichkeit. Dank sei Jesus Christus, der den Tod besiegt. A: Alle, die in Christus sind, stehen auf zum Licht.
2. Tod, wo ist dein Stachel? Tod, wo ist dein Sieg? Dank sei Jesus Christus, der den Tod besiegt. Was im Tod verloren scheint, hat er neu erworben. Dank sei Jesus Christus, der den Tod besiegt. A: Jesus ging den Weg voran, der zum Leben führt.

T und M: Walter Röder

Wort halten

Ich kam zu spät. Das warme Bett
war leer. Sperrangel
weit standen beide Fenster offen.

Händedrücken mit vielen Leuten.
Fremde. Für persönliche Dinge
war der Plastiksack da.

Den Gang entlang rollten rosige Arme
die Wagen mit Schonkost. Wir stiegen
zum Keller hinab. Das letzte Fach unten
rechts.

In diesem weißen Tuch
das ihr der Sohn um Kopf und Kinn
gebunden
sah sie fast wie auf ihrem Hochzeitsfoto
aus.

Ich roch den Fliederstrauß
auf ihrer starren Brust.

Ulla Hahn

Reklame

Wohin aber gehen wir
ohne sorge sei ohne sorge
wenn es dunkel und wenn es kalt wird
sei ohne sorge
aber
mit musik
was wollen wir tun
heiter und mit musik
und denken
heiter
angesichts eines Endes
mit musik
und wohin tragen wir
am besten
unsre Fragen und den Schauer aller
Jahre
in die Traumwäscherei ohne sorge sei
ohne sorge
was aber geschieht
am besten
wenn Totenstille
eintritt.

Ingeborg Bachmann

Lucas Cranach d.Ä.,
Der Sterbende
(Ausschnitt), 1518

Das Bild „Der Sterbende" (1518, Ausschnitt) wird Lucas Cranach d.Ä. zugeschrieben. Um das Bett des Sterbenden haben sich dessen Ehefrau
(Fußende), ein Advokat (sitzend), ein
Priester (mit Kreuz in der Hand), ein
Arzt (mit Uringlas) und zwei Beamte,
die den Nachlass zu ordnen scheinen,
versammelt. Aus einer jenseitigen Welt
sind Engel und Dämonen anwesend.
Die Seele des Sterbenden schwebt
bereits als nackte Gestalt zwischen
den himmlischen Wesen. Auffällig ist,
dass Cranach nicht den thronenden
Weltenrichter, sondern eine Dreifaltig-
keitsdarstellung zeigt, einen sog. Gnadenstuhl. Gottvater präsentiert seinen
Sohn, der als Schmerzensmann seine
Wunden zeigt. Zwischen beiden erscheint der Hl. Geist als Taube. Der
richtende Gott ist der dreifaltige Gott.
Cranach stellt den Tod des Einzelnen
somit in einen größeren theologischen
Zusammenhang.

1 2 3 4 5 6 **7** 8 9
Erarbeiten Sie das Verständnis von
und den Umgang mit Tod, wie es im
Bild zum Ausdruck kommt.

1 2 3 4 5 6 7 **8** 9
Erschließen Sie den größeren theologischen Zusammenhang des Bildes,
indem Sie die Sterbeszene mit dem
Gnadenstuhl (→ S. 98) in Verbindung
setzen.

1 2 3 4 5 6 7 8 **9**
Diskutieren Sie die Aussage des
Bildes. Hilfreich kann hierzu der Text
auf → S. 240f. sein.

Wenn das Grab vom Leben erzählt

Bestattungs- und Trauerformen

1 2 3 4 5 6 7 8 9

Recherchieren Sie unterschiedliche Formen der Bestattung und Erinnerung.

1 **2** 3 4 5 6 7 8 9

Informieren Sie sich über die Gründe von anonymen Bestattungen und führen Sie dazu eine Pro-und Kontra-Diskussion durch.

1 2 **3** 4 5 6 7 8 9

Erarbeiten Sie die Position der Bischöfe zu einzelnen Bestattungsformen und diskutieren Sie deren Argumentationsgang.

1 2 3 **4** 5 6 7 8 9

Erläutern Sie den Zusammenhang von Bestattungsformen und Menschenbild, wie er in den unterschiedlichen Formen der Bestattung und in der Argumentation der Bischöfe zum Ausdruck kommt.

1 2 3 4 **5** 6 7 8 9

Besuchen Sie einen Friedhof und suchen Sie besondere Grabstätten auf. Erarbeiten Sie die verwendete Symbolik, das hierin zum Ausdruck kommende Verständnis von Mensch, Tod und Jenseits usw.

1 2 3 4 5 **6** 7 8 9

Stellen Sie sich vor, in Ihrer Stadt sollte ein Friedwald eingerichtet werden. Führen Sie eine Fishbowldiskussion durch, an der Vertreterinnen und Vertreter der unterschiedlichen Interessengruppen teilnehmen.

Die Bestattungskultur wird immer vielfältiger und individueller. Es ist der Wille von Verstorbenen oder Angehörigen, im Wald, auf See, im eigenen Garten, im Weltraum, auf dem Friedhof oder in einer Urne die letzte Ruhe zu finden. Aber auch anonyme Bestattungen und Rituale nicht-christlicher Religionen nehmen zu. Wie sind diese Entwicklungen zu bewerten?

Christliche Bestattungskultur

Im Bereich der Bestattungs- und Erinnerungskultur ist eine Tendenz zur Privatisierung und Liberalisierung zu beobachten. Die Entscheidung über die Form und Gestaltung der Bestattung und des Totengedenkens fällt immer häufiger in die Zuständigkeit und Verantwortung Einzelner. Dies eröffnet den Hinterbliebenen die Möglichkeit zur individuellen Mitwirkung, aber es kann die Betroffenen auch überfordern, wenn die Vertrautheit mit religiösen Riten nicht mehr gegeben ist.

Die Begleitung von Sterbenden und Trauernden, die Sorge um die Toten und die Gestaltung der Beerdigungsliturgie sind für die Kirche immer ein deutliches Zeichen gelebten und bezeugten Glaubens. Wenn eine bestimmte Bestattungsform aus Gründen gewählt wird, die dem christlichen Glauben widersprechen, z.B. aus pantheistischen oder naturreligiösen Vorstellungen, dann ist ein kirchliches Begräbnis nicht möglich. […] Insbesondere wenn Verstorbene eine entsprechende Verfügung hinterlassen haben, die ein kirchliches Begräbnis unmöglich macht, muss dieser Wunsch ernst genommen werden, auch wenn die Trauernden sich eine christliche Form der Begräbnisfeier wünschen. […]

Bei Formen der Feuerbestattung, die aus Gründen gewählt werden, die dem christlichen Glauben nicht widersprechen, ist eine kirchliche Beteiligung möglich. In der Regel finden eine Begräbnismesse und eine Feier zur Verabschiedung vor der Kremation statt. Die Beisetzung der Urne erfolgt im Allgemeinen ohne kirchliche Mitwirkung im Kreis der Familie und Freunde. […]

Die Konzeption des sog. „Friedwaldes" (freier, unumfriedeter Wald; völlig naturbelassenes Waldgebiet; Unsichtbarkeit des Urnenfeldes; Baumsymbolik; Anonymität; keine Grabpflege) lässt zentrale Elemente einer humanen und christlichen Bestattungskultur vermissen. Darüber hinaus sind weder ein christliches Totengedenken noch ein christlich-religiöses Brauchtum am Grab

möglich […]. Die Deutung einer bloßen Rückkehr des Menschen in den Natur-
prozess liegt nahe. […]

30 Der Baum ist ein altes und schönes Zeichen für den Kreislauf der Natur und
ihres Lebens. Das menschliche Leben erschöpft sich aber nicht in naturhaften
Abläufen. In Christus ist uns vielmehr verheißen, dass unser Leben mehr ist
als ein Kreislauf von Werden und Vergehen, vielmehr werden wir am Ende

35 unseres Lebens als unverwechselbare Personen von Gott auferweckt. Der „Le-
bensbaum" der Christen ist darum kein noch so schöner Baum in der Natur,
sondern das Kreuz Jesu Christi, das über den Gräbern aufgerichtet wird und
den Tod von der Auferstehung her deutet.

Ein Ausstreuen der Asche Verstorbener ist grundsätzlich abzulehnen, weil jede
40 Anonymisierung der Bestattung dazu beiträgt, den Tod unsichtbar zu machen
und die personale Würde des Menschen über den Tod hinaus zu verdunkeln.
Sie steht in deutlicher Spannung zum christlichen Glauben, dass der Mensch
ein unsterbliches Leben bei Gott hat.   *Die deutschen Bischöfe*

Ein jüdisches Grab in Worms

Ein muslimisches Grab auf einem
deutschen Friedhof

Hinduistische Totenverbrennung am
Ganges

1 2 3 4 5 6 **7** 8 9

Informieren Sie sich über Bestattungsriten und -formen nicht-christlicher Religionen. Erste Anregungen
hierzu bieten die Bilder dieser Seite. .

1 2 3 4 5 6 7 **8** 9

„Jede und jeder sollte in Deutschland
gemäß seiner Religion oder Weltanschauung bestattet werden dürfen."
Diskutieren Sie die zitierte Forderung.
Informieren Sie sich dazu im Internet
oder bei einem Bestatter, inwiefern
Bestattungsriten und -formen anderer Religionen in Deutschland erlaubt
sind.

1 2 3 4 5 6 7 8 **9**

Wie möchten Sie einst bestattet werden? Machen Sie sich hierüber
alleine oder zu zweit Gedanken.

Projektidee
› Erarbeiten Sie eine Ausstellung
oder eine Präsentation zu folgen-
den Themen und bewerten Sie
gegenseitig Ihre Ergebnisse:
  – Begräbnis- und Erinnerungskul-
    turen in Geschichte und Gegen-
    wart
  – Erinnerungs- und Bestattungs-
    kultur in der zeitgenössischen
    Kunst
  – Totengedächtnis oder Helden-
    kult? Ein kritischer Blick auf
    Kriegsdenkmäler (z.B. in Ihrer
    Stadt)

Ist Gott gerecht oder barmherzig?

Vom Weltgericht in der Verkündigung Jesu

1 2 3 4 5 6 7 8 9 10 11 12

Inszenieren Sie wortgetreu *Mt 25,31–46* mithilfe von Rollenkarten (Gerechte, Ungerechte, Menschensohn, Erzähler).

1 **2** 3 4 5 6 7 8 9 10 11 12

Werten Sie die Inszenierung gemeinsam aus: Wie ist es Ihnen in Ihrer Rolle ergangen? Was hat Sie geärgert? Was ist Ihnen unverständlich geblieben?

1 2 **3** 4 5 6 7 8 9 10 11 12

Erarbeiten Sie die Struktur von *Mt 25,31–46*. Es ist eine Hilfe, die einzelnen Verse auf Zettel zu schreiben und diese grafisch anzuordnen.

1 2 3 **4** 5 6 7 8 9 10 11 12

Markieren Sie problematische Verse und finden Sie hierfür Erklärungsversuche.

1 2 3 4 **5** 6 7 8 9 10 11 12

„Muss es ein Gericht geben" (Z. 1f.)? Nehmen Sie Stellung zu dem Text von Gotthard Fuchs und vergleichen Sie ihn mit *Mt 25,31–46*.

1 2 3 4 5 **6** 7 8 9 10 11 12

Heilsbotschaft und Gerichtsbotschaft gehören zusammen. Diskutieren Sie *Mt 25,31–46* im Rahmen der Reich-Gottes-Botschaft Jesu (→ S. 166ff.).

1 2 3 4 5 6 **7** 8 9 10 11 12

Interpretieren Sie vor diesem Hintergrund das Bild von Sebastian Dayg. Nehmen Sie dabei auch kritisch Stellung zur Darstellung Gottvaters.

Gerechtigkeit im Gericht

1 Es muss eine Gerechtigkeit geben. Gerade über den Tod hinaus muss es ein Gericht geben, in dem auch gerichtet und verurteilt wird, das zwischen Tätern und Opfern unterscheidet, in dem keine Ungerechtigkeit der Geschichte unerwähnt bleibt, in der keine Gewalttätigkeit nicht ihren Täter oder ihre Täterin

5 finden würde. Und viele von uns werden abwechselnd einmal auf der einen, dann auf der anderen Seite stehen, einmal als Opfer, dann wieder als Täter. Das altbekannte Gerichtsbild stimmt also: wo der Richter, Christus, die Guten zunächst von den Bösen trennt. Aber dies ist nur die erste Momentaufnahme des Gerichts. Danach wenden die beiden Gruppen sich nicht voneinander ab, son-

10 dern aufeinander zu. Die Täter erkennen sich im Angesicht der Opfer. Eine Dynamik wird in Gang kommen, wie sie diese Welt noch nicht gesehen hat. Gott wird in Christus, dem Richter, alles Unrecht, alle Bosheit und Grausamkeit von sich „wegfluchen". Und es wird Genugtuung eingefordert werden, Wiedergutmachung, Buße, was auch immer für Wörter uns für einen Vorgang zur Ver-

15 fügung stehen, wo Tätern aufgeht, was sie getan haben, wo sie abgrundtief der Schmerz darüber ergreift, genauso abgrundtief und in der Intensität unendlich wie das Leiden, das sie zugefügt haben. […]
Es gibt am Ende dieses Gerichtes keine ewigen Todesurteile. Christus, der Richter, wird über die Verfluchten „Lebensurteile" sprechen, genau so, wie er in

20 Jesus von Nazaret den Sündern unbedingte Vergebung zugesprochen hat. […] Aber die markierten Erinnerungen, die Narben dieser Wunden von Leidverursa-

25 chung und Sühneschmerz werden bleiben.

Gotthard Fuchs

Sebastian Dayg, Rechtfertigungsbild, 1513–1515

236

Weltgerichtsdarstellungen im Mittelalter

Bamberger Apokalypse, Das Jüngste Gericht, um 1000/1020

1 2 3 4 5 6 7 **8** 9 10 11 12
Die lateinische Inschrift auf den Schriftbändern lautet links: „venite benedic[ti] patr[is] mei p[atrum] e[st] r[egnum]" und rechts: „disc[edite] a me maledicti in ign[em] ae[ternum]". Übersetzen Sie diese Inschrift selbst oder fragen Sie im Lateinkurs nach. Eine Hilfe bietet *Mt 25,31–46*.

1 2 3 4 5 6 7 8 **9** 10 11 12
Erarbeiten Sie die Komposition des Bildes und erschließen Sie die einzelnen Bildelemente. Hilfreich ist dabei *Mt 25,31–46* und *Offb 20,11–15*.

1 2 3 4 5 6 7 8 9 **10** 11 12
Interpretieren Sie die Darstellung.

1 2 3 4 5 6 7 8 9 10 **11** 12
Suchen Sie weitere mittelalterlichen Weltgerichtsdarstellungen (z.B. an Kirchenportalen) und vergleichen Sie den Aufbau und die Motive der Darstellungen.

1 2 3 4 5 6 7 8 9 10 11 **12**
Problematisieren Sie die jeweiligen Weltgerichtsdarstellungen – auch vor dem Hintergrund der jesuanischen Botschaft (→ S. 166ff.).

Projektidee
› Besichtigen Sie verschiedene Kirchen in Ihrer Umgebung und bereiten Sie eine Ausstellung oder Dokumentation über die gefundenen Weltgerichtsdarstellungen vor. Berücksichtigen Sie dabei auch, an welchen Stellen im Kirchenraum Weltgerichtsdarstellungen vornehmlich zu finden sind.

Hoffnungs- oder Horrorgeschichten?
Von Gericht, Fegefeuer und Hölle

1 2 3 4 5 6 7 8 9 10

Sammeln Sie Ihre eigenen Vorstellungen über Weltgericht, Fegefeuer und Hölle und diskutieren Sie diese.

1 **2** 3 4 5 6 7 8 9 10

Deuten Sie das Bild von Franz-Josef Nocke (vgl. Z. 10ff.).

1 2 **3** 4 5 6 7 8 9 10

J. Brantschen nennt das Gericht einen „tröstlichen Gedanken" (Z. 17). Diskutieren Sie diese Einschätzung.

1 2 3 **4** 5 6 7 8 9 10

Schreiben Sie den Text fort, indem Sie die Abschlussfrage begründet zu beantworten versuchen.

1 2 3 4 **5** 6 7 8 9 10

Kann es eine Hölle geben, wenn man die Position von Johannes Brantschen konsequent weiterverfolgt? Entwerfen Sie eine begründete Antwort von Johannes Brantschen auf die Frage „Gibt es eine Hölle?".

1 2 3 4 5 **6** 7 8 9 10

Vergleichen Sie die Aussagen des Textes mit *Mt 25,31–46* (→ S. 236f.) sowie mit den mittelalterlichen Weltgerichtsdarstellungen.

1 2 3 4 5 6 **7** 8 9 10

Adolf Eichmann, verantwortlich für Deportation und Ermordung der Juden im NS-Regime, und Anne Frank, von den Nazis ermordetes jüdisches Mädchen, gemeinsam im Himmel? Führen Sie eine Pro-und Kontra-Diskussion durch.

Gericht und Fegefeuer

1 Gericht ist jener „Augenblick" im Tod, in dem wir mit unausweichlicher Klarheit erkennen, dass wir zu wenig lieben, zu wenig geliebt haben und deshalb verloren sind – und trotzdem und gleichzeitig auf die verratene Macht der Liebe (Gottes) angewiesen bleiben, weil wir nur in der Liebe die Erfüllung un-
5 serer Sehnsüchte finden können. In diesem dramatischen Aug in Aug […] wird sich der Mensch (so hoffe ich) beschämt und deshalb unter Schmerzen in die Arme der Liebe (Gottes) werfen. So geschieht im Gericht Läuterung und Heilung (= Fegefeuer) zugleich. […]

Diesen liebenden Blick Gottes hat der Theologie Franz Josef Nocke einmal mit
10 folgendem Bild festzuhalten versucht: „Er wird mich verwandeln, mich ‚auftauen' und von meinen Verkrampfungen befreien. Wie aber die Zimmerwärme in den draußen in der Kälte starr gewordenen Fingern zunächst Schmerz hervorruft, bevor die Glieder selbst ganz von wohltuender Wärme durchströmt sind, so wird der verwandelnde Blick Christi mich schmerzen (umso mehr, je
15 mehr ‚Kälte' in mir ist) und mir doch schließlich wohltun." […]

Das Gericht, verstanden als endgültige Begegnung mit jenem Gott, den wir als Liebe glauben, ist ein tröstlicher Gedanke. Alle Menschen, die während ihres Lebens nie Liebe erfahren haben, sondern von Kindesbeinen an getreten worden sind (und deshalb als Erwachsene auch zurückgetreten haben), erhalten
20 so im Gericht vielleicht zum ersten Mal die Chance, der Liebe zu begegnen, und ich kann mir nur schwer vorstellen, dass sie diese Chance ausschlagen. […]

Jeder Mensch – so haben wir bisher gesagt – wird am Tage des Gerichts sein Leben zu verantworten haben; er wird die Wahrheit über sein Leben erleiden müssen. Darf man die Perspektive auch umkehren und sagen: Am Tage des
25 Gerichts wird auch der Mensch Fragen stellen dürfen? Vor nicht zu langer Zeit hat mir ein junger Christ, dem das Leben – ohne eigenes Verschulden – übel mitgespielt hat, gesagt: „Vor Gottes Gericht fürchte ich mich nicht, denn auch ich habe Gott einiges zu fragen!" Ein vorwitziger, gar gotteslästerlicher Gedanke?

Johannes Brantschen

Was uns als unmöglich und unerträglich vorkommt, nämlich dass im Himmel Adolf Eichmann neben Anne Frank sein wird, trauen wir dieser Gerichtsmacht und Versöhnungskraft Gottes zu.

Gotthard Fuchs

238

Der richtende Christus, Portal Paulusdom in Münster

Die Skulptur „Der richtende Christus" befindet sich im Paradiesportal des Paulusdoms zu Münster. Wenn man den Dom betritt, muss man unter dem richtenden Christus hindurchschreiten. Der Eintritt in den Dom, in das Haus Gottes, und die Erinnerung an das kommende Gericht sind somit untrennbar miteinander verbunden.

Die Skulptur befindet sich im Tympanon, so nennt man ein geschmücktes Giebelfeld oder ein Feld über einem Türsturz. Das Tympanon im Münsteraner Paradiesportal ist weitgehend leer. Die Darstellungen um die Christusfigur sind zerstört worden.

1 2 3 4 5 6 7 **8** 9 10

Was könnte die Christusskulptur Sie fragen, was Ihnen sagen? Treten Sie (schriftlich) in einen Dialog mit der Figur.

1 2 3 4 5 6 7 8 **9** 10

Stellen Sie sich vor, Sie sind ein theologisch gebildeter Künstler und erhalten den Auftrag, hier eine Weltgerichtsdarstellung neu zu gestalten. Voraussetzung ist, dass die Christusfigur integriert wird. Fertigen Sie einen Entwurf an. Bewerten Sie gegenseitig Ihre Entwürfe.

1 2 3 4 5 6 7 8 9 **10**

Recherchieren Sie, warum Gerichtsdarstellungen an mittelalterlichen Kirchen vornehmlich im Portal dargestellt wurden (vgl. Projektidee Weltgericht, → S. 237).

Was erwartet mich nach dem Tod?

Vorstellungen von Himmel und ewigem Leben

1 2 3 4 5 6

Deuten Sie die von Franz Kamphaus verwendeten Bilder (Z. 3ff.).

1 **2** 3 4 5 6

Stellen Sie Franz Kamphaus' Verständnis vom ewigen Leben dar und beziehen Sie dieses auf das Leben hier und jetzt.

1 2 **3** 4 5 6

In Bildern das Unbeschreibliche beschreiben (vgl. Z. 49f.). Erarbeiten Sie entsprechende biblische Bilder, z.B. *Jes 11,6–9; Mi 4,1–4; Mt 22,1–13; Joh 14,2; 2 Kor 5,1f.*, und interpretieren Sie diese vor dem Hintergrund des Textes.

1 2 3 **4** 5 6

Finden Sie eigene Bilder für Ihre Vorstellung von Himmel und ewigem Leben.

1 2 3 4 **5** 6

Interpretieren und diskutieren Sie das Kunstwerk von Klaus Rinke – auch vor dem Hintergrund des Textes.

1 2 3 4 5 **6**

Erarbeiten Sie anhand der Texte von Franz Kamphaus und Kurt Marti den Zusammenhang von Tod, ewigem Leben und Gerechtigkeit.

Eine Fortsetzung des irdischen Lebens findet nicht statt

1 Dieses sterbliche Leben ist der Ernstfall. Es bietet die einzige Gelegenheit, das ewige Leben zu gewinnen. Nicht als ob die Seele nach dem Tod gleichsam die Pferde wechselte, um erneut ins Rennen zu gehen. Nicht als ob sie nach dem Tod den Körper hinter sich ließe wie eine ausgebrannte Treibstoffrakete, um 5 sich nun frei im Raum zu bewegen. Nicht als ob sich der Körper wie eine Maschine stilllegen ließe, um wieder angeworfen zu werden, wenn die Zeiten günstiger sind. All das sind Ausflüchte.

Der Tod trifft den ganzen Menschen. […] Es geht nicht, irgendwie zu sterben und doch irgendwie weiterzuleben. Es geht um Sein oder Nichtsein. Das irdi- 10 sche Leben wird durch den Tod beendet, es findet keine Fortsetzung über den Tod hinaus. Dennoch behält der Tod nicht das letzte Wort. Das ewige Leben gewinnt Gestalt bereits im zeitlichen Leben in dem Maße, in dem es von Gott umgestaltet wird. In allem Guten und Schönen finden sich seine unzerstörbaren Spuren.

15 Ewigkeit ist eine der Eigenschaften Gottes, keine Eigenschaft seiner Schöpfung. Dass Gott ewig ist, heißt nicht, er existiere schon unendlich lange und er werde noch unendlich lange weiterexistieren. Was immer zeitlich existiert, ist den Bedingungen der Zeit unterworfen. Es existiert in der Zeit. Gott jedoch ist niemandem und nichts unterworfen. Er hat die Schöpfung als eine zeitlich ge- 20 prägte Wirklichkeit erschaffen. Wir leben nicht nur in der Zeit, weil wir einen Körper haben, auch unser Denk- und Vorstellungsvermögen ist dadurch gekennzeichnet. Wir können […] uns eine immer noch längere Zeit vorstellen und denken, aber niemals ein Jenseits der Zeit. […] Das Gleiche gilt vom Raum. Die Rede von Gottes Allgegenwart besagt nicht einfach, er sei überall – ge- 25 nauso gut könnte man sagen, er sei nirgends. Sie besagt, dass Gott nicht im Raum oder räumlich existiert. Wenn Gott uns teilhaben lässt an seinem Leben, dann leben wir ewig wie er. Dann aber ist diese Lebensweise genauso unbegreiflich für uns wie Gott selbst. „Du kannst dir kein Bild davon machen", sagen wir. „Das ist nicht zu fassen." […] Wir geraten in Sprachnot, wenn wir über das 30 Unsagbare reden wollen, um nicht schweigen zu müssen. Wir sprechen vom „Leben nach dem Tod", wohl wissend, dass es ein zeitliches Nachher nicht gibt. Was wiederum nicht heißt, es gäbe kein ewiges Leben. Nur folgt es dem irdischen Leben nicht nach. Leben und Tod sind, theologisch verstanden, Situatio-

nen unterschiedlicher Gottesbeziehung. Sofern ein Mensch sich in seinem
35 Leben auf Gottes Liebe einlässt, beginnt für ihn das ewige Leben.

Wir sind auf Beziehung angelegt und angewiesen. Diese Beziehung bedarf der
sinnlich-körperlichen Vermittlung. Wir leben von der Kommunikation mit anderen Menschen und Mitgeschöpfen aus Fleisch und Blut. Wo der Körper Medium der Gemeinschaftsbildung ist, spricht die Theologie vom Leib. Menschen,
40 deren Körper gleichsam transparent ist für das Gute und Wahre in ihnen, rufen
bei anderen das Empfinden hervor, von innen zu strahlen. Dieser Glanz verleiht ihnen eine Schönheit, die unabhängig ist von ihrem Aussehen. Darin liegt
ein Vorgeschmack einer Existenzform, in der das Körperliche alles Hindernde
und Trennende verliert und verwandelt ist in den Ausdruck reiner Selbstmit-
45 teilung. Das ist ewiges Leben.

Diese unvorstellbare Wirklichkeit versuchen die Bilder vom Reich Gottes
anschaulich zu machen. Die vom Glauben inspirierte Fantasie wagt sich an das
Paradox, das Unbeschreibliche zu beschreiben, sinnlich zu vermitteln, was sich
unseren Sinnen entzieht. Einmal wird es sein, sagen die Propheten, dass keiner
50 mehr hungert und keiner mehr sich vom Fett des anderen nährt. Alle werden
zu essen haben und alle zu trinken. Bilder einer verwandelten und vollendeten
Schöpfung. Ewiges Leben heißt neuer Himmel und neue Erde, Durchbruch in
eine neue Dimension der Wirklichkeit.

Ewiges Leben heißt nicht, dass es endlos so weitergeht wie jetzt […]. So stellen
55 es sich diejenigen vor, die schon in diesem Leben alles haben und trotzdem nie
genug bekommen; die das, was sie haben, für immer haben wollen. Christen
jedoch lassen sich damit nicht abspeisen. Sie hoffen auf ein Glück, das nicht
mit dem Unglück anderer bezahlt wird; auf eine Lust, die nicht Privatvergnü-
gen oder Gruppenprivileg bleibt, sondern alle erfasst. Alle werden zu ihrem
60 Recht kommen und Frieden finden. *Franz Kamphaus*

das könnte manchen herren so passen
wenn mit dem tode alles beglichen
die herrschaft der herren die knechtschaft der knechte
bestätigt wäre für immer
das könnte den herren so passen
wenn sie in ewigkeit herren blieben im teuren privatgrab
und die knechte knechte in billigen reihengräbern
aber es kommt eine auferstehung
die anders ganz anders wird als wir dachten
es kommt eine auferstehung
die ist der aufstand gottes gegen die herren
und gegen den herren aller herren: den tod.

Kurt Marti

Klaus Rinke, Tor zur Ewigkeit, 1990

Das „Tor zur Ewigkeit" befindet sich
in der Pax Christi Gemeinde in Krefeld. Die vermeintliche Tür lässt sich
nicht öffnen. Vielmehr erblicken die
Besucherinnen und Besucher ihr
eigenes Spiegelbild im schwarzen,
blank polierten Granit.

Vernetzung
> Setzen Sie den Text von Franz
  Kamphaus und das Bild „Der
  Sterbende" von Lucas Cranach
  (→ S. 233) in Beziehung und diskutieren Sie vor diesem Hintergrund
  erneut das Bild.
> „Über das Unsagbare reden wol-
  len": Berücksichtigen Sie dazu
  → S. 108f. (Bilderverbot) und
  → S. 110f. (Negative Theologie).
> Erarbeiten Sie biblische Vorstellun-
  gen von der leiblichen Auferstehung, z.B. in *1 Kor 15; Röm 8,11;
  1 Thess 4,14–18* und setzen Sie
  diese in Beziehung zu Tod und
  Auferstehung Jesu (→ S. 148ff. und
  → S. 174ff.).

Im nächsten Leben wird alles besser?

Ewiges Leben in anderen Religionen

1 2 3 4 5 6 7 8 9

Das „Lebensrad" besitzt einen strukturierten Aufbau. Im Zentrum befinden sich als Radnabe die Triebkräfte Gier, Hass und Verblendung, dargestellt als Schwein, Schlange und Hahn. Im mittleren Kreis sind die sechs Wiedergeburtsbereiche dargestellt: Götter, Halbgötter, Menschen, Tiere, Geister und Höllenwesen. Im äußeren Kreis werden die zwölf Glieder des abhängigen Entstehens bildlich dargestellt, wobei Nichtwissen am Anfang und Ende des gesamten Kreislaufs steht. Ein Dämon umfängt das Rad der Wiedergeburten und symbolisiert die verschlingende und ewige Zeit. Erläutern Sie mithilfe dieser Beschreibung das Bild. Im Internet finden Sie hilfreiche Zusatzinformationen.

1 **2** 3 4 5 6 7 8 9

Stellen Sie den Text aus dem Gesetzbuch des Yajnavalkya grafisch dar und vergleichen Sie diese Darstellung mit dem „Lebensrad".

1 2 **3** 4 5 6 7 8 9

Erarbeiten Sie mithilfe der Texte und des Bildes die Vorstellung von Wiedergeburt. Diskutieren Sie, ob diese Vorstellung von Wiedergeburt für Sie plausibel und erstrebenswert ist.

Karma und Samsara in der Vorstellung vom Ewigen Leben

Samsara (wörtl. Beständiges Wandern) bezeichnet den Kreislauf von Werden und Vergehen allen Lebens, auch der Wiedergeburten. In diesem Kreislauf besitzt das Karma (wörtl. Tat) eine besondere Bedeutung. Jede Tat hat Folgen und Wirkungen, die im Hinduismus über den Tod hinausreichen. Damit sind die Handlungen des jetzigen Lebens entscheidend für die zukünftige Existenz und beeinflussen die Wiedergeburt. Das Gesetzbuch des Yajnavalkya (ca. 5.–3. Jh. v. Chr.), das einem vedischen Weisen zugeschrieben wird, lehrt die hinduistischen Vorstellungen wie folgt:

134. Wer auf die Güter anderer sinnt, wer auf schlechte Taten denkt und wer der Unwahrheit nachhängt, der wird von einer Mutter der niedrigsten Kaste geboren.

138. Wer an nicht guter Tätigkeit Freude hat, unbeständig ist, vieles beginnt, an den sinnlichen Gegenständen hängt, dieser mit der Qualität der Leidenschaft Begabte wird, wenn er gestorben ist, als Mensch wiedergeboren.

139. Der schläfrige, grausam handelnde, gierige, Gott leugnende, bettelnde, unbesonnene, verbotenem Wandel ergebene, dieser mit der Qualität der Finsternis begabte (Mensch) wird als Tier wiedergeboren.

140. Wer so von Leidenschaft und Finsternis durchdrungen hier umherirrt, gelangt mit widerwärtigen Zuständen behaftet in den Kreislauf des Lebens.

161. Wessen Geist bei dem Untergange des Körpers vollkommen in der Wahrheit feststeht in Bezug auf den Herrn, und wessen Überzeugung durchaus unerschüttert bleibt, der gelangt zur Erinnerung seiner Geburten.

Gesetzbuch des Yajnavalkya

Nur einmal auf Erden?

1 Die (individuelle und allgemeine) Geschichte ist für den biblischen Glauben [...] nicht die „ewige Wiederkehr des Gleichen", [...] sondern in jedem ihrer Augenblicke etwas unableitbar Einmaliges und Neues, das in seiner umgreifenden Einheit zielgerichtet auf ein sie vollendendes Ende hinausläuft [...].

5 Dieses Ende der Geschichte tritt für den Einzelnen im Tod ein, für das Menschengeschlecht im Ganzen im vollendeten Reich Gottes. Dadurch erhalten die personale Freiheit des Menschen und ihre Entscheidungen innerhalb dieses Lebens – bei aller Bedingtheit und Relativität – doch zugleich einen Wert, der auf Endgültigkeit hinzielt. [...]

10 Ein anderer gewichtiger Unterschied zwischen christlicher Hoffnung und Wiedergeburtslehre liegt im Verständnis der *Leib-Seele-Einheit*. [...] Die Vorstellung der Wiedergeburtslehre, dass das geist-seelische Moment dieser Person den konkreten Leib wie eine „Hülle" einfach abstreifen und sich immer wieder in eine neue begeben könnte, wird dadurch schwer nachvollziehbar.

15 Denn diese Abwertung des konkreten Leibes ist mit der jüdisch-christlichen Hoffnung auf die Auferstehung des Leibes kaum zu vereinbaren. [...]
Wenn nicht die Einheit von Leib und Seele die Identität des Menschen ausmacht, sondern nur seine Seele, die sich mit immer neuen Körpern „identifizieren" und sich erst darin selbst mehr und mehr verwirklicht, dann müsste diese

20 Seele zumindest auch ein durchhaltendes Bewusstsein ihrer selbst in all den wechselnden Gestalten haben. Wie sollte sie denn sonst ihre Vergangenheit sittlich „aufarbeiten" bzw. weiterführen können? [...]
Der alles entscheidende Unterschied zwischen den beiden Hoffnungsweisen dürfte darin liegen, dass im christlichen Glauben die Vollendung des Men-

25 schen nicht durch seine eigene Leistung geschieht, sondern durch die freie Annahme eines Geschenkes, nämlich der heilenden und vollendenden Liebe Gottes. Vermutlich gewinnt der Glaube an die Seelenwanderung bei uns heute auch deswegen an Plausibilität, weil er eine religiöse Verinnerlichung des gesellschaftlich durchgängig bestimmenden Leistungsprinzips darstellt. Der

30 Mensch ist nur das, was er selbst leistet; das allein macht seine Identität aus.

Medard Kehl

1 2 3 **4** 5 6 7 8 9
Finden Sie Erklärungen für die folgenden unterschiedlichen Deutungen: „In westlich geprägten Ländern besitzt die Vorstellung der Wiedergeburt häufig eine hohe Attraktivität. In weiten Teilen des Hinduismus wird hingegen die ewige Wiederkehr negativ bewertet."

1 2 3 4 **5** 6 7 8 9
Im Hinduismus wie auch Buddhismus gibt es „Moksha", die Erlösung aus dem Prozess der Wiedergeburten. Recherchieren Sie die Wege zu „Moksha" und vergleichen Sie diese mit christlichen Erlösungsvorstellungen.

1 2 3 4 5 **6** 7 8 9
Stellen Sie die christliche Vorstellung von Geschichte und Ewigkeit grafisch dar und vergleichen Sie diese mit der hinduistischen Vorstellung (vgl. Arbeitsauftrag 2).

1 2 3 4 5 6 **7** 8 9
Stellen Sie die Unterschiede von Wiedergeburts- und christlicher Erlösungslehre tabellarisch zusammen.

1 2 3 4 5 6 7 **8** 9
Medard Kehl stellt eine Vermutung auf, warum die Wiedergeburtslehre heute plausibel und attraktiv erscheint. Diskutieren Sie diese Vermutung.

1 2 3 4 5 6 7 8 **9**
Die Suche nach Wahrheit hat Karl Kardinal Lehmann als wichtigen Aspekt im Dialog der Religionen ausgemacht (→ S. 28f.). Konkretisieren Sie diese Suche nach Wahrheit am Beispiel der Fragen nach dem „ewigen Leben".

Kein Heute ohne Morgen?

Was die Zukunft über die Gegenwart verrät

1 2 3 4 5 6 7 8

„Woher wissen wir das?" Beantworten Sie die Frage des Textes mit eigenen Worten.

1 **2** 3 4 5 6 7 8

„Die Offenbarung fällt nicht vom Himmel, sondern geschieht in der Geschichte." (Z. 15f.) Erläutern Sie diesen Satz und setzen Sie ihn in Beziehung zu apokalyptischen Vorstellungen in der Bibel (→ S. 246f.).

1 2 **3** 4 5 6 7 8

Vergleichen Sie Leonardo Boffs Darstellung von Zukunftsaussagen mit der Karikatur auf → S. 228.

1 2 3 **4** 5 6 7 8

Folgt man Definitionen aus gängigen Lexika, dann heißt „Eschatologie" die „Lehre vom Letzten" (griech. *to eschaton*) oder „Lehre von den Letzten Dingen" (griech. *ta eschata*) (→ S. 164). Diskutieren Sie diese Definitionen vor dem Hintergrund des Textes.

Woher wissen wir das?

1 Das Christentum behauptet, ziemlich genau zu wissen, wie das Morgen von Mensch, Geschichte und Welt aussehen wird. [...] Kritische Menschen und Christen fragen sich heute, woher das Christentum sein Wissen um für das menschliche Geschick so entscheidende Dinge nehme. Wir müssen Realisten
5 sein und dürfen uns nicht von Illusionen täuschen lassen, die möglicherweise nur Fluchtwege aus unserer paradoxen und doppeldeutigen Wirklichkeit sind. Mit dieser haben wir uns auseinanderzusetzen, so wie sie ist. [...]
Der Griff zur Heiligen Schrift ist gewiss keine sachgerechte und in sich überzeugende Antwort. Obgleich die Bibel das Wort Gottes beinhaltet, vermittelt sie
10 es uns doch immer in menschlichen Wörtern. Die Tatsache, dass die Schrift inspiriert ist, hebt ihre Verfasser nicht über den allgemeinen menschlichen Bedingungsrahmen hinaus, in dem auch wir stecken. Auch sie tasteten sich voran, mussten nachsinnen, theologisieren und ließen sich vom Glaubensleben leiten. Die vielen Bücher der Schrift sind das modellhafte Zeugnis der Offenba-
15 rung, die fortwährend in dem einen Buch des Lebens geschieht. Die Offenbarung fällt nicht vom Himmel, sondern geschieht in der Geschichte.
Die Geschichte ist gelebtes und reflektiertes Leben. Wer das Leben sieht und lebt, kann auch die Zukunft des Lebens erahnen. Aber Zukunft ist, was noch nicht ist. Kann man über das sprechen, was noch nicht ist? Ja, weil in Mensch
20 und Welt nicht nur Sein, sondern auch Sein-Können steckt, das heißt Möglichkeiten und Offenheit auf ein Mehr hin. Deshalb wollen unsere Aussagen von der Zukunft auch nicht mehr, als explizieren, entfalten und offenlegen, was implizit und latent in den Möglichkeiten des Menschen enthalten ist. [...]
Woher weiß der christliche Glaube von der Zukunft von Mensch und Welt, vom
25 Himmel, Fegefeuer, Hölle und Gericht? Unsere Antwort lautet: Wer die dem menschlichen Leben innewohnende Dynamik betrachtet, stößt auf das Prinzip Hoffnung, auf Prospektive [Aussicht, Chance] und Streben nach Zukunft. [...]
Eschatologie ist einer Formulierung Karl Rahners zufolge keine vorweg genommene Reportage über die Ereignisse in der Zukunft, sondern die Übertra-
30 gung dessen, was wir hier als unzureichend erleben, in den Modus der vollen Verwirklichung. Himmel und Hölle, Fegefeuer und Gericht sind also keine Realitäten, die erst nach dem Tode beginnen. Wenn auch in unvollständiger Gestalt, können wir sie schon jetzt erleben und erfahren.
Leonardo Boff

Zwischen Jenseitsvertröstung und Diesseitsutopie

1 Es gab im Laufe der Kirchengeschichte immer wieder Zeiten, in denen die Christen das Reich der Gerechtigkeit, der Freiheit und des Friedens vor allem nach dem Tod in Gottes „neuem Himmel" erwartet haben. Der Christ hatte das irdische Jammertal „als Fremder und Gast" *(1 Petr 2,11; Hebr 13,14)* geduldig
5 und gottesfürchtig zu durchwandern, denn seine wahre Heimat ist der Himmel. Wohl war der Christ angehalten, durch Werke der Barmherzigkeit und der Nächstenliebe die ärgste irdische Not zu lindern (und sich so den Himmel zu verdienen), aber er hatte auf dieser vergänglichen Welt keine ‚neue Erde' zu konstruieren. Zudem wussten die Christen, dass sie für alle Leiden dieser Erde
10 im jenseitigen Reich Gottes entschädigt werden und ihre Feinde dereinst die gerechte Strafe finden werden. Kurz: Die unfertige Welt war zu überwinden, nicht zu vollenden, denn das Reich Gottes, die wahre Heimat, wartet im kommenden Himmel auf uns. […]
Wird aber die christliche Hoffnung so einseitig als Jenseitshoffnung verstan-
15 den, so droht sie zur bloßen „Jenseitsvertröstung" zu verkommen, die gegenüber dem Schmerz der Erde mehr oder weniger gleichgültig bleibt und sich folglich als ideale Partnerin irdischer Unrechtssysteme anbietet. Alle Diktatoren wünschen ja nur dies: Die Kirche und die Christen möchten sich, bitte, um die Seele und um den Himmel kümmern; denn dann können diese Herren ihre
20 schmutzigen Geschäfte ungestört weiterführen. […]
Inzwischen haben Christinnen und Christen glücklicherweise (wieder-)entdeckt, dass das Reich Gottes auch mit dieser unserer Erde zu tun hat. Die Verheißungen des Reiches Gottes sind nicht gleichgültig gegenüber irdischer Unfreiheit und Ungerechtigkeit, die das Antlitz des Menschen verunstalten.
25 Folglich haben die Christen sich in die politischen, sozialen und ökonomischen Befreiungskämpfe einzumischen […].
Allerdings gibt es heute Christen und Christinnen, die die Reich-Gottes-Hoffnung so radikal an diese Erde binden, dass für die „letzte Hoffnung" kein Platz mehr bleibt. […] Diese von uns zu erbauende und zu gestaltende „neue Erde",
30 diese Diesseitsutopie – so dringlich und notwendig sie auch ist –, kann nämlich noch nicht das Reich Gottes sein.

Johannes Brantschen

Eine christliche Handlungsmaxime?

Handle so, als ob Gott nur deine Hände hätte; freue dich aber, dass Gott noch andere Hände hat. So kannst du nüchtern und realistisch bleiben, standhaft ausharren und mutig weiterkämpfen, ohne fanatisch oder zynisch zu werden und ohne zu resignieren.

Johannes Brantschen

Utopie: (griech. = „ohne Ort"). Auf die Zukunft gerichtete soziale und politische Ideen, die Wunschbilder einer idealen Ordnung oder menschlichen Gemeinschaft zeichnen oder als Anti-Utopie Schrecken und Apokalypsen beschreiben. Utopien können langfristige Leitbildfunktion haben.

1 2 3 4 **5** 6 7 8
Arbeiten Sie heraus, wann sich Christinnen und Christen mit dem Jenseits vertrösten ließen und welche Auswirkungen dies hatte. Werfen Sie dazu auch einen Blick auf den Zeitstrahl auf → S. 266f.

1 2 3 4 5 **6** 7 8
Finden Sie heraus, wo sich heute Christinnen und Christen in Befreiungskämpfe einmischen.

1 2 3 4 5 6 **7** 8
Diskutieren Sie, ob das Christentum eine (Diesseits-)Utopie ist.

1 2 3 4 5 6 7 **8**
„Die Jugend von heute hat keine politischen Ideale mehr. Sie ist auf ihr persönliches Wohlergehen aus und kümmert sich nicht um die Zukunft der Welt." Diskutieren Sie diese weitverbreitete Einschätzung.

Vernetzung
› Stellen Sie die Religionskritik von Karl Marx (→ S. 24f.) dar und entwerfen Sie mithilfe der zwei Texte eine Antwort an Marx.
› Bedenken Sie zum Thema „Einsatz für Gerechtigkeit" die Aspekte der → S. 138f. und → S. 222f.

Apocalypse Now?

Visionen vom Ende der Welt

1 2 3 4

Informieren Sie sich über die Lebensumstände der Juden in der Zeit zwischen 200 v. bis 100 n.Chr. und erläutern Sie, warum die Apokalyptik zur damaligen Zeit so attraktiv war.

1 **2** 3 4

Erarbeiten Sie apokalyptische Stilmittel anhand des Textes und ergänzen Sie diese anhand von weiteren Bibelstellen, z.B. in *Dan 7; Offb 6,1–8; Mk 13,1–37; Mt 24,1–25,46; Lk 21,5–36.*

1 2 **3** 4

Die Verkündigung Jesu ist apokalyptischem Denken verhaftet, unterscheidet sich aber zugleich grundlegend hiervon.
Vergleichen Sie folgende Bibelstellen mit der Apokalyptik und stellen Sie Gemeinsamkeiten und Unterschiede heraus: *Mk 1,15; 4,30–32; 13,32f.; Mt 12,28; Lk 17,21.*

1 2 3 **4**

Stellen Sie – auch mithilfe des Textes von Reinhold Zwick – begründete Vermutungen an, warum apokalyptische Motive im Film populär sind. Sie können dazu auch eine Umfrage bei Mitschülerinnen und Mitschülern oder Kinobetreibern durchführen.

Apokalyptik in der Bibel

1 Bei der Apokalyptik handelt es sich um eine Gestalt der Zukunftshoffnung bzw. -erwartung, die aus dem späten Judentum heraus in der Zeit von 200 v.Chr. bis 100 n.Chr. erwachsen ist. Die betreffende Phase der jüdischen Geschichte war geprägt von einer als überaus hart, ja schrecklich erfahrenen politischen
5 Fremdherrschaft der Griechen und Römer, die die Aussicht auf einen eigenen Staat und vor allem auf die ungehinderte Ausübung der eigenen Religion gänzlich schwinden ließ. Zugleich damit schwand auch die alte Gewissheit, Gott in der eigenen Geschichte als den zu erfahren, der rettend eingreift. […]
Die Hoffnung auf das Handeln Jahwes erlahmte nicht – wohl nahm sie aber
10 eine andere Form an: Sie zielte nicht mehr auf die Geschichte, sondern aus der Geschichte heraus. Eben weil von dieser Welt und der innerweltlichen Geschichte offensichtlich nichts mehr zu erwarten war, richtete sich die ganze Hoffnung darauf, dass Gott eine neue Welt bzw. eine neue Zeit – die Apokalyptik spricht vom „neuen Äon" – heraufführen würde. Dabei gibt es nach apoka
15 lyptischer Vorstellung zwischen dieser Geschichte und dem Heil Gottes keinerlei Beziehung. […] Zum gegebenen Zeitpunkt werde der alte Äon in einer kosmischen Weltkatastrophe zugrunde gehen und in einer großen Zeitenwende durch den neuen Äon abgelöst. Dann wird alle Ungerechtigkeit, Unterdrückung und alles Leid ein Ende haben und ein völlig neues, geradezu para
20 diesisches Leben wird beginnen. […] Die Apokalyptik war fest davon überzeugt, dass dieser Verlauf der Geschichte gleich einem großen Plan bei Gott verborgen sei. Einigen auserwählten „Sehern" jedoch habe Gott diesen Plan jetzt schon „enthüllt" und offenbart; vom griechischen Begriff „Offenbarung" – *apokalypsis* hat jene Bewegung auch ihren Namen.
25 Die Vertreter der Apokalyptik stellen das Szenario „Untergang des alten und Wende zum neuen Äon" in drastischen und oft sehr detaillierten Bildern vor Augen. Der Untergang großer Kulturen und der Zusammenbruch mächtiger Reiche spielen dabei ebenso eine Rolle wie Naturkatastrophen, das Chaos der Elemente oder die Gestirne, die ihren angestammten Lauf verlassen. Zum ty
30 pischen apokalyptischen Bildmaterial gehört auch der Schall der Posaune, das Aufbrechen der Erde, das Sich-Öffnen der Gräber, das Herauskommen der Toten, die Versammlung aller zum Gericht und das Öffnen des Buches, in das die Schuld der Menschen zu Lebzeiten eingetragen ist. […]

Der entscheidende Ansatz für das Verständnis der apokalyptischen Aussagen
ist das Ernstnehmen ihrer Bildhaftigkeit. Dies ist umso bedeutungsvoller, als
die Apokalyptik die christlichen Glaubensvorstellungen geradezu unverhält-
nismäßig geprägt hat, von Michelangelos „Jüngsten Gericht" in der Sixtini-
schen Kapelle bis zum *Dies irae, dies illa* der frühen Totenliturgie. Bilder aber
dürfen weder wörtlich genommen noch mit konkreten Beschreibungen oder
Informationen verwechselt werden.   *Sabine Pemsel-Maier*

Jüngste Tage. Variationen der Apokalypse im Film

„Was fasziniert uns an der drohenden Apokalypse?", fragt ein an Schüler ad-
ressierter Einladungsprospekt aus den Reihen der kirchlichen Jugendarbeit.
[…] Und er deutet auch gleich selbst eine erste Antwortspur an: Es sei die „Lust
am Untergang", von der Hollywood profitiert. Die hier wirksame Angstlust er-
wächst aus der erfolgreichen Übersetzung tatsächlicher und in vielen Fällen
keineswegs unbegründeter Ängste in einen als fiktional vereinbarten Angst-
Raum. Attackiert von einer aggressiven Ästhetik der Überwältigung und unter
bereitwilliger zeitweiliger Suspendierung des Wissens, dass man anschließend
aus dem Kinosessel auftauchen wird, können dabei Untergänge oder ein an
der Seite des Helden gerade noch gelingendes Vorbeischlittern an der Katastrophe zum ersehnten Thrill in einer ereignislosen Wirklichkeit werden. […]
Mit der enormen Popularität seiner „apokalyptischen" Fraktion bestätigt das
Kino einmal mehr seinen überragenden Rang als Seismograf, aber auch als
Mediator und „Verstärker" von Bewusstseinslagen. Inzwischen wird freilich
seitens der Produktwerbung wie auch seitens der Filmkritik das Etikett „apokalyptisch" den unterschiedlichsten Filmen umgehängt. […]
Trotz ihres dichteren Anschlusses an die visuellen Koordinaten der neutestamentlichen Apokalypse waren natürlich immer auch die Bildfindungen Adap-
tionsversuche ihrer Zeit. Die Zeitgenossenschaft hat sich zur Gegenwart hin
nicht so sehr verstärkt, sondern eigentlich nur verschoben: In dem Maße, wie
die Möglichkeit eines menschengemachten Endes dieser Welt an Realität gewonnen hat, speist sich heute die „apokalyptische" Imagination aus ganz anderen, eben mit dieser Realität verbundenen Bild- und Erzählrepertoires – rubri-
zierbar unter Titeln wie „nuklearer Holocaust", „Ökozid", „Großstadtapokalypse"
usw. Aber ist diese Imagination dabei tatsächlich noch „apokalyptisch" in dem
Sinn, dass in ihr nicht allein isolierte Fragmente, sondern etwas von der Grundstruktur der jüdisch-christlichen Tradition apokalyptischen Denkens und Vor-
stellens nachklingt? Welche Bewusstseinslage sedimentiert sich im weiten
Feld der als „apokalyptisch" apostrophierten Filme? Welche Funktionen übernehmen diese Filme im gegenwärtigen Verständigungsprozess?

Reinhold Zwick

Vernetzung
› Wiederholen Sie, was Sie von der Reich-Gottes-Botschaft Jesu wissen, und vergleichen Sie diese mit apokalyptischem Denken.
› Beziehen Sie zum Thema „Bildsprache der Bibel" → S. 22f. und S. 168f. ein.

Projektidee
› Analysieren Sie einen „apokalyptisch" etikettierten Film Ihrer Wahl auf seinen apokalyptischen Gehalt. Hilfreich hierbei sind die Fragen, die der Text selbst stellt, und der Text auf → S. 96f.
Stellen Sie – z.B. als Referat oder als Ausstellung – Ihre Ergebnisse im Kurs vor.
Diskutieren Sie, inwiefern diese Filme als „apokalyptische" bezeichnet werden können.

Was sollen wir tun?

Eschatologie und menschliches Handeln

1 2 3 4 5 6 7 8

Erarbeiten Sie Johann Baptist Metz' Verständnis vom „eschatologischen Vorbehalt" (→ S. 166f.).

1 **2** 3 4 5 6 7 8

Ziehen Sie aus dem „eschatologischen Vorbehalt" Konsequenzen für gesellschaftliches und politisches Handeln bzw. besonders für die christlichen Gemeinden.

1 2 **3** 4 5 6 7 8

Erläutern Sie, wie nach Ansicht von Johann Baptist Metz verantwortet von „Fortschritt" geredet werden kann.

1 2 3 **4** 5 6 7 8

Ohne die christliche Hoffnung und Liebe ist eine menschenwürdige Zukunft nicht möglich. Diskutieren Sie diese Aussage von Johann Baptist Metz. Beziehen Sie sich dabei auch auf das Lied der Wise Guys.

1 2 3 4 **5** 6 7 8

Diskutieren Sie, inwiefern „Time for revollusion" ein angemessener Slogan für die Möglichkeiten Ihres persönlichen gesellschaftlichen Engagements sein könnte. Berücksichtigen Sie dabei die vom Künstler verwendeten Wortspiele und die Graffitiästhetik.

Zur Theologie der Welt

Nach Johann Baptist Metz erhält das gesellschaftliche Engagement der christlichen Gemeinschaft ihr theologisches Fundament und ihre Orientierung im eschatologischen Horizont. Die endzeitlichen Verheißungen der biblischen Tradition – Freiheit, Friede, Gerechtigkeit, Versöhnung – zwingen Christinnen und Christen immer neu in die gesellschaftliche Verantwortung hinein.

Gewiss, diese Verheißungen sind mit keinem erreichten gesellschaftlichen Zustand identifizierbar. In solchen Identifikationen, die die Geschichte des Christentums zur Genüge kennt, wird jener „eschatologische Vorbehalt" preisgegeben, durch den jeder geschichtlich erreichte Status der Gesellschaft in seiner Vorläufig-
5 keit erscheint. Wohlgemerkt, in seiner Vorläufigkeit, nicht in seiner Beliebigkeit! Denn dieser „eschatologische Vorbehalt" bringt uns nicht in ein verneinendes, sondern in ein dialektisch-kritisches Verhältnis zur gesellschaftlichen Gegenwart. Die Verheißungen, auf die er sich bezieht, sind nicht ein leerer Horizont vager schweifender religiöser Erwartung, sondern ein kritisch-befreiender Imperativ
10 für unsere Gegenwart; sie sind Ansporn und Auftrag, sie unter den geschichtlichen Bedingungen unserer Gegenwart wirksam zu machen und sie so zu „bewahrheiten". So verändert die Orientierung an diesen Verheißungen je neu unser gegenwärtiges geschichtliches Dasein. […]
Die christliche Gemeinde wird im öffentlichen Bewusstsein unserer gesellschaft-
15 lich-politischen Wirklichkeit die Differenz zwischen Hoffnung und Planung immer neu zur Geltung bringen: die Differenz, die besteht zwischen dem, was in jedem Zukunftsaufbruch gesucht wird, und dem, was das Erreichte einlöst. Die christliche Gemeinde, […] wird darum gegen jeden Versuch kritisch Einspruch erheben, der die Zukunft als ganze zum Inhalt technologischer Planungsvorhaben
20 machen will.
So verlangt gerade die […] Verantwortung der christlichen Gemeinde für die Zukunftsplanung einer Gesellschaft […], eine gesellschaftskritische Mobilisierung ihrer ursprünglichen Mitgift: der Hoffnung und der Liebe. Die Tradition dieser Hoffnung und Liebe muss von der christlichen Gemeinde eingebracht werden in
25 unsere immer erinnerungsloser (und dadurch auch geschichtsloser) werdende Planungsgesellschaft. Ohne sie fehlt unserem viel zitierten Fortschritt jener schöpferisch-befreiende Widerstand, durch den er allein die Chance hat, mit Recht Fortschritt genannt zu werden.
Johann Baptist Metz

Nach Johann Baptist Metz ist eine menschenwürdige Zukunft nicht ohne (christliche) Hoffnung und Liebe möglich. Sie bieten das Fundament für kreativen, engagierten Widerstand und aktive Gestaltung der Welt. Die a capella-Gruppe „Wise Guys" formuliert in ihrem Lied „Damit ihr Hoffnung habt" die christliche Hoffnung wie folgt:

Die Hoffnung bleibt,

dass „die da oben" bald begreifen,

dass ihnen diese Erde nicht gehört.

Die Hoffnung bleibt,

dass die Wirtschaft mal kapiert,

dass sie nicht wachsen kann, wenn sie die Welt zerstört.

Auch wenn die Welt verrückt spielt:

Glaubt weiter fest daran,

dass vieles sich zum Guten wenden kann!

Damit ihr Hoffnung habt, damit ihr Hoffnung habt.

Feiert, lacht und singt, damit ihr Hoffnung habt.

Damit ihr Hoffnung habt, damit ihr Hoffnung habt

und dass die Sonne scheint für jeden, der im Dunkeln tappt.

Die Hoffnung bleibt,

dass einmal alle Religionen

in Frieden mit Respekt koexistiern.

Die Hoffnung bleibt,

dass die, die was zu sagen haben,

die Wichtigkeit von Kindern realisiern.

Auch wenn die Welt verrückt spielt:

Die Hoffnung stirbt zuletzt.

Zu glauben hat schon manchen Berg versetzt. […]

Wise Guys

1 2 3 4 5 **6** 7 8

Weltweit oder im persönlichen Umfeld finden immer wieder Umbrüche statt, die als „Revolution" bezeichnet werden. Sammeln Sie solche Situationen und diskutieren Sie, inwiefern es sich hierbei um „Revolution", „Revollusion" oder „Illusion" handelt.

1 2 3 4 5 6 **7** 8

„Die Hoffnung stirbt zuletzt. Zu glauben hat schon manchen Berg versetzt." So formulieren die Wise Guys in ihrem Lied „Damit ihr Hoffnung habt". Diskutieren Sie die gesellschaftliche Kraft von religiös geprägter Hoffnung. Schauen Sie sich dazu auch das Video im Internet an. Erörtern Sie, ob Sie die Position des Liedtextes überzeugt oder nicht.

1 2 3 4 5 6 7 **8**

Religiöse Überzeugungen verändern die Welt, nicht immer zum Guten. Sammeln Sie Situationen, in denen Sie religiös geprägtes gesellschaftliches Handeln problematisch finden. Überlegen Sie, inwiefern der christlich eschatologische Vorbehalt (Arbeitsauftrag 1) weiterführend sein kann.

Projektidee

› Recherchieren Sie weitere zukunftsorientierte oder utopische Gesellschaftsentwürfe. Stellen Sie sich diese gegenseitig vor, z.B. durch Wandzeitungen oder Referate. Diskutieren Sie die Entwürfe im christlichen Horizont.

Der in Offenbach geborene Künstler Nasan Tur (geb. 1974) verändert mit seinen Kunstwerken alltägliche Szenen – manchmal nur durch kleine Eingriffe wie in der hier abgebildeten Arbeit „Time for Revollusion". In seinen Kunstwerken beschäftigt er sich mit der (Un-)Möglichkeit revolutionären Handelns und untersucht Realität und Illusion von Utopien und gesellschaftskritischem Engagement.

Ende gut, alles gut?

„sensus Religion" ist hier zu Ende. „Ende gut, alles gut?" Diese Frage kann Ihren Blick noch einmal auf die vielen Seiten und Stunden lenken, die Sie mit diesem Buch verbracht haben. Was war – vom Ende her betrachtet – gut und was nicht? Was hat Ihnen gefehlt, was hat Sie gestört?

Dass mit dem Ende plötzlich alles gut ist, das mag in Bezug auf „sensus Religion" bestimmt nicht zutreffen. Dass aber am Ende unseres Lebens, am Ende der Welt alles gut sein wird, das ist die zentrale christliche Hoffnung. Inwiefern eine solche Hoffnung nicht nur eine schöne Seifenblase ist, die am Ende zerplatzen wird, sondern schon jetzt lebensgestaltende Kraft besitzt – das ist ein großes Thema der Romanreihe „Harry Potter".
„Alles wird gut" – so könnte auch der Begriff „Himmel" gefüllt werden. Was wäre, wenn wir diese Hoffnung verlieren, wenn in „The End" das Licht einfach ausginge?

Was verliert der Mensch, wenn er den Himmel verliert?

„All was well" – so lautete [...] der provozierende Schlusssatz der Harry-Potter-Romanreihe [...]. Joanne K. Rowling gibt in diesem Satz ein Versprechen, dass auch dort, wo Narben zurückbleiben, ihnen aber die Macht des Bösen und damit der Schmerz entzogen ist, alles gut werden kann, ja, dass sich selbst der Tod für immer bannen lässt. In Rowlings Romanreihe ist dies alles andere als eine naive Hoffnung. Kann man das Böse und am Ende den Tod wirklich besiegen? Ja! Weil – so Rowling – die Liebe jene Kraft ist, „die wunderbarer und schrecklicher ist als der Tod, als die menschliche Intelligenz, als die Kräfte der Natur" (J. K. Rowling, Harry Potter und der Orden des Phönix, 990). Das Böse kann nicht lieben und das besiegelt letztlich sein Schicksal. Doch auch der Tod behält nicht das letzte Wort. „Der letzte Feind, der zerstört werden wird, ist der Tod ..." – als Harry mithilfe Hermines auf dem Kirchhof des kleinen Dorfs Godric's Hollow das Grab seiner Eltern mit dieser Inschrift findet, versteht er den Satz nicht. Auch als Hermine ihn zu erklären versucht, reagiert er nur verärgert und bitter [...]. Einem Time-Interview zufolge stellt das Bibelzitat aus dem Ersten Korintherbrief *(1 Kor 15,26)* für Rowling so etwas wie *den Cantus firmus* der gesamten Romanreihe dar. Und schon im ersten Band wird deutlich, dass sie mit diesem Zitat nicht einfach den biologischen Tod im Blick haben kann, sondern vielmehr der Frage nach dem Tod bis auf seine letzte Quelle, dem Bösen, nachgehen, also ihn letztlich auch in seiner ganzen „metaphysischen" Tiefe ausloten will. Durch alle Bände zieht sich wie ein roter Faden die Erinnerung daran, dass Harrys Mutter durch Hingabe ihres eigenen Lebens ihren Sohn vor der Ermordung durch Voldemort bewahrt hat. Im Endkampf mit Voldemort tritt Harry dieses Erbe an. Denn Harrys liebendes Selbstopfer sucht nicht mehr das eigene Überleben, sondern nur noch das Leben der anderen zu sichern. Er erneuert damit den „Zauber" jener Hingabe für andere, den ihm seine Mutter aus Liebe geschenkt hat. Und er überlebt. Der wahre Herr des Todes ist am Ende – so lernen wir in jener surrealistischen Szene in King's Cross – derjenige, der vor dem Tod nicht davonläuft, sondern ihn um der Liebe willen riskiert. [...] Die Hoffnung auf Unsterblichkeit, auf den Himmel, erweist sich so nicht als etwas, das man für sich allein besitzen kann, sondern als der unüberbietbare Wunsch der Liebe, eine Gabe der Hoffnung für die anderen. Was also verliert der Mensch, wenn er diese Hoffnung und damit den Himmel aus dem Blick verliert?

Johanna Rahner

Glossar

Analogie

(griech. „nach Verhältnis") Ähnlichkeit zwischen zwei Sachverhalten, die eine Übertragung von Vorstellungen ermöglicht. Von Gott kann als „Vater" gesprochen werden, weil er sich nach dem christlichen Glauben ähnlich wie ein Vater zu den Menschen verhält. Die theologische Tradition legt Wert darauf, dass bei allen Aussagen über die unfassbare Wirklichkeit Gottes die Unähnlichkeit größer ist als die Ähnlichkeit.

Anathema

(griech. „(Er sei) dahingegeben / ausgeschlossen") Formel, mit der häretische (= vom rechten Glauben abweichende) Lehren von der Kirche offiziell verurteilt wurden.

Autonomie

(griech. *autonomia* = „Selbstgesetzgebung, Unabhängigkeit") Freiheit zur Selbstbestimmung; Verpflichtung des Individuums, sich kraft seiner Vernunft die sittlichen Gesetze seines Handelns selbst zu geben; Unabhängigkeit von Fremdbestimmung (Heteronomie).

Bibel-Teilen

Methode zum gemeinschaftlichen, nicht-wissenschaftlichen Lesen der Bibel, bei dem es entscheidend auf den persönlichen Zugang zum Text und seine praktischen Konsequenzen ankommt; auch „Sieben-Schritte-Methode" genannt.

Charisma

(griech. „Gnadengabe, Gunsterweis") Besondere Begabung, die Gott Menschen schenkt. Nach Paulus sollen diese Begabungen für andere Menschen eingesetzt werden.

Determinismus

(lat. *determinare* = „abgrenzen", „bestimmen") Philosophische Lehre, nach der Menschen nicht frei entscheiden können, sondern durch äußere und innere Ursachen festgelegt sind.

Dialektik, dialektisch

Prozess der Urteils- oder Lösungsfindung; zu einer These wird eine Antithese formuliert, woraus sich eine Synthese (ein neues Verständnis, eine Lösung etc.) ergibt.

Dilemma

Ein Dilemma (griech. „Zweisatz, Doppelsatz") ist eine Situation, die zur Wahl zwischen zwei Handlungsmöglichkeiten zwingt, die beide unerwünschte Konsequenzen haben.

Djihad

Djihad (arab. „Einsatz, Anstrengung, Kampf") bezeichnet die Pflicht der islamischen Gemeinschaft, sich für die Rechte Gottes und die Vorherrschaft des Islams einzusetzen. Die Muslime sollen kämpfen um ihr Leben, um ihren Glauben und um die Einheit der Gemeinschaft. Zunächst war mit Djihad ein bewaffneter Kampf gegen die Feinde der muslimischen Gemeinde gemeint, später konnte der Begriff auch nichtmilitärische Anstrengungen meinen, z.B. den Kampf gegen das Böse (im eigenen Inneren) und für das Recht.

Dogma

Ein Dogma (griech. „was als richtig erschienen ist") ist ein Glaubenssatz, der aus der göttlichen Offenbarung stammt oder aus ihr abgeleitet wird und der vom kirchlichen Lehramt verpflichtend formuliert worden ist. Ein solcher Glaubenssatz muss im Zusammenhang mit dem *sensus fidelium* stehen.

Episkopat

Mit Episkopat (griech. *episkopos* = „Vorsteher") ist meist die Gesamtheit der Bischöfe eines Landes oder der Weltkirche gemeint; der Begriff kann auch die Amtszeit eines Bischofs bezeichnen.

Eschatologie

Traditionell gilt Eschatologie als „Lehre von den Letzten Dingen", wird aber biblisch-theologisch auch aus dem Spannungsfeld aus Prophetie und Apokalyptik (Altes Testament) sowie der Reich-Gottes-Botschaft Jesu und der urchristlichen Verkündigung seines Todes, seiner Auferweckung und Wiederkunft (Neues Testament) gefüllt.

Glaubensbekenntnis

Eine formelhafte Zusammenfassung der grundlegenden Lehren und Überzeugungen einer Religion, in der Regel in Form eines Gebetes oder eines Lobgesangs. In dieser Form liegt der wesentliche Unterschied zur reinen Darstellung der Lehre. Es verleiht dem Glauben eine für die Glaubensgemeinschaft verbindliche Sprachgestalt.

Heilige Salbung, Krankensalbung
Sakrament der katholischen und orthodoxen Kirchen, das bei einer bedrohlichen Krankheit oder Lebensgefahr gespendet werden kann. Bei der Krankensalbung kommt im Gebet die Hoffnung der Glaubensgemeinschaft zum Ausdruck, dass Gott den Tod und das Leid überwinden will und letztlich auch überwinden wird.

Heteronomie
Heteronomie (griech. *heteros nomos* = „anderes, fremdes Gesetz") meint im Gegensatz zu Autonomie die Abhängigkeit des Individuums von Gesetzen anderer bzw. seine Fremdbestimmung durch naturale, soziale oder politische Einflüsse (z.B. Sexualtrieb, Strafandrohung, staatliche Gesetze etc.).

Hierarchie
(griech. „heilige Herrschaft") Ordnung der Ämter in der Kirche; Gesamtheit der Amtsträger

Hypostase
Hypostase (griech. „Darunter-Stehen") ist die konkrete Verwirklichungsform des göttlichen Wesens, göttliche Person; nach der christlichen Trinitätslehre sind das Vater, Sohn, Heiliger Geist.

Inspiration, inspiriert
Inspiration (lat. „Einhauchung, Eingebung") im kirchlichen Kontext beschreibt Gottes Einfluss auf die Verfasser der Bibel, durch den ihre Texte „Heilige Schrift" werden.

Kanon
Mit Kanon (griechisches Lehnwort aus dem Semitischen, „Messrohr, Maßstab") bezeichnet man die Sammlung all jener Bücher der Heiligen Schrift, in denen die Offenbarung Gottes überliefert ist und die daher als Glaubensnorm anerkannt sind.

Kontemplation
Die Kontemplation (lat. „Betrachtung") ist ein intuitives Schauen, Meditieren, Betrachten, die sich von der eigenwilligen Aktivität des Menschen, vom Machen-Wollen, löst.

Konzil
Beim Konzil (lat. „Versammlung"; griechische Entsprechung: „Synode") in der katholischen Kirche Versammlung der Bischöfe zur gemeinsamen Beratung und Beschlussfassung in

Einheit mit dem Papst; die Versammlung von Bischöfen der Gesamtkirche heißt „Ökumenisches Konzil". Das vorerst letzte war das 2. Vatikanische Konzil (2. Vatikanum) in Rom von 1962–65.

Laieninvestitur
(Investitur: lat. „Einkleidung", „Einsetzung") Amtseinsetzung von Geistlichen durch Laien, also durch weltliche Herrscher und nicht durch die Kirche selbst. Im Mittelalter war der sog. Investiturstreit ein Zentrum des Machtkampfes zwischen der Kirche und den weltlichen Herrschern.

Läuterung
Christliche Vorstellung, dass im Fegefeuer die Seele gereinigt werde.

Lehramt
Durch das Lehramt wird die rechtlich abgesicherte Aufgabe der kirchlichen Leitung zur Weitergabe des unverfälschten Glaubens zum Ausdruck gebracht. Ausdrucksformen dieses Lehramts sind z.B. das Dogma oder auch der Hirtenbrief, ein Rundschreiben eines Bischofs an die Gläubigen seines Bistums (der Hirtenbrief befasst sich mit Fragen des Glaubens und widmet sich gesellschaftlichen Entwicklungen).

Liturgie, liturgisch
Liturgie (griech. „Tun des Volkes") ist ein Sammelbegriff für die verschiedenen Formen des jüdischen und christlichen Gottesdienstes; in der Ostkirche nur für die Eucharistie verwendet.

Messias
Der Messias (hebr. „Gesalbter") ist der im Judentum erwartete, von Gott gesandte Heilsbringer. Die Christen bezeichnen Jesus mit diesem Titel in seiner griechischen Form: „Christus".

Metapher
Die Metapher (griech. „Übertragung") ist eine Bedeutungsübertragung. Sie verknüpft auf sprachlicher Ebene zwei semantische Bereiche, die gewöhnlich unverbunden sind (→ Symbol).

Offenbarung
Offenbarung ist ein theologischer Fachbegriff für das, was Menschen von Gott erfahren. Man unterscheidet die natürliche Offenbarung, das Erkennen Gottes aus der Schöpfung mit der menschlichen Vernunft und die übernatürliche Offenbarung als den von Gott selbst eröffneten Dialog mit

den Menschen. Die biblischen Texte sind Glaubenszeugnisse dieser Offenbarungsgeschichte.

Ökumene, ökumenisch

Ökumene (griech. „den ganzen Erdkreis betreffend") ist die Bezeichnung für die Bestrebungen, die Trennung zwischen den Konfessionen zu überwinden.

Pastoraltheologie

Die Pastoraltheologie (*pastoral*: griech. „auf die Hirtenaufgabe bezogen", *Theologie*: griech. „Rede über Gott") ist ein Teilbereich der sog. Praktischen Theologie, dem Spezialgebiet der Theologie, das sich mit den Prinzipien für das praktische Handeln der Kirche befasst.

Präexistenz, präexistent

Mit Präexistenz (lat. „Vor-Existenz") ist die Vorstellung gemeint, dass jemand oder etwas schon vor seiner irdischen Existenz vorhanden war. Auf Jesus Christus bezogen besagt der Begriff nicht, dass die Person Jesus schon vor ihrer Geburt existiert hätte, sondern dass der „Sohn" (→ Hypostase) immer schon existiert.

Reformiert

(lat. *reformare* = „erneuern, umgestalten") Die reformierte(n) Kirche(n) sind protestantische Kirchen, die vor allem auf die Schweizer Reformatoren Zwingli und Calvin zurückgehen.

Religionsfreiheit

Man unterscheidet zwischen positiver Religionsfreiheit als Recht zur Ausübung bzw. Gründung eines religiösen Bekenntnisses und negativer Religionsfreiheit als Freiheit, keiner Religion anzugehören und keinem Zwang zur Ausübung religiöser Praktiken zu unterliegen.

Säkularisierung,

Säkularisierung (von lat. *saeculum* = „Welt"; „Verweltlichung") ist ein geschichtlicher Prozess, in dem die mittelalterliche, christlich geprägte europäische Kultur durch die neuzeitlich-moderne Kultur abgelöst wurde.

Seele

Wort für das geistige Selbst des Menschen, das nicht in den materiellen Gegebenheiten aufgeht.

Seligsprechung

Verfahren in der katholischen Kirche, mit dem die Vorbildlichkeit eines Menschen für die Gläubigen offiziell bestätigt wird; eine weitere Stufe ist die Heiligsprechung.

sensus fidelium

(lat. „Gläubigensinn") Jeder (gläubige) Mensch hat Anteil am Heiligen Geist (→ Hypostase) und damit ein Bewusstsein von dem, was im Glauben richtig ist; das gilt besonders, wenn die Gemeinschaft der Glaubenden aus ihrer Glaubens- und Lebenspraxis kommunikativ zu Erkenntnissen kommt. Die Kirche kann in diesem Zusammenhang als „Verständigungsgemeinschaft" aufgefasst werden. Dabei ist die Rolle des Lehramts zu beachten.

Sozialethik

Teilbereich der Ethik, der sich mit den Grundlagen des ethischen Urteilens und Handelns im Bereich von Gesellschaft und Politik befasst.

Symbol

Ein Symbol (griech. „das Zusammengefügte") ist etwas sinnenhaft Wahrnehmbares, das geeignet ist, ein Sinnbild für etwas Anderes zu sein, einen umfassenderen Sinn zu vermitteln (→ Metapher).

Synoptischer Vergleich

(*Synopse:* griech. „Zusammenschau") Für einen synoptischen Vergleich werden die Evangelien nach Matthäus, Markus, Lukas spaltenweise nebeneinander gedruckt, um sie in ihren Übereinstimmungen und Unterschieden vergleichen zu können. Ein synoptischer Vergleich soll Übereinstimmungen und Unterschiede im Detail herausarbeiten, da diese Texte zum Teil sehr parallel aufgebaut und formuliert sind.

Theokratie, theokratisch

(griech. „göttliche Herrschaft") Herrschaft, die mit einer göttlichen Berufung legitimiert und auf der Basis religiöser Prinzipien ausgeübt wird.

Tora

(hebr. „Weisung") Im Judentum Bezeichnung für die ewigen Weisungen Gottes. Die Tora ist für den frommen Juden ein Gegenstand des intensiven Lernens und der Verehrung.

Weihe, Weihesakrament

Übertragung von Leitungsvollmachten in der Kirche.

Werke der Barmherzigkeit

Traditionell werden hierunter folgende Werke gezählt: 1. Hungrige speisen; 2. Durstige tränken; 3. Fremde beherbergen; 4. Nackte kleiden; 5. Kranke pflegen; 6. Gefangene besuchen; 7. Tote bestatten. Die ersten sechs Werke sind *Mt 25,31–46* entnommen.

Biblische Zitate

Wiederkunft Christi (Parusie)

Unter Wiederkunft Christi (griech. *parusia* = „Gegenwart, Wiederkunft") versteht man die Glaubensvorstellung vom zweiten Kommen Christi am „Jüngsten Tag" mit der endgültigen Durchsetzung des Reiches Gottes.

Zwei-Quellen-Theorie

Die Zwei-Quellen-Theorie ist die in der Bibelwissenschaft anerkannteste Theorie zur Erklärung der Abhängigkeit zwischen den synoptischen Evangelien (Mt, Mk, Lk). Danach haben Mt und Lk neben dem Markus-Evangelium eine zweite, nicht erhaltene (aber rekonstruierbare) Quelle benutzt, die sogenannte „Redenquelle" (Abkürzung: Q). Zusätzlich haben Mt und Lk jeweils eigenes Material eingearbeitet, das sogenannte Sondergut.

Autorenverzeichnis

AMMICHT QUINN, REGINA (geb. 1957) ist als Professorin am Internationalen Zentrum für Ethik in den Wissenschaften der Universität Tübingen tätig. Arbeitsschwerpunkte: anwendungsbezogene ethische Fragen zu Religion und Kultur.

BACHMANN, INGEBORG (1926–1973) war eine bekannte österreichische Lyrik- und Prosaschriftstellerin. Nach ihr wurde der renommierte Ingeborg-Bachmann-Preis für Literatur benannt.

BEINERT, WOLFGANG (geb. 1933) war als Professor für Katholische Theologie (Dogmatik und Dogmengeschichte) tätig – zuletzt an der Universität Regensburg.

BERGER, KLAUS (geb. 1940) war Professor für Neutestamentliche Theologie an der Evangelisch-Theologischen Fakultät zu Heidelberg.

BOFF, LEONARDO (geb. 1938) ist Befreiungstheologe aus Brasilien.

BULTMANN, RUDOLF (1884–1976) war Professor für Neues Testament am Evangelisch-Theologischen Lehrstuhl in Marburg. Bekannt wurde er vor allem durch sein Programm der Entmythologisierung.

DEMEL, SABINE (geb. 1962) ist Theologieprofessorin mit dem Fachgebiet Kirchenrecht in Regensburg. Sie ist Mitglied im Zentralkomitee der deutschen Katholiken. Arbeitsschwerpunkte: kirchenrechtliche Aspekte der katholischen Theologie.

EBACH, JÜRGEN (geb. 1945) lehrte als Professor für Evangelische Theologie (Exegese und Theologie des Alten Testaments), zuletzt an der Ruhr-Universität Bochum. Arbeitsschwerpunkte: biblische Hermeneutik und jüdische Auslegungsgeschichte.

EGO, BEATE (geb. 1958) ist Professorin für Exegese und Theologie des Alten Testaments an der Evangelisch-Theologischen Fakultät der Ruhr-Universität Bochum. Ihre Forschungsschwerpunkte richten sich auf die alttestamentlichen Überlieferungen, die ihren Ursprung in der ausgehenden Perser- und der hellenistischen Zeit haben, sowie auf die Schriftauslegung in den Texten des antiken Judentums.

EIBACH, ULRICH (geb. 1942) ist außerplanmäßiger Professor für Evangelische Theologie (systematische Theologie und Ethik) an der Universität Bonn, zuletzt Klinikpfarrer am Universitätsklinikum Bonn und Beauftragter der Evangelischen Kirche im Rheinland für Fragen der Ethik in Biologie und Medizin.

EMEIS, DIETER (geb. 1933) war Professor für Katholische Theologie (Pastoraltheologie und Katechetik), zuletzt an der Universität Münster.

ENGEL, ÄGIDIUS (geb. 1957) ist Diplom-Theologe und Diplom-Pädagoge und Leiter der Presse- und Informationsstelle im Erzbischöflichen Generalvikariat Paderborn.

ERLEMANN, KURT (geb. 1958) ist Professor für Neues Testament und Geschichte der Alten Kirche an der Bergischen Universität Wuppertal.

ERNST, STEPHAN (geb. 1956) ist Professor für Katholische Theologie (Moraltheologie) an der Universität Würzburg. Arbeitsschwerpunkte: ethische Grundfragen, medizinethische Einzelfragen.

FANDER, MONIKA (geb. 1956) ist promovierte Exegetin, die die Stellung der Frau im Markus-Evangelium untersucht hat. Gegenwärtig ist sie Leiterin eines katholischen Bildungshauses in Singen.

FENDRICH, HERBERT (geb. 1953), promovierter Theologe und Kunsthistoriker, ist Bischöflicher Beauftragter für Kunst und Kultur im Bistum Essen.

FUSSENEGGER, GERTRUD (1912–2009) war eine österreichische Schriftstellerin. Sie verfasste ein mehr als 60 Bücher umfassendes Werk, das in 25 Verlagen veröffentlicht und in elf Sprachen übersetzt wurde.

GARDAVSKY, VITEZSLAV (1923-1978) lebte im heutigen Tschechien. Er verstand sich als Marxist, der intensiv den Dialog mit dem Christentum pflegte.

GELLNER, CHRISTOPH (geb. 1959) ist seit 2000 Leiter des Instituts für kirchliche Weiterbildung an der Theologischen Fakultät der Universität Luzern. Ferner ist er Lehrbeauftragter für Theologie und Literatur, Ökumenische Theologie sowie Christentum und Weltreligionen.

GIELEN, MARLIES (geb. 1959) ist Professorin für Katholische Theologie (Neutestamentliche Bibelwissenschaft) an der Universität Salzburg.

GNILKA, JOACHIM (geb. 1928) ist katholischer Theologe, Exeget und ein international angesehener Bibelwissenschaftler. Er war Professor für Neues Testament an verschiedenen deutschen Universitäten, zuletzt in München. Er war Mitglied der Päpstlichen Bibelkommission und der Internationalen Bibelkommission.

HAHN, ULLA (geb. 1946) ist deutsche Lyrik- und Prosaschriftstellerin.

HEILIGENTHAL, ROMAN (geb. 1953) promovierte und habilitierte im Fachbereich Neues Testament, lehrte an verschiedenen Universitäten und ist gegenwärtig Präsident der Universität Koblenz-Landau.

IMBACH, JOSEF (geb. 1945) ist ein Schweizer katholischer Theologe und Franziskaner. 2002 wurde ein Lehrverbot durch die Glaubenskongregation ausgesprochen. Ihm wurde vorgeworfen, das Lehramt der Kirche abzulehnen, die Evangelien lediglich als katechetische Erzählungen zu betrachten und die Möglichkeit von Wundern zu leugnen. Von 2005-2010 nahm er einen Lehrauftrag für Katholische Theologie an der Evangelischen Theologischen Fakultät der Universität Basel wahr.

KALDEWEY, RÜDIGER (geb. 1939) war Fachleiter für Katholische Religionslehre und Leiter eines Gymnasiums in Saarbrücken. Außerdem ist er Herausgeber mehrerer Schulbücher.

KAMPHAUS, FRANZ (geb. 1932) emeritierter Bischof von Limburg. Sein Wahlspruch für das Bischofsamt lautet „Den Armen das Evangelium verkünden", den er nicht nur in seiner Lehre, sondern auch in seinem Leben konsequent verfolgt.

KERMANI, NAVID (geb. 1967), habilitierter Orientalist und Schriftsteller. Zu seinen Werken zählen u.a.: „Wer ist Wir?", „Deutschland und seine Muslime" und „Gott ist schön. Das ästhetische Erleben des Koran".

KESSLER, HANS (geb. 1938) ist katholischer Theologe und war von 1972–2003 Professor für Systematische Theologie der Goethe-Universität Frankfurt am Main. Bis Ende 2005 leitete er die interdisziplinäre Forschergruppe „Naturwissenschaft und Theologie" an der Goethe-Universität.

KOSCH, DANIEL (geb. 1958) war Leiter des Schweizerischen Katholischen Bibelwerks und ist seit 2001 Generalsekretär der Römisch-Katholischen Zentralkonferenz der Schweiz. Seine Arbeits- und Forschungsschwerpunkte liegen z.B. in den Bereichen Jesusforschung, Anfänge der Kirche, Bibelpastoral und Paulusbriefe.

LANG, BERNHARD (geb. 1946) war Professor für Katholische Theologie (Altes Testament, Religionswissenschaften), zuletzt an der Universität Paderborn. Arbeitsschwerpunkte: Bibel und christliche Kulturgeschichte von den Anfängen bis heute.

LAUX, BERNHARD (geb. 1955) ist seit 2002 Professor für Theologische Anthropologie und Wertorientierung an der Katholischen Fakultät der Universität Regensburg.

LEHMAN, KARL KARDINAL (geb. 1936) ist seit 1983 Bischof von Mainz. Von 1987–2008 war er Vorsitzender der Deutschen Bischofskonferenz. Sein bischöflicher Wahlspruch lautet: „Stehe fest im Glauben".

LOHFINK, GERHARD (geb. 1934) war Professor für Neues Testament an der Universität Tübingen.

MAISCH, INGRID (geb. 1941) war Professorin für Katholische Theologie (Neues Testament), zuletzt an der Katholischen Fachhochschule in Freiburg.

MARTEL, YANN (geb. 1963) ist ein kanadischer Schriftsteller.

MARTI, KURT (geb. 1921) ist evangelischer Pfarrer und seit 1983 freier Schriftsteller.

METZ, JOHANN BAPTIST (geb. 1928) ist emeritierter Professor für Fundamentaltheologie und gilt als Mitbegründer einer Politischen Theologie, die sich dem 2. Vatikanischen Konzil ebenso verpflichtet weiß wie einer kritischen Gesellschaftsanalyse.

MEURER, THOMAS (1966-2010) war ab 2008 Professor für Religionspädagogik an der PH Karlsruhe. Vorher war er u.a. als Lehrbeauftragter für Alttestamentliche Bibelwissenschaft und ihre Didaktik an der Philosophisch-Theologischen Hochschule der Kapuziner in Münster tätig.

NICKLAS, TOBIAS (geb. 1967) war von 2005–2007 Professor für Exegese des Neuen Testaments an der Radboud Universität Nijmegen (Niederlande). Seit 2007 ist er Professor für Exegese und Hermeneutik des Neuen Testaments an der Universität Regensburg.

NIEHL, FRANZ WENDEL (geb. 1942) war Direktor des Katechetischen Instituts des Bistums Trier, ist Autor und Herausgeber religionspädagogischer Veröffentlichungen.

NOCKE, FRANZ-JOSEF (geb. 1932) war von 1981–1998 Professor für Systematische Theologie an den Universitäten Duisburg und Essen. Arbeitsschwerpunkte: Eschatologie und Sakramententheologie.

REINMUTH, ECKART (geb. 1951) ist Professor für Neues Testament an der Universität Rostock. Seine Forschungsschwerpunkte sind die antik-jüdische Literatur und ihre Hermeneutik sowie moderne Literatur- und Geschichtstheorien in ihrer Bedeutung für die Auslegung des Neuen Testaments.

SCHÜNGEL-STRAUMANN, HELEN (geb. 1940) war Theologieprofessorin an der Universität Kassel. Ihr Forschungsschwerpunkt ist die Situation von Frauen in Kirche und Theologie. Sie ist Mitbegründerin einer Feministischen Theologie.

VON STOSCH, KLAUS (geb. 1971) ist Professor für Katholische Theologie (Systematische Theologie) an der Universität Paderborn. Arbeitsschwerpunkte: philosophisch-theologische Grundfragen sowie komparative Theologie im Horizont von interkulturellen und interreligiösen Fragestellungen.

WERBICK, JÜRGEN (geb. 1946) war Professor für Katholische Theologie (Fundamentaltheologie), zuletzt an der Universität Münster. Arbeitsschwerpunkte: Gotteslehre und Ekklesiologie.

WYSCHOGROD, MICHAEL (geb. 1928) ist jüdischer Religionsphilosoph. Er studierte in New York den Talmud und jüdische Philosophie. Von 1992–2006 war er Professor im Religious Studies Programm der University of Houston.

ZENGER, ERICH (1939-2010) war einer der bedeutendsten alttestamentlichen Bibelwissenschaftler der heutigen Zeit. Sein Engagement galt vor allem dem jüdisch-christlichen Dialog. Er war Professor für alttestamentliche Wissenschaft in Eichstätt und Münster. Seine ,,Einleitung in das Alte Testament" gilt als Standardwerk der Bibelwissenschaften.

ZILLESSEN, DIETRICH (geb. 1937) war Professor für Evangelische Theologie (Systematische Theologie und Religionspädagogik), zuletzt an der Universität Köln. Arbeitsschwerpunkte: Religion und Kultur.

ZIRKER, HANS (geb. 1935) war Theologieprofessor an der Universität Duisburg-Essen. Er forschte vor allem zu den Verstehensvoraussetzungen des Glaubens und zum Verhältnis von Christentum und Islam.

Text- und Bildnachweis

Cover K. Idrees (*1967), Equal but different, 2008, s.u.
Die Quellenangaben zu den Bild- und Textelementen der einzelnen Seiten beziehen sich zunächst auf den Haupttext, dann auf die Marginalspalte.

9 K. Idrees (*1967), Equal but different, 2008, Öl auf Leinwand, 80x100 cm **11** P. Gauguin (1848–1903), Vision nach der Predigt (Jakobs Kampf mit dem Engel), 1888, Öl auf Leinwand, 73x92 cm, National Gallery of Scotland, Edinburgh – J. Röser/J. Springer/M. Schrom (Hg.), Was sagt mir Gott? Was sag ich Gott? Jugendgebete und Gedanken. Verlag Herder, Freiburg / Basel/Wien 2006, S. 19, 47, 59, 61, 66 **12** D. Emeis, Glaubenslehre – Glaubensleben, in: W. Fürst / J. Werbick (Hg.), Katholische Glaubensfibel, CMZ Verlag, Rheinbach 2004, S. 28–31, hier: S. 28ff. **13** Nach: W. Beinert, Glaubenszugänge. Lehrbuch der Katholischen Dogmatik, Bd. 1, Schöningh Verlag, Paderborn 1995, S. 13f. – V. von Lérins, Commonitorium II, 5–6 – 1. Vatikanisches Konzil – Kongregation für die Glaubenslehre, Mysterium salutis (1975) **14** In: Das denkende Herz: Die Tagebücher von Etty Hillesum. 1941–1943, hg. v. J. G. Gaarlandt, übers. v. M. Csollány, Rowohlt Verlag, Reinbek ²¹1985 **15** J. Zeniuk (*1945), Altar Painting, 2002, Öl auf Leinwand, 280x400 cm, Sammlung Museum Ludwig, Köln © J. Zeniuk, Foto: Galerie R. Walser, München **16** H. J. Höhn, Renaissance der Religion. Klärendes zu einer umstrittenen These, in: HerKorr 60, (2006), H. 12, S. 606–608, hier: S. 606 – Cover Stern vom 26.11.2009 – Foto: Fotex/C. Ohde **17** Foto: imago/WEREK – Cover TWILIGHT by S. Meyer, Little, Brown and Company/Hachette Book Group, Inc. 2005 – Foto: JOOP! Jewellery & Time – Foto: A. Sternjakob GmbH & Co. KG, Frankenthal – M. Sellmann, Bekleidung als Bekenntnis. Kleine Anatomie der Nike-Religion, in: Ders. (Hg.), Die Verzauberung des Körpers. Über die Verbindung von Mode und Religion, Reihe WeltAnschauungen der katholischen sozialethischen Arbeitsstelle e.V. Hamm, Mönchengladbach 2002, S. 51–67 (gekürzt) – Foto: AP Photo/Sang Tan **19** In: G. Hilger/S. Leimgruber/H.-G. Ziebertz, Religionsdidaktik. Ein Leitfaden für Studium, Ausbildung und Beruf, Neuausgabe, Kösel-Verlag, München 2010, S. 127 – G. Theißen, Die Religion der ersten Christen, Gütersloher Verlagshaus, Gütersloh ³2003, S. 28 – In Anlehnung an: Interview in Spiegel 1/1970 – D. Sölle, Der Wunsch, ganz zu sein, in: Dies., Die Hinreise, Kreuz-Verlag, Stuttgart 1975, S. 167–185, hier: S. 172 – In: G. Hilger/S. Leimgruber/H.-G. Ziebertz, a. a. O., S. 127 – H. Küng/J. van Ess/H. von Sietencron/H. Bechert, Christentum und Weltreligionen. Hinführung zum Dialog mit Islam, Hinduismus und Buddhismus, Piper-Verlag, München 1984 (⁷2006), S. 12f. – H. Luther, Religion und Alltag. Bausteine zu einer Praktischen Theologie des Subjekts, Radius-Verlag, Stuttgart 1992, S. 27f. – G. Theißen, a. a. O., S. 31 – In: G. Hilger/S. Leimgruber/H.-G. Ziebertz, S. 127 – In: F. Schleiermacher, Reden über die Religion – In: G. Hilger/S. Leimgruber/H.-G. Ziebertz,

a.a.O., S. 127 – In: Dies., ebd. **20** H. Zirker, Art. Religion. I. Begriff, in: LThK 8 (1999), Sp. 1034–1036; hier: Sp. 1034, 1036 **21** H. Zirker, Religion, in: G. Bitter/G. Miller (Hg.), Handbuch religionspädagogischer Grundbegriffe. Bd. 2, Kösel-Verlag, München 1986, S. 638, S. 640 u. S. 641 – Grafik: N. Wagner, München **22** Foto: T. A. Y. Wahby, Göttingen – In: R. Kaldewey/F. W. Niehl, Grundwissen Religion. Begleitbuch für Religionsunterricht und Studium, Neuausgabe, Kösel-Verlag, München 2009, S. 24 **23** Fotos: T. A. Y. Wahby, Göttingen – F.-J. Nake, Sakramententheologie. Ein Handbuch, Patmos Verlag, Düsseldorf 1997, S. 68 **24** T. Meurer, Freundliche Übernahme? Zum Verschwinden des Religionsbegriffs, © Matthias Grünewald Verlag der Schwabenverlag AG, Ostfildern 2009, S. 118f., www.verlagsgruppe-patmos.de – Foto: J. Woppowa, Osnabrück **25** Sigmar Polke, Ohne Titel – mit Gesichtern, 1969–1972, Tempera auf LW, 190 x 150 cm, Privatsammlung © The Estate of Sigmar Polke, Cologne/VG Bild-Kunst, Bonn 2012 – J. Werbick, Vom Wagnis des Christseins, Kösel-Verlag, München 1995, S. 217ff. **26** Nach: H. Waldenfels, Kontextuelle Fundamentaltheologie, Schöningh-Verlag, Paderborn 2000, S. 145 **27** P. Klee (1879–1940), Grenzen des Verstandes, 1927, 298 (Omega 8), Bleistift, Öl und Wasserfarbe auf Grundierung auf Leinwand, 56,2x41,5 cm, originale Rahmenleisten, Bayerische Staatsgemäldesammlungen/Staatsgalerie moderner Kunst, München, Foto: ARTOTHEK **28** E. Fried, Gegengift: 49 Gedichte und ein Zyklus (= Quarthefte 65). Wagenbach Verlag, Berlin 1974 – K. von Stosch, Einführung in die Systematische Theologie, Schöningh Verlag, Paderborn 2009 (2006), S. 324 – G. Rein (Hg.), Dialog mit dem Zweifel, Kreuz-Verlag, Stuttgart/Berlin – F. Nietzsche, Werke in drei Bänden, Bd. 1, Hanser Verlag, München 1954, S. 750 **29** L. Feuerbach, Das Wesen der Religion (1841), zit. n.: Reclam Verlag, Stuttgart 1969, S. 53ff. **30** K. Marx, Zur Kritik der Hegelschen Rechtsphilosophie, in: Ders., Frühe Schriften, hg. v. H.-J. Lieber/P. Furth, Wissenschaftliche Buchgesellschaft, Darmstadt 1975 **31** K. Marx, Thesen über Feuerbach, in: a.a.O. **33** VW-Werbezeitung „Aus Liebe zum Automobil", 2003 – Werbeplakat Mose: A. Springer Infopool **34f.** K. Kardinal Lehmann, Dialog ohne Machtanspruch, in: U. J. Wenzel (Hg.), Was ist eine gute Religion? Zwanzig Antworten, Verlag C.H. Beck, München 2007, S. 21–25 (gekürzt) **35** Foto: picture alliance/abaca **36** Foto: P. Geymayer **36f.** 2. Vatikanisches Konzil, Nostra aetate 2 **37** Foto: Photographische Archive des Vatikanischen Museums, Vatikan **38f.** In: H. Koelbl, Jüdische Porträts. Photographien und Interviews, Fischer Verlag, Frankfurt a.M. 1989, S. 158–160 – Foto: akg/Israelimages **39** Foto: J. Woppowa, Osnabrück **40f.** N. Kermani, Gott ist schön, Verlag C.H. Beck, München 1999, S. 212–218 (gekürzt) – Foto: H. Dogan **41** N. Qabbani, As-Sicr qindil ahdar, Beirut 1993, S. 66f., in: N. Kermani, a.a.O., S. 95 – Foto: W. Haußmann, Veitsbronn **42** S. Vivekananda, Vedanta. Der Ozean der Weisheit, Basel 1989, S. 44–47 –

Foto: Ramakrishna Mission Delhi 43 Foto: Shiva Nataraja, Museum Rietberg Zürich, RVI 501, Foto: R.Wolfsberger; aus der Sammlung E. von der Heydt – C. Ram-Prasad, Die Skala unserer Gefühle, in: U. J. Wenzel (Hg.), s.o. 34, S. 75f. 44f. Nobelpreis-Rede in der Aula der Universität von Oslo, 10.12.1989 © The Tibet Bureau, Genf 2007 – Foto: ullstein bild – SIPA Press/Mladinovic 45 Foto: C. P. Sajak, Haltern 47 K. Fritsch (*1956), Tischgesellschaft, 1988, Detailansicht, Figuren Polyester, bemalt, 140x1600x175 cm, Museum für Moderne Kunst, Frankfurt a.M., Dauerleihgabe der Commerzbank AG, Frankfurt a.M. © VG Bild-Kunst, Bonn 2012, Foto: A. Schneider, Frankfurt a.M. 48 E. Neu, Aus Sternenstaub. Die Reise zum Ursprung des Menschen, Kösel-Verlag, München ³1997, S. 59f. 49 H.Kessler, Gott – warum wir ihn (nicht) brauchen, in: StZ 3/2009, S. 6 – A. Rodin (1840–1917), Die Hand Rodins, 1917, Skulptur, Gips, 15,3x23,2x12,2 cm, Musée Rodin, Paris, Foto: C. Baraja 50 Plakat: Zentralverband des Deutschen Handwerks (ZDH), Berlin – R. Gernhardt, Gedichte 1954–1994, Haffmans Verlag, Zürich 1996, S. 37 51 N.Lossau, Diese Katastrophe wurde von Menschen verursacht, in: Welt online, 9.3.2012 52 P.D.Kramer, Die Botschaft in der Kapsel, in: B. Schöne-Seifert/D. Talbot (Hg.), Enhancement. Die ethische Debatte, Mentis-Verlag, Paderborn 2009, S. 183–212, hier: S. 185 – L. da Vinci (1452–1519), Proportionsschema der menschlichen Gestalt nach Vitruv, um 1490, Feder und Tinte mit leichter Aquarellierung auf weißem Papier, 34,4x24,5 cm, Inv. 228, Galleria dell'Accademia, Venedig – J. Kakalios, Physik der Superhelden © 2005 by J. Kakalios © der deutschen Ausgabe 2006 by Rogner & Bernhard GmbH & Co. Verlags KG, Berlin 53 Nach: M. Karsch, Arbeitshilfe zum Film „Beim Leben meiner Schwester" © kfw GmbH 2010, S. 2 (www.filmwerk.de) – Foto: Familienszene, in: Beim Leben meiner Schwester, USA 2009, Spielfilm, 109 Min., Regie: N. Cassavetes, Produktion: Gran Via Prod./Curmudgeons Films/M. Johnson Prod. – In: M. Karsch, Arbeitshilfe zum Film „Beim Leben meiner Schwester" © kfw GmbH 2010, S. 14 (www.filmwerk.de) – © Katholisches Filmwerk GmbH 54f. F. Pleitgen, in: Bibel heute 148 (2001), S. 109 55 © Verein Andere Zeiten Hamburg, www.anderezeiten.de 56 B. Scheffer, Wie wir erkennen. Die soziale Konstruktion von Wirklichkeit im Individuum. Funkkolleg Medien und Kommunikation, 5. Kollegstunde, Studienbrief 2. Tübingen: DIFF Tübingen 1990, S. 70f. – M. Aurel, Selbstbetrachtungen VI, 54 – F. von Schiller, Wilhelm Tell (I,3; Stauffacher) 57 A. Schopenhauer, Parerga und Paralipomena II, Diogenes Verlag, Zürich 1993, S. 708f. – B. Nauman (*1941), Anthro/Socio (Rinde Spinning), 1992, Hamburger Kunsthalle © DACS/The Bridgeman Art Library © VG Bild-Kunst, Bonn 2012 58 I. Berlin, Zwei Freiheitsbegriffe (1958), in: Ders., Freiheit. Vier Versuche, übers. v. R. Kaiser, Fischer Verlag, Frankfurt a.M. 1995, S. 257f. – Foto: J. Neßhöver, Königswinter 59 Nach: C. Schütz, Art. Bindung, in: Ders. (Hg.), Praktisches Lexikon der Spiritualität, Verlag Herder, Freiburg/Basel/Wien 1992, Sp. 150–159, hier: Sp. 151–158 – J.-P. Sartre, Der Existenzialismus ist ein Humanismus, in: Ders., Der Existenzialismus ist ein Humanismus und andere philosophische Essays 1943–1948, Gesammelte Werke in Einzelausgaben, Philosophische Schriften Bd. 4, Rowohlt Verlag, Reinbek 2000 – Foto: © KNA-Bild 60 Kongregation für die Glaubenslehre, Über die Zusammenarbeit von Mann und Frau in der Kirche und in der Welt (2004) – Fotos: © Bildagentur Waldhäusl 61 In: Gießener Anzeiger, 22.4.2010 – Youcat Deutsch, Jugendkatechismus der Katholischen Kirche, Katholischer Jugendkatechismus, Patloch Verlag, München 2011, Nr. 400 62 Quelle unbekannt 63 K. Haring (1958–1990), Ohne Titel, 1981 © The K. Haring Estate, New York, in: Katalog zur Ausstellung in den Deichterhallen Hamburg 8.9.1994–13.11.1994, S. 58 64 B.Ego, Schöpfung als Gabe und Aufgabe, in: BiKi 60 (2005), S. 8f. – In: G. C. Lichtenberg, Sudelbücher, Insel Verlag, Frankfurt a.M. ¹³1984 65 B. Laux, Von der Anthropologie zur Sozialethik – und wieder zurück, in: E. Dirscherl/C. Dohmen/R. Englert/Ders., In Beziehung leben. Theologische Anthropologie, Verlag Herder, Freiburg 2008, S. 90–130, hier: S. 101f. – Foto: T. Wengert/pixelio.de – Zeichnung: www.menschenrechte.de – Foto: digitalstock/P. Jobst – Foto: Rike/pixelio.de – Cartoon: © Erl/toonpool.com 66 2. Vatikanisches Konzil, Gaudium et spes 10 – Foto: C. Lueg, München 67 Übersetzung des Songtextes „Yaweh" U2, Quelle unbekannt 68 U. Hahn, Liebesgedichte, Deutsche Verlags Anstalt, München 1993 69 P. Klee (1879–1940), hat Kopf, Hand, Fuß und Herz, 1930, Aquarell und Feder auf Baumwolle und Karton, 40,8/41,8x28,2/29 cm, Kunstsammlung Nordrhein-Westfalen, Düsseldorf 70 R. Burrichter unter Verwendung des Songtextes: Fantastische Vier feat. H.Grönemeyer, Einfach sein, aus dem Album „Fornika" 2007 71 R. Kaldewey/F. Wendel Niehl, s.o. 22, S. 192f. – Foto: S. Maier/pixelio.de 72 J. Woppowa, frei nach: S. Ernst/Ä. Engel, Grundkurs christliche Ethik, Kösel-Verlag, München 1998, S. 96 – Ethik, in: Ethik. W. de Gruyter Verlag, Berlin 1962 73 In: H. Rupp/A. Reinert (Hg.), Kursbuch Religion Oberstufe, Diesterweg Verlag, Braunschweig ³2007, S. 86 (bearbeitet) 74 Cartoon: K.Reimann/W. Baaske Cartoons, Müllheim 76f. I. Kant, Über ein vermeintliches Recht, aus Menschenliebe zu lügen, in: Werke in zwölf Bänden, Band 8, Frankfurt a.M. 1977, S. 638f. 76 Bild: INTERFOTO/M.Evans 77 I. Kant, Grundlegung zur Metaphysik der Sitten, in: Werke in zwölf Bänden, Band 7, Frankfurt a.M. 1977, S. 51 78 H. Jonas, Technik, Medizin und Ethik, Suhrkamp Verlag, Frankfurt a.M. 1987 (1985), S. 42 u. S. 45f. – Foto: picture-alliance/dpa 79 H. Jonas, Das Prinzip Verantwortung, Suhrkamp Verlag, Frankfurt a.M. 1984 (1979), S. 35–37 u. S. 90f. – Briefmarke 100. Geburtstag H. Jonas, Entwurf: L. Menze, Wuppertal, Erstausgabetag: 8. Mai 2003, Archiv für Philatelie der Museumsstiftung Post und Telekommunikation 81 T. von Aquin, Super II ad Corinthios, q. 3, a. 2 83 2. Vatikanisches Konzil, Gaudium et spes 16 – Youcat Deutsch, Jugendkatechismus der Katholischen Kirche, Katholischer Jugendkatechismus, Patloch Verlag, München 2011, Nr. 296 – Katholischer Erwachsenenkatechismus, hg. von der Deutschen Bischofskonferenz, Band 2: Leben aus dem Glauben, Verlag Herder, Freiburg/Basel/Wien 1995 © 1995 Verband der Diözesen Deutschlands, S. 117f. – Cartoon: H. Langer/W. Baaske Cartoons, Müllheim 84 Nach: A. van den Beld, Art. Schuld, philosophisch-ethisch, in: TRE, Bd. XXX, Berlin u.a. 1999, S. 577–586, hier: S. 577 (kleinere Auslassung) 85 Cartoon: Wulkan 86 S. Ernst/Ä. Engel, Sozialethik konkret. Werkbuch für Schule, Gemeinde und Erwachsenenbildung, Kösel-Verlag, München 2006, S. 17 (bearb.) – M. Gandhi, Die sieben sozialen Sünden, in: BRU 39/2004, S. 26 (dort ohne weitere Quellenangabe) – Text „Wussten Sie …?" Ökoprojekt/MobilSpiel e.V., München 87 R. Ebbighausen (Autor), H.Spross/gh (Redakteur),

Schüsse auf protestierende Textilarbeiterinnen, Deutsche Welle vom 25.2.2012 (Auszug) – Foto: aus dem Film „China Blue", Dokumentarfilm, 2005, Regie: M. X. Peled, BFILM/EYZ Media – Foto: © K. Eppele – Fotolia.com – Enzyklika „Sollicitudo rei sociales" (1987), Nr. 44 **88f.** W. Schmid, Lebenskunst als Ästhetik der Existenz, in: J. Schummer (Hg.), Glück und Ethik, Verlag Königshausen und Neumann, Würzburg 1998, S. 83–91, hier S. 88ff. (Auszüge) **89** Eva & Adele mit Timo, Rosa Luxemburg Platz Berlin, Fotografie © VG Bild-Kunst, Bonn 2012 **90** B. Brecht, Der Zweifler, in: Ausgewählte Gedichte, Suhrkamp Verlag, Frankfurt a.M. 1970, S. 39 (Auszug) **91** R. Opalka (1931–2011), 1–∞, 1965, Detail 1463237–1482938, Acryl auf Leinwand, 196x135 cm, Privatsammlung © VG Bild-Kunst, Bonn 2012, Foto: akg-images/André Held **93** Nach: J. Werbick, Bilder sind Wege. Eine Gotteslehre, Kösel-Verlag, München 1992, S. 310, 319, 330, 335f. – Fotos: N. Angstenberger/OSTKREUZ **94f.** Nach: R. Kaldewey/F. W. Niehl, s.o. 22, S. 111–113 **95** F. Stier, Die Dinge lasst reden, in: M. Schlagheck/S. Schmidt/T. Sternberg (Hg.), Zerreiß doch die Wolken. Ein Akademie-Brevier, Verlag Herder, Freiburg i. Br. 2007, S. 13 – Der Schöpfergott als Baumeister der Welt. Titelbild einer Bible moralisée, Nordfrankreich, um 1250, Wien, Nationalbibliothek (Cod. 2554, fol. IV) – D. Fried (*1962), In bed with Lucy and Dolly Nr 32, 2003, Farbfotogramm, Farbdruck, Diasec, Aluminium 100x130 cm **96** Nach: B. Lang, Gebet, in: P. Eicher (Hg.), Neues Handbuch theologischer Grundbegriffe, Kösel-Verlag, München 2005, Bd. 1, S. 469–486 **97** Wir sind Helden, Nur ein Wort, aus dem Album: von hier an blind, 2005, T: J. Holofernes © Freudenhaus Musikverlag P. Majer/Wintrup Musikverlag W. Holzbaur – H. Oosterhuis, Ik sta voor U, 1964, Übertragung T: L. Zenetti 1973 © Verlag Herder, Freiburg i.Br., in: Gotteslob Nr. 621 – A. Wenzlawski-Abdel-Hadi (*1942), Arbeiten ist Beten, 2002 – J. Pintaske (*1955), Klang der Stille, 1998, Pigmente und Sand auf Holzplatte, Ø ca. 90 cm © VG Bild-Kunst, Bonn 2012 – Helga von Berg-Harder, Besinnung, 1997 Fotografie, 50x60 cm **98** A. Rublëv (um 1370–1430), Trinität des Alten Testamentes, um 1411, Tempera auf Holz, 142 x 114 cm, Moskau, Tretjakov-Galerie, Moskau (Russland), Foto: akg/Bildarchiv Steffens – Gnadenstuhl aus dem Landgrafenpsalter, ca. 1211/13, Codex HB II 24, Württembergische Landesbibliothek Stuttgart **99** H. von Bingen, Darstellung der Trinität, Liber divinorum operum, Das Buch vom Wirken Gottes, 1163, Kopie aus dem 13. Jh., Biblioteca statale, Lucca/Italien **100** D. von Windheim (*1945), Salve Sancta Facies, 1980/84, Glaskasten (7,3x19,1x18,6 cm) mit ca. 53 Augenpaaren (Liquid Light auf Gaze) auf Sockel (147x18,3x17,9 cm), Detailansicht, Staatsgalerie Stuttgart © VG Bild-Kunst, Bonn 2012 **101** Y. Martel, Schiffbruch mit Tiger, Fischer Verlag, Frankfurt a.M. 2003, S. 17–19 **102** Nach: M. Gielen, Gottes Zu-Neigung zum Menschen, in: KatBl 131 (2006) S. 253f. **103** S. Rehberg (*1963), Schöpfung, in: Meine Schulbibel, Kevelaer u.a. 2003, S. 7 **104** Die fünf Bücher der Weisung, verdeutscht von M. Buber gemeinsam mit F. Rosenzweig (= Die Schrift, Bd. 1), Verlag Jakob Hegner, Köln und Olten 1954, S. 157–159 **105** Nach: J. Ebach, Gottes Name(n) oder: Wie die Bibel von Gott spricht, in: BiKi 65 (2010) S. 62–67 (gekürzt) – Mose vor dem brennenden Dornbusch, Ikone vom Sinai, 12./13. Jh. Foto: J. Zink, Dia-Bücherei Christliche Kunst, Bd. 15, Verlag am Eschbach, Eschbach 1988 **107** Hiobkommentar, Ijobs Klage, 9. Jh., byzantinische Minia-

tur, 38,0x27,5 cm, Biblioteca Apostolica Vaticana, Vaticanus Graecus 749, 21v., in: P. Huber, Hiob: Dulder oder Rebell. Byzantinische Miniaturen zum Buch Hiob in Patmos, Rom, Venedig, Sinai, Jerusalem und Athos, Patmos-Verlag, Düsseldorf 1986 **109** Paulinus von Nola und Gregor der Große, zit.n.: H.-G. Thümmel, Bild und Wort in der Spätantike, in: A. Stock (Hg.), Wozu Bilder im Christentum?, St. Ottilien 1990, S. 1–15, hier: S. 12f. – Pfeilerfigur Aschera, Palästina/Israel, 7./8. Jh. v. Chr., gebrannter Ton, Höhe 16 cm, Reste von Bemalung © Bibel + Orient Museum an der Universität Fribourg – Wettergott Ivriz, Relief an einer Basaltstele, späthethitisch, 9. Jh. v.Chr., Fundort: Babylon, Mesopotamien, Foto: akg-images/E. Lessing **110** H. Denzinger/P. Hünermann, Kompendium der Glaubensbekenntnisse und kirchlichen Lehrentscheidungen, Verlag Herder, Freiburg i.Br. 39 2001, S. 806 – Nach: V. Lenzen, Jüdisches Leben und Sterben im Namen Gottes. Studien über die Heiligung des göttlichen Namens (Kiddusch HaSchem). Pendo Verlag, München, Zürich 2002, S. 24 – © 1994 Islamisches Zentrum Aachen (IZA) **111** W. Breuning, Gotteslehre, in: Glaubenszugänge. Lehrbuch der Katholischen Dogmatik, hg. v. W. Beinert, Verlag F. Schöningh, Paderborn 1995, S. 255 – B. Newman (1905–1970), The Stations of the Cross, 1958–1966, Ausstellung: Zeichen des Glaubens – Geist der Avantgarde, Berlin 1980 © VG Bild-Kunst, Bonn 2012, Foto: R. Friedrich, Berlin **112** Nach: I. Maisch, Der Brief an die Gemeinde in Kolossä, Kohlhammer Verlag, Stuttgart 2003, S. 74–126 – Nach: Brockhaus-Enzyklopädie online; LThK, Verlag Herder, Freiburg i.Br. 2006 **113** Kostbares Evangeliar des hl. Bernward, Illustration zum Johannesprolog, fol. 174r um 1015, Domschatz, Dom- und Diözesanmuseum Hildesheim © Dombibliothek Hildesheim **114** B.Rheims/S. Bramly: I.N.R.I., G. Kehayoff Verlag, München 1998, S. 11 – H. Fendrich, in: Kunststücke. 36 Folien ReliReal, Kösel-Verlag, München 2004, S. 29 **115** Fotos: B. Rheims (*1952), Die Anbetung der Hirten, 1994–1998, Kreuzigung I–III, 1994–1998 **116** N. Kermani, Die Macht der Sprache: Über Koran, Poesie und Politik, in: KatBl 129 (2004) S. 319–324, hier: S. 319f. (gekürzt) **117** Innenraum der Eroberermoschee, Sultan Mehmet Fatih Camii Mehmediye Camii Fatih Camii, Istanbul, 1767–1771, Zustand 1995 **118** K. von Stosch, Einführung in die Systematische Theologie, Schöningh Verlag, Paderborn u. a. 2006, S. 53f. (gekürzt) **119** Monogramm Christi, Deckenmosaik im Baptisterium von Albenga (Ligurien, Italien), byzantinisch, Ende 5. Jh. **120** www.thebricktestament.com © B.Powell Smith, USA – Triandrische Trinität, Holzskulptur, 14. Jh., Troyes, Musée des Beaux-Arts **121** Dreigesicht (Hl. Dreifaltigkeit), Lindenholz mit Resten alter Fassung, 17. Jh., Diözesanmuseum Köln © L. Schnepf/Kolumba, Köln – Taufe Jesu, Klosterkirche von Daphni (bei Athen, Attika, Griechenland), Mosaik in der Südwesttrompe der Kuppel, byzantinisch, Ende 11. Jh. **122** In: R. Kaldewey/F. Wendel Niehl, s.o. 22, S. 129f. (gekürzt) – In Anlehnung an Brockhaus-Enzyklopädie online **123** Christus und die minnende Seele, Buchmalerei, Cod. Donaueschingen 106, fol. 34v, 15. Jh., Badische Landes-Bibliothek Karlsruhe, artist: R. Stahel von Konstanz, Foto: B. Konrad, Berlin – M. von Magdeburg, Auszug aus „Der Aufstieg der Seele zu Gott", in: G. Ruhbach/J. Sudbrack, Christliche Mystik. Texte aus zwei Jahrtausenden, Verlag C.H. Beck, München 1989, S. 159 **124** 2. Vatikanisches Konzil, Dei verbum 6 **125** A. von Canterbury, Proslogion 2; 15, in: Lateinisch-Deutsche Ausgabe von

P. Franziskus Salerius Schmitt OSB. Abtei Wimpfen, Fromann Verlag, Stuttgart 1962 – T. von Aquin, Summa theologiae, zit.n.: J. Pieper, Kurze Auskunft über T. von Aquin, Kösel-Verlag, München 1962, S. 69–71 **126** Nach: U. Eibach, Gott im Gehirn? Ich – eine Illusion?: Neurobiologie, religiöses Erleben und Menschenbild aus christlicher Sicht, SCM R. Brockhaus, Wuppertal 2006, S. 61f. **127** U. Eibach, a.a.O., S. 11f. – Foto: Grafik-Atelier Riediger – U. Eibach, a.a.O., S. 45 **128** 2. Vatikanisches Konzil, Gaudium et Spes 19 – In Anlehnung an: LThK, Freiburg i.Br. 1993 **129** G. Carlin, zit.n.: R. Dawkins, Der Gotteswahn, Ullstein Verlag, Berlin 2007, S. 389 – In: I. McEwan, Wie viel Freiheit hat der Mensch?, in: NZZ 21.7.2007 – P. Boyer, Das Hirn, dein Gott, in: Die Zeit, 23.12.2008 – www.buskampagne.de, Foto: E. Frerk, Hamburg **130** H. Heine, Zum Lazarus, zit.n.: W. Beinert, Ich hab da eine Frage … Auskunft zum Glauben der Christen, Pustet Verlag, Regensburg 2002, S. 47 – In: Ebd. **132** Nach: W. Gross/K.-J. Kuschel, „Ich schaffe Finsternis und Unheil!" Ist Gott verantwortlich für das Übel?, M. Grünewald Verlag, Mainz 1992, S. 92–95 – T. von Aquin, Augustinus, zit.n.: W. Gross, K.-J. Kuschel, a. a. O., S. 71f., S. 79f. **133** Bild: ullstein bild / The Granger Collection – Foto: akg-images – Foto: Anonym/akg/Imagno **134** R. Ammicht Quinn, Von Lissabon bis Auschwitz. Zum Paradigmenwechsel in der Theodizeefrage, Verlag Herder, Freiburg 1992, S. 20, 262, 286, 292 (Auslassungen) **135** Text und Foto: Kinder- und Jugendhospiz Balthasar, Olpe **136** F. Kahlo (1907–1954), Der verletzte Hirsch oder der kleine Hirsch, 1946, Öl auf Hartfaser, 22,4x30 cm, Privatsammlung © Banco de México Diego Rivera Frida Kahlo Museums Trust/VG Bild-Kunst, Bonn 2012 **137** Foto: K. Coombs/Reuters/Corbis – T. Brode, Das Massaker von Srebrenica. Die Toten finden ihre letzte Ruhe, n-tv, 11.7.2009 **138f.** Text: aus der Ausstellung „achten statt ächten", Kampagne der Caritasstiftung im Erzbistum Köln, 2008 **138** 2. Vatikanisches Konzil, Gaudium et spes 1 – Beschluss „Unserer Hoffnung. Ein Bekenntnis zum Glauben in dieser Zeit", in: Gemeinsame Synode der Bistümer in der Bundesrepublik Deutschland, OG I, S. 84–111, hier: S. 95f. – Kardinal Aloisio Lorscheider, Brasilien, in der „Nacht der Solidarität" zum Abschluss der Kvu 1984 **139** Cartoon: J. Tomaschoff/W. Baaske Cartoons, Müllheim – Stellungnahme der Caritas zum 3. Armuts- und Reichtumsbericht der Bundesregierung, 2008 **140f.** H.-G. Ziebertz/B. Kalbheim/U. Riegel, Religiöse Signaturen heute. Ein religionspädagogischer Beitrag zur empirischen Jugendforschung, Verlag Herder, Gütersloh/Freiburg i.Br. 2003, S. 325f., S. 341f. **141** M. Oppenheim (1913–1985), La condition Humaine (Da stehen wir), 1973, 90x100 cm © VG Bild-Kunst, Bonn 2012 **142** Zit.n.: M. Buber, Die Erzählungen der Chassidim, Manesse Verlag, München (Zürich 1949), S. 331f. **143** A. Rainer (*1929), Christus-Übermalung, 1984, Öl auf Karton, 102x73,5 cm, Courtesy Galerie, Bochum © A. Rainer, 2012 **144** MC Lücke, Interview: R. Williams „Ich bin ein unsicherer Typ", in: Der Tagesspiegel, 30.10.2009 (gekürzt) – Fotos: picture alliance/dpa – REUTERS/ S. Rellandini **145** © K. Bielefeld, www.beliebte-Vornamen.de – www. aphorismen.de – Cover Der Spiegel, 22/1996 – Cover Focus, 14/2010 **146** Fotos: akg-images – INTERFOTO/M. Evans **147** A. Leinhäupl, Lebendige Erinnerung: Evangelien als Erzähltexte. In: BiKi 62 (2007), S. 142–144, hier: S. 143f. (gekürzt) – Foto: akg/Israelimages **149** L. M. Zegalski (*1959), Punk, o.J. © Galeria K. Kiefer, Essen **150** J. Brooks-

Gerloff (1947–2008), Das leere Grab, 1986, Öl, Bleistift, Leinwand, 100x110 cm © VG Bild-Kunst, Bonn 2012 **150f.** E.-E. Schmitt, Das Evangelium nach Pilatus, Ammann Verlag, Zürich ³2005, S. 88–103 (gekürzt) **152f.** J. Ratzinger/Benedikt XVI., Jesus von Nazareth – Zweiter Teil: Vom Einzug in Jerusalem bis zur Auferstehung, Verlag Herder, Freiburg i.Br. 2011, S. 266–302 (gekürzt) **152** M. Gothart-Neidhard, genannt Grünewald (um 1475/1480–1528), Auferstehung Christi, Isenheimer Altar, Zweite Schauseite, linke Tafel, Detail, Unterlinden-Museum, Colmar © Colmar, musée d'Unterlinden **153** Christus – Sieger über den Tod, Apsis-Fresko der Nebenkirche des Chora-Klosters in Konstantinopel, heute Istanbul, Anfang 14. Jh., Museum Karye, Istanbul **154** F.-J. Nocke, Eschatologie, Patmos Verlag, Düsseldorf 1982, S. 121f. – J. Länger (*1964), Resurrectio, 2004, Protagonistendruck (Linolschnitt), Wachs, Öl und Graphitstift auf Papier, 33x33 cm mit Gießharz zwischen zwei Optiwhite-Gläser, 38x38 cm vergossen © VG Bild-Kunst, Bonn 2012 – Protagonisten nach … Meister des Psalters des Robert de l'Ilse, Kreuzigung, vor 1339, British Library, Arundel MS 83 II, London/Großbritannien; M. Grünewald, Christi Auferstehung, Isenheimer Altar, 1512–1515, Musée d'Unterlinden, Colmar/Frankreich; Fra Angelico, Grablegung Christi, 1438–1443, Alte Pinakothek, Bayerische Staatsgemäldesammlungen, München **155** F.-J. Nocke, a.a.O., S. 122f. **156f.** H. K. Berg, Ein Wort wie Feuer. Wege lebendiger Bibelauslegung. Kösel-Verlag/Calwer Verlag, München/Stuttgart 1991, S. 46f. **157** H. Zimmermann, Neutestamentliche Methodenlehre: Darstellung der historisch-kritischen Methode, Katholisches Bibelwerk, Stuttgart ⁷1982, S. 17 **159** Cartoon: Ivan Steiger sieht die Bibel **161** Die Interpretation der Bibel in der Kirche: Ansprache Seiner Heiligkeit Johannes Paul II. und Dokument der Päpstlichen Bibelkommission (23.4.1993), hg. vom Sekretariat der Deutschen Bischofskonferenz, Bonn ²1996, S. 63 **162** D. Kosch, Jesus – Jude und Mann: Eine neue Sicht auf kaum bestreitbare Tatsachen, in: BiKi 63, (2008) S. 162–165 (gekürzt) **163** M. Liebermann (1847–1935), Der zwölfjährige Jesus im Tempel, 1897, Öl auf Leinwand, 150,5x132 cm/Foto: akg-images – R. van Rijn (1606–1669), Jesus Christus, 1645–1655, Eichenholz, 25x21,5 cm, Gemäldegalerie Berlin/Foto: ARTOTHEK/ J. Blauel **164** A. H. Baumann, Was jeder vom Judentum wissen muss, Mohn-Verlag, Gütersloh ⁸1997, S. 137f. (gekürzt) – R. Bultmann, Das Urchristentum im Rahmen der antiken Religionen, dtv, München ²1992, S. 87f. **165** N. Brutsky (*1963), Talit/Holy Saturday, 2006–2008, Acryl auf Leinwand – A. H. Baumann, s.o. **164**, S. 136f. **166** K. Erlemann, Gleichnisauslegung: ein Lehr- und Arbeitsbuch, UTB, Tübingen/Basel 1999, S. 104 (gekürzt) – E. Reinmuth, Hermeneutik des Neuen Testaments, Vandenhoeck und Ruprecht, Göttingen 2002, S. 50 (gekürzt) – R. Heiligenthal, Der Lebensweg Jesu von Nazareth, Kohlhammer Verlag, Stuttgart 1994, S. 66 (gekürzt) **167** A. Delp, Vater unser, in: A. R. Batlogg/R. Müller (Hg.), Im Angesicht des Todes, Echter Verlag, Würzburg ²2007 **168** Foto: P. N. Nonn OSB, Abtei Kornelimünster – Foto: © marvellous-world – fotolia.com – R. Zimmermann, Die Gleichnisse Jesu, in: Ders. (Hg.), Kompendium der Gleichnisse Jesu, Gütersloher Verlagshaus, Gütersloh 2007, S. 3–46; hier: S. 25 **170** P. Knauer, Unseren Glauben verstehen, Echter Verlag, Würzburg ⁵1995, S. 174f. (gekürzt) – M. Kassühlke, Die Sturmstillung, 2010, Öl auf Leinwand, 100x100 cm **171** B. Kollmann, Neutestamentliche Wundergeschichten, Kohlhammer Verlag, Stuttgart ²2007, S. 19, 99, 101, 102 – Hitda-Codex, Sturmstillung, um 1020, 11,6x17 cm, Hessische Landes- und Hochschulbibliothek, Darmstadt 172 G. Adam, Bergpredigt, in: R. Lachmann/G. Adam/C. Reents (Hg.), Elementare Bibeltexte: Exegetisch – systematisch – didaktisch, Vandenhoeck und Ruprecht, Göttingen 2001, S. 336–359, hier S. 336–338 (gekürzt) 173 T. Nicklas, Nicht der kleinste Buchstabe des Gesetzes …: Jesus und die Tradition Israels, in: Bibel heute 4/2007, S. 8–11 (gekürzt) – W. J. Mommsen/W. Schluchter (Hg.), Max Weber Gesamtausgabe, Studienausgabe. I/17: Wissenschaft als Beruf 1917/1919, Politik als Beruf 1919, Verlag J. C. B. Mohr (Paul Siebeck), Tübingen 1994, S. 78 – R. von Weizsäcker, Demokratische Leidenschaft, in: E. Jäckel (Hg.), Reden des Bundespräsidenten, Stuttgart 1994, S. 277 174 J. Gnilka, Das Matthäusevangelium – Zweiter Teil, Verlag Herder, Freiburg i.Br. ²1992, S. 476f. (gekürzt) 175 R. Commer, Skizze ohne Titel, 1996, Öl, Kreide, Papier, 40x60 cm, Privatbesitz – G. Lohfink, Der letzte Tag Jesu: Was bei der Passion wirklich geschah. Verlag Katholisches Bibelwerk, Stuttgart 2009, S. 76 176 Cartoon: K. Berger 178 Nach: „Logos", in: K. Henning (Hg.), Jerusalemer Bibel-Lexikon, Hänssler-Verlag, Neuhausen-Stuttgart ⁴1998, S. 541–543 179 W.Eckey, Die Briefe des Paulus an die Philipper und an Philemon: ein Kommentar, Neukirchener Verlag, Neukirchen-Vluyn 2006, S. 81, S. 84 (gekürzt) – F. Hals (1582/1583–1666), Evangelist Johannes, ca. 1625–1628, Öl auf Leinwand, 70x55 cm, Getty Center, Los Angeles 180 Der gute Hirt. Deckengemälde in der sog. Grabkammer der Verschleierten aus der Priscilla-Katakombe in Rom, Ende 3. Jh., Kösel-Archiv – Jesus im Kreis seiner Jünger (Fresko), paleochristl. 3. Jh., Domitilla-Katakombe Rom, Foto © Held Collection/Bridgeman Berlin 181 In: H. Denzinger/P. Hünermann, s.o. 111, S. 142f. 182 Münster, St. Paulus-Dom, Pestkreuz © Münster, Domverwaltung, Foto: M. Reuter, 2011 183 T. von Kempen, Mystische Vereinigung, in: Das Buch von der Nachfolge Christi, Übersetzung von Bischof J. M. Sailer (1751–1832), Verlag Herder, Freiburg i.Br. ¹⁸1933 – Beau Dieu, ca. 13./14. Jh., Detail, Portal der Kathedrale Notre Dame d'Amiens, Amiens, Frankreich – T. à Kempis, Porträt, unbekannter lombardischer Künstler (16.–17. Jh.), Öl auf Leinwand, 60x51 cm (Inv. 1334) © Veneranda Biblioteca Ambrosiana, Foto: akg/De Agostini Pict. Lib. 184f. Nach: M. Fander, Ihr aber, für wen haltet ihr mich? (Mk 8, 29). Jesu Namen und Titel als Kurzformeln für Gottes Heilshandeln, in: BiKi 65 (2010), S. 94–98; hier: S. 94, S. 96–98 185 J. van Eyck (um 1390–1441) in Zusammenarbeit mit H. van Eyck (um 1370–1426), Die Anbetung des Lammes, 1432, auf Holz, Genter Altar, Innenseite, Mitte Gesamtmaße in geöffnetem Zustand ca. 350x450 cm, S. Bavo, Gent, Foto: akg-images 186 T. Dienberg, Das Leben geistlich leben. Lebensgestaltung, intensives Leben, in: Institut für Spiritualität, Münster (Hg.), Grundkurs Spiritualität. Katholisches Bibelwerk, Stuttgart: 2000, S. 13–71; hier: S. 45 – Gotteslob Nr. 472, T: Hannover 1838, 2. Str.: G. Thurmair/P. Steiner/M: Hannover 1838/Köln 1853 © Verlag Herder, Freiburg – © Ateliers et Presses de Taizé – Foto: ©Ateliers et Presses de Taizé, F-71250 Taizé-Communauté (www.taize.fr), Foto: S. Leutenegger, CH-Wil 187 R.Körner, Geistlich leben. Von der christlichen Art Mensch zu sein, Benno-Verlag, Leipzig ²1997, S. 29f. 188 J. Imbach, Wem gehört Jesus? Seine Bedeutung für Juden, Christen und Moslems, Kösel-Verlag, München 1989, S. 35–37 (gekürzt) – Rabbi J. ben Zvi Em-

den, Sefer „Seder Olam rabba w'sutta" („Große und kleine Ordnung der Welt"), Hamburg 1757, zit.n.: P. Lapide, Ist das nicht Josephs Sohn? Jesus im heutigen Judentum, Gütersloher Verlagshaus, Gütersloh 1983, S. 105–116, hier: S. 105f. – H.G. Enelow, A Jewish View of Jesus. New York, 1920, S. 181; zit.n.: P. Lapide, a.a.O., S. 133 (gekürzt) 189 M. Chagall (1887–1985), Die weiße Kreuzigung, 1938, Öl auf Leinwand, 155x139,5 cm, Art Institut, Chicago © VG Bild-Kunst, Bonn 2012 – M. Wyschogrod, Inkarnation aus jüdischer Sicht, in: EvTh 55/1995, S. 13–28; hier: S. 15, S. 23–25 (gekürzt) – M. Buber, Zwei Glaubensweisen (1950), in: Werke, Band 1, Kösel-Verlag, München 1962, S. 652–782; hier: S. 657– Schalom Ben-Chorin, Bruder Jesus. Der Nazarener aus jüdischer Sicht, dtv, München ⁹1986, S. 11 190 H. G. Brandt, Zu leicht befunden, in: W. Homolka/E. Zenger (Hg.), „… damit sie Jesus Christus erkennen" – Die neue Karfreitagsfürbitte für die Juden, Verlag Herder, Freiburg i.Br. 2008, S. 24–27; hier: S. 26f. (leicht bearbeitet: feminine Formen) – Foto: picture-alliance/epd – W. Homolka, Respekt braucht Anerkennung. Katholische Kirche und Judentum entzweien sich über den Anspruch, dass Jesus der Heilbringer für alle Menschen sei, in: W. Homolka/E. Zenger (Hg.), a.a.O., S. 47–65; hier: S. 61, S. 63f. (gekürzt, leicht bearbeitet: feminine Formen) – Foto in: A. Schwabe, Die katholische Kirche hat ihre antisemitischen Tendenzen nicht im Griff, in: Spiegel ONLINE, 20.3.2008 191 E. Zenger, Das Nein heutiger Juden zu Jesus als ihrem Retter ernst nehmen, in: W. Homolka/E. Zenger (Hg.), a.a.O., S. 205–221; hier: S. 209 (leicht bearbeitet: feminine Formen) – Foto: Gesellschaft für Christlich-jüdische Zusammenarbeit, Deutscher Koordinierungsrat DKR e.V. – Verlautbarung des Vatikanischen Staatssekretariats zur neuen Karfreitagsfürbitte vom 4.4.2008 – Die Feier der Heiligen Messe. Messbuch für die Bistümer des deutschen Sprachgebietes. Authentische Ausgabe für den liturgischen Gebrauch, Teil 1, Freiburg 1975, S. 48 – Neufassung der Fürbitte für den „älteren Usus" durch Benedikt XVI. vom 6.2.2008; zit.n.: W. Homolka/E. Zenger (Hg.), a.a.O., S. 11 192 Foto: picture alliance/dpa 193 Maryam und Isa, Islamische Miniatur, 16. Jh. 194 C. Gellner, „Niemand wie Er!". Gesichter Jesu in der Literatur, in: BiKi 58 (2003), S. 179–182 (gekürzt) – Foto: Bistum Erfurt – J. Wanke, Vorwort, in: J. Ehebrecht-Zumsande/S. Kessens/M. Lätzel (Hg.), Jesus trifft. Lese- und Arbeitsbuch für die Sekundarstufe II, für die Firm- und Jugendarbeit in der Gemeinde, für Erwachsene und KatechetInnen. Deutscher Katecheten-Verein, München 2006, S. 5 195 C. Moore, Die Bibel nach Biff. Die wilden Jugendjahre von Jesus, erzählt von seinem besten Freund. Goldmann Verlag, München ¹⁰2002, S. 13f. – K.-J. Kuschel, Jesus im Spiegel der Weltliteratur. Eine Jahrhundertbilanz in Texten und Einführungen, Patmos Verlag, Düsseldorf 1999, S. 20 – G. Langenhorst, Jesus: niemand wie Er!,Zur bleibenden Aktualität Jesu als literarischer Figur, in: www.theologie-und-literatur.de/wissenschaftliche-beitraege-online 196f. M. Ostermann, Hast du Jesus schon gefunden? – Filme und Verkündigung, in: KatBl 130 (2005), S. 48–52; hier: S. 49–52 (gekürzt) 196 Fotos: Cinetext/Sammlung Richter – Cinetext Bildarchiv 197 Foto: Cinetext/Constantin Film – T. Langkau, Jesusfilme – eine bleibende Provokation, in: StZ 8/2009, S. 568–571, hier: S. 571 (gekürzt) 198 Quelle unbekannt – 2. Vatikanisches Konzil, Apostolicam actuositatem 33 – Schweizerischer Verlag für kirchliche Kunst SVKK, CH-3123 Belp 199 T. Ulrichs

(*1940), Versunkenes Dorf, 2004/2006, München-Fröttmaning, Architektur-Skulptur (18,20x9,62 x16,86 m), Material: Beton, Kalkzementputz, Silikatfarbe. Architekten: Maier Neuberger Projekte GmbH, München. Ein Projekt im Rahmen von QUIVID, dem Kunst am Bau-Programm der Stadt München © VG Bild-Kunst, Bonn 2012, Foto: W. Petzi, München 201 Fotos: © Bistum Trier (2) – R. Guardini, Das Erwachen der Kirche in der Seele, in: Hochland 19 (1922), S. 257–267, hier: S. 257 202 Brotkorb mit Fischen. Jüdisches frühchristliches Mosaik, 5./6. Jh., Tabgah/Israel, Kirche der Brotvermehrung, Foto: akg-images/E. Lessing 203 In: Katholisch und trotzdem okay © St. Benno-Verlag Leipzig, www.st-benno.de ISBN 978-3-7462-3000-9 204f. H. Zirker, Ekklesiologie, Patmos Verlag, Düsseldorf 1984 (= Leitfaden Theologie 12), S. 18–23 (gekürzt) 205 2. Vatikanisches Konzil, Lumen gentium 6 – Foto: M. Mohr, Münster 207 Fotos: © KNA-Bild (3) 208 Foto: bodoklecksel 209 Foto: Hauptarchiv der v. Bodelschwinghschen Stiftungen Bethel 210 Silbermedaillon, 315 n. Chr., Staatliche Münzsammlung, München, Foto: Kösel-Archiv – Bronzemünze, 327. n. Chr., Münzkabinett der Staatlichen Museen Berlin, Bode-Museum – Sog. Lotharkreuz mit antiker Gemme des Kaisers Augustus: Krönungskreuz, gefertigt um 1000 in Köln für Kaiser Otto III., Kupfer, vergoldet, mit Gemmen (Ausschnitt), Aachen, Dom, Schatzkammer, Foto: akg-images/E. Lessing 211 Fotos: bpk/H. Wagner – A. Hugentobler 212 H. Gutschera/J. Thierfelder, brennpunkte der kirchengeschichte, Verlag F. Schöningh, Paderborn 1976, S. 247 – Cartoon: Mester/W. Baaske Cartoons, Müllheim – Foto: © KNA-Bild 213 H. Vorgrimler, Neues Theologisches Wörterbuch, mit CD-ROM, Verlag Herder, Freiburg/Basel/Wien 2000, S. 665 – E. Schockenhoff, Versöhnung mit der Piusbruderschaft? Der Streit um die Interpretation des Konzils, in: StZ 4/2010, S. 219–228, hier S. 223f. – G. E. Lessing, Eine Duplik, 1778 214 S. Demel, Zur Verantwortung berufen. Nagelproben des Laienapostolats, Verlag Herder, Freiburg/Basel/Wien 2009, S. 25f. (gekürzt) 216 H. Domin, gesammelte Gedichte, S. Fischer Verlag, Frankfurt a. M. 1987, S. 40f. 217 A. Viebach (*1963), Marienbild, 2004, Projektion auf Gipsstele, St. Maximilian Kolbe, München; alle Fotos in: Pfarrei St. Maximilan Kolbe, München: Marienbild unserer Zeit (Broschüre zur Festwoche anlässlich der Weihe des Marienbildes Oktober 2004) – München o. J., S. 10, 19, 21 218 H. Schüngel-Straumann, Prophetinnen in der frühen Kirche (2), in der Reihe: Die Schrift: Frauen in der frühen Kirche (2), in: CiG 52 (1985), www.christ-in-der-gegenwart.de (gekürzt) – Johannes Paul II., Apostolisches Schreiben Ordinatio sacerdotalis 219 In: Frauen und kirchliches Amt: Zukunftshoffnung oder letztes Tabu? S. Becker im Gespräch mit der Kirchenrechtlerin S. Demel, in: Die Mitarbeiterin (1/2005), 4–9, hier: S. 8f. – M. Hofer, Männer glauben anders, Tyrolia Verlag, Innsbruck 2003, S. 13f. (gekürzt) – Ecclesia, Skulptur, um 1220/1240, Fürstenportal des Bamberger Doms (hier: Kopie, Original im südlichen Seitenschiff), Foto: A. Praefcke 220 H. Vorgrimler, s.o. 213, S. 625 221 In: Moscheebau in Deutschland. Eine Orientierungshilfe (2008), hg. vom Sekretariat der Deutschen Bischofskonferenz, Bonn 2009, S. 8f. – G. Kaiser, Toleranz. Der historische und aktuelle Spielraum einer Idee. In: StZ 8/2010, S. 541–555, hier: S. 544 – Foto: R. Gerard, Antdorf – Modell: Architekturbüro P. Böhm, Köln 222 Nach: Für eine Zukunft in Solidarität und Gerechtigkeit. Wort des Rates der Evangelischen Kirche in Deutschland und der Deutschen Bischofskonferenz zur wirtschaftlichen und sozialen Lage in Deutschland, Hannover/Bonn 1997, Nr. 112, 114, 251 (gekürzt) – Cartoon: Mester/W. Baaske Cartoons, Müllheim – K. Raiser, in: Ökumenischer Rat der Kirchen, Programm zur Überwindung von Gewalt, Genf 1997 223 Der Klimawandel: Brennpunkt globaler, intergenerationeller und ökologischer Gerechtigkeit, Die deutschen Bischöfe – Kommission für gesellschaftliche und soziale Fragen/Kommission Weltkirche Nr. 29, hg. vom Sekretariat der Deutschen Bischofskonferenz, Bonn 2006, Nr. 1, 9 (gekürzt) – Gotteslob Nr. 31,1 – Foto: © S. King/Cafod 224 Fotos: © Fokolar-Bewegung/CSC – M. Finizio – Bundesarchiv, Bild F043918-0009, Fotograf: D. Gräfingholt 225 Grafik: Pastoralinstitut LUMKO, Südafrika 226 H. Kerkeling, Ich bin dann mal weg. Meine Reise auf dem Jakobsweg, Piper-Verlag, München [26]2006, S. 186f. 227 M. Wirkkala (*1954), TIRAMI SU II, The view is the precious, Installation im Rahmen der Ausstellung HIMMELSCHWER. Transformationen der Schwerkraft, Graz 2003 – Kulturhauptstadt Europas, Foto: J. Rauchenberger 228 Cartoon: M. Fuchs, Ein Blick in die Zukunft 229 M. Muntean (*1962)/A. Rosenblum (*1962), Untiteld (We didn't make plans …), 2005, Öl auf Leinwand, 220x260 cm, Courtesy Georg Kargl Fine Arts, Vienna 230 V. Gardavsky, Mein Tod und die Hoffnung, in: Ders., Gott ist nicht ganz tot. Betrachtungen eines Marxisten über Bibel, Religion und Atheismus, C. Kaiser Verlag, München 1968, S. 27ff. (Auszüge) – A. Berlejung, Was kommt nach dem Tod?, in: BiKi 61 (2006), S. 2–7, hier S. 2f. 231 K. Berger, Ist mit dem Tod alles aus?, Gütersloher Verlagshaus, Gütersloh 1999, S. 43f. (Auszüge) – Foto: C. Gärtner, Münster 232 Gesät wird in Schwachheit, T/M: W. Röder, 1972 © Verlag Herder, Freiburg – U. Hahn, Wort halten, in: FAZ vom 29.8.1985 – In: I. Bachmann, Anrufung des großen Bären, Piper Verlag, München 2011 (Erstveröffentlichung 1956) 233 L. Cranach d.Ä. (1472–1553), Der Sterbende, um 1518 (?) (Ausschnitt), Epitaph für H. Schmitburg, Öl auf Rotbuchenholz, 93x36,3 cm, Museum der bildenden Künste, Leipzig, Foto: akg-images 234f. Christliche Bestattungskultur – Orientierungen und Informationen, Handreichung der Deutschen Bischofskonferenz vom 11.3.2004, S.10ff. 235 Fotos: C. Gärtner, Münster – D. Vogel/VISUM – J. und H. Schubeck, Traunstein 236 G. Fuchs, Gerechtigkeit im Gericht – ein Versuch, in: Anzeiger für die Seelsorge 104 (1995), S. 554–560 (Auszüge) – S. Dayg (1473/1475–1553/1554), Rechtfertigungsbild aus dem Marienaltar im Münster zu Heilsbronn (1513–1515) (Ausschnitt) 237 Bamberger Apokalypse, Das Jüngste Gericht, um 1000/1020, Staatsbibliothek Bamberg, Msc.Bibl.140, fol.53r, Foto: G. Raab 238 J. Brantschen, Leben vor und nach dem Tod. Die Hoffnung der Christen, Matthias-Grünewald-Verlag, Mainz 2000, S. 89ff. (Auszüge) – G. Fuchs, s.o. 239 Christus als Weltenrichter – im Paradies; Tympanon – im Paradies, Münster, St. Paulus-Dom © Münster, Domverwaltung, Fotos: M. Reuter, 2011 240f. F. Kamphaus, Eine Fortsetzung findet nicht statt, in: FAZ vom 11.11.2004, S. 8 (gekürzt) 241 In: K. Marti, Leichenreden, Nagel & Kimche, Zürich 2001– K. Rinke (*1939), Tor zur Ewigkeit, 1990, polierter schwarzer Granit, Kirche Pax Christi, Krefeld 242 Gesetzbuch des Yajnavalkya. Bd. 3, zit.n.: H. v. Glasenapp, Indische Geisteswelt, Wiesbaden 1979 – Rad des Lebens, buddhistisches Gemälde aus Bhutan 243 M. Kehl, Eschatologie, Echter Verlag, Würzburg [3]1996,

S. 72ff. (Auszüge)   244   L. Boff, Was kommt nachher? Das Leben nach dem Tode, Otto Müller Verlag, Salzburg 1982, S. 15–25 (Auszüge)   245   J. Brantschen, s.o. 238, S. 18ff. (Auszüge)   246f. S. Pemsel-Maier, Der Traum vom ewigen Leben. Die christliche Hoffnung auf die Überwindung des Todes, Katholisches Bibelwerk, Stuttgart 2000, S. 24–28 (Auszüge)   247   R. Zwick, Jüngste Tage. Variationen der Apokalypse im Film, in: M. N. Ebertz/ders. (Hg.), Jüngste Tage. Die Gegenwart der Apokalyptik, Verlag Herder, Freiburg u.a. 1999, S. 184–226 (Auszüge) – Foto: Cinetext/Richter   248   J. B. Metz, Zur Theologie der Welt, Matthias Grünewald Verlag, München u. Mainz 1968, S. 143–146 (Auszüge)   249   T: D. Dickopf/M: E. Hüneke/Arr: G. Di Filippo, Edition WISE GUYS 2009 © Provinzialat der Tiroler Serviten – N. Tur (* 1974), Time for Revollusion, 2008, Farbdruck, 150x200 cm, Holzrahmen, Plexiglas © VG Bild-Kunst, Bonn 2012, Foto: N. Tur © VG Bild-Kunst   250   J. Rahner, Einführung in die christliche Eschatologie, Verlag Herder, Freiburg/Basel/Wien 2010, S. 303f. – © T. Kemplen, Sheffield

Alle Bibeltexte gemäß der Einheitsübersetzung © Katholisches Bibelwerk, Stuttgart.

Alle Texte aus dem Koran gemäß der Übersetzung von A. T. Khoury © Gütersloher Verlagshaus in der Verlagsgruppe Random House GmbH, München.

Deutsche Verlagsanstalt, Goldmann Verlag, Gütersloher Verlagshaus, Kösel-Verlag, Manesse Verlag: vollständige Verlagsbenennung: Deutsche Verlagsanstalt, Goldmann Verlag, Gütersloher Verlagshaus, Kösel-Verlag, Manesse Verlag in der Verlagsgruppe Random House GmbH

Alle namentlich nicht gekennzeichneten Texte stammen von der Herausgeberin, dem Herausgeber, den Autorinnen oder Autoren und sind als solche urheberrechtlich geschützt. Abdruckanfragen sind an den Verlag zu richten.

Bei einigen Texten bzw. Abbildungen ließen sich trotz intensiver Recherche die Rechte-Inhaber nicht ermitteln. Für Hinweise sind wir dankbar. Sollte sich ein nachweisbarer Rechte-Inhaber melden, bezahlen wir das übliche Honorar.

sensus Zeitstrahl

Ereignisse der säkularen Geschichte	… der Geschichte des Christentums
ab 1993: World Wide Web	
1989: Fall der Mauer, deutsche Wiedervereinigung	
1933–1945: Nationalsozialismus / 1939–1945: 2. Weltkrieg	1962–1965: 2. Vatikanisches Konzil
1914–1918: 1. Weltkrieg	
~ 1750–1914: Zeitalter der Industrialisierung	
	1869–1870: 1. Vatikanisches Konzil
1789–1799: Französische Revolution	1724–1804: Immanuel Kant
1618–1648: Dreißigjähriger Krieg	Zeitalter des Barocks
	1483–1546: Martin Luther
	(1517: Beginn der Reformation)
~ 1451–1506: Christoph Columbus	12. / 13. Jh.: Scholastik
~ 1450: Gutenberg: moderner Buchdruck	(Anselm v. Canterbury, Thomas v. Aquin)
1076–1127: Investiturstreit	1054: Kirchenspaltung: orthodoxe Kirche – röm.-kath. Kirche
	~ 480–547: Benedikt von Nursia
	451: Konzil von Chalcedon
	325: Konzil von Nicäa
	~ 10–60 n.Chr.: Paulus von Tarsus
~ 5. Jh. v.Chr.–5. Jh. n.Chr.: Römisches Reich	~ 4 v.Chr.–30 n.Chr.: Jesus von Nazaret
~ 8.–4. Jh.: Antikes Griechenland	1000–200: Propheten in Israel
	~ 1200: Mose / Exodus
	Abraham
~ 4,6 Mrd. Jahre: Entstehung der Erde	~ 4 Mio. Jahre: erste menschenartige Wesen